21世纪人文素质教育规划教材

说话的艺术

主　编　吕　丽　李　璐　杨春丽

東北林業大學出版社

图书在版编目（CIP）数据

说话的艺术／吕丽，李璐，杨春丽主编. --2版.
--哈尔滨：东北林业大学出版社，2016.7（2024.8重印）
ISBN 978-7-5674-0838-8

Ⅰ.①说… Ⅱ.①吕… ②李… ③杨… Ⅲ.①语言艺术-通俗读物 Ⅳ.①H019-49

中国版本图书馆CIP数据核字（2016）第151175号

责任编辑：任兴华
封面设计：刘长友
出版发行：东北林业大学出版社（哈尔滨市香坊区哈平六道街6号　邮编：150040）
印　　装：三河市佳星印装有限公司
开　　本：787mm×1092mm　1/16
印　　张：23
字　　数：510千字
版　　次：2016年8月第2版
印　　次：2024年8月第3次印刷
定　　价：92.00元

如发现印装质量问题，请与出版社联系调换。（电话：0451-82113296　82191620）

序

现代社会需要交际和信息交流，需要建立、维系、强化良好的公共关系，这一切都离不开对促进沟通、了解、合作的说话艺术的掌握。社会发展对每个人的素质提出了更高的要求，其中，说话艺术的掌握是综合素质的首要方面。

说话是一门技术，更是一门艺术。说话作为人们最简单、最直接的表达方式，它的重要性是不言而喻的。古有苏秦、张仪游说诸侯合纵连横，战国格局因之改变；诸葛亮说服孙权，三国鼎立之势成。今有罗斯福“炉边谈话”，温暖千万心灵；周恩来出色外交，四两拨千斤。话说得不好，小则树敌伤友，大则丧命失江山。恃才放旷的杨修一言不慎而招来杀身之祸；历史上多少邦国因一言之闪失而招致兵戎相见、血流成河的浩劫。由此可见，在纷纭复杂的现实生活中，学会深刻地领悟语言的真谛，学会如何说话，就显得十分重要了。

现代人应时刻牢记自己的言行举止不仅是个人的事，也关系你所代表的团体的形象和声誉。《说话的艺术》一书可以帮助我们在各类社交场合，面对各种问题时提高语言表达能力，做到从容自若，通过自然、沉稳的仪态和恰当得体的言辞表现出自己的能力水平，从而在公关活动中大展身手，一显风采。成功说话的艺术为组织、企业创造生存的环境和发展的空间，同时也为我们自己开启了走向成功的大门。说话在现代社会生活中发挥着独特的功能，它不仅对我们在社会中实现自身目标有直接作用，而且对提高个人素质，更好地适应现代社会有着不可低估的影响。

世界上没有完全一样的人，而人与人之间的差异有时又是惊人的，因此，在说话时要针对各种不同的人、不同的境况讲出不同的针对性的语言。量体裁衣，见什么人说什么话，就是要求实事求是，灵活机动，具体问题需具体对待。一个人的说话艺术并不是与生俱来的，而是靠后天不断地练习和培养而得来的。

《说话的艺术》依据应用语言学的有关理论，结合公关理论，从理论到实践，对说话在公共关系行为中的运用规律及其方法进行探索。本书立足现代社会的发展对语言提出的全新的要求，努力发掘各种说话形式的艺术特质，运用现代语言学、传播学、社会学、心理学、口才学、公共关系学、美学及文学、写作学等多学科成果，对说话的内容、性质、功能及其有关使用原则进行了比较系统的研究，力图使读者在阅读本书的过程中逐步对说话艺术形成正确的理性认识和整体把握。

本书视角独特，运用现代语言学、传播学、社会学、心理学、口才学、公共关系学、美学及文学、写作学等多学科成果，令人耳目一新。本书不但介绍了在日常生活和职场工作中的说话艺术，还富有创意地探讨了有关公关工作的语言艺术。既适用于中文专业的教学，更适用于大学公关、广告、营销、秘书、经济、旅游及相关领域实际工作者，也可供公关实务人员、对公关活动中的语言应用感兴趣的读者朋友自学使用。此外，本书举例丰富翔实，讲解深入浅出，更适合不同文化背景人士。

2016 年 6 月

本序作者李景山为黑龙江科技大学人文学院院长。

目　录

第一部分　原理篇

第二部分　技能篇

第三部分　应用篇

第一部分　原理篇

第一章

说话的基本原则

第一节　有针对性原则

世界上没有完全一样的人，而人与人之间的差异有时又是惊人的，因此，在说话时要针对各种不同的人、不同的境况讲出不同的有针对性的语言。俗话说，“看碟下菜，量体裁衣”。见什么人说什么话，就是要求实事求是，灵活机动，具体问题具体对待。

一、针对年龄差异说话

由于不同年龄的人对语言形式的识别能力和对语言意义的理解程度不同，讲话者面对不同年龄阶段的听众，应该因其不同年龄的特点而有所区别。

一个小男孩在吃苹果的时候发现苹果变颜色了，就问妈妈：“妈妈，这苹果怎么变成褐色了？”妈妈就对孩子说：“因为苹果发生氧化了，当你把苹果皮啃掉后，苹果肉与空气接触，使苹果发生氧化，果肉的分子结构改变了，从而颜色也改变了。”可想而知，幼小的孩子听不懂这些话。这就是说话不看对象。所以，跟儿童讲话，就要运用适合儿童特点的通俗易懂的语言。

二、针对性别差异说话

不同性别的人有不同的心理和习惯，所以，说话还应注意听众的性别。对不同性别的人讲话，应当选择不同的方式。有个班级举行同学聚会，同学们好多年没有见面了，都很高兴，有位男同学开玩笑地对一位女同学大声说：“你真是越长越‘苗条’了，可惜啊，中国没有相扑运动。”女同学本来很开心的，可一听这话扭头就走了，男同学讨了个没趣。

三、针对性格差异说话

由于个人性格不同，讲话者在讲话时应该注意分寸，把握尺度。如同性格开朗的人谈话，你可以侃侃而谈；同性格内向的人谈话，就应注意分寸，循循善诱。孔老先生这一点就运用得很好。据说有一次，孔子的学生仲由问他："听到了，就要去做吗？"孔子说："不能。"而过了几天，另一个学生冉求又问他："听到了，就去做吗？"孔子说："干吧！"公西华在旁听了就不明白了，问孔子说："他们两个人的问题相同，而您的回答为什么却相反？我有点儿糊涂。"孔子说："冉求平时做事好退缩，所以我给他壮胆；仲由好胜，胆大勇为，所以我劝阻他。"

四、针对爱好差异说话

爱好，是指个人对某种事物具有的浓厚兴趣。由于各人的爱好不同，对话语的"兴奋点"也不相同。你对一位潜心研究学问的学者大谈"股票""生意经"，他定会嗤之以鼻；相反，你对一位经商的人大谈"治学之道"，他也势必味同嚼蜡。一个具有敬业精神、勇于开拓创新的人，希望能得到事业、工作方面的具体指导和建议；而生活困难、穷困潦倒的人，则盼望能听到扶贫济困、发财致富的信息。爱好音乐、绘画、书法的艺术爱好者、集邮者，垂钓养花者，纪念品收藏者和球迷、歌迷、棋迷们，都会对自己的专门爱好津津乐道，谈起来眉飞色舞，甚至手舞足蹈。不同的爱好有不同的"兴奋点"，爱好相同的人聚在一起交谈，可以激发出话题焦点的"火花"，进而产生思想感情的共鸣，使交谈各方在口才上得到共同的长进和提高。

五、针对职业差异说话

职业，是指个人在社会中所从事的作为主要生活来源的专业工作。不同职业的人，在社会生活中扮演不同的角色，其言谈必然带有一种职业色彩，如农民的话语充满了"泥土味"，工人的话语豪爽直率，军人的话语威严沉稳，推销员的话语给人以极强的诱惑力等。职业、专长不同的人，其头脑中所具有的信息类型和兴趣点是不同的。一般来说，他们对于与自己职业相关的话题具有强烈的兴趣，有着积极探究和钻研的精神。即使同样是知识分子，也会因为他们所从事的专业不同而有区别。一般来说，科学家、学者比较严谨、纯真，"书生气"重；演员、艺术家比较活泼、开朗，浪漫气息重。讲话只有注意到了不同对象的职业特点，才会收到预期效果。

第二节　尊重对方原则

说话是有讲究的，绝对是一门学问。当然，这门学问也是有章可循的。下面，我们就来总结那些有着高超口才的人是怎么遵循说话的原则的。

我们先来看看两个类似故事的不同结果。

有位心理学专家兼人际关系大师给我们讲了两个故事，这两个故事的情节非常类似，然而最后的结果却迥然不同。

第一个故事是这样的：

“又缺钱了是吗？”看弟弟走进来的样子，哥哥就猜到了。果然，弟弟点点头，他掏出了一份文件，递给了哥哥。

“大哥，这是买房子的资料，最近利率低，我想买个房子。”

“买房子呀！”哥哥点了点头说：“你缺多少？总不会全要我掏钱吧？”

“不会！大哥！您不要把我想得那么糟好不好？我现在只缺 30 万。”

“30 万？我没有。如果 18 万还行，不过钱都在你大嫂手上。”

“18 万也成了！剩下 12 万我再想办法。”弟弟高兴地把资料塞回箱子，站起身。

“去找你大嫂拿。钱在她那儿，就说我同意了。”哥哥拍着弟弟的肩膀，送他出去。

“他同意了？”大嫂眼睛一瞪：“他先得问问我有没有钱哪！一下子要 18 万，我哪儿拿得出来啊！我下金蛋啊？”

弟弟被吓了一跳，嗫嚅着说：“大哥说您手上肯定有 18 万的。他同意了的。”

“喂！我说弟弟啊！18 万，我家里不吃饭啊？外面没有等着要还的钱啊？小刚在澳洲留学不缴学费了啊？你告诉你大哥，我拿不出来！他要借你，他自己想办法去！”

于是，在这个故事中，弟弟没有从大哥大嫂手上借到一文钱。

第二个故事的内容是：

“对不起啊，儿子！你明天过生日，老爸却不能陪你过。”老焦拍拍儿子的肩膀，笑了，“挺结实的嘛，没想到一转眼，你都 23 岁了。还以为你不到 13 呢！”

今天，老焦急着要到外地开会，由儿子开车送到机场，自己觉得挺得意。

“你过生日，要我送你什么礼物啊？”老焦笑着问道。

“我什么都不要。”儿子说。

“什么都不要？”老焦歪着头看看儿子，“什么都不缺吗？”

“嗯……缺一台笔记本电脑。”儿子微笑着，车子正好驶进机场。

“那好！就送你一台笔记本电脑吧！”老焦很干脆地说，“多少钱？”

“2 万块。”

“2万？”老焦没想到那么多，“要2万？”

“新出的嘛，既然买就买好一点的，功能好。”

“2万就2万吧！”老焦把车门打开，接过儿子递来的行李箱，“找你妈拿。”正要转身走，老焦突然想起什么来，特意叮嘱了儿子一句：“对了，你可要记得别直接跟你妈说。就说‘妈！我过生日，爸爸要我问你能不能送我一台笔记本电脑，他说他没有意见，全听您的。’这样你妈才会爽快地掏钱。”

“有这么严重吗？妈不是都听您的吗？”

“你甭管了，就照我教的去说就对了。”老焦撂下一句话，转身走了。

“什么？他要送你一台笔记本电脑？多少钱哪？”焦太太大吃一惊。

“是我跟他说我需要，一台新型的，2万块。”

她又一惊：“2万？可不少呀！他怎么知道我有钱？”

“爸爸非说要我问您，说您同意了才行。”

“这还差不多，这老家伙居然学会说话了。喏！拿去！这是2万。”

小伙子一怔：“妈！您怎么都准备好了？您怎么知道……”

“你爸爸在机场已经打电话问过我啦！这么大的事，你以为他真敢一个人做主啊？”

结果，儿子很顺利地从妈妈手上拿到了爸爸承诺的买笔记本电脑的钱。

这两个故事的情况其实差不多，为什么结果相差那么大呢？弟弟去借钱，却不会说话，开口得罪了大嫂。但与其说弟弟不会说话，还不如说哥哥不懂得说话呢。相比之下，另一个故事里的老焦，也差一点儿犯错，因为他也向儿子表示他说了算，要儿子直接找妈妈拿钱。但是老焦很聪明，他突然想到即使是儿子，也要懂得跟妈妈讲话的方法；即使自己是一家之主，也要考虑老婆的感受，于是他就停下来，特别叮嘱儿子要怎么回去说，而且他还怕这样不够，就自己再打了个电话回家，向老婆报告了这件事情。老公专门打电话回家，征求自己的意见，以求得自己的同意，姑且不论“老婆是不是真的实权在握”，还是“做个样子”，那焦太太心里能不舒坦吗？

任何人都希望获得别人的尊重。任何人都期望受到别人的重视。希望自己受到关注。而夫妻之间的相互尊重就更加重要了。

很多时候，丈夫在家里可以是大男人，你说了算，太太只有听的权利。你确实可以不管她同意不同意，而直接做主。但是，换个角度想想：她没有“实权”，你何不给她一点“虚荣”呢？什么叫“内人”？“内人”就不是“外人”，内人是你的枕边人。你有事情却不让她知道，那她还叫内人吗？而这个世界上再也没有比把“内人”看作“外人”更令人痛心的事了。

如果我们留意一下，就会发现：夫妻为钱反目，真正的原因可能不是

“物质”，而是“精神”；真正的原因是“另一半没有顾及自己的感受，让自己觉得被出卖了”。想想，前面故事中的哥哥，如果他能像老焦一样，教自己的弟弟怎么去说，又打个电话告诉太太。甚至先不答应弟弟，征求太太同意之后再说，不是要好得多吗？

越是没有“实权”的人，越是想要“虚荣”一把；越是没有地位的人，越是希望获得别人的关注。然而，那些不懂得说话艺术和智慧的“傻瓜”，却总是不懂得照顾别人的面子，总是先满足自己的虚荣，因而，他们也就往往在自己傻瓜式的说话方式下，一次次得罪了人，一次次把事情搞砸。而善于运用高明的说话方式的人，则非常懂得照顾对方的面子，很会满足对方的虚荣心，使听者听了其说出来的话后，感觉非常受用，从而心甘情愿地为说话者效劳。所以，尊重对方，是高超口才的第一原则。

第三节　真诚性原则

语言是社会组织和公众之间得以交流沟通的最重要的媒介。社会组织成员心理上、态度上的真诚，表现在语言上，就可能使人感到可信赖的品质。有无这种品质，对于语言交际的效果来说往往有天壤之别。

所谓真诚性原则，首先要求社会组织如实地向它的社会公众传递真实、准确、可靠的信息。只要是涉及公众利益的信息，无论是好的还是坏的，都应该如实相告，既不因好而添枝加叶，也不因坏而遮遮盖盖。强调信息的真实可信，是和公共关系的根本目的、宗旨相一致的。一个社会组织的公共关系的根本目的，是在于通过有计划的努力，使自己和公众之间相互沟通、适应，形成互益关系，从而求得自身的生存和发展。要达到这一目的，组织在公众中的形象和信誉是至关重要的，是决定成败的关键。只有真诚的语言才能打动公众，感召公众，赢得公众的信任和支持，而这些正是社会组织确立形象和信誉的基础。如果为图眼前利益，违背公共关系语言真诚的原则，弄虚作假，招摇撞骗，或者在信息传递过程中故意运用模糊语言，使其表意不清，作错误引导，诱使公众上当受骗，虽可能获利于一时，但最终只会激怒消费者，导致企业公共关系活动的失败。真诚的公共关系语言能促进公共关系目标的最终实现，而欺骗、虚假的信息却是不能持久的。

真诚性原则不仅在内容上要求信息传递的真实，还要求从语言表达形式方面表现出来。对于信息对方有真诚的态度，就会在公共关系活动中、在言语交流中自然流露出热诚的表现。公共关系人员随时注意检点自己的各种语言，并把忠诚化为热心和诚恳，表现在待人接物上认认真真，使人生活在愉悦的气氛之中。人与人相处的基本法则是互相尊重、讲究礼貌，从公共关系的角度看，会直接关系社会组织在公众心目中的形象和声誉，与公共关系目标的实现紧密相关。真诚性原则告诉人们：如果我们遵循真诚性原则，就有可能给组织带来成功；如果一个社会组织不遵循公共关系语言“真诚”原则，就会失信于它的公众，轻则影响组织的形象和声誉，重则危及组织的前途和生存。一切有远见卓识的企业家、公关人员，都必须把真诚性原则作为处世的基本准则，杜绝信息传播中弄虚作假的现象。

第四节　以情动人原则

说话富于幽默感的人，在感染周围听众的同时，也会给听众增添快乐。说话幽默离不开说笑话，这就是说我们要注意以下几点：你在说笑话时，记住不要伤人；你在开玩笑时，不要使它变作恶作剧；你在嘻嘻哈哈时，不要流于无聊胡闹。你可以参加一切有趣的谈话，欣赏体会那些使人发笑的言辞，你可以记住一些好笑的事例和机智幽默的语言，并且深知其中的含义。如果你是一个习惯严肃的人，你可以学习一下轻松，认识轻松的价值。

如果你想你的话能发生效力，且非要将你的话一吐为快时，我们劝你讲话时不应该单是报告一些事实，还该表明对这事实的态度。说话成功的人，大都是富有活力和精神抖擞的人，他们具有爆发力，能让内心的情绪迸发出来。倘若你因为害羞不敢和人交往，不敢和社会接触，那会导致你一事无成。畏怯是可以克服的，害羞是人类的一种心理现象，是人类特有的感情，这种心理和感情也是可以克服的，而且必须克服。只要有耐心，纠正这种现象并不是一件困难的事。只是因为你没有锻炼自己的社交能力，所以你在众人面前，会感到内心很不安。假如你有这种现象，应该鼓起勇气和决心，跟大家说话，那么不久以后，你就可以成为一个说话高手。

印度前总理英迪拉·甘地夫人早年曾应邀做过一次演说，她这样回忆那场演说：

“在那次会上，梅农（会议主持人）突然宣布说尼赫鲁小姐（即甘地夫人）要讲话，这使我惊讶万分。在那天之前，我只是在儿童时代的集会上讲过话，从来没有对成年听众发表过演说。我很害怕，尤其是会场又这么大，可能是卡克斯顿大厅吧，我当时简直连一点声音也发不出来！最后，我还是讲了几句，听众中有一个醉汉说，‘她不是在讲话，她是在尖叫。’听他这么一说，听众当然哄堂大笑，我发誓以后再也不在公众面前讲话了。”

听起来甘地夫人并不善于说话，但就在这次糟糕的演说之后不久，她又进行了一次极为出色的演说：

“当我到达南非时，非洲人说：‘我们将在大会堂为你举行一次招待会欢迎你，你要讲话。’

我说：‘噢，不行，我一句话也不准备讲，只有依了我这个条件，我才赴会。’

他们很吃惊，因为他们已经租下了会堂，而且一切都已安排就绪。最后，他们说，不管怎么样，你总得坐在讲台上。还说，他们会设法为我保持沉默作些解释。

那天的招待会在下午4点举行，整个上午我都在访问非洲铁路工人的生活区，那里的条件真是糟糕透顶，使我非常生气。招待会上，当宣布尼赫鲁小姐不讲话了的时候，我拍了一下桌子说：‘我倒要讲讲。’

会议主席大吃一惊，怔住了，没等他开口说话，我已走到话筒前。我激动万分，记不得自己说了些什么，但肯定讲了班图人和其他人的生活条件。我的讲话在非洲报纸上刊登了出来。第二天，无论我走到哪里，都受到人群的欢呼。女的过来吻我，男的同我握手……”

甘地夫人演说成功的最大诀窍在于感情。本来不想讲，却抑制不住感情的冲动，非要“讲讲”不可；本来没有很好的说话能力，这回却说得十分出色。可见，说话与感情是息息相关的。一个人对于所要论述的内容毫无兴趣，只是硬着头皮去讲，自然很难在说的过程中充满激情，也就很难打动听众。反之，如果自己对于所要论述的问题早就有一肚子要说的话，那么此时登台，必会取得意想不到的结果。因此，每个努力想把话说好的人，必须注意说话时的感情，做到“以情动人”。

在第二次世界大战最黑暗的时期，当德寇飞机对英国狂轰滥炸之时，丘吉尔曾向秘书口授了一篇演讲稿。这里摘录一段精彩的文字：

“我们决不投降，决不屈服。我们要战斗到底。我们将在法国作战，我们将在海上和大洋上作战，我们将满怀信心地在空中越战越强。我们将不惜任何代价保卫我们的本土。我们将在海滩上作战，我们将在敌人登陆的地点作战，在田野作战，在山区作战。我们在任何时候都决不投降！”

当口授完这篇演讲稿时，这位年近七旬的首相竟像小孩一样，哭得涕泪横流。这是何等激动的感情啊！这激情来自于对祖国的爱，对敌人的憎，来自于珍视自由、热爱和平的崇高信念，大大增强了言辞的感染力。丘吉尔向秘书口授讲稿尚且如此动情，当众演说时的澎湃的情绪便可想而知了！

以情动人除了要求说话者自己要动真情之外，还要求说话者善于将自己的真情实感淋漓尽致地充分表达出来，迅速激起对方的共鸣。说话人必须善于体察对方的心境，用饱含浓情的言辞去拨动对方的心弦。

桓谭《新论》中记载着战国时这样一个小故事：

有一个叫雍门周的琴师去见齐国的孟尝君。孟尝君问他："你弹琴能使我悲伤吗?"

雍门周说："我弹琴是想使你愉快，怎能使你悲伤呢？但我替你想想，确也有可以悲伤的事。譬如百年之后，你的坟上长满了荆棘，放牛的、担柴的在上面跳跳蹦蹦地唱起歌来，他们将唱道：'唉，像孟尝君那样尊贵的人竟也会这样啊！'"

孟尝君听了雍门周的这番话，不禁泛起悲凉之感，眼泪已涌到了睫毛边，不过还没有掉下来。这时，雍门周拨动琴弦，轻轻一弹，孟尝君的眼泪就不由得掉下来了。

"未成曲调先有情"，让孟尝君潸然泪下的，显然不是乐曲，而是雍门周的一番"开场白"。这"开场白"勾勒了一个悲凉的景象，引导孟尝君去联想"百年之后"的事情，而且用"我替你想想"表达了雍门周对孟尝君的同情之心，这就很容易地达到了"以情动人"的强烈效果。

雍门周的"开场白"以"催人泪下"为目的，当时并没有竞争的对手，还是比较容易做到的。如果是竞选时的演讲，谁更能牵动听众情感，谁就能获胜。此时，这种"牵动听众情感"的本领就显得更为重要了。

美国南北战争结束后，有一个叫约翰·爱伦的普通人和一个在南北战争中的著名英雄陶克将军竞选国会议员。陶克在竞选演讲即将结束时，还说了几句很带感情色彩的话："诸位同胞们，记得17年前（南北战争时）的今天，我曾带兵在一座山上与敌人激战，经过激烈的血战后，我在山上的树丛里睡了一个晚上。如果大家没有忘记那次艰苦卓绝的战斗，请在选举中，也不要忘记那吃尽苦头、风餐露宿造就伟大战功的人。"

这话应该说是很精彩的，许多听众都认为爱伦定输无疑了。然而，爱伦不慌不忙，说了几句很轻松的话，便扳回了败局。他是这样说的："同胞们，陶克将军说得不错，他确实在那次战争中立下奇功。我当时是他手下的一个无名小卒，替他出生入死，冲锋陷阵。这还不算，当他在树丛中安睡时，我还携带了武器，站在荒野上，饱尝寒风冷露的滋味儿，来保护他。"这话比陶克说得更高明了。因为听众中许多人是南北战争时的普通士兵，所以，爱伦的话更容易激起这些人的共鸣。于是，爱伦击败了陶克，胜利地跨进了国会大厅。

第五节　准确性原则

说话是日常生活中最平常不过的了，但就是这么一个平凡得不能再平凡的事情却是决定一个人生活及事业优劣成败的关键因素。由一个人每天所说的话，可以判定他每天的工作生活情况。一个人每天的喜怒哀乐往往由其言语传达出来。话说得好，会被人赏识并委以重任。如果一个人有了才干，没有口才，虽也可以达到成功的目的，但既有才干又有口才的人，他的成功希望更大。因为你的才干可以通过言语谈吐充分地表露出来，使对方更深一层地了解你，并且信任你，这样对方才敢委托给你重任。一个有学问而没有口才的人和人交往时，就有点难于应付，在无形中就损失了不少的利益。往往有些人，在繁忙的人事接触中，觉得别人说的话，就如自己被威胁似的，也许别人的说话太圆滑多变，太富于感情，使自己的说话倒像和木讷结缘了。一个滔滔不绝的说话者，颇有一种不可思议的力量，可以影响周围的气氛。

有个人为了庆贺自己的40岁生日，特别邀请了4个朋友来家中吃饭。

3个人准时到达了。只剩1人不知何故迟迟没有来。

主人有些着急，不禁脱口而出："急死人啦！该来的怎么还没来呢？"

在座的有一个客人听了之后很不高兴，对主人说："你说该来的还没来，意思就是我们是不该来的，那我告辞了，再见！"说完，就气冲冲地走了。

一人没来，另一人又气走了，主人急得又冒出一句："真是的，不该走的却走了。"剩下的两个客人，其中有一个生气地说："照你这么讲，该走的是我们啦！好，我走。"说完，掉头就走了。

又把一个客人气走了。主人急得如热锅上的蚂蚁，不知所措。

最后留下的这一个朋友交情较深，就劝主人说："朋友都被你气走了，你说话应该留意一下。"

这人很无奈地说："他们全都误会我了，我根本不是说他们。"

最后这朋友听了，再也按捺不住，脸色大变道："什么！你不是说他们，那就是说我啦！莫名其妙，有什么了不起。"

说完，铁青着脸也走了。

一个会说话的人，总可以流利地表达出自己的意图，也能够把道理说得很清楚、动听，使别人乐意接受。有时候还可以立刻从问答中猜出对方言语的意图，并从对方的谈话中得到启示，增加自己对于对方的了解，跟对方建立良好的关系。不会说话的人，不能完全地表达出自己的意图，往往会使对方费神去听，而又不能使他信服地接受。

1916年，美国化验学家路易斯在一篇论文中首次提出了“共价键”的电子理论。这个理论对于有机化学的发展具有重大意义，可是这一理论的发表，在美国化学界并未引起应有的反响，其中一个重要的原因便是路易斯不善言谈没有公开发表演说来宣传自己的见解。

三年以后，美国另一个著名化学家朗缪尔发现了路易斯见解的可贵。于是，朗缪尔一方面在有影响的《美国化学会志》等刊物上发表多篇论文，阐述和发展路易斯的理论，同时，又多次在国内外的学术会议上发表演讲，大力宣传“共价键”。由于朗缪尔能言善辩，对“共价键”做了大量宣传解释工作，才使得这一理论被美国化学界承认和接受，一时间，美国化学界纷纷议论朗缪尔的“共价键”，而把这一理论的首创者路易斯的名字几乎忘却了，有人甚至把它称为朗缪尔理论。

第六节　互动性原则

说话是双方面的，甚至是多方面的。当你面对听众谈话的时候，如果你只会一大套一大套地把自己想好的话讲出来，而不了解听众的看法和兴趣，不能观察听众对你的话有什么反应，有什么疑问，不能及时地解除对方心理的症结，那你就不能算是一个好的谈话者。

说话时，你既要有你自己的立场、态度和推理方法，还要懂得对方的立场、态度和推理的方法。因为每个人的思想、嗜好和推测都是不同的。另外，说话时，你可以让别人先说，一方面是表示你的谦逊，使别人感到高兴；另一方面你可以借此机会，观察对方的语气神色及来势，给自己一个猜测的机会。这不是两全的方法吗？可是有许多人，说话总是喜欢抢先。好像自己先说了，便可以压倒对方，或者使对方感到自己是一个不平凡的人物；还有许多人，说话一开始便滔滔不绝，自以为是一个善于说话的人，其实别人会因此对你产生不好的印象。倘若你是一个商店职员，对一个上门的顾客，滔滔不绝地在宣传自己的货物如何物美价廉，顾客对你如簧之舌、天花乱坠的说话，认为最多也不过是一种生意经，绝对不会相信而立即购买的。反过来，你如果给顾客说话的余地，使他对货物有评论的机会，你们成为互相讨论此货物的人，你的生意便可能做成了。在交谈中，无论是提问还是反问，都要考虑交谈对象和情境。适时巧妙地提问，可以避免交谈中的利害冲突，让谈话继续下去，有时甚至还有可能掀起谈话的高潮。

一、提问的四种方式

提问切忌唐突。那么该怎样提问呢？下面介绍一些常用的提问方式：

1. 选择型提问

这种提问方式多用于朋友之间，表明双方并不在乎如何选择。例如，你和朋友一起去酒吧，你不知他的喜好，便问："咱们要生力啤酒，还是青岛啤酒？"

2. 协商型提问

如果你要别人按照你的意图去做事，你可以用商量的口吻提问。例如，你要秘书起草一份文件，先把意图讲清，随后问一句："你看这样是否妥当？"

3. 限制型提问

这是一种目的性很强的提问，也就是给所提的问题限制一个范围。它能帮助提问者获得较为理想的回答，减少被提问者拒绝回答的可能。例如：

在香港，一般茶室客人喝可可时都喜欢放个鸡蛋。侍者在客人要可可时必问一句："要不要放鸡蛋？"有好多客人就回答说不要，但是如果侍者要问："放一个还是两个鸡蛋？"这样对方的选择范围就小了，提问者就可能得到一个满意的回答。

4. 婉转型提问

为了避免对方拒绝回答出现尴尬局面，可婉转地提出问题。例如：

一个小伙子遇到了心爱的姑娘，但不知姑娘怎么想，他可以试探地问："我能陪你走走吗？"如对方不愿意，她的拒绝也不会令小伙子太难堪。

在日常交际中，一般不可问别人有多少钱，不可问女子的年龄，不可问别人的家世，不可问别人工作上的秘密。

二、反问的八种方式

在交谈中，巧于反问，可以平中出奇，甚至可以反败为胜。常见的反问类型如下。

1. 讽刺型反问

讽刺是以刻薄的不容作模棱两可解释的嘲讽形式，对社会生活中的弊病和人们身上的不良现象，加以尖锐的揭露和辛辣的抨击，使人在笑声中有所思考和启迪。有这样一则故事：

地主在半夜催长工说："天亮了，还不起来干活？"长工说："等我捉了虱子再去。"地主说："天这么黑，能看见虱子吗？"长工答："既然天这么黑，又怎能看见干活呢？"长工的讽刺诘问，使地主处于自打耳光的窘境。

2. 疑问型反问

直接公开地表明反问者的观点、倾向，以证明、推理、辩驳等手法对事件发表议论、评判。

有一日，《工人日报》以“这是个什么会”为标题，披露了在某招待所召开的某会议内容。为期5天的会议，只有半天安排开会，其余都是观光游览。作者问道：“国家三令五申不许借开会之机游玩，为什么仍会有这种不知被报纸披露过多少次的怪事呢?”这则报道旗帜鲜明，有理有据，巧设疑问，直接得出概括性的结论。

3. 层递型反问

层递型反问从层层深化的语气中，使人加深对所叙事物的认识和印象，步步深入，吸引人的注意力。这种手法含蓄深刻，语言优美活泼，生动紧凑，能增强谈话的表现力。

4. 幽默型反问

幽默型反问产生于喜剧性的情景、惬意的误会和有趣的越轨行为，它使人感到活泼、轻松、快乐、滑稽、诙谐或优美。幽默是情趣与理智的统一，它的形式是轻松愉快的，但它揭示的主题是严肃的。

英国笑话《扯谎》里有一段妈妈和儿子的对话。妈妈问：“你要哪个苹果?”儿子答：“我要那个大的。”“你应该懂礼貌，要小的。”“妈妈，难道懂礼貌就得撒谎吗?”天真的反问，使人在笑意中有所领悟。

5. 悬念型反问

设置悬念来引发提问者的疑问和好奇心，比一般的平铺直叙要扣人心弦一些。这是一种获得强烈效果的反问形式。例如：

小莉问燕子：“丹丹最近好吗?”燕子说：“啊，她出事了，你不知道?”小莉急了：“出了什么事?”事实上丹丹仅仅遇到一点小麻烦，但燕子的反问引起了小莉的极度关切。

6. 肯定型反问

答问者以反问的语句直接明确地表明自己的观点和态度。例如：

贞观十五年，唐太宗李世民问大臣：“守天下难不难?”侍中魏徵答道：“非常难。”李世民又说：“我任用德才兼备的人为官，又听从你们的批评意见，守天下还难吗?”魏徵说：“古代帝王，打天下的时候，注意用人和听从意见，一旦打下江山，只图安乐，不喜欢别人提意见，导致亡国。所以，圣人说‘居安思危’，说的就是这个道理。能说守天下不难吗?”这种反问比正面回答更有力。

7. 机智型反问

反问者从不同的角度和侧面，或明或暗，或褒或贬，或深或浅地反问对方，巧妙地表达自己的观点、态度和倾向，由此及彼，达到目的。

8. 抒情型反问

人与人、人与物之间，往往有着内在的情感联系，这种情感联系经常会在反问者的嘴里或笔端自然地流露出来。以情感人，这便形成了抒情型反问。

反问的艺术，还有许多种。但若想真正掌握这些反问艺术，还必须不断地提高语言表达能力以及想象力、思辨力和应变能力。

第二章 说话的艺术技巧

第一节 幽 默

一、什么是幽默

哲学家培根说："善言者必善幽默。"具不具有幽默感，能不能恰当地使用幽默，并充分发挥幽默的作用，这是衡量说话能力，构成说话风格的标志之一。

在相声中，在小品中，在漫画中，在小说和杂文中，在说话或演讲中，我们都能不时地感觉到幽默的存在，而且很有趣。然而，究竟幽默是什么？是怎样构成的？该如何使用？又怎么养成呢？首先解答第一个问题。

还记得湘乡啤酒厂铜锅焊接单方国际赛吗？这是两只带有漏点和洋人的焊痕的高纯紫铜锅，自打从意大利买进来，就一直没有谁能补好它们。厂领导不知请了多少拨"神仙"来补锅，可到头却啤酒喝了不少，铜锅照样没有补好。万般无奈，厂里试着把湘钢的艾劳模请去，结果艾师傅烟不抽，茶没喝，还了酒厂一口补好的锅。全厂上上下下长长地松了口气。可他们怎么也不会知道，就在仰焊时，三颗 700 多度高温的焊粒钻进了老艾的衣领，滑到他的胸口，疼，但焊接枪一停温度一变，就会前功尽弃，于是艾师傅硬是忍着痛，咬着牙，让烧得发红的铜粒把皮肤烧焦！朋友们，什么是精神，这就是精神！每当看到老艾胸口那三颗豆大的疤痕，妻子总是心疼地说："你呀,什么勋章都有了,连人家没有的肉勋章,你都有三枚呀！"朋友们,说得多好,这是肉勋章！

再看国外的一则幽默：

三个年轻人从水中救起一位政客。他很感激他们，问他们需要他帮助什么以回报救命之恩。

第一个说：我希望进入西点军校，但我的成绩不理想。

政客说：没问题，你进了。

第二个说：我申请进入安纳波利大学被拒绝了。

政客说：不用担心，你进了。

第三个说：我希望被埋在柯灵顿国家公墓。

政客问：为什么？

回答：如果我父亲知道是我救了你，他会把我杀掉。

看完这两例之后，我们再来看看有关幽默的一些权威性的定义。美国《国际百科全书》："幽默是任何滑稽可笑的事物。"日本《万有百科大事典》：幽默是"对发笑的事物寄予同情"，"是高级的笑，复杂的笑"。我国的《辞海》：幽默是"在善意的微笑中，揭露生活中乖讹和不通情理之处。"我国台湾的《国语辞典》：幽默是"为调侃之话吻而含深刻讽刺之意者。"如此等等，全都是企图给幽默下一个明确的定义。然而，仔细琢磨，总觉得有不当之处：美国人把凡属滑稽发笑的事物都归入幽默，似乎太宽泛；日本人说是"寄予同情"，确实是有这一面，但冷峻的一面却被忽视了；我国台湾把视线落在"讽刺"上，而幽默并非全都是讽刺，即如前面我们看到的第二例，说"肉勋章"，就全然不是讽刺；我国《辞海》抓住了"乖讹和不通情理"这一本质特征，可又并非全是"善意的微笑"，即如鲁迅先生说过："将屠夫的凶残化为一笑。"这种笑显然称不上是"善意"的了。由此可见，给幽默下定义是件极不容易的事。英国哲学家索列早就一语破的，在谈到什么是幽默时，他说："语言中几乎没有一个词条比这人人熟悉的词更难下定义。"定义的结果只能导致理解上的片面性。

幽默是一种行为特征，又是一种有趣的表达方式，对幽默只宜采用描述和说明的方式，而不宜用下定义的方式去理解。

幽默应该具有三个最基本的特征：

第一，构成幽默的内核，是生活中的"乖讹和不通情理之处"，即不协调的、矛盾的、反常的、违反常规常理的、可笑的、甚至可鄙可恶的事物。

第二，运用暗示的、含蓄的手法给予表现，即如林语堂先生所说的："愈幽愈默而愈妙。"

第三，这种行为或表达方式所获得的直接效果是发笑，即引发接收者通过会意、联想，在顿悟之后发出会心的一笑。

二、幽默是怎样构成的

如前文所述，不协调、矛盾或反常是构成幽默的内核，也就是说，这是幽默最本质的特征。那么，这种不协调、矛盾或反常本身是如何形成的呢？又是如何突出地显现这种不协调、矛盾或反常呢？这是我们讨论幽默构成的两个关键所在。

形成幽默中的不协调、矛盾或反常，通常有两种方式，一是现实生活中确实存在不协调、矛盾或反常的现象，幽默者真实地将其反映出来。这种真实是艺术的真实，典型化了的。如第一例中所表现的，什么都是国外的好，可就是自己做不到。而这种向往与现实，说的与做的不协调或自相矛盾的现象，又是以生活中可能有的一刹那表现出来，从而构成了耐人寻味的幽默。二是在生活中本来是协调的、不矛盾的、正常的，可幽默者却运用一定的技巧或手法，有意造成不协调、矛盾或反常。如“疤痕”与“勋章”，两者之间根本就没有什么联系，更不存在不协调、矛盾或反常的问题，却把三颗疤痕说成是三枚“肉勋章”，这就反常了，从来就不存在“肉勋章”，可偏偏在这里出现了，完全出乎意料，可仔细想来，又在情理之中，于是幽默形成了。

不管是真实的反映，还是有意地制造，能否生成幽默的不协调的、矛盾的或反常的内容，都需要突现。没有这种突现，同样不可能形成幽默，或者达不到幽默的效果。如第二例，对于政客，一般人都是依从依附，但也有反常，即鄙视甚至敌视。怎样突现这种反常呢？幽默者通常是按照四个步骤进行的：制造悬念—着力渲染—意外反接—陡然领悟。政客被救及要求回报，这是制造悬念，引发听众的期待心理：即政客将怎样回报救命之恩呢？接着第一个和第二个青年所得到的回答，这是着力渲染，在满足听众期待的同时，又形成一种心理定势，即由前面对两个青年的满意回答中推定对第三个青年会有更满意的回答。然而第三个青年提出的要求却是听众意料不到的。因为意外，听众的期待心理更加奇异，便急切想知道个究竟。于是意外的反接出现了，在与原来的心理定势截然相反的情势下，听众产生了极大的心理扑空，在心理扑空的刺激下，突然领悟了说话者的真实意图原来如此，并不是在夸奖政客如何知恩图报，恰恰相反，而在于突现对政客的极端鄙视甚至敌视。出于对说话内容的陡然领悟和对说话技艺的意外享受，于是听众发出会心的一笑。这个幽默过程实际上就是一个心理过程。要形成有效的幽默的关键就在于竭力造成听众的心理扑空，而这种扑空又是由前面的渲染与后面的反接所造成的反差引发的。反差越大，效果越好。幽默虽然是由这样四个步骤构成的，但在实际运用中，在特定的语境中，借助特定的对象，常常有所省略，一句话，一个词语也能造成极好的幽默。

例如，第二次世界大战期间，英国首相丘吉尔访问美国，下榻白宫。晚上，美国总统罗斯福突然造访，适逢丘吉尔洗澡，一丝不挂，罗斯福又避之不及，情急之中，丘吉尔说了一句至今还令世人忍俊不禁、意味深长的大实话：“我大英帝国对你毫无保留。”

三、如何使用幽默

笑星鲍伯·霍普在谈到说笑话时说："题材有出色和平庸之别，但我知道如何通过时间的控制，使普通的笑话变成很棒的笑话。"这里所说的时间的控制，主要是把三个时间控制好。

第一个时间是进入幽默之前。在说笑话或幽默之前，不动声色，不作解释，悄然进入，造成突兀感，使听众摸不着头脑，没有任何心理准备。在平日的说话中，有的人一开口就说"下面我要给大家讲个笑话"，"讲一个很好笑的故事"，"要让大家笑得打滚"。结果不但引发不了笑声，反而落得个没趣；第二个时间是造成悬念之后，反接之前，渲染要充分，要足以把听众引向一个与反接截然相反的方向，并形成一个极为鲜明的心理定势，反差越大，心理扑空才越强烈，这是个关键；第三个时间是反接之前，要有较大的停顿，停顿的时间要足以迫使听众参与想象、参与思索，并产生极为强烈的期待感。

相传，明代才子唐伯虎给一位朋友的母亲贺寿，席间泼墨挥毫，画了一幅《蟠桃献寿图》献给老人，主宾皆喜，众人乘兴请他再给这幅画配一首诗。唐伯虎张口就说："这个婆娘不是人。"话一出口，举座皆惊，主人满脸愠色。他不慌不忙接下一句："九天仙女下凡尘。"全场转怒为喜，老太太更是乐不可支。可唐伯虎又来了一句："生的儿子都是贼。"大家又愣住了，怎么这样说呢？老太太要发怒了。"偷来蟠桃献母亲。"唐伯虎最后一句一出口，大家交口称赞，老太太更是开怀大笑。

试想，如果唐伯虎不间断地一口气把这四句诗念出来，能收到渐张渐弛，喜怒骤变，最后开怀大笑的效果吗？即便今天我们再来讲这则笑话，也同样不能一股脑儿讲出来。由此可见，这则笑话的原创者，是很懂得说话技巧的，尤其精通逗笑技巧。这种技巧的精妙之处就在于巧妙地运用停顿。

幽默之所以能引人发笑，除了构成幽默的材料之外，口语表达的关键则是上述三个时间的控制，忽视了对其中任何一个时间的控制，都很难引发笑声。没有笑声的幽默是难堪的幽默。

四、幽默是怎样养成的

幽默给人以美的享受，幽默的人生是美好的人生。说话或演讲的风趣幽默，既能博得听众的欢声笑语，又能使个人的才智获得超常的发挥。幽默不只是说几句俏皮话，也不是来几个滑稽动作所能见效的。"庄，诚其中；谐，形于外"，幽默不是表层次的逗笑，而是深层次的引发。幽默不是想幽默就能幽默的，而是多方面的素质养成。如何养成呢？一是心态养成，二是机智养成，三是能力养成。

幽默者应具有一种坦然开放的心态。这种心态取决于两个方面，一是热爱生活，笑对人生。我们的社会是美好的，我们的人生也是美好的。只有热爱我们的社会，热爱我们的生活，才会努力地去肯定所是，抨击所非。对社会、对人生，冷若冰霜，愁眉不展，这也不是，那也不该。眼前一片漆黑，满肚子的牢骚，这种心态怎么能开放呢？开放的心态源于热情，源于乐观向上。二是充满自信，无所畏惧。幽默是一种“优势的表现”。形成这种优势感，除了地位、权势、财富之外，更多的还是源于自信心。尤其是在说话或演讲中，还没上台，心就扑通扑通地跳，站上台，腿打哆嗦，手发颤，头上冒汗，生怕讲不好，如此这般的紧张畏惧，还能幽默吗？心态开放宽松，幽默自然而来；心扉封闭紧锁，就算有幽默，也会被扼杀。

幽默是智慧的结晶。看似平淡，经幽默者一说，却显出特别的新奇，即如宋玉在《神女赋》中写的：“既澹泊于幽默，杨觉寤而中惊。”要获得这种新奇的效果，没有机巧的智慧是断然不能的。周谷城先生曾对毛泽东同志说：“我近来替‘风趣’找出了一种解释：智慧超过需要时，可能有风趣；智慧赶不上需要时，不仅不能有风趣，可能要丢丑。”形成“风趣”的手段也许是多方面的，但可以断定，幽默是其中最主要的手段。这种机巧的智慧外化为幽默，表现为言语内容给人以庄重的突然领悟，以及言语形式给人以新奇别致的意外享受。说话或演讲，一个意思，一句话，直白地说出来，也许听众什么都不会在意，听过之后，音容全无，下面的说法情况就完全不同了：

我们是用竹竿捅下来的。——20世纪60年代初，记者问，你们是怎样把美国的无人驾驶飞机打下来的，陈毅如此回答。

本人的长相很中国，中国五千年的沧桑与苦难全都写在我的脸上。——台湾笑星凌峰。

袁世凯平生只做了一件有益于中国人的事，这就是他终于死了，绝对地死了，很合时宜地死了，“义无反顾”地死了。——一位历史教师在历数了袁世凯种种罪行之后说。

这些话只要一听，不管过多久，总能存留在人们的记忆中，而且经得起长久的咀嚼，因为这是瞬间的智慧超越。

还有一种能力，即发现幽默和表现幽默的能力。生活中存在很多幽默可笑的事物，就看我们有没有这种能力去发现、去挖掘、去表现。

南非图图教主，是位反种族主义的斗士，并因此而获诺贝尔和平奖。1984年冬，他在纽约一个基督教仪式上发表演讲时说：“传教士刚到非洲时，他们手里有《圣经》，我们手里有土地。传教士说，让我们祈祷吧。”我们闭目祈祷。待我们睁开眼睛时，发现一切都倒了个个儿；我们手里有了《圣经》，他们手里有了土地。

多深刻的揭露！多辛辣的讽刺！他不仅清醒地看到了这种欺骗与掠夺所造成的社会反常，还能在演讲中的一刹那，用形象生动、简洁轻松的话语表现出来。这就是一种能力，一种捕捉与表现反常的能力。

除了上述三个方面的素质养成之外，幽默者还应该熟悉和掌握各种修辞手法，包括寓言故事、成语典故、传说等，在实际使用过程中，有相当一部分幽默就是借助一定的修辞手法来实现的。

胡适先生曾经在一所大学讲学时，一开讲就分别引用孔子、孟子、孙中山先生的经典之说，并在黑板上分别写下了“孔说”“孟说”“孙说”。当要讲自己的见地时，又反身写下“胡说”二字。学生一看“胡说”，不禁哈哈大笑，幽默形成了。这原本是“胡适说”，可学生却习惯地与“胡说八道”连在一起了。

这是双关的修辞手法的妙用，在幽默中表达了谦逊之意。诸如比喻、故错、夸张、殊比、婉曲、顶真、反语、飞白、曲解、衬跌、歇后语等，将之运用在特定的语境中，都能收到极好的幽默效果。寓言故事、成语典故、传说，甚至文学形象，本身不一定具有幽默感，但是当与一定的内容、一定的情境、一定的对象联系起来，同样可以成为妙不可言的幽默。

第二节 模　　糊

准确、鲜明、生动，这是人们对语言的一贯要求。但有趣的是，从20世纪80年代初开始，人们却在谈论着语言中的模糊性，而且还引起了学者们广泛的关注，并投入了极大的研究热情。什么是模糊呢？为什么在说话或演讲中也存在模糊？怎样使用模糊语呢？

模糊是一种普遍的客观存在。模糊是非人工语言区别于人工语言的本质特征。说话或演讲是非人工语言的具体运用，因此不可避免地存在模糊。与写文章、文学创作相比，说话或演讲时模糊词语和模糊语言的使用频率更高、更有效。

一、什么是模糊

“高”与“矮”，高个与矮个；“白”与“黑”，白天与黑夜，它们之间在什么地方分界呢？“高”与“矮”、“白”与“黑”的边沿能确定吗？由此类推，还有“胖”与“瘦”、“冷”与“热”、“美”和“丑”、“好”和“坏”、“善”和“恶”、“厚”和“薄”、“重”与“轻”等，都同样存在这种现象。尤其是在事物的发展变化过程中，这种现象就更明显了。

譬如由生到死，由鸡蛋孵化成小鸡，由生米煮成熟饭，由水结成冰等，这些事物都呈现出一种渐变性，在渐变中又常常表现为类属、性态的不确定性，即既属于这种事物的性质状态，又属于另一种事物的性质状态。比如鸡蛋在孵化过程中，既具有蛋的性质状态，又具有鸡的性质状态。人们把这种现象称之为模糊性。美国模糊学的创始人札德在20世纪60年代中期曾指出：“模糊性所涉及的不是一个点属于集合的不确定性，而是从属于到不属于的渐进性。”其实在札德之前，恩格斯在《自然辩证法》中就做了表述，他写道：“客观事物之间除了‘非此即彼’，又在适当的地方承认‘亦此亦彼’，并且使对方互为中介。”他还特别强调：“一切差异都在中间阶段融合，一切对立都经过中间环节而互相过渡。”尽管札德和恩格斯的表述不同，但他们都认定客观事物普遍存在渐变性和中介过渡，而在渐变和中介过渡中，又常常存在着类属、性态的不确定性，这就是模糊。

客观事物的渐变性、中介过渡，这也许早就被古今中外的学者们注意到了，而这种客观现象所引起的人们主观思维反映，却似乎注意得不够。1965年，札德集以往之大成，首次发表了《模糊集合论》的论文，提出研究事物模糊性问题，并制定了模糊集合这个新概念，作为刻画模糊事物的基本数学模型。从此，札德的研究在西方国家得到了日益广泛的响应，模糊学作为一门新的学科由此发端。

1976年，潘学海、张锦文在《计算机应用与应用数学》第九期中把札德的文章翻译发表，首次把模糊理论介绍到我国。这一理论的引入，很快就引起了我国理论工作者和实践工作者的兴趣。这种研究与应用很快从数学领域向其他领域、其他学科扩展，卓有成效。模糊学同样引起了语言学、文学、美学、修辞学的学者的研究兴趣。《模糊语言学》《模糊修辞学》《模糊美学》等一大批专著先后面世，论文也层出不穷。尤其值得注意的是，模糊理论同样被引入口才学、演讲学的研究领域。

总之，模糊学虽然历时不长，却具有广泛的发展前景。

二、说话或演讲为什么也存在模糊

客观事物存在着模糊性，作为反映客观事物这一特征的语言，同样存在模糊性，而且是普遍的。这类言词和言语最根本的特征都是无法做定量和定性逻辑分析，是非定量的、非定性的、非逻辑性的。例如，“很高”“比较高”“不高不矮”“很矮”“不美，但也不丑”“年岁大且不老”等，这类言词和言语，能做出定量和定性的精确分析吗？

模糊语言是由模糊言词和模糊言语构成的，两者虽然有着密不可分的联系，但并不等同。模糊言词反映的是客观事物所具有的模糊性的一方面，具有客观性。常见的言词包括表性态、表程度、表范围的形容词和副词，如美、丑、高、矮、胖、瘦、粗、细、长、短，比较、特、很、非常、大约、大概、也许、好似等。这类言词所表达的意义都是无法精确的。模糊言语是指人们使用语言时巧妙地运用模糊言词或模糊手法造成模糊效果的话语，具有很强的主观性和技巧性。例如：要把战争的损失减少到最低程度；你们青年人，朝气蓬勃，就像早上八九点钟的太阳。前一句是直接运用模糊言词“最低”，后一句是比喻，借助喻体的形象特征去理解青年人所具有的朝气，是一种模糊手法。在言语活动中普遍存在着模糊性，除了客观事物的模糊性起着决定性的作用之外，还在很大程度上源于说话或演讲的特定要求。

（一）思维的模糊性

思维具有精确的一面，又具有模糊的一面，而且两者常常存在着地位辩证转化的必然性，即模糊→精确→模糊。思维总是始于总体的意向把握，在意向的驱动下，再进入精确识别，最后整合，形成判断，即抽象。口语表达，从说话的产生到话语的形成再到现场表达，同样体现这种转化规律。口语表达，在通常情况下都是边想边说，边说边想，即便是写好了讲稿，也有个临场发挥的问题。比起书面表达，口语表达的思维显然要快得多，这是一种快速思维。这种快速思维主要表现在快速选定话题、快速调动积累（包括经验积累和知识积累等）、快速组织语言、快速将内部语言转化成外部语言，以及在各个环节中对各种情况的快速判定与处理。因为要快速，就只能对整体进行模糊把握。譬如对话题的选定，也许是一瞬间，面对听众，说什么，既要考虑自己能说什么，又要考虑对方需要听什么。看菜吃饭，看人说话。听话者的需求，常常是由方方面面决定的，年龄、职业、地位、文化层次、社会经历，以及由此而形成的思想品德、心理需求、兴趣爱好等。在选定话题时，说话者并非定量定性地精细考察与辨析，常常只是朝对方或场内看一看，打量打量，凭着直觉和经验判定。这是一种非精确的总体估计，因而是模糊的。这种因快速而呈现出来的模糊状态的思维，几乎贯穿在说话或演讲的全过程中。

我们经常听到有的人在说话中，不时地夹杂着“嗯嗯啊啊”“这个这个”“那个那个”的现象。它除了是一种不良的说话习惯之外，从思维状态来分析，同样是思维模糊的表征，或者是因为思维只出现了某种意向，正在向清晰转化，或者是因为由内部向外部转化中，正在选择恰当的表达方式，或者思维接不上茬，正处于思维中等。说话是连续的，不可能中断，于是自觉或不自觉地把“嗯”“啊”“这个”“那个”暂时派上场。虽然这些都是言语“垃圾”，但思维使然，因此也是不难理解的。

（二）情感的模糊性

情动才能辞动。说话或演讲本身就是一种情感活动。这种情感，一方面交融在说话或演讲的内容中，或热烈地赞成所是，或热烈地摒弃所非，或慷慨激昂，或缠绵悱恻，或喜或悲，或恨或怒，总会有说话或演讲者的真实情感的投入，否则，就不可能感人；另一方面，它还表现为对听话者言谈举止、人格品位、情绪、态度的情绪评判，或钦佩，或厌恶，或欣赏，或鄙视，或接纳，或排斥，或褒或贬，或扬或弃，总会从说话或演讲者的话语里、神色中流露出来的。情感是一种心理倾向，是无形的，如果不外露，是无法感知的，即便外露，也常常不是单一的，其真实强烈的程度也是很难确定的，一切都只能大体意会，大体领悟。如微笑，虽然能给人以愉悦，是美好的情态，但微笑中究竟隐含了多少含义，投入了多大的情感，也许谁也说不清楚。这就是说，情感本身就是模糊的。尤其是说话或演讲中投入和流露出来的情感，更是只可感受，只能受到感染，很难对其做出定量定性的逻辑分析。除此之外，情感与思维也是相互交融、相互制约的。在说话或演讲中，情感激发思维，思维引发情感，情感越激越，思维越活跃；思维越活跃，情感越充沛，由此而构成了说话或演讲的内在驱动力，正是由于有了这种驱动力，才外化为既神采飞扬又滔滔不绝的说话或演讲。情感与思维这种交融性，首先就呈现出一种模糊状态。其次，在外化过程中，又呈现出一种渐变状态，即不确定性向确定性转化，多样性向单一性转化，不清晰性向清晰性转化，表层性向深层性转化，意向性向行为性转化。这些转化经常地、普遍地存在一个“亦此亦彼”和“似是而非”的中介过渡，即模糊性。情感与思维的交融和渐变，在很多时候是很难精细而确定地用话语表达的，譬如极度的愤怒，极度的悲伤，反而说不出话来。法国作家都德在《最后一课》这篇文章中，写韩麦尔先生听到下课铃声响时，他思绪万千，异常激动，此时他却只说出“我的朋友啊”，“我——我——”，“散学了——你们走吧”。他的神态、他说的话，是他此时的思维与情感的高度结合。他此时的心情，他此时的所想，能说得出来吗？一切都在不言中。这是一个炽热的情感空间，一个复杂的思维空间，更是因为模糊才留下的一个艺术空间。

（三）言语表达的有限性

言语虽然是丰富多彩的，千变万化的，能传情达意，叙事状物，但对于纷繁复杂，变化莫测的宇宙世界来说，却又显得太有限，太苍白了。这也许是人类语言系统中不可避免的一个缺陷。那么，人类又是怎样运用有限的言语来描述无限的宇宙世界的呢？最基本的是两种言语手段，一是精确，二是模糊。$1+1=2$，这是精确的；$x+1<2$，这是非精确的，只给定了一个不确定的范围。这就是说，人们在说话或演讲中，有一部分话语是精确的，用来表达清晰的、确定的事物；还有一部分话语是非精确的，用来表达非清晰、非确定的事物。有时，即便是清晰的、确定的事物，也用非精确的手法表达，这属于策略或技巧问题，可以另当别论。

事实上，在言语活动中，人们使用的精确话语是很有限的，大量话语都是模糊的。模糊话语的一个最显著的特点，就在于外延宽、内涵窄，因而具有很强的包容性，这正是模糊话语一个极大的优势。试比较下面两句话：这座高楼，5分钟以后就要被爆破了；这座高楼，即将被爆破。前一句是精确的，5分钟一过，高楼就轰然倒地；后一句是模糊的，“即将”，可以是5分钟，也可以是50分钟、5个小时、5天，都可以包容在“即将”之内。正是这种包容性，给予了我们在说话或演讲时一个极大的便利。否则，演讲者将会陷入无法开口的困境。

战国时期有个人叫宋玉，被同僚登徒子在楚王面前告了状，说他好色。为在楚王面前洗刷自己的清白，他说他家乡有一个漂亮的女孩子趴在墙上看了他三年，他至今都没有表态，以此证明他不好色，他是这样描述那个女孩子的：增之一分则太长，减之一分则太短；着粉则太白，施朱则太赤。（宋玉《登徒子好色赋》）

那个女子究竟多高，肤色怎样，一切都只给定一个弹性的空间。宋玉很聪明，一个人的美，因各人的审美情趣而异，何况肤色只能凭视觉审定，而很难为言语名状。

模糊言语之所以有很强的表现力，正是在于它具有很强的包容性，这就给听话者留下了一个弹性空间，这个空间可以想象，可以补充。这就是说，人们在听说话或演讲的同时，总是依据言语信息——事、理、情，通过联想与想象，把自己的经验、见闻、知识以及情感与情绪，一股脑都补充进去，甚至还做了创造性的还原。也正是这个原因，人们不仅能听懂说话或演讲者的话语，而且还会在眼前展现各种情景交融的生动画面，产生情感的共鸣。有人说：“艺术世界之所以具有永恒的魅力，原因之一，在于像纯数学一样，具有‘空筐’结构的性质。”这里所说的“空筐”，就是模糊空间。

口语表达除了有声语言之外，还有无声语言，即态势语，就是通过手势、身姿、面部表情增强表现力。这是书面语所不及的，也就是说，比起书面表达，口语表达至少多了一种载体。虽然所有的态势语都是模糊的，只有与有声语言配合，才具有表现力，才能被人理解，但是态势语的确具有很强的表现力，既可以增强有声语言的直观性和穿透力，还可以将有声语言难以表达的意思，通过一个手势、一种身姿、一瞬间的表情淋漓尽致地表达出来。这样一个手势、一种身姿、一瞬间的表情，究竟留给听众多大的思维空间，这是很难想象的。无限的客观世界尚且可以被有限的书面语所描述，那么，人们更有理由相信，口语表达更具有优势，而这种优势在相当大的程度上同样是源于口语自身所具有的模糊魅力。

美国加州大学教授格·哥根指出："描述的不确切性并不是坏事，相反，倒是好事，它能用较少的代价传递足够的信息，并能对复杂事物做出高效率的判断和处理。也就是说，不确切性有助于提高效率。"正是因为精确言语与模糊语言的交互使用，言语才获得了无穷的表现力。但可以肯定地说，对宇宙世界，万事万物，言语都只能做近似或相似的描述。

三、怎样使用模糊语言

在说话或演讲中，下列三种情况不得不使用模糊词语构成的模糊言语。

一是表达的客体本身是模糊的，无法用精确语言表达。例如，一位演讲者讲到一位与歹徒搏斗的女民警：她，个头偏矮，在女性中虽然说不上漂亮，但并不丑陋，端庄、大方，眉宇间常常透出无比的坚强与果敢。由外貌说到性格气质，究竟是怎样，一切都只能依据话语的提示，凭借听众各自的生活经验去想象，去体味。除了个头可以精确，其他都是无法精确的。

二是虽然客体清晰，可以用精确言语说出来，但在特定的语境中，为满足特定的心理需求，却没有必要精确说出。如一位老师初到长沙大学任教时，总有人问："长沙大学在什么地方？好不好？"答："在长沙市洪山庙那边，紧靠浏阳河。很好。"能不能更精确、更具体地回答呢？完全可以。然而，有这个必要吗？这类问话最真实的意图，不完全是关心这所大学，更多的是关心这位老师的去向。如果真一一精确地说出来，反而会使人烦，使人觉得迂腐。说话要有的放矢，更何况人们识别事物，了解事物，更习惯于整体把握。例如有人从北京打电话给长沙的朋友，说他的小孩正乘火车去长沙，请朋友第二天去车站接孩子，于是他在电话中这样描述孩子的模样：十六七岁，一米七左右的个头，白胖白胖的，有点像我。自己孩子的年龄、身高、体重都可以非常精确地说出来，甚至连孩子的哪个部位像自己都可以说得很具体，但为什么全都用模糊的方式说出来呢？因为这些特征只是供对方去整体把握。事实上，对方在识别中不可能带尺子、带秤，一一精确辨认，而只能依据这些特征做出综合识别。

三是有些情况，有些事，不好说、不便说，若全都精确地说出来反而会产生负面影响。出于策略的需要，必须有意把本来很清晰，很具体的人和事用模糊话语说出来。例如，在一次中外记者招待会上，一位外国记者问我国外交部发言人："普京总统来贵国进行了正式访问，贵国领导人打算在什么时候来回访莫斯科？"发言人说："我们的领导人将在适当的时候访问莫斯科。"有的外交人员是从事间谍活动的，可在被驱逐出境的外交辞令中却说成：干了与外交官身份不相称的事情，是不受欢迎的人。在处理各种日常事务时，批评坏人坏事，本来有名有姓有事实，但在公开说出来的时候却说成：个别人做了某些不该做的事。在谈判中，在交谈中，本来发生了激烈的争吵，甚至还拳脚相加，可在对外宣布时却说成：有过极（或很）不愉快的接触，如此等等。这些人，这些事，如果真说得很清晰，很具体，要么影响关系，要么造成对立情绪，势必导致不良后果。除了直接使用模糊言词之外，在说话或演讲中还经常使用模糊手法，以造成模糊效果。

一所大学里一位很有声望的德育教师是这样回答学生的提问的，学生问："您作为一位大学的德育教师，您对您和您的同事所从事的思想政治工作有何评价？"他是这样回答的："我们是种树人，本来可以选择屋后种瓜种豆，这样会有很可观的收入；也可以选择庭前种花种草，这样会使人赏心悦目，而没有矛盾。但是，我们走出书房，选择了种树，在风沙中垦荒，在雨雪中种树。种树者往往是不留名的，但种树者是问心无愧的。不过，我们有时也因为护树的需要种一些'刺'。"

这个比喻是十分贴切的，对思想政治工作者及其工作，从人品、人格、工作境况、工作性质、工作中的艰辛、工作的手段，都一一做出了无懈可击的评价。然而，仔细琢磨起来，"种树"和做思想政治工作，"种树人"和思想政治工作者，"种一些'刺'"与一定的批评处罚，真会是一码事吗？其实这几者之间只是存在某种相似。亚里士多德在《诗学》中指出："善于使用隐喻词表示有天才，因为要想出一个好的隐喻词，须能于不大相似的事物中看出它们的相似点。"似与非似，亦此亦彼，正是模糊的特征。比喻之所以能使人理解，就在于强化"似"，淡化"非似"，强化的结果是"具象"，造成鲜明的形象，在形象的驱使下进入理性的思维。从具体的形象中所引发的思维、所获得的思想，比起直白的方式，也许会更丰富、更深刻、更具有感染力。

再如，比喻、象征、类比也都能造成模糊的效果，都是说话和演讲中的常用手法。

第三节 委 婉

委婉，是指语气温和，言词柔美，语义曲折含蓄的言语技巧。在说话或演讲中，这类话语令人轻松而又耐人寻味。

一、委婉的功能

请看下面几种情境。

情境一：

5月18日，我由湖南乘了36小时的火车来到了云南，5月18日到今天，我们一直沐浴着云南这春城的绵绵细雨，今天，终于阳光灿烂。阳光来了，我也来了！（掌声）这是湖南湘潭钢铁集团有限公司子弟学校教师徐桂兰在昆明的一次即席演讲的开场白。

情境二：

正在疾速行驶的公共汽车突然急刹车，一位中年男子一下扑在前面一位女青年身上，女青年恼怒了，回过头来瞪了他一眼，甩出一句话："看你这德行！"中年男子笑了笑，应声回答："小姐，不是德行，是惯性。"话一出口，女青年转怒为笑，整个车厢的人都笑了。

情境三：

一天早晨，华盛顿的秘书迟到了，借故说："对不起，先生，我的手表出了点毛病，以致我认为时间还很早。"华盛顿却说："恐怕你得换一块手表，否则，我就得换一个秘书了。"

第一种情境，面对台下的听众，一上台就说，我的演讲，带给大家的将是耳目一新的感觉，就像久雨后的灿烂的阳光一样。能这样说吗？会有掌声吗？第二种情境，别人上火，自己难堪。说重了，无疑是火上浇油；说多了，不管用；不说，很委屈。仅此一句，既洗刷了清白，又化解了尴尬。第三种情境，总统对于秘书，该发火就可以发火，该怎么说就可以怎么说，然而华盛顿却是接过秘书的说法，风趣地提出两个解决的办法，不使对方难堪，又使对方意识到问题的严重性。

上述这些情境，或者因为要说而不便直接说，或者为了避免冲突，或者缓解说话的气氛等，面对这种种复杂而微妙的人际关系，用委婉的说法，可以彼此心领神会，融洽人际关系。

另外，说话中还有一种情感联想，即由一个言词或一句话引发对事物情态的联想，譬如，“团花似锦”，这当然是美好的，引发的情感自然是愉悦的。“鲜血淋漓”，这是一种惨状，引发的是恐怖的感觉。在通常情况下，说话措辞用语，就应该尽量避免那些粗俗的，不堪入目的，不堪想象的言词语句。譬如，不说“死”，而说“老了”“逝世”“谢世”“仙逝”“千古”“作古”等。据统计，在汉语中，“死”的说法不下300种，英语中也有100多种。不说“拉屎拉尿”，而说“方便”“上洗手间”“解手”，古代皇宫中还有“出恭”的说法。不说“蛇”，而说“长虫”，不说“老虎”，而说“大虫”，甚至，为避免类似“虎”的发音，把“腐乳”说成“猫乳”。在湖南的湖区，因为害怕沉船而不说“沉”字，以至在一些地方把姓“陈”说成姓“龙”等。对此，英国语言学家杰弗里·N·利奇在《语义学》中指出：“情感联想在词的含义中显得特别重要，绝不限于种族和政治的范围。在个人生活中，像死亡、疾病、犯罪、惩罚这类事情，不可避免地要产生不愉快的联想。正是对于这类话题以及有关性和人体排泄，那些人们忌讳的话题，委婉语，是这种语言中的‘消毒剂’，必然要产生影响。委婉语（在希腊语中是‘谈吐优雅’的意思）就是通过一定的措辞把原来令人不悦或比较粗俗的事情说得听上去比较得体，比较文雅。其方法是使用一个不直接提及事情不愉快的侧面的词来代替原来的那个令人不悦的内涵的词。”

二、委婉与幽默及模糊

委婉、幽默、模糊，虽然是三种不同的言语手段，却都与机智相通，因而不可避免地相互交叉、相互重叠，你中有我，我中有你，以致很难区别，很难把握。

首先，同一种说法，可以从不同的角度认定。

爱因斯坦与卓别林的一段对话，爱因斯坦首先称赞卓别林：“全世界的人都能理解你的幽默、含蓄，你的确是一位伟大的艺术家。”卓别林却回答说：“世界上只有很少的人能理解你的‘相对论’，可你仍然是一位真正的伟大的科学家。”

双方言语构成基本相同，语意是相互称赞，但卓别林是首先受称赞，因而在反过来称赞对方时，除了称赞之外，还多了一层表示谦逊的意思，以此来回应对方对自己的称赞，即跟你比较，我还够不上伟大，真正伟大的是你。而这层意思并没有明说，只是暗含在语气与语意之中的。从这个角度来分析，显然是一种委婉的说法。双方都称赞对方“伟大”，各自的依据却相反，前者依据的是“都能理解”，后者依据的却是“很少的人能理解”，两种说法是不协调的，甚至是矛盾的。虽然是在意料之外，却又在情理之中。由此看来，这又是一种高雅的幽默。是“都能理解”算伟大，还是“很少人能理解”算伟大？是艺术家伟大，还是科学家伟大？究竟谁伟大呢？一切都在话外，一切都只能由听话者凭着自己的生活经历、处世见地、兴趣爱好，去选择，去判定。显然，说话双方都留下了一个极大的不确定的弹性空间，因而也是模糊的。

其次，三者形态不同，各有所侧重。委婉，侧重的是不明说，却能使人心领神会。

2000 年 9 月 23 日，以写武侠小说著称的金庸先生在岳麓书院讲学，在谈到对湖南的印象时，有一段很有趣的话：“我们湘女很多情，很出名的。（掌声）我从小就听桃花江的歌，我想象到湖南来可以见到很多漂亮的小姐。（哄堂，掌声）实际上当然还是见到了，不过见到了，也只是看看罢了，没有下文。”（哄堂，掌声）（根据录像资料整理）

显然，最后一句，“没有下文”，这是一种极具风趣的委婉说法。这么有名气的学者，这么高龄的长者，竟然也谈起湘女如何多情，如何漂亮，还想来看看，而且的确看到了。这很自然地引发了听众的注意，看了又会怎么样呢？演说者突然冒出一句“没有下文”，既回答了现场听众的疑惑，又委婉地说出了自己的动机与心态，即我只是客观地评价，毫无邪念，更不会有不轨的行为。委婉中显出了一种特别的机巧，因而引发了全场的哄笑与掌声。幽默，突现的是事物的不协调的、反常的、矛盾的一面，由此而巧妙地构成反差，由反差而形成顿悟。幽默常常会给听众一种突然的新奇感。

1972 年，美国总统尼克松访问苏联，勃列日涅夫陪同他准备登上飞机，可引擎发动不起来，勃列日涅夫又急又气，指着民航局长问尼克松：“我该怎么处分他？”“提升他。因为在地面发生故障总要比在空中好。”尼克松一本正经地回答。

两位国家元首在场，出这么大的事故，还谈得上“提升”吗？可见是有意制造出一种反常，以幽默的方式缓解突然出现的紧张气氛，同时也道出了实情。幽默虽然也有委婉的一面，但更注重由反差所引发的新奇。

模糊，侧重表达的是对象的不确定性，留给听众的是一个可供领悟、体会、选择的弹性空间。例如，1936 年 10 月 19 日上海各界代表公祭鲁迅先生，轮到出版界的代表邹韬奋发言时，天色已晚，他只说了一句话：“今天天气不早，我愿用一句话来纪念先生，许多人是不战而屈，鲁迅先生是战而不屈。”当时多少名人登台演说，经过几十年，谁说了什么，怎样说，也许少有人知道，为什么邹韬奋这一句话，直至今天，人们还津津乐道呢？除了精辟之外，还在于说得极为机智。而这种机智又集中体现在“许多人”用得特别巧妙。大敌当前，谁都能理解这“许多人”是指谁，但谁也抓不到把柄是指谁。因为这"许多人"本身是不确定的，是不能做出精确的定量和定性分析的，留给听众的是一个极大的联想空间。

最后，在说话和演讲中，委婉、幽默、模糊，虽然是常用的言语手段，但严格地说，却又分别属于三种不同的范畴。委婉是一种修辞手法，幽默是一种表现手段，模糊是一种思维方法。在各自的使用中，都是基于机智，又共同表现出模糊状态，因而导致三种语言形态很相似，很接近，这是需要我们认真把握的。

三、委婉的应用

委婉，虽然是一种修辞手法，但在说话或演讲中却是通过多种多样的手段和技巧来实现的。

暗示，说东指西，让听话人从说出来的事联想到另外一件事。请看下面两例：

例一：席间，当主人给客人敬酒时，客人马上说：对不起，我不喝白酒。于是，主人马上斟上红酒敬给客人。

例二：两人争吵，其中一个理屈词穷，气急败坏地指着另外一个说："你有什么了不起，你能把我吃了？"另一个毫不示弱，语气平和地说："不能，我是回民。"弄得对方有气无法出。

席间客人并没有说要喝红酒，吵架时，也没有直接骂对方是"猪"，可他们的真实意图却全都充分表达出来了。为什么？因为虽然没有明说，却是可以使对方从说出的话中联想到要说的事和要表达的意图。

暗反，说出的话与要表达的真实意图完全相反，但又有别于反话，反话常常可以从语气中从情态中觉察出来。暗反，语言义与言语义之间的反差，只能借助言语环境，依据情理去判断，去领悟。例如：

每天中午，楼上家的小孩坐着学步车满屋地转，发出吭吭的吵闹声，严重影响楼下主人的午休。一天，楼下的主人对楼上的主人笑眯眯地说：很有意思，每天中午，我都能伴着你家小宝宝的节奏入睡，那种感觉真好。

有"节奏"吗？是"真好"吗？真实的意思是太吵，太闹，真苦恼。只是出于和睦相处，提醒楼上主人别让小孩中午再吵闹了。依据情理，楼上的主人自然心里明白，也自然不会让小孩再吵再闹了。

宽说，有意把话说宽泛些，把要说的真实意思包含在其中。因为不是很直接，才避免了针锋相对给对方造成难堪或反感。例如：

有人问："我看周围的人自私自利，你认为这是不是事实？"回答说："认为人人都正直那是愚蠢，认为周围根本就没有正直的人，那就尤其愚蠢。"

这似乎是答非所问，其实是一种委婉的回答，即把"自私自利"暗含在

"不正直"之中。除了"不正直"一面之外，还特地强调了"正直"的一面，即"不自私自利"，语意的涵盖面更加宽泛，更加丰富，也就是说把正反两面的情况都包容进去了。如果不这样包容，岂不成了直接指责提问人愚蠢吗？

趣解，用一种有趣的方式去解释某种说法或某种现象，把自己的真实看法或真相暗含在有趣的解释中，让对方从中去领悟体会。例如：

某高校的一位党委副书记在接受青年朋友提问时，有人问："你是怎样一下子就成了党委副书记的？"这样的问话，针对性很强，还暗含了某种挑衅性。回答得太多、太具体，没有这种必要性，甚至还会助长某种不良势头的高涨；说少了，不能满足发问人及听众的期待。这位党委副书记做了如下的回答："我是先成为共产党员，然后才成为党委副书记的。不是一下子，而是两下子。"（引自刘吉、华琪《对话的艺术》解放军出版社1988年版，第164页）

针对对方"一下子"的说法，把先入党，后当党委副书记说成是"两下子"，直接否定对方的说法，获得了极为幽默的效果，更重要的是表达了一个更真实的意思，即不可能是"一下子"就成为党委副书记，而是要经过长期奋斗，长期考验的。

借续，有些话，有些意思，自己不明说，而是借用对方的言语形式，思维逻辑，续说出来，让对方去领悟、理解。例如：

我国一位知名作家在接受国外一位记者采访时，这位记者问："没有'文化大革命'，可能也不会产生你们这一代作家，那么文化大革命在你看来是好还是坏呢？"这位作家立即以问代答说："没有第二次世界大战，就没有以反映第二次世界大战而著名的作家，那么您认为第二次世界大战是好还是坏？"

这是一种反驳的方式，以子之矛，攻子之盾。但从言语表达的角度来看，却是一种极其机智的委婉说法。即使是很明确，很容易说出的话，自己也不直接说出来，而是让对方从相近，相似，甚至相反的现象中去思索，去理解。这种委婉的说法，极具启迪性，极有说服力。在说话或演讲中，还有双关、歇后、谐音等，都是构成委婉的一些常用手法。总之，委婉是一种极为重要的言语交际手段，正如培根说："温和语气的力量胜于雄辩。"

第四节　诡　辩

在说话或演讲中，尤其是在辩论中，人们不时会遇到一种可恼而有趣的言语现象，即似是而非、模棱两可、真假难辨，说话者总是挖空心思，不择手段地为自己的言行或某种目的开脱辩护。人们把这类话语称之为诡辩。对于这类无可回避的话语，理所当然要加以研究，其目的就在于，一方面是为了提高识别诡辩的能力，以便及时地揭露和反驳，另外一方面，还可领悟诡辩中所蕴含的机智，恰当地利用。

一、诡辩的渊源

诡辩一词源于希腊语 Sophistes，意即技巧、智慧。诡辩论者，就是指掌握技巧，具有智慧的人。在我国，诡辩一词，最早出现在汉朝刘安编辑的《淮南子》中："诋文者处烦扰以为智，争为佹（诡）辩，久稽而不决，无益于治。"这种说法，大体上与《史记》《汉书》中对诡辩的评价相差无几。这就是说，诡辩在我国，一开始就成了混淆是非、颠倒黑白的代名词。

在古希腊，希波战争之后，随着民主政治的推行，自由民众获得了参加政治和文化活动的机会与权利，如出席公民大会，讨论城邦大事，参加法庭陪审、起诉或申诉等，这些活动要求人们必须具备讲演和辩论的才能，因此而出现了一批专门以传授修辞和辩论术为职业的教师，他们在西方史上被称为"智者"或"智者学派"，或"诡辩论者"。为了求胜，不惜玩弄概念，玩弄文字游戏，甚至故意违背思维规律，采取各种手段，将假的辩成真的，错的辩成对的。

在我国，诡辩的出现虽然比古希腊晚了一些，然而，似乎并不是纯粹以辩术的形式出现，它一开始就成了各家学派争论的逻辑命题，涉及名与实、相对与绝对、部分与整体、类与属，而且其中还包含了对辩证法的猜测和初步认识。譬如惠施的"合同异"，公孙龙的"白马非马"，荀子批判的"三惑"，《庄子·天下篇》中记载的二十一事（或二十三事）等，这些命题，都是具有很高学术价值的，都对我国的思维、逻辑、哲学产生过深远的影响。《庄子·天下篇》中集中记载了当时流传比较广泛的"辩者二十一事"（或二十三事）。这些辩题从诡辩手段上讲大体包括以下几类：

第一类是相对主义的辩解。如"卵有毛""犬可以为羊""马有卵""丁子有尾"（注：楚人称蛤蟆为丁子）、"白狗黑"等，这些辩解都是片面地夸张、扩大认识过程中的一个特征或一个方面，将不同事物之间的差别乃至同一事物不同部位的特点或不同阶段之间的变异抹杀了，从而导致了绝对否定的相对主义。

第二类是个别与一般、部分与整体之间的内在联系的诡辩。如"火不热"（火，即炭）、"轮不碾地""矩不方，规不可以为圆""凿不围枘""狗非犬"之类。

第三类是利用歧义的诡辩。如"郢有天下"（郢，古代楚国的都城）、"孤驹未尝有母”之类。

第四类是以偏概全的诡辩。如“山出口”“龟长于蛇”等，这些命题或依据局部现象，不问事物的种类性质，得出似是而非的结论；从个别事物的特殊情况出发，否定事物的一般的正常的性质而做出不合适的全面肯定判断。

第五类是偷换概念，以名乱实的诡辩。如“鸡三足”“黄马骊牛三”“目不见”之类。这些命题都是不顾客观事实，故意玩弄诡辩，以做惊人之举。例如，“鸡三足”，鸡只有两只脚，却偏要辩称其有三只脚，为什么？诡辩者说：“谓鸡足一，数足二，二而一，故三。”这就是说，凡属同类的事物，从整体来看，无论多少总称为“一”，即把鸡足抽象为一个整体，那就是“一”；再数具体的鸡足，是两只；把抽象的“一”与具体的“二”加在一起，鸡就是三只足了。这就是当时典型的“以名乱实”的诡辩术。

第六类是包含对辩证法的初步认识的诡辩。如“飞鸟之景（影）未尝动也”，“镞矢之疾而有不行不止之时”，“指不至，物不绝”，“一尺之棰，日取其半，万世不竭”等。

随着人类历史的演变，诡辩逐渐脱离早期单纯探求辩术、破解命题状态而直接与人类各个时期的思想、哲学、经济、外交、文化及人们的日常生活联系在一起。时至今日，诡辩大体呈现出三种状态：一是遇事总是持主观主义、相对主义、折中主义的思想方法，不是简单的形而上学，而是形而上学的恶性变种，这可称之为诡辩论；二是不正当的、错误的论证方法，尤其是那些故意违反逻辑规律，违背推理规则，用似是而非的说辞为错误观点辩护，这是诡辩术；三是在日常生活中，以胡搅蛮缠，专讲歪理，颠倒黑白，混淆是非为能事之徒的恶劣言辞，这是泼皮无赖的信口雌黄，是最恼人的诡辩。因此，识别诡辩，反驳诡辩，同样是当今一切有识之士不可推卸的责任，非此，就会妨碍人们认清是非。

二、诡辩的功与过

在言语角逐中，诡辩是一种很不好的辩术，持这种辩术的诡辩论者，往往有一种很坏的作风。“以非为是，以是为非，是非无度”，“所欲胜因胜，所欲罪因罪”。黑格尔的指责更为形象：“或者将一个道理否定了，弄得动摇了，或者将一个虚假的道理弄得非常动听，好像真的一样。”

诡辩论者对一切都采取为我所用的态度，很难说诡辩论是个什么样，更谈不上什么理论体系。大而言之，支配诡辩论者及其辩术的应该是唯心主义世界观和形而上学的方法论。其恶劣之处主要表现在以下三个方面：

第一，冒充辩证法，对抗辩证法。从根本上说，诡辩论与辩证法是对立的，是反辩证法的，但是，随着人类识别能力的提高，随着唯物辩证法日益深入人心，辩证法逼着诡辩论冒充辩证法。诡辩论者常常抹杀事物转化的条件谈转化，用既是这个又是那个的折中主义冒充两点论，用相对主义冒充相对性，用概念的主观灵活性偷换概念的客观灵活性等，千方百计披上辩证法的外衣，混淆视听，蛊惑人心。

第二，利用逻辑，违反逻辑。诡辩给人的感觉常常是好像有道理，又好像没有道理。究其原因就在于在貌似符合逻辑的幌子下违反逻辑。有人曾经问过一个整天泡网吧的孩子："为什么不回教室去听课呢？"他回答说："我宁愿在网吧痛快，也不愿意坐在教室头痛。"难道他只有网吧和教室可去吗？难道坐在教室里一定会头痛吗？孩子不懂逻辑，也不知道如何诡辩，却因为他直观的感受，导致了逻辑思维的缺损。成年人却是另外一回事，为了求胜，常常逞一时口舌之快而不惜诡辩。为了辩护"艾滋病是社会问题"这一主张，姜丰在新加坡的辩论赛中说："一个人打喷嚏不是社会问题，但如果我们全场的人同时打喷嚏，还不是社会问题吗？"如果姜丰后来再看这段录像，她自己也一定会发笑，瞬间就玩了一个归纳推理的诡辩。当然，这是赛场辩论，人们反而会因为她的语言机智而鼓掌。再如，当年面对日本帝国主义的大举入侵，相当一部分人提出了这样的论调：中国要么速胜，要么速亡。难道中国人民只有这两条路可以选择吗？面对这些论调，毛泽东同志提出来持久战的策略，实践证明这才是唯一正确的选择。总之，不利用逻辑，诡辩将失去伪装；不违反逻辑，诡辩将达不到目的。

第三，混淆是非，歪曲真理。诡辩，谬误，难免混为一谈，并且十分恼人。诡辩的结果自然要归于谬误，谬误也常常利用诡辩术支撑。然而，诡辩却是以"是非"为业的，只求胜，不求真。谬误，是认知中的偏执，理念上的误区。"常在河边走，哪有不湿鞋"，几乎所有的贪官都这么说。其实，这是典型的诡辩，利用人们的常态心理，掩盖其贪婪的本性，利用生活常识消减人们对他的憎恶。"湿鞋"与犯罪，两者之间存在可比性吗？

"人权高于主权"，这是西方霸权主义者前些年抛出的谬误。对于霸权主义者来说，这也许是一种偏执的信念，一种蛮横的要求。但对于第三世界国家的人民来说，可就成了极端的荒谬，丧失了主权，还有什么人权可言呢？虽然诡辩与谬误都是违背真理的，然而诡辩论者却是"所欲胜因胜，所欲罪因罪"。他们为了求胜，着意混淆是非，歪曲真理，不择手段地搅乱视听。这是诡辩有别于其他谬误的显著标志。

在充分认识诡辩恼人的一面之外，人们也绝对不可以在泼脏水的时候，把孩子也一起泼掉。诡辩作为一种现象，具有一定的认识价值，作为一种辩术，还具有一定的利用价值。黑格尔在批判的基础上，从积极的方面对诡辩做了肯定，他甚至断言："诡辩包含着一切教育。"这个思想应该包含两层意思：

第一，诡辩是哲学发展中的一个重要环节。譬如辩证法，在人类的辩证思维还不很充分的阶段，不少的辩术或命题，常常包含了某方面的辩证因素。例如"飞鸟之影，未尝动也"，"镞矢之疾而有不行不止之时"等，包含了事物的动与静的相对性与绝对性的辩证关系，之所以成了诡辩，就在于把事物所具有的相对性加以绝对化了。《吕氏春秋·离谓》的故事就是我国古代有名的"两可论"。或许邓析当初的动机并非诡辩，而是用这种方式提出了一种现象，即同一事物，立场不同，看待事物的角度不同，得出的结论也不同。这其中就包含了辩证法的"两点论"的合理成分。从某种意义说，诡辩也许是不少哲学思想、逻辑思维的启蒙者。

第二，诡辩从反面迫使人们逼近真理，掌握真理。黑格尔认为："如果把智者的诡辩了解为只有坏人才会犯的一种品质，在这个意义之下，它是很恶劣的。但是，辩术的意义比这要普遍得多：一切从根据出发的抽象推理——对某些特殊观点加以论证，提出一些正面理由和反面理由来辩难——都是辩术。"人们总是从不正确的形式和人为的联系中找到正确和天才的东西。真理总是在与谬误、与错误的东西做斗争的过程中发展起来的。这种斗争同样包括同诡辩论的斗争，正是这种斗争，才迫使人们一步一步接近真理，最后掌握真理。从这个意义上来说，诡辩的确包含了教育的作用。

三、诡辩的反驳与利用

诡辩很难识别，很难反驳，很恼人。对诡辩进行系统的批判和反驳，在我国最早当推先秦的荀子，他在《正名》篇中针对《庄子·天下篇》中提出的"三惑"，把诡辩的手法归纳为三种："用名以乱名""用名以乱实""用实以乱名"。"名"就是概念，"实"就是"名"所指称的对象，即实际事物。他结合实例，剖析了这三种诡辩的实质，并分别提出了破解的方法。例如"用名以乱名"，即混淆概念，曲解概念，最后达到混淆"名"与"实"的目的。他以"杀盗非杀人"为例，提出了两条破解的办法，一是"验之所以为名"，二是"观其孰行"。为什么会有"盗"这个"名"呢？就是要在"人"中区别出"有偷盗，有抢劫行为者"，但并没有把"盗"排除在"人"之外。再实地考察，看看那些主张"杀盗非杀人"的人，到底杀的是不是人，这就知道"盗"不是"非人"，如此等等。

尽管这种归类偏于简单，但他们提出的识别和反驳方法却是可取的，至今仍然具有一定的指导意义。在他之前和在他之后，还有很多名人学者也同样做过这样的努力，这些都是值得我们学习和借鉴的。见诸书面文字的诡辩，可供人们长时间分析琢磨，找到反驳方法。然而，大量出现在说话或辩论中的诡辩，要在一瞬间识破，并针锋相对地予以反驳，也许难度更大，若没有敏捷的思辨能力，不具备卓越的口才，是很难做到的。

诡辩的手法是多种多样、变化莫测的，常见的大体有如下几种：

含糊其辞，模棱两可。如算命先生的常用语“父在子先亡”。亦此亦彼，哪样有利就往哪方面辩解。

偷换概念，转移论题。或改变概念的内涵或外延，或抹杀不同概念的区别，或混淆种属关系，如把“思想犯罪”与“犯罪思想”混为一谈。

论据虚假。论据或者不存在，或者夸大，或者缩小，或者不充分。如宋玉反诬登徒子好色，是因为登徒子的妻子很丑，他却与妻子生了五个孩子。

循环论证。论点与论据互为论证。如耶稣是上帝的儿子，因为《圣经》是这样写的，但《圣经》又是耶稣写的。

机械类比。把互不相关的事物拉扯在一起，再由此种事物推出另一种事物的属性，如把共产党与历史上的“法家”类比，由此说“共产党是法家”。

以偏概全。以个别代替一般，以特殊代替普遍。如创立“相对论”不是爱因斯坦的父亲提出来的，由此断定“儿子一定比父亲聪明”。

违反逻辑规则，有意错误推理，如“宁要社会主义的草，不要资本主义的苗”，蓄意不穷尽选言推理的前提。

还有诉诸权威，诉诸情感，人身攻击等，都是诡辩论者经常玩弄的伎俩。

诡辩手法花样百出，反驳诡辩的手法与技巧同样丰富多彩，很难穷尽，在此只能以例示的方式做些粗略的归纳。

例一：

某法庭审理一起因恋爱不成而引发的毁容案。公诉人在分析罪犯思想时指控，犯罪嫌疑人在日记中多次写到要用各种手段进行流氓活动，可见其早就萌发了犯罪思想。辩护律师接过话茬辩护：“公诉人不应该把日记上的东西当作证据使用，我国的刑法没有规定思想犯罪。公诉人当即答辩：“我所说的是犯罪思想，而不是思想犯罪。这是两个不同的概念。犯罪思想是指犯罪嫌疑人的主观心理状态，这是构成犯罪的重要方面，如果不考察它，就无法弄清楚犯罪动机和目的，也就难以确定其犯罪是故意还是过失。我们怎么能用废除思想犯罪而否定犯罪思想呢？”

这是直接反驳。抓住诡辩的要害，有理有据地予以驳斥，高屋建瓴，言之凿凿，这是反驳诡辩论者偷换概念、转移论题最有力、最常用的手法。

例二：

老师找学生谈话，他针对学生平日喜欢自吹自擂，骄傲自满的毛病，语重心长地说："满壶不响，半壶响，你懂这是为什么吗？"学生不服气，反问道："空壶响吗？"空壶不响总比半壶响要好，毕竟还有个自知之明嘛！"老师加重语气说。

这是顺水推舟，即按照对方的说法顺势推进一层，加大反驳的力度。也许这对节外生枝、胡搅蛮缠的诡辩论者最为有效。

例三：

A：你刚才说，"君子爱财"？

B：我说的是"君子爱财，取之有道"。

A：有的盯住人家的口袋，趁人不备把钱扒走，这是小偷；有人拿着凶器，戴着面具，逼着别人交出钱财，这是强盗；还有的用微笑骗取信任，骗走钱财，这是骗子。这些家伙自称"君子"，自诩"有道"，其实都是"梁上君子""歪门邪道"。"君子爱财，取之有道"，纯属鬼话！

B：坏人爱财，所以爱财就是坏人，对吗？猪贪睡，人也贪睡，人就是猪吗？猴子爱吃桃，人也爱吃桃，人就是猴子吗？黄鼠狼吃鸡，你也吃鸡，你是否也是黄鼠狼呢？

这叫以其人之道还治其人之身，即按照诡辩论者的逻辑，使诡辩论者陷入不能自圆其说的尴尬之中。这种方法也叫归谬法。

例四：

某宾馆，一台商要求服务小姐换房，遭到生硬的拒绝。于是一场口角展开了。

台商："大陆不是口口声声说'为人民服务'吗？"

小姐："是啊，是为人民服务，可不是为你一个人服务啊！"

台商："我是不是人民，为什么不能为我服务？"

小姐："鬼知道，反正我没查过你的档案！"

台商："住店要查档案吗？请问小姐，你们这里是宾馆，还是公安局呢？"

这是环环相扣，突破一点。在辩论中，也许先是僵持，但可以伺机找准破绽，一攻即破。

例五：

一次外贸谈判，我国外贸代表拒绝了一个红头发的西方外商的无理要求，这家伙恼羞成怒，出口伤人。

外商："代表先生，我看你皮肤发黄，大概是营养不良造成你思维紊乱吧！"

我国代表当即反击："经理先生，我既不会因为你皮肤是白色的，就说你严重失血，造成思维紊乱，也不会因为你头发是红色的，就说你吸干了他人的血，造成你头脑发昏。”

这是以眼还眼，以牙还牙，针锋相对，寸步不让。这对由事态而引发人身攻击的诡辩论者来说，的确是当头棒喝，有力而痛快。在言语交锋中，反驳诡辩，既要看得准，又要迅捷有力，三言两语，干脆利落，千万不可啰唆，千万不可纠缠。

诡辩虽然使人生厌，但诡辩论者在诡辩过程中所表现出的随机应变的机智，也并不是不可利用和发挥的。古今中外的雄辩者，除了具有方方面面卓越才能之外，他们化腐朽为神奇的能力，同样机智地把诡辩作为一种辩术使用，同样令人叹为观止。试举几例，我们或许能从中领悟其精妙。

例一：

我国著名的女作家谌容一次在英国演讲，一位记者突然发问：“听说你至今还不是中共党员，请问你对共产党的私人感情如何？”谌容从容作答：“你的情报很准确，我确实还不是中国共产党党员。但是，我的丈夫是个老共产党员，而我同他共同生活了几十年尚无离婚迹象，可见，我同共产党的感情有多深。”（摘自刘吉、华琪文章《对话的艺术》）

记者的发问带有很大的挑衅性，若认真回答似乎没有这个必要，但又不得不回答。仔细琢磨，这是一种诡辩，即把对共产党的感情改换成了对丈夫的感情。也正是这种改换才造成了诙谐，从而在诙谐中表达了真意。

例二：

毛泽东常说，他是“按月亮的规律办事”，白天睡觉夜里办公。医务人员劝他要多晒晒太阳，多活动活动，可毛泽东却说：“老虎就是白天睡觉夜里出来，它也不见什么太阳，不是也很健康吗？”（摘自《世纪行》2002年第2期）

很显然，这是一种机械类比，无疑是一种诡辩，但这种诡辩却是强调了他自己的一种习惯性的生活方式，体现了他的个性，自然也包含了辩证法。在说话中，为了开拓新的思路，新的话题，偶尔使用这种说话方式，也未尝不可。

例三：

张作霖出身草莽，胸无点墨。一次出席名人雅宴，不料日本浪人有意要让他出丑，请他即席赏幅字画。他当即挥毫写了个“虎”字，并得意扬扬地落款：“张作霖手黑”（意即亲手写的），旁边的随从悄声对他说：“你写的‘墨’字少了个‘土’，‘手墨’成了‘手黑’。”张作霖一看，愣住了。改也不是，不改也不是，于是故意呵斥随从：“我还不晓得这‘墨’字下面有个‘土’？这是日本人求我的东西，这叫寸土不让！”话音刚落，满堂喝彩。

本来就错了，其实很难堪，但为了挽回面子，这一诡辩也不失为高招。这种事，这种情势，在言语交际时也是常有的，诡辩同样是摆脱困境，突破尴尬的一种方法。

第五节 发 问

著名物理学家李政道曾在给学生讲课时，侧着身子，边比画边说：“假如由我的眉毛，沿着额角、头顶心、后脑勺、头颈直到脊柱，画一条弯曲的线，那是标点符号中的什么号？”学生齐声回答：“问号。”“对了，我们人类头脑的侧面就是一个大大的问号。人生在世，一定要勤于、善于提出问题啊！假如我们不善于提出问题，我们就对不起自己的模样，就不配称个人!”著名的教育家陶行知先生也强调过：“发明千千万，起点就是一个问。”可见，发问在人生中具有十分重要的意义。有问、有答，问与答就构成了人们言语活动最基本，也是最重要的形态，而且言语活动常常是始于问与答，同时又以问与答的方式推动言语活动的进程，没有问，没有答，又怎么能进行更加广泛、更加深入的言语交流呢？人们在长期的言语交际中所表现出来的巧问与妙答，正是值得我们认真学习与研究的精品。

一、问与疑

问始于疑，有疑才有问，这是人类认知活动一种最基本也是最重要的途径与方法。早在春秋时期，孔子就特别提倡“疑思问”。疑，是人们一种最直接的反应状态，即面对不知所表现出来的困惑、迷茫、不解。问，是对疑的集中概括，即由疑而引发的一种求知、求解的愿望与要求。由疑而问，是一个思维过程，疑是思维的起点，问是思维的发散与深入，即寻求释疑、破疑的途径与方法。二者相辅相成，相互交融。

自古以来，我国的学者特别注重这种由疑生问，由问释疑的感悟过程。孔子自己就是“敏而好学，不耻下问”的典范。孟子大胆地主张：“尽信书，则不如无书。”汉代董仲舒认为必须做到“不知则问，不能则学”。宋代的张载指出：“学则需疑。”陆九渊同样指出：“为学患无疑，疑则有进。”明代陈献章的看法是“学贵知疑”，“疑者觉悟之机也”。李贽在《焚书》中写道：“破疑即是悟。”明清之际的王夫之强调问的目的，在于启发“真心内动”，一直到现代，胡适先生提倡：“大胆假设，小心求证。”如此等等。

从不疑到疑，再从疑到不疑，这是一个循序渐进，逐步提升的过程，而贯穿这一过程的则是不断的发问。注重质疑，注重发问，便成了我国长久以来治学与施教的重要原则。在西方，学者们在这方面的见地同样与我国的学者不谋而合。亚里士多德早就指出："思维自惊奇和疑问开始。"美国教育家杜威认为，奇异、惊奇、好奇、怀疑，都是构成问题的要素，而这些要素，却是引起学习活动的主要原动力。著名科学家爱因斯坦甚至认为："提出一个问题往往比解决一个问题更重要。"西方的学者从20世纪初开始，就把发问作为重要课题展开了深入的研究。

作为人类的认知活动，自然是有疑才问。但作为一种言语活动，却常常是无疑而问，甚至是明知故问。经常地、大量地发问成了一种言语手段和言语策略。这类发问包括问候、询问、设问、反问、请问、质问以及曲问、侧问、连环问、隐含问等各种技巧。在这些问话中，发问者显然不是因疑生问，而是因问生疑，即以发问的方式引发对方思疑，因为思疑才引发起"真心内动"，这种"内动"，既包括情感的萌发，又包括思维的启动。在言语交际中，不问，怎么能引起对方的反应？没有反应，又怎么能交流？反应就是"内动"的外化。在通常情况下，问候、询问，引发的是欣慰、宽心，甚至是感激。虽然不一定有很多实际内容，但对于联络感情、融洽关系、营造气氛，却是十分必要的。设问、反问、质问，引起的是注意，是沉思，甚至是警觉，虽然不一定要对方回答，但对于加强语势，调动参与感，造成瞬间的紧迫感却是十分有效的手段。巧问，尤其是猝不及防的刁难性提问，刺激性大，冲击力强，骤然间就能迫使对方陷入求解求破的情急之中，其结果，要么是急中生智，妙语连珠，妙趣横生；要么是一筹莫展，破绽百出，丢人现眼。

总之，不管是不知而问，还是已知而问，都是释疑破疑的开始，发问的价值就在于促使释疑完满，破疑彻底。

二、发问的技巧

发问，是人们获得知识、获取信息、启迪思维、调控诘难的最有效的言语手段。然而，人们在言语交际中，是否有问可发，发出的问题是否有价值，这或许是由内在的素质决定的；如何发问，发问的效果如何，则全然取决于发问的技巧。技巧，就是基本方法的灵巧运用。发问的方法很多，长期来，中外学者做了各种归纳，大体有如下几种说法：直问与曲问，正问与反问（即从反面提出的问题），这是从发问的角度提出的；询问、商问、追问、质问，这是从发问的情态提出的；自问、提问、访问，这是从发问的方向提出的；还有单问、连环问、隐含问，这是从发问的数量与难度提出的等。在说话或演讲中，人们总是因人、因事、因时、因地、因情势，灵活机智地使用这些发问的方式方法，从而表现出极强的技巧性。从问与答的关系来考察，说话或演讲中的发问，最常见的是三类，一类是同向型发问，一类是反向型发问，还一类是自我发问。

(一) 同向型发问

问与答方向相同，也就是说，答方是按照发问者的预期方向回答问题的，双方的心理相容，相互配合，气氛十分融洽。先看一个实例。

这是一次特别引人关注的访谈。采访者是香港凤凰电视台著名节目主持人陈鲁豫，被采访者是刘松林，她是毛泽东的儿媳，毛岸英生前的妻子。我们只在其中剪辑一个片段。

旁白：1950 年 11 月 25 日上午，美军 12 架 F-80 战斗机嗡嗡地飞来，随即丢下几十颗燃烧弹，也就是一眨眼工夫，燃烧弹在志愿军司令部周围落地燃烧，彭德怀的办公室和与之相邻的作战室，霎时一片火海，此时毛岸英正在作战室整理资料，而当时根本不可能扑灭大火，就这样，毛岸英牺牲了，年仅 29 岁。

问：大概多少时间以后，您的这种心情才开始慢慢地能够接受这个事实？

答：我记不得哪一天，因为我已经两年后才知道，再想（就想）不起来当时正在干什么。

问：毛主席当时一直没有告诉您，也就是怕您受不了？

答：他是怕我受不了。他是希望我（就是说）能够安心学习吧，能够安心一天算一天，（反正是）他觉得他要做（的）很多，就是告诉我这个消息之前，要给我做很多思想工作，做很多铺垫才行。

问：那您事后回想，（他）这一段时间，他是不是的确给您做了很多铺垫？比如说……

答：确实做过很多铺垫，比如说，他曾经有一次跟我谈了四个小时。（跟我谈了四个小时）当时我没有太在意。就是在他的院子里一棵大树下，后来我还专门到那棵大树底下照相了什么的。他在那棵大树底下就像我们这样两个人坐着，然后就从他家里牺牲的人（说起），他数了五个人，然后就一个一个地讲，哪一个人是怎么牺牲的，（哪一个是怎么牺牲的），牺牲以前做什么工作，牺牲以后家里怎么样，每一个人都讲过，讲了五个，然后（给我）总的一个概念，（给我的）就是说，干革命就有牺牲。

问：大概多少时间以后，您才开始慢慢接受这个事情，这种心情变得稍微平静一点？

答：我觉得（要）我接受毛岸英死的话，好像十来年。

问：十来年？

答：十来年。（一直到）我总觉得他没死，总觉得他有一天会回来。到 59

年，（到 1959 年）主席（就）提到要我再成家呀（再什么），我觉得不可能。我说，说不定哪天毛岸英就推门进来了。后来主席就让我到朝鲜去给毛岸英扫墓。岸英牺牲（以后实际上）已经（就）十个年头了，我也没去扫过墓。后来他说你去吧。但是他跟我讲，他说你这个（次）去的话，（我记得）约法几章吧：第一个（就是说）不要麻烦朝鲜的同志，别麻烦他们，战后很困难，也很忙（就是）不要打扰朝鲜同志。那么第二个（就是说），所有的路费、置装费都由他提供，不要花公家一分钱。第三个（就是说去了），来去（吧），（就是说，现在说就是说不要），不要上报啊，（不要什么），这意思（是），不要张扬吧。悄悄去悄悄回来。（那我们就），他让我的妹妹就是邵华陪我去。

旁：踏上远去的火车，刘松林望着青葱的山岭，浩渺的水面，疏点的人影，自觉得处处悲情，天空中被火车的呼呼声，拉扯或翻涌的暗色的云朵，那是宿命的阴影，想起最后的离别终至生命的收梢，不过是岸英苍凉的背影。她长长地叹息，定定沉思。远处，再远处，残阳如血，赫然是岸英的坟冢，他就在冰冷的地方，再没有欢声笑语。

问：我后来看过一些报道，就是描写您 59 年那一次，第一次去朝鲜扫墓，当时那个情形我老在想，其实当时您的那种悲痛可能更多的是觉得我的亲人牺牲这么多年以后，我才能够看他，就是那种……

答：我好像当时想得很多，第一个就是说，确认了嘛，岸英是牺牲了，再不会回来了，不会有他推门就进来的那一天了，这个（是）第一个。第二个，就是觉得他就在那个冰凉的石头底下，就躺在那儿，但是我看不见他。第三个感受就是觉得，他离开我们这么多年了，就是刚才你说的，才第一次来看他，觉得很对不起他。

访谈的目的是要重新揭开这段尘封的历史，重现这段历史的主人——毛泽东、毛岸英、刘松林交往过程中彼此的感情以及由此而折射出来的品格。然而，鲁豫面对的却是一位上了年纪而又不苟言笑的老人。在鲁豫看来，这位老人“是个性格内向的人”，“属于慢热型的”。鲁豫却一步一步地走近了她，让她敞开了心扉，进入了她的情感世界。其中，鲁豫的发问有哪些值得我们总结呢？

第一，从细节中发问，引发情境再现。例如，谈话开始不久，鲁豫问：“您在延安演那个《弃儿》是吧？”刘松林的回答只是说：“有一点影子，记不清楚。”可当问到：“看完那出戏以后，毛主席在后台就认您做干女儿，是那一次吧？”回答显然不同，就连毛主席坐在台前，是直接把她“从台上叫下来”的细节都记得清清楚楚，说得眉飞色舞。显然，她已经开始放松，进入角色了。在后面的谈话中，凡是从细节中发问，她都回答得很具体，很有感情。细节，是最能引发情境再现的。一旦回到情境中，说出的话才最真实，最富情感，也才最有价值。

第二，把握主题，引导思路。发问必须紧扣主题，这是毋庸置疑的，但能不能达到目的呢？这就在于有效的引导。鲁豫的办法是在发问之后，做出适当的提示。例如，在谈到毛岸英牺牲之后的情况时，鲁豫问：“这期间您也会去中南海？比如看看毛主席。”“这一段时间，他（毛泽东）是不是的确给您做了很多铺垫，确实做过很多铺垫？比如说……”刘松林有了新家，针对她身份变化的情况，问：“这个身份的变化，有没有对您的生活，比如说变得更方便，还是更不方便了？有没有什么影响？那个时候。”这类发问，一般都是发问之后，顺势做的提示。这种提示是十分巧妙的。发问虽然紧扣了主题，但对方的回答却可能不具体，甚至跑题。提示是顺着问意提出来的，这实际上是引导对方该怎么回答和回答什么。既引导了思路，又控制了谈话的方向。

第三，及时回应，顺势推进。访谈是要获取信息，获得有价值的谈话内容，自然是以发问为主，但毕竟是一种面对面的交谈，因而不能只问、只听而不做出任何的回应。譬如点头、摇头、微笑、皱眉，这些都是最基本的回应。鲁豫在访谈中，除了这些回应以外，还能在回应对方话语的同时，将话题推进一层。例如，刘松林谈到第一次见到毛岸英，说“当时觉得没有什么”时，鲁豫立即补上一句：“太小，才十六岁。”以此表示理解。但当谈到十来年才接受毛岸英牺牲这个事实时，鲁豫却是以惊讶的口气问：“十来年？”由此而引发了对方一段最真切，最感人，也最有价值的谈话。

同向型发问，问与答双方虽然是在友好的氛围中展开谈话的，但也不排除提“刁问”，出难题。例如，1946 年，毛泽东同志与美国女记者安娜·路易斯·斯特朗的谈话，当时国共两党的国内战争正如火如荼地进行中。她的提问却是：“蒋介石还能打多久？”“共产党能支持多久？”“共产党为什么作战？”又如，1980 年，邓小平同志接见意大利记者法拉奇，在谈到“四人帮”时，法拉奇突然发问：“为什么，人们说是‘四人帮’，但他们伸出的却是五个手指？”“你是否认为资本主义并不是都是坏的？”“你对自己怎么评价？”王志在访谈杨振宁时，甚至在连续的发问中，不顾对方的体面问道：“您不担心翁小姐那么年轻，她把您给骗了？”如此等等，这些发问虽然都不怀恶意，但问题都提得很直接，很尖锐，都逼着对方非回答不可，而且是在一瞬间就要做出回答。正是这样的提问，才把谈话、访谈、采访推向焦点、热点，才见深度，才体现价值，才能引起社会各界的广泛关注，也才能展示被问者的才华和卓识。

这类发问，经常被用于采访、访谈、谈话、答记者问、教学、研讨等。

（二）反向型发问

问与答方向相反，就是说，问与答双方互相矛盾，相互对立，心里极不相融，尤其是作为回答问题的一方，不仅不配合，反而千方百计地回避、狡辩、刁难、诘难，很不友善。请看下面的实例：

中央电视台《焦点访谈》记者赵薇曾为心脏起搏器的质量问题做过一次针锋相对的采访。她与这家销售公司的副总经理（以下简称 D）展开了如下几段问答：

赵：你们公司的推销员承诺过这个起搏器已经重新消毒，这是否属于欺骗行为？

D：不属于，这是一种过失。不是有意识欺骗，因为起搏器嘛，肯定是消过毒了，要不怎么能用呢？

赵：可当时推销员口头承诺的是这个已经重新消毒了，是不是这样？

D：但他后来更正过了。

赵：当时是不是有过这个说法？

D：这你可以问问他。

赵：这个人现在在哪儿呢？

D：嗯……（沉默）他最后跳槽了，到其他公司工作去了。

这种起搏器是美国生产的，产品说明书及担保书上明文规定：在有效期以后严禁植入人体，否则将不予担保。

就此，赵薇又发问：产品说明书上的条款对中国人是否依然有效？

D：（沉默半晌）……你，你说什么意思？

赵：说明书上担保的条款对中国人是否依然有效？

D：无效的。

赵：那对您的适用的有效期是多长呢？

D：我们一般控制在有效期之后的半年之内。

赵：这有明文规定吗？

D：这是我们内部控制的。

这类发问，很直接，很尖锐，按以提尖锐问题著称的王志的说法，叫“使坏”。往往使对方无法回避，又很难回答。选择薄弱点，直取要害，是这类发问的一个重要的前提。所谓薄弱点，就是防范不严，道理不充足，自相矛盾，或者是压根就没想到的地方。譬如在上例中，赵薇就“产品说明书上担保条款对中国人是否有效”的发问，就弄得对方瞠目结舌。因为对方事先根本就没有想到会从这一点发问，以致在一连串追问下，留下一连串的破绽，显得很狼狈。封闭连环，步步逼近，是这类发问的常用手段。所谓封闭连环，就是指抓住一点或一个方面连续发问，牢牢地限制住对方，不给对方任何喘息思考的余地。这也许是反向型与同向型发问的一个最本质的区别。譬如，关于“消过毒”与“重新消毒”的发问，对方只能顺着记者的发问回答下去，在无可辩驳的难堪中，只好以推销员“跳槽了”加以搪塞。手法多变，暗藏杀机，是这类发问使人难以招架的常用技巧。譬如在上例中，记者问：“说明书上担保条款对中国人是否有效？”不管对方回答“无效”还是“有效”，都将对自己不利。说“无效”就意味着直接否定了产品说明书上的担保条款；说“有效”，则明确承认了自己违反了“条款”。这本身就是一个两难的发问。除了这种发问之外，还有侧面发问、迂回发问、归谬发问、隐含发问等。

这类发问，被问者尽管不友善，甚至极为反感，但为了获得有价值的谈话环境或采访的内容，发问者也要尽可能地营造良好的谈话环境或采访的氛围，使对方把心窝子里的话掏出来。

贪官胡长清在伏法的前一天，他万念俱灰，面对记者的采访，极为反感，缄默不语。一开始，记者递给他一杯水，记者连续几次发问，他仍然不开口，于是记者再次向他发问：“退一万步说，你还留下你的声音在这个世界上，让大家看到一个真实的胡长清，你自己讲出来的话可能更权威一些吧？一些小报说，你贪污了几千万，你有十几个情人，（记者拿出一本新书）这本书上更离奇，说你胡长清有80多个情妇，是这样的吗？”胡长清接过书，翻了翻，哈哈一笑，说：“我应该说……”于是，他同记者谈了三个多小时。良好氛围的营造，除了外部环境之外，更重要的是得到对方的心理认同。“让大家看到一个真实的胡长清”，或许这是解开死囚心结的关键所在。这是一种“人心”的发问。

反向发问，多用于辩论、谈判以及曝光性新闻采访中。

（三）自我发问

在说话或演讲中，提出的问题并不一定需要对方或听众回答，而是说话者或演讲者自问自答，或问而不答。这类发问大体有以下几种形式：

一是设问。先设问，再说理或叙事。就像毛泽东在《中国社会各阶层的分析》一文中那样，开篇就设问：“谁是我们的敌人？谁是我们的朋友？”紧接着就逐个展开对各阶层的分析，说话或演讲中，同样采用这种设问的方式。

在这样的故事中，我又似乎听到某种久违的东西，是什么呢？真诚？善良还是美好呢？（引自黄灿《永不消逝的真善美》演讲词）

设问之前，一连叙说了几件感人的事迹。设问之后，就是讲述蕴含在这些事迹之中最本质的意义。

之所以设问，就在于起到提纲挈领的作用，使说话或演讲重点更突出，脉络更清晰。

二是提问。即说话或演讲者突然向对方或听众提出问题。请看下面两例：

例一：

朋友们，我想问问你们，古往今来，在这个大千世界里，什么字眼最闪光？什么词最动人？（引自韩娜娜《为了母亲》演讲词）

例二：

首先，我要给大家出一个脑筋急转弯的题目：有一个东西，一种动物，它呢，小时候四条腿，长大了两条腿，老了三条腿，你们说，这是什么？（听众答："人——"）（引自徐桂兰《人、家、国》演讲词）

这种提问，对方或听众，可答可不答。目的在于集中注意力，调动参与感，调节氛围，起到控场作用。

三是反问。反问是压根就不需要对方或听众回答。

一位军人在说到台湾回归时反问："50 年的分裂，50 年的等待，难道我们还要带着一个世纪的遗憾再无止境地等下去吗？"（引自孙朝阳《为了祖国的统一》演讲词）

这个意思，也可以不用反问，说成："我们不能带着一个世纪的遗憾再无止境地等下去了。"这样说，语气平缓，语势不足，军人的气质没有获得充分的表达。改用反问，语气就截然不同了，给人以斩钉截铁、毋庸置疑之感。除了上述三种常见用法之外，在辩论中，在谈判中，在言语交锋中，有时还会假定对方发问。通常的发问方式有"对于我的说法，对方也许会问……"，"站在你们的立场，你们或许会提出另外一个问题……"等，接下来便是自我一一解答。这是一种预期反驳，即抢在对方提出相反的问题之前，把问题提出来。这种发问方式，既能堵住对方的嘴，又能使对方心悦诚服。

三、发问的策略

巧妙而有效的发问，取决于周密的策划和谋略。

首先是对发问对象的把握。发问的方式、发问的内容、发问的时机，甚至发问的语气，都必须精心地选择，这种选择的依据是什么呢？只能是发问对象。因此，在发问之前必须对发问对象有深入的了解。例如，水均益在采访美国总统克林顿时，访谈只有 25 分钟，可从 1997 年 10 月 29 日初，到 1998 年 7 月 1 日下午 5 时进入采访现场，足足准备了八个月。大量的时间就花在对克林顿的了解上，其中包括他的经历，他所受的教育，他的家庭状况，还特别注意了解他的夫人和女儿。同样，陈鲁豫在访谈刘松林之前对她的了解也是够全面够细致的了，其中就包括阅读大量的相关的文章和书籍。

其次是问题的设计。问什么，怎样问，都应该精心设计。请看水均益在采访克林顿之前关于台湾问题的设计：台湾问题一直是中美关系中的敏感问题。实际上，多少年来，在台湾问题上，中美两国制定了一系列的原则，集中体现在中美之间的三个联合公报上。许多中国人认为，只要按照这些原则就应该能很好地处理台湾问题。然而，事实上，我们看到，近年来，中美在台湾问题上还存在着一些矛盾和冲突。那么，这是否意味着中美之间还需要制定更为明确的原则来处理台湾问题？为什么要设计这个问题呢？因为台湾问题一直是中美关系的一个核心问题，在中国采访美国总统，这是无可回避的，采访本身就是促进这种关系的改善。另外，鉴于美国方面在相当一段时期内并没严格执行中美三个联合公报，中方曾建议中美双方就台湾问题发表第四个联合公报，美方认为没有必要再搞一个联合公报，并表示利用适当的机会重申这“三不”（即不支持台湾“独立”，不支持“一中一台”，不同意台湾以“独立”的实体加入任何国际性组织和机构）。也就是说，提出这个问题，就是希望克林顿在台湾问题上有更明确的表态。

怎样问？这里涉及语言组织和言语表达两个方面。一般的发问语都是由题设和问式两部分组成。题设部分是陈述事实，陈述现象，陈述问题的由来。问式部分是由疑问代词和疑问词组成，是问题的聚焦点。在上例中，题设部分是从中美双方在台湾问题上所取得的成效和所存在的问题进行陈述的，简洁明了，为后面的问题的提出做了厚实的铺垫。关键是问式部分的表述。这里处理得很巧妙，用了“更为明确的原则”的说法。妙就妙在既回避了“第四个联合公告的”的说法，又把这个意思包含进去了，这是模糊语的妙用。发问语的措辞、语序、句式、语气都必须十分讲究，稍有不慎，效果便截然不同。如商场的营业员招呼顾客，试比较下面三种问法：

先生，您要什么？

先生，您想买什么？

先生，您想看点什么？

三种问法，虽然只有一字之差，效果却不一样。在商场，顾客对于前面两种的回答，经常是：“我要的东西多着呢，你给吗？”“不买，就不能看吗？”显然会对营业员的问法产生反感。第三种，才真心实意地体现了营业员对顾客观赏商品和选购商品两种权利的尊重，顾客才会乐于接受。

最后是应变谋划。言语交流是互动的，尤其是在交谈、访谈、调查、辩论、谈判中，经常是通过发问的方式，相互引发，相互制约，你来我往，最后达到交流的目的。在交流的过程中，谁掌握了发问权，谁就把握了主动权。但不是所有的发问都能得到满意的回答，或是冷场，或是遭到拒绝，或是答非所问，甚至有时还会被对方弄得很难堪。这就是说，处理发问中的这些意想不到的情况，主要靠发问者的应变能力，但事先的谋划是更为重要的，尤其是一些重要的谈话、访谈、谈判、辩论，对于关键问题的发问，一般都设计了几套方案。这些方案都是建立在对各种情况充分估计的基础上的。不做这些谋划，常靠发问者的临场应变，很难保障发问目的的实现。

第六节　倾　　听

有人说："聪明的人懂得说，智慧的人懂得听，高明的人懂得问。"这话一点不假，说、听、问，看似三种不同的形态，其实，在言语交际中，它们却构成了密不可分的互动关系。因此，一些有识之士，在重视说与问的同时，还特别强调倾听。

20世纪30年代，美国政界要人约翰·克列文曾经引用过一首诗：那只栖息在梁木上老而聪明的猫头鹰，别人越是向它问话，它越是不开口说话；它越是不说话，越能听见别人说什么。人们何不多学这只老猫头鹰聪明的态度呢？显然，他是在提醒人们要学会倾听。著名的幽默大师马克·吐温，他总结"获得知心朋友最有效的方法"是："尽量倾听说话者嘴里说得最多的话，而不加以反驳。"美国传播学家理查德·L·威瓦尔把普通人一天的传播活动分成下面的比例：倾听占40%，交谈占35%，书写占16%，阅读占9%。很明显，在言语交际中，普通人倾听的时间尚且比交谈的时间比例要大，那么，作为青年学生更会远远大于这个比例，因为他们大量的时间是用于听课。倾听包括听报告、听演讲、听课、听讲座、听发言、听工作安排、听汇报、听意见、听新闻、听同事说话、听亲友倾诉等。这就是说，无论是获得知识，获取信息，还是与人相处，乃至日常工作生活，人们都离不开倾听，以至于人们把从倾听中的获益凝成一句话："听君一席话，胜读十年书。"把其中的感悟比喻为"茅塞顿开"。

一、倾听的特征

倾听，就是凭借听觉器官接收言语信息，进而通过思维，完成认知与理解的全过程。言语交际是说与听的互动。说是听的前提，没有说，就不存在听。反之，听又影响说，"十聋九哑"，聋哑人因为听不到，以至于说话的功能都丧失了。健全人虽然都具备倾听能力，但在言语交际中，也不时地会有"如攻坚木""对牛弹琴"的尴尬情况出现，因为对方听不懂，听不明白，领会不到，自然就无话可接，无法交流。说是信息的输出，听是信息的接收。要有输出，首先必须有接收，听不准，听不全，领悟不深，就势必说不准，说不全，说不深刻。

倾听，在接收言语信息的过程中，明显地呈现出下列三个特征：

一是受制性。有说的才会有听的，倾听者自然受制于说话者，说什么才听什么，怎样说才怎样听。说得清楚，才能听得明白；说得生动，才能听得有趣；说得动情，听了才能被感动；说得深刻，听了才有收益。这种受制性，在听报告、听讲话、听演讲、听讲课的过程中表现得尤为鲜明。即使是在平日的交谈中，也同样如此。交谈的双方或多方，都是听了对方的话语之后，或接续，或发挥，或补充，或质疑，或转移话题，都是因为在听话中的互为受制而出现的不同反映。

二是选择性。倾听，在启动听觉器官的同时，思维系统也启动了。于是便对言语信息展开辨识，辨识真伪、正误、是非、美丑等。辨识的目的在于选择。这种选择常常与倾听者的立场信仰、道德情操、职业习惯、实际需要、兴趣爱好等紧密相关，凡是与这几方面相吻合的，便会立即接收，而且还会做出瞬间的强化，譬如沉思，做笔记等。

三是扩展性。“言不尽意”，这或许是所有的语言亘古以来的尴尬。这种尴尬源于语言自身的有限性。无论何种语言都是有限的，面对无限的客观世界，面对千变万化，千差万别的表达对象，有限的语言总只能做出近似或相似的表达，绝非一模一样。即便如此，人们在语言表达中，尤其是在口语表达中，却又竭力追求“言已尽，意无穷”的效果。在说话或演讲中，人们常常把丰富的含义浓缩成几句话，几个词，因此而留下一定的语言空白；有时因为交际双方处在同一语言环境中，而将现场的情景的叙说省略；有时又因为共同的亲历亲闻，而对事态本身只做某种提示；有时还因为手势、表情、身姿的恰当运用，而替代有声的言词等。不管是“言不尽意”，还是“言已尽，意无穷”，在言语表达中，能用言词说出来的并非全部，即全部的内容、理念、事态、情感、心态、情景、情境等。既然如此，听话者又是怎样才能获得说话者的全部的呢？其中的奥秘就在于，在听话的过程中，倾听者总是依据说话者的音、形、义（即语音、神态、语义）对有限的言词加以扩展，这种扩展的主要方式是想象与联想。在想象与联想中补充和还原言词中的未尽之意、未尽之情、未尽之物，并从中获得理解、体会、领悟，即所谓“闻一而知十”，“窥一斑而见全豹”。

倾听，是一个由听觉而引发的思维过程，心理过程，情感过程。倾听，不只是用耳朵听，还必须用心去体味，去感悟，去理解。

二、倾听的方式与要求

言语交际总是受交际者身份地位的影响，受交际目的的制约。西方的学者因此而称之为“权势差异”，并指出：“权势差异”可能有两个来源：①交际者之间身份地位的不同。身份差别或产生于交谈者所属的集团不同，或产生于交谈者在同一集团内所处的地位不同。②交际本身，有两种情形：一是权势差异是某些交谈场合中固有的，如买者卖者之间通常都存在权势差异，买者处于优势。二是差异是在交谈中产生的。举例说，一个说话人求对方帮忙，求助的就将自己置身于一种缺少权势的地位，至少在交谈的进程中是这样。这种“权势差异”不仅决定说话的方式，同时又决定了听话的方式，因此而出现三种最常见的听话状态，即只听不说，多听少说，边听边说。虽然都必须听，但听话的方式与要求却不尽相同。

（一）只听不说

一是因为言语交际者之间存在着身份地位的差异，譬如，听领导做报告、听指示、听讲课等；二是因为固有的言语交流的方式，譬如，听演讲、听致辞、听经验交流等。在这些情势下，倾听者还常常把听与看、听与思、听与记结合起来。

听与看，在倾听的同时，端详、审视、察看说话者的容貌、服饰、表情、身姿、动作。研究表明，人们的交际活动只有35%是用纯语言来进行的，65%则是通过面部表情、手势、身姿，以及夹杂在言语中的笑声、叹息、“啊”“呀”等副语言来完成表达的。这就是说，只听不看是远远不能尽其意的。只有将说话者或演讲者的有声语言与无声语言结合起来，才能全面、准确、透彻地理解与领悟其所要表达的意思和所要传播的信息。与此同时，倾听者还在端详、审视、察看说话者或演讲者的表情、手势、身姿、仪容、服饰的过程中，获得审美的愉悦。

听与思，倾听的过程不是消极被动地接收，而是边听边思考。说话或演讲的效果，常常取决于倾听者的“真心内动”（王夫之语）。这种“内动”是随着倾听的进程，不断深化、不断内化的。首先对说话或演讲做出方方面面的基本判断，包括观点是否正确，论据是否可靠，逻辑是否严密，情感是否真实，言辞是否妥当等。接着便是综合权衡，是否深刻，是否有见地，是否有价值。最后是取舍内化。认同的被接收，排斥的被舍弃。被接收的也不是原原本本被复制，同样是经过思考、思辨、融会贯通，内化成倾听者自身的感悟、体会、心得，从而潜移默化地修正或改变自身原有的理念或行为。总之，在整个倾听过程中，思维总是与倾听相伴相随，即便倾听结束了，思维还在延续。正因为如此，一次精辟的讲话，一场精彩的演讲，所引发的思维，所产生的影响，常常能够超越现场，超越时代而长存于世。

听与记。听过之后还必须记住。听受制于说，说话的声音转瞬即逝，要在听话的一瞬间把别人说的话记住、记准、记牢，这是有一定的难度的。虽然不必把每句话都记住，但至少要把观点、要点、重要数据记住，尤其是对其中的精辟的句子，独到的见地，更要强行记住。为此，有经验的倾听者，还常常做笔记。“好记性不如烂笔头”，做笔记的好处，就在于强化记忆，加深理解，此外还能备忘。

(二) 多听少说

譬如，记者访谈，领导听情况汇报或调查研究，研究人员请教专家学者和社会名流，学生求教老师，面试，答辩等。在这些言语活动中，双方也显然存在“权势差异”。只不过，这种“差异”主要不是由双方的身份地位导致的，而是从语言交际中的动机和目的产生的。虽然双方有问有答，听与说互动，但却构成了一种供需关系。问是为了获取信息，获得认知；答是为了满足问的需求，提供信息，提供认知。因此，前者只能以听为主，多听少说；后者必须以说为主，听是为了说。为了实现言语交际的目的，倾听者常常通过发问、插话、神情等方式实施调控，既能保障双方的交谈顺利进行，又能促使对方把该说的话发挥到极致。

陈鲁豫采访郎平（以下陈鲁豫简称“记”，郎平简称“平”），采访是这样开始的：

记：我记得女排得完了冠军以后，我当时才小学，好像所有小学生写作文，就是女排这个，女排那个。当时你们回到国内以后，一下子发现自己成了民族英雄，那种感觉是什么样的？

平：这个当时没有什么思想准备，因为我们在那边打，听说好像大家都上街游行啊，特别是学生，打着火把。

记：对对，没错。喊什么振兴中华，类似于那样的口号。

平：觉得，没想到一个排球或者一个冠军，能够把大家都振奋起来。觉得就是挺光荣的。但是后来也觉得压力挺大的，不容易，确实挺不容易！第一次拿冠军，人说难就是从心理上。因为你没有拿到过冠军，你没有尝试过这个东西，真正拿到了等于是突破了。因为当时我觉得拿了世界冠军，我就是说心里还有更高的目标。我就是说世界锦标赛和奥运会一定要拿冠军，你把所有世界冠军全拿一遍，多过瘾，对不对？而且完全有可能。

又说到郎平的“铁榔头”。

记：打球的时候，郎平的绰号是“铁榔头”。可我注意到她的手，其实并不大。(她) 很难把她的手和钢铁、有力这样的词连在一起。尤其是郎平的小拇指，因为受伤已经弯曲变形了。

平：有时候，我们那些朋友说让我看看你这铁榔头的手。这铁榔头，我说我这是纸榔头了。

记：那是谁先叫出来的啊?

平：宋老师，宋世雄解说的时候。我说你也没跟我商量，给我这么刚的一个名字。我说以后对象都找不到了，铁榔头谁敢找你，把人打死，家庭暴力!

记：你那时候当运动员的时候，受伤多吗?

平：多!

记：最厉害的是什么?

平：但都不是那种大伤，比如说崴了脚，像拦网的陈招娣的"功劳"，把我的手……

记：你的手? 这个不是直的吗?

平：我做拦网的时候，正好她扣球，训练当中骨头打断了，两个全碎了，反正就是小毛病。比如膝关节劳损、髌骨损伤，我现在髌骨全部拿掉了。

记：如果髌骨被拿掉，那块靠什么?

平：没有了，就是骨头撞骨头，所以我现在基本上不能做什么体育运动了。这个腿比较厉害一点，这个腿做了大概有……

记：左腿还是右腿?

平：左腿做了有四次吧，右腿做得少一次两次，记不清楚了。

记：所以一般的跑步的那种比较快的跑你不可以。

平：(就是) 也可以。你跑骨头撞骨头，中间没有缓冲的那层软骨，就会出水，出积液。所以我基本上都不做什么运动，我做一点量……健身一下，就是那种剧烈跑都做不了，但还得保持活动。

很显然，鲁豫是以听为主，多听少说；郎平是以说为主，先听后说。说者坦荡豁达，听者细致入神，双方配合十分默契，既再现了当年女排夺冠的喜悦与豪情，又道出了她们为夺冠所付出的汗水与辛劳。在这类言语交际中，听者主动，说者是否有话可说，说什么，在很大的程度上取决于听者的引发与调控。这些引发与调整大体包含三个方面：

一是发问。有问才有答，有答才有听。问得好，才能答得好，自然才好听；问得深入，才能答得深入，听了才有获益。因此，善听者必善问。善问，就是要问得机智，问得巧妙，一旦发问，对方不仅可以回答，而且还乐意回答，这就是说，既启动了思维，又激发了情感。只有这样，说出来的话才有血有肉，生动感人。鲁豫之所以从当年女排夺冠之后，小学生写作文，打着火把游行开始发问，就在于引发郎平进入当年的情境，从情境中生发出表达豪情的话语。接着，同样的道理，又从郎平的“铁榔头”发问：“谁先叫出来的啊？”于是才道出来了当年女排为夺冠所付出的艰辛，所表现出的坚强。

二是插话。倾听中常常有插话。譬如，郎平说完夺冠后的感触之后，鲁豫插话，说起郎平的“铁榔头”。很显然，鲁豫是在把话题引向另外一个方面。除此之外，这类插话，有的是因为没听清楚，请对方重复一遍；有的是因为过于简略，要求对方说详细些；有的是因为偏离了话题，暗示对方回到话题上来；有的是为了缓和谈话的氛围，有意插入一段轻松的话语等。这些插话，其实就是现场调控。但插话必须注意把握几点：一是尽量少插话，万万不可喧宾夺主；二是不要在别人兴头上插话，更不可抢话头；三是不要当面反驳，更不可陷入无谓的争辩之中。

三是回应。倾听，不能无动于衷，一定要做出各种回应。“是”“对”“嗯”“是吗”“好极了”，并辅以点头，微笑，甚至还做记录等。这些都是常见的回应方式。还有听话的神态，譬如，双肘靠在桌面上，手支着面颊，眼睛全神贯注盯着对方，支起耳朵，恨不得把对方的每个字、每句话都听进去，这种神态似乎在告诉对方：“多告诉我一点——我正听得津津有味哩！”试想，面对倾听者这副模样，这种神情，又有哪个说话者不会敞开心扉，和盘托出的呢？因此，倾听中的恰当回应，是在表示认可，表示尊重的同时，更加激发对方的谈兴。

（三）边听边说

言语交际彼此的身份地位平等，或者即使不平等，但因为说话方式而导致听与说平等，西方学者把这种关系称之为“同等关系”或“一致关系”。因为是平等关系，交谈起来较为随意，交替进行，互相承接，边听边说，听说互动。譬如，讨论、座谈、谈判、辩论、谈话、聊天等。在这些言语交际中，倾听者既要听，又要说，边听边说。因为是即听即说，倾听中需要特别强调两点：

一是要听出言外之意，弦外之音。话语的意义有两种，即显性意义和隐性意义。著名语言学家陈望道先生早就指出过：“辞面子和辞里子之间……常常有相当的离异。”显性意义就是“辞面子”意义，即直接从语汇、语音中表达出来，直言不讳。例如：“你没有罪。”一听就明白，不隐含别的任何意思。隐性意义就是“辞里子”意义，即除了从语汇、语音中表达出来的意义之外，还有更重要更深层的意义隐含在语汇、语音之外。例如：“你知罪吗？”其中就隐含了一个重要前提：“你犯了罪。”正因为如此，人们常常运用这一言语特性，把很多重要的意思说得很隐蔽，很含蓄。这就要求倾听者仔细品味，小心辨识，并及时机智地做出回应，否则，轻则言不及义，说东道西，影响交际；重则陷入言语圈套，上当受骗，铸成大错。在这方面，周恩来总理同样堪称典范。

1960年4月，周总理访问印度，25日晚10时至26日凌晨1时，印度总统府举行记者招待会。印度报业托拉斯记者拉加瓦问："在印度，你给尼赫鲁总理的信已全文发表了，但是尼赫鲁总理给你的信，中国报纸却没有发表。讲到言论自由，你是不是准备让中国报纸全文发表这些信?"这里，显然隐含两个很刁难的意思：一是你们中国很心虚，不敢发表尼赫鲁总理的信，印度很坦然，收到的信全文发表了。二是你们中国没有言论自由。周总理听出这些意思之后，立即回答道："这位先生可能没有读过中国报纸，中国报纸早就把尼赫鲁总理给我的信和我给尼赫鲁总理的信全文发表了。"一个"早"字，就挫败了刁难，而且还巧妙地用"可能"的说法，隐含两个意思："可能"没读过，如果是这样，那是无知；"可能"读过，如果这样，就是别有用心。印度《政治家报》记者钱德拉问：我想问一下，是什么阻碍你回到边界一两年以前的情况，因为行动是在一两年以前采取的。周总理答道："在中国方面，这一两年同过去一样，中国政府从来就没有采取行动改变边界现状。（以上引自王捷、蔡华同《周恩来谈辩艺术》，天津人民出版社1993年版，第62~64页）

在记者的发问中，隐含了反华势力对中国的造谣污蔑，说中国在"一两年以前采取"了越过中印边境的行动。周总理却不动声色地用"在中国这方面"的措辞来暗示：确有人采取行动"改变边界现状"，但并不是中国这方面，而是印度方面。

听清楚不难，难的是听懂，最难听懂的就是这种潜台词（即隐性话语）。听懂潜台词的关键在于了解说话的背景，体会说话的语境，同时还要配合语气、语调、手势、表情去判断。

二是遇到说话不投机，或听带刺的话，要大度，要能宽容。在彼此身份地位平等的言语交际中，不时会出现"话不投机"的境况，这或者是因为互相的兴趣爱好不同，或者是因为说话中对方的话中带刺等，于是便出现了"半句多"的不想听下去的心态。如果是大是大非的问题，愤然离去，也许是一种强硬的态度，给对方一点颜色看看，这是为了下次好再谈，这在谈判席上是常见的事。然而在朋友、同事之间交流感情、交流思想、交换意见，就大可不必。听别人说话，不能只顺着自己的想法，自己的喜好，自己的习惯，常常需要换位思考，站在对方的立场上，按照对方的想法及对方的心理，去倾听，去理解。尤其是对于损伤自己的话，还要特别能忍。能忍，是一种大度，也是一种宽容。

三、倾听能力的养成

善听，这是一种很重要的能力，这种能力主要是从以下几方面养成的。

第一，注意力。这是指在倾听过程中所表现出来的情感、情绪、思维指向程度。指向程度越高，注意力越集中，听话的效果就越好，听得清，听得懂，而且记得住。指向程度低，注意力不集中，听话效果就差，既不入耳，更不入心，就算听了一部分，也是不准确、不连贯的。譬如，同处在一个教室，同听一个老师讲课，有的同学就能心领神会，举一反三；而有的同学却丢三落四，茫然不知所措。究其原因，很大的程度就取决于其听课的注意力集中与否，前者聚精会神，专心致志；后者心猿意马，心不在焉。在倾听中常常表现为两种方式。一是集中注意力，或者多种声音共存，倾听者力排干扰，只集中听取一种声音，譬如，座谈、争论、喧嚣中的讲话等；或者在通篇倾听中，尤其注重听取特别感兴趣、特别新颖、特别有价值的某一点、某一个方面。譬如，演讲、讲话、讲座、学术报告等。这种注意力具有极强的选择性和专一性。二是分散注意，也称注意分配，把注意力分配在几个方面，同时倾听各种不同的声音，既注意听，又注意比较；既注意说话者的表现，又注意听众的反应；既注意现场效果，又注意将产生的后果等。这种“眼观六路，耳听八方”的注意方式，不仅全面，而且还具有一定的前瞻性。

第二，听辨能力。这是人们在言语交际中形成的一种特有的智力。这种能力主要表现在语音的辨析，语意的理解和话语的品评几个方面。

语音辨析。倾听是通过语音辨析来理解语音符号的含义。语音，在表达话语意义的同时，还传导说话者的情感、情绪、态度。因此，倾听者既要从语音中听出语音符号本身的含义，还要从语音的高低、轻重、缓急、快慢以及语气中，体味到说话者的情感、心态、意图。除此之外，对于那些一词多义、一词双关、同音异义的语词、语句，还要特别注意加以辨析。

语意理解。倾听的关键在于对语意的理解。首先是对语词、语句、语段乃至整篇做出正确的理解。其次是理解观点，理解意图。第三，尤其对那些善用比喻、象征、反语、委婉、幽默、模糊、诡辩等语句或语段，还要做出特别的理解与领悟，以便从中悟出“言外之意”。

语意评析。倾听不只是接收与理解，还应该在听话的同时，及时做出评析。这些评析主要包括：对话语内容的评析，是否正确，是否合理，是否得当，是否得体，有何特别之处。还有一种情况要指出，即口语表达常常因为省略、节缩、松散等，从而导致说出的话语不很严密，不很规范，甚至还会出现病句。对于这种现象，倾听者不仅要辨析出来，还要善于及时加以补正或还原。

第三，记忆能力。听人说话，要记得住、记得牢。倾听中的记忆与阅读中的记忆有所不同。前者是瞬间记忆，一次性记忆；后者可长时记忆，反复记忆。要在别人说话的当时就能把话语记住，大体有如下几种方法。一是择要记忆。只记观点、要点、结论、数据，其他的能记住多少算多少。二是逻辑记忆。说话总有一定的逻辑思路，或者是由事而理的归纳，或者是层层推导的演绎，或者是同类、正反的比较。按照一定的逻辑思路倾听，自然就基本记住了。三是瞬间强记。不仅一字一句听清楚，听明白，还不妨默默背诵几遍，最好将说话人当时的声音、神态、动作都一块记住。这种记忆很可能就成了终身记忆。要养成倾听中良好的记忆能力，关键是要用心，专心专意地倾听；其次是要理解。记忆有两种，一种是机械记忆，一种是理解记忆。前者死记硬背，记忆不会长久；后者是用心体会、领悟、理解，只有理解了的话语才会记得住，记得长久。最后，还要养成良好的记忆习惯，听话必记，并且力争记全、记准，长此以往，便能养成很强的记忆能力。

第三章 与不同人说话的艺术

第一节 单位里说话的艺术

有句老话叫“祸从口出”，在单位里与同事相处的过程中一定要把好口关，什么话能说，什么话不能说，都要在脑子里转几个弯，心里有个数。

一、同事之间的说话艺术

（一）初来乍到要懂得的说话艺术

在同事之间要建立良好融洽的人际关系，必须学会沟通，得体恰当地说话，当你从一个环境转到另一个新环境，初来乍到时更要谨慎，以免因说话不当，使对方误解，产生隔阂。那么初到公司，该怎么和同事说话呢？

1. 不忘寒暄

和同事在一起工作，不要小看寒暄、招呼。早晨上班的时候，见到了同事，一句简单的“早上好”代表了你对他一天的祝福。小小的一句问候，让人如沐春风。下班的时候，说句“再见”代表了你亲善友好的态度。如果你和同事之间发生了什么不愉快的事情，简单的一句寒暄或许可以让你们之间的恩怨化为乌有。寒暄、招呼看起来似乎是微不足道的，一句简单的话语不过几个字，脱口就可以说出，想都不用想，但实际上它又体现了同事之间是否互相尊重、礼貌、友好。

2. 不自吹自擂

和同事相处一定要注意不要自吹自擂。每个人都有优点，同样，每个人也都有缺点。人和人的能力是不一样的，你在某一方面或许很突出，而你的同事就有可能在其他的方面比你好。要想在公司当中为自己的发展创造良好的环境，要想有一个良好的人际关系，就要学会和各式各样的人相处，就要培养自己良好的素质，在同事面前，不要吹牛。

3. 安慰有方

人非圣贤，孰能无过。犯了错误挨批评是难免的。但是，大庭广众之下挨批评的滋味可不好受。如果你的同事挨了老板的批评，你该怎么去安慰他呢？是盲目的劝慰，还是讲一些技巧？毫无疑问，安慰同事需要掌握一定的技巧。如果不掌握一定的技巧，不但不会让同事得到安慰，反而会引火烧身，给自己带来不必要的麻烦。

当下属被老板公开责备的时候，他肯定会受到很大的伤害，甚至怒火中烧，对骂自己的老板深恶痛绝。如果此时，你马上去安慰他，用同情的心态去劝慰他，很容易引起老板的不满，你此时最好的办法是保持缄默。

事后，找一个合适的机会，把同事约出去转换一下他的心情，这样做老板不会因为不快而抓你的小辫子，同事也会因此信赖你。

4. 以诚为本

俗话说：以诚为本。无论做什么事情，所必需的、最根本的首要前提就是真诚。在和别人合作的时候，一定要讲究诚信。如果你连起码的诚信都没有，别人怎么敢和你合作？当今社会，恐怕没有人愿意和一个不讲信用的人共事。同事之间相处，如果一项工作需要彼此之间合作完成，就一定要互相信任、互相支持，互相帮助。

俗话说，群众的眼睛是雪亮的。从你对工作的态度、方式、你在工作时与同事合作的心态，可以看出你是一个什么样的人。你的同事当中绝对没有傻子，假装真诚，一旦需要你出手相助时，你却袖手旁观，甚至是耍手段，为了自己的利益而坑害同事，总有一天会被他们识破。到那时，没有人会再相信你，当你有了困难的时候，也没有人会帮助你，你最终会让自己陷入一事无成的境地。

（二）同事之间说话尺度的把握艺术

口无遮拦，信口胡言，往往容易得罪同事。俗话说：“打人不打脸，骂人不揭短。”人既是最坚强的，也是最脆弱的。尤其是当一个人觉得他自己的自尊受到伤害，将要颜面扫地时，他的潜能会爆发出来，他会死要面子，死“扛”到底。因此，在职场中必须注意不能一味地揭他人伤疤。报上曾有过一则新闻：一个女中学生，只因为有人说了她一声“胖女人”，羞愧至极，绝食身亡。生活中也有这样的例子：

有一次几位年轻同事在一起聊天，偶然谈及黑痣的话题，其中一位平素最活跃的青年突然沉默。后来才知道，这位青年同事腿上有一大黑痣。

有人偏偏口下无德，爱揭人短处：

“你的胸脯真像卡西欧电子计算机。”

“怎么啦？”

“超薄型！”

真是够缺德，够损人的。然而更重要的是，这仅仅是伤害了别人吗？要知道揭短是一把双刃剑，伤人的同时也伤己。爱揭短的人，时时处处注意他人的短处，拿来取笑，可也要小心自己有把柄被别人抓住，后患无穷。这种既伤别人，自己也不见得好过多少的话，还是少说为佳。

有些人是因为考虑不周，言辞无形中冒犯了他人：

"老王，你太辛苦了，白发如云！"

"老刘，你秃顶了！"

对年轻女同事说："小李呀，你最近可发福了！"

要时刻提醒自己这类话少说为妙。

摩洛哥有句俗语说："言语给人的伤害往往胜于刀伤。"这真是实情。同事之间，为搞好关系起见，请不要揭人短处。有的人直率惯了，喜欢"一吐为快"，无意间揭了别人短，刺伤了别人，也孤立了自己。

一天，在公司的集会中，张先生看到一位女同事穿了一件紧身的新装，与她的胖身材很不相称，张先生便直言直语道："说实话，你的这件衣服虽然很漂亮，但穿在你身上就像给水桶包上了艳丽的布，因为你实在是太胖了！"女同事瞪了张先生一眼，生气地走开了，从此再也没有理过他。

在办公室里，直言直语是一个人致命的弱点，因为喜欢直言直语的人常常只看到现象或问题，也只考虑到自己的"不吐不快"，而没有考虑旁人的立场、观点、性格和感受，所以，直言直语不论是对人或对事，都会让人受不了的，于是人际关系就出现了阻碍，同事们宁可离你远远的，免得一不小心被你的直言直语灼伤。即使不能离你远远的，也要想办法把你赶得远远的，眼不见为净，耳不听为静。

（三）单位里切莫说"闲话"

在同事里常常有这样一些人：每天不是东家长就是西家短，没完没了，让人厌烦。流言蜚语会对人们的工作、生活产生巨大的影响，散布流言蜚语的同事存在于你周围时，你只会感到痛苦。有一位赵小姐就遇到过这样的痛苦经历。

她平时为人善良，但挺要强，既想在事业上有所作为，又不想让他人说三道四。她高考落榜后进了一家工厂。一进厂，厂里就组织她们一同来的40个女同学进行培训。4个月以后，只有她一人分到科室工作，其他人全下车间。当时她很高兴，在科室工作许多事要从头学起，她便虚心向老同志请教，勤奋学习，细心观察别人对问题的处理方法，现在已能很好地胜任自己的工作。赵小姐这个人不笨，脑子也比较灵，办事也有一定的能力。就在工作取得一定成绩的时候，听到别人议论自己，说她是靠不正当手段进科室的，说她与上司的关系不一般等闲话。赵小姐的上司有能力，但名声的确不好，而且粗鲁，经常开过头的玩笑。赵小姐对他也很看不惯，但毕竟是上司，又能怎么样？所以对他敬而远之。可是有些同事总是背后议论赵小姐的品行，他们这些无中生有的议论，实在影响她的情绪，使其产生很大的心理压力，当然赵小姐自知没有使用任何手段使自己分到科室工作，自认为是凭自己的本事得到这一份工作的，可是“人言可畏”啊！自从听到传言之后，她感到孤独、烦恼，处处小心，工作积极性不高，精力很难集中起来。

上例中的赵小姐是一位典型的被流言蜚语所伤的受害者。对于造谣中伤，大多数人都深恶痛绝，而提到流言蜚语，虽然大多数人也表示厌恶和排斥，但不少人总爱在不知不觉中就加入其中。

“今天我看见业务科的小赵在咖啡厅和一个年轻姑娘坐在一起。”结果经过无数人的嘴，传到最后已经变成“业务科的小赵在咖啡厅和一个漂亮姑娘搂搂抱抱，可亲热呢！”甚至那姑娘的姓名还是本公司的××小姐。但实际上小赵只不过是在咖啡厅同妹妹商量搬家的事。

还有一些人喜欢背后议论别人的事，四处打听：

“她多大了，为什么不结婚呢？”

“小李的父亲是不是给他留了一笔钱？”

“小张离婚的事办得怎么样了？是不是对方还想分房子？”

“他每个月挣多少钱？没有他老婆高吧？”

“小敏的这件衣服很贵吗？我看是在一般的店里买的！”

“迈克最近离婚了，你知道吗？”

每个团队中都有一些爱说三道四、传播闲言碎语的人。他们的双眼似乎时时盯着他人，他们的嘴里喜欢议论“谁—什么时候—在什么地方—做了什么事”这类问题。如果不能时刻觉察到自己有这个毛病，那么，请同事来提醒你，纠正它。加入流言蜚语的行列实在是极愚蠢的，害人又害己。试想一下，当你偶然发现某位跟你十分投契的同事，竟然在你背后四处散播谣言，数说你的不是和缺点，这时你才猛然觉醒，原来平日的喜眉笑目，完全是对方的表面文章！晴天霹雳之余，你会痛心地想，跟他一刀两断，从此势不两立，这样对你对他都很不利，所以你坚决不要加入谣言家的行列。

“得饶人处且饶人”，多一句，不如少一句，说话能够收敛一点，日后你有什么行为做错，同事也不会做得太过分。经常在背后说别人坏话的人，肯定不会是受欢迎的人。因为凡是有点头脑的人，都会自然而然地这么想：这次你在我面前说别人的坏话，下次你就有可能在别人面前说我的坏话。这样一来，你在别人的印象中就不可能好到哪里去。端正自己的说话行事，抛弃那些流言蜚语，给自己的嘴安一把锁，坚决不传别人的闲话。

（四）隐私敏感话题的规避艺术

每个人都有不想让大家知道的事情，也就是说每个人都有自己的隐私。与人相处中，要极力避免谈论别人的隐私，否则就会使你人格受损，并显得缺乏修养，甚至破坏你与他人的和睦关系。避免谈论别人的隐私，一是不可在谈话中拐弯抹角地打听别人的隐私，二是不可知道了别人的一点点隐私就到处宣扬。宇宙之大，谈资无所不有，何必非要以他人的隐私当作谈资呢？

对待别人的隐私，要切忌人云亦云，以讹传讹。首先你要明白，你所知道的关于别人的事情不一定确凿无疑，也许另外还有许多隐情你不了解。要是你不加思考就把你所听到的片面之言宣扬出去，难免会颠倒是非，混淆黑白。话说出口就收不回来，事后你完全明白了真相时才后悔不已，但此时已经在同事之间造成了不良的影响。

如果有人在谈到某同事时说，“我只跟你说”，对这样的话你可别太当真了。假使你对某同事不具好感并按捺不住地对上级说：“这些话只跟您提而已……”如果随意地就大发议论的话，正中上级下怀，你所说的话会立刻传入该同事的耳中。对于造谣中伤，大多数人都是深恶痛绝的。而对于隐私方面的流言蜚语，虽然大多数人也表示厌恶和排斥，但不少人总爱在不知不觉中加入进去。事实上，人与人之间的关系相当复杂，你如果不知内幕，就不可信口雌黄，以免招惹是非。现实生活中有一种人，专好推波助澜，把别人的隐私编得有声有色，夸大其词地逢人就说，人世间不知有多少悲剧由此而生。你虽不是这种人，但偶然谈论别人的隐私，也许你无意中就为别人种下祸患的幼苗，其不良后果并非你所能预料到的。要是有人向你说某人的隐私，你唯一的办法就是，像保守你自己的秘密一样，不可做传声筒，并且不要深信这片面之词，更不必记在心上。说一个坏人的好处，旁人听了最多认为你是无知；把一个好人说坏了，人们就会觉得你存心不良。

人们好说女人最爱谈论别人是非，其实男人当中也不乏这种人。如果你茶余饭后要找谈话的资料，那天上的星河、地上的花草，无一不是谈话的好题目，真的不必一定要说东家长，西家短才能消遣时间。要是同事能将自己的隐私信息告诉你，那说明你们之间的友谊肯定要超出别人一截，否则她不会将自己的私密全盘向你托出。要是同事在别人嘴中听到了自己的秘密被曝光，不用说，她肯定认为定会在心里不止千遍地骂你，并为以前的付出和信任感到后悔。因此，不随意泄露个人隐私是巩固职业友情的基本要求，如果这一点做不好，恐怕没有哪个同事敢和你推心置腹。尽量避开私人问题，也别议论公司里的是非长短。你议论别人没关系，用不了几个来回就能“烧”到你自己头上，引火烧身，那时再“逃跑”就显得很被动。

（五）避免与同事“交火”

工作中同事之间容易发生争执，有时搞得不欢而散甚至使双方结下芥蒂。人是有记忆的，发生了冲突或争吵之后，无论怎样妥善地处理，总会在心理、感情上蒙上一层阴影，为日后的相处带来障碍，最好的办法还是尽量避免它。

中国人常用这么一句话来排解争吵者之间的过激情绪：有话好说。这是很有道理的。据心理学家分析，争吵者往往犯3个错误：第一，没有明确清楚地说明自己的想法，含糊，不坦白；第二，措辞激烈、武断，没有商量余地；第三，不愿以尊重的态度聆听对方的意见。另一项调查表明，在承认自己容易与人争吵的人中，绝大多数人不承认自己个性太强，也就是不善于克制自己。

相互之间有了不同的看法，最好以商量的口气提出自己的意见和建议，语言得体是十分重要的。应该尽量避免用“你从来也不怎么样……”，“你总是弄不好……”，“你根本不懂”这类绝对否定别人的消极措辞。每个人都有自尊心，伤害了他人的自尊心，必然会引起对方的反感。即使是对错误的意见或事情提出看法，也切忌嘲笑。幽默的语言能使人在笑声中思考，而嘲笑使人感到含有恶意，这是很伤人的。真诚、坦白地说明自己的想法和要求，让人觉得你是希望得到合作而不是在挑别人的毛病。同时，要学会聆听，耐心、留神听对方的意见，从中发现合理的部分并及时给予赞扬或肯定。这不仅能使对方产生积极的心态，也给自己带来思考的机会。如果双方个性修养、思想水平及文化修养都比较高的话，做到这些并非难事。

如果遇到一位不合作的人，首先要冷静，不要让自己也成为一个不能合作的人。宽容忍让可能会令你一时觉得委屈，但这不仅能表现你的修养，也能使对方在你的冷静态度下平静下来。当时不能取得一致的意见，不妨把事情搁一搁，认真考虑之后，或许大家能找到解决问题的好办法。善于理解、体谅别人在特殊情况下的心理、情绪是一种较高的修养。有的人生性敏感，遇到不顺心的事就发泄怒气，这就可能是造成态度、情绪反常或过激的原因。对此予以充分谅解，会得到相应的回报。心胸开阔是非常重要的。任何人都会出现失误和过错，别人无意间造成的过错应充分谅解，不必计较无关大局的小事情。

（六）自曝劣势，淡化优势

在职场中，当你明显比同事强时，你在感情上还是要和大家在一起，千万不能与他们拉开距离，同事们也就不会再嫉妒你了，同时也会在心里承认你的“优势地位”是靠自己努力换来的。当你处于优势地位时，注意突出自己的劣势，就会减轻妒忌者的心理压力，使其产生一种“哦，他也和我一样无能”的心理平衡感觉，从而淡化乃至免除对你的嫉妒。

小李是大学刚毕业的新教师，对最新的教育理论有较深的研究，讲课亦颇受同学欢迎，以致引起一些任教多年却缺乏这方面研究的老教师的强烈妒忌。为了改变自己的处境，小李便故意在办公室的同事面前大曝自己的劣势：教学经验一点都没有、对学校和学生的情况很不熟悉等，最后还一再强调“希望老教师们多多指教”。就这样，小李自曝劣势后，终于有效地淡化了自己的优势，衬出对方的优势，减轻弱化了老教师对他的妒忌。

身在职场处于优势时，自然是可喜可贺的事。如果别人一提起一奉承，你就马上陶醉而喜形于色，这会在无形中加强别人的嫉妒。所以，面对同事的赞许恭贺，应谦和有礼、虚心，这样不仅能显示出自己的君子风度，淡化同事对你的嫉妒，而且能博得同事对你的敬佩。

“小姜毕业一年多就提了业务经理，真了不起，大有前途呀！祝贺你啊。”在外单位工作的朋友小叶十分钦佩地说。“没什么，没什么，老兄你过奖了。主要是我们这儿水土好，领导和同事们抬举我。”小姜见同一年大学毕业的小吴在办公室里，便压抑着内心的欣喜，谦虚地回答。小吴虽然也嫉妒小姜的提拔，但见他这么谦虚，也就笑盈盈地主动招呼小姜的朋友小叶：“来玩了？请坐啊！”不难想象，小姜此时如果说什么“凭我的水平和能力早可以提拔了”之类的话，那么小吴不妒忌死，进而与小姜难以相处才怪呢！

有的年轻人，初入职场，说话“慷慨激昂”，锋芒太露，一般在某个企业都待不久。

一位大学生毕业后分到一家工厂，起初很得领导赏识，但好景不长，不到3个月，车间主任就对他越来越冷淡了。他怎么也弄不明白其中的原委。经一位好心师傅点拨，他才恍然大悟：原来他刚走出学校，讲话爱用术语。什么“宏观调控”“程序化”“控制论”“结构定向”等。而车间主任是中专毕业生，最烦别人在他面前咬文嚼字、卖弄学识。这位大学生无形中触到了领导的“自卑感”，而使自己处于不利位置。

有句俗语说得好，“小心驶得万年船”，同样，我们也可以说“谦虚能行万里路”，事实如此，谦虚能避免别人妒忌甚至是怨恨，这样你走的时间才能更长，路才能走得更远。

谦虚除了从自己口中直接陈述，还有别的表现，比如说“不耻下问”。古人云：“人之恶在好为人师。”可见一般人都有这样的心理，除了爱听奉承话之外，还愿做别人的老师。在日常生活和求职就业的过程中，与他人交往时，你也不妨做一个忠诚的听众。把别人都当成自己的老师，少说多听，做一个学生，给对方充分表现自己的机会，最后达到自己的目的。这就是“甘为人徒法”的根本所在。每个人都有强烈表现自己的欲望，以此来自我感觉比别人略高一筹，这正是人们既可爱又愚蠢的地方。以人为师，少说为佳，并不是不说话。你得说，投其所好，不懂就问，懂得，有时也要暂时装作不懂去问。你提问的方式，要能使对方滔滔不绝，使对方心理有一种满足感和被尊重感。这时你谦虚的形象，自然就勾画出来了。

职场上的路是靠自己走出来的。在你自曝劣势、“不耻下问”的过程中，你与工作中其他人员的关系往往会更加紧密，从而创造出更加美好的成果。

二、上下级之间的说话艺术

（一）与下属的说话艺术

1. 消解下属心中怨气的言语艺术

由于种种原因，你的下属可能满怀怨气，那么，身为领导，如何说话，才能让下属消解心中的怨气，而又不失自己作为上司的尊严与威信呢？谁都有犯错的时候，不要以为自己是领导，就高高在上，当自己说错话，办错事时不妨主动承认自己的错误，只有这样才能让员工消解怨气，让自己树立威信。

彭德怀任国防部长时，有一次来到东海前哨的一个炮兵阵地视察。负责同志对敌方情况掌握不透，惹得他心里不高兴。后来又发现弹药库竟然修在阵地前沿，禁不住大发其火，扬言要将团长“撤职，送军法处”，说得团长憋了一肚子的怨气。吃晚饭的时候，彭总叫身边的同志把团长找来，说：“我今天又说错了话，不该说把你撤职送军法处。其余的都对，你认为不对的，可以批评我，不能赌气不吃饭啊。”

彭总主动向团长承认自己说错了话。其实，从工作出发，他的火是发对了，理和势都在他这一边。但是从部队团结、官兵关系着想，他的“我今天又说错了话”的自责，无疑给广大官兵留下了严格自律的印象，从而激励官兵提高军事素质，始终保持常备不懈的清醒头脑。作为国防部长，他的自责不仅消解了当时那位团长的怨气，给那位团长留了台阶，还给所在部队留了台阶。这个台阶不是让其下去了事，更重要的是下了台阶之后的发奋努力。

当下属因为你过激的批评而心怀怨恨时，能主动找到下属，真诚地自责，实际上就是传达一种体贴和慰藉，责的是自己，慰的是下属。这有利于在对方本已紧凑的心理空间辟出一块“缓冲地带”，让命令得以执行，工作能够顺利地开展下去。

（1）晓以利害。

某市无线电厂由于长期亏损，债台高筑，濒临破产。这天，该市电视机厂对无线电厂实行有偿兼并的大会在无线电厂举行。上千名职工感到耻辱，坚决反对兼并，愤怒的人群争吵着，吼叫着，吹口哨，鼓倒掌，场面十分混乱。

这时，电视机厂的吴厂长，扯大嗓门对陷入失控状态的人群喊道："我告诉你们一个事实：到下个月工商银行的抵押贷款就要到期，无线电厂马上就要破产，上千名职工就要失业！难道你们愿意这个具有几十年历史的我市唯一的收录机专业生产厂家破产吗？难道我们厂上千名职工情愿失业，重新到社会上待业吗？请问，谁能使无线电厂不破产？谁能使上千名职工不失业？是能人，请站出来说话，有高招，请拿出来！你们反对兼并，拿出主意来！"愤怒的人群渐渐地开始静了下来，他面对着上千双翘首以待的眼睛，接着说："我吴某人不是资本家，是国家干部。就我个人而言，叫我兼并无线电厂，我才不干呢！我又何必自讨苦吃？可我是共产党员，看到国家受损失，我于心不忍啊！"这时有人站起来说："我要问你，你能保证我们不失业，无线电厂不破产吗？"刘厂长说："有些同志对我不信任，这是可以理解的，因为不了解嘛。请大家放心，从并厂后第一个月起，如果再亏损，由我吴某人负责。我和大家同舟共济。如果要下海，我第一个带头跳！至于具体办法，我这里就不说了！"

这时，全场爆发出雷鸣般的掌声。在当时骚乱的情况下，面对愤怒的人群，训斥制止都不行，婉言相劝想必也不行。这时，吴厂长直言并与不并的利害得失，终于打破了人们的认识障碍，镇住了混乱的场面，又消解了大家的怨气。

下属与上司的一个不同之处在于，上司除了关心自己的利益之外，更应该关心单位的整体利益，而下属却有权关注自己的切身利益胜过关注集体利益。因此，对下属说话应该常记住"晓以利害"这一技巧，当他们对某件事有与单位上司不同的想法时，一番权衡利弊的分析，只有让他们觉得你的决定才是真正有利于他们切身利益的时候，他们才会真正地消除不满，转而支持你的工作。

(2) 抓住实质。

冯玉祥当旅长时，有一次驻防四川顺庆，与一支"友军"发生矛盾。这支"友军"将骄兵惰，长官穿黑花缎马褂，蓝花缎袍子，在街上招摇过市，像当地的富豪公子模样。有一天，冯玉祥的卫士来报：

"我们的士兵在街上买东西，他们说我们穿得不好，骂我们是孙子兵。"

冯玉祥看到自己穿的灰布袄，便说：

"由他们骂去，有什么可气的。这正是他们堕落腐化、恬不知耻的表现！"

为了避免士兵们由于心里不平衡而生闷气，冯玉祥立即集合全体官兵，进行训话：

"刚才有人来报，说第四混成旅的兵骂我们是孙子兵，听说大家都很生气，可是我倒觉得他们骂得很对。按历史的关系来说，他们的旅长曾做过20镇的协统，我是20镇里出来的，你们又是我的学生，算起来，你们不正是矮两辈吗？他们说你们是孙子兵，不是说对了吗？再拿衣服说，绸子的儿子是缎子，缎子的儿子是布，现在他们穿绸子，我们穿布，因此他们说我们是孙子兵，不也是应当的吗？不过话虽这么说，若是有朝一日开上战场，那时就能看出谁是爷爷，谁是真正的孙子来了！”几句话把官兵们说得大笑起来，再也不生闷气了。冯玉祥正是抓住了问题的实质，即军队就是比赛打仗的，而不是比赛穿衣服的，因此他把手下人说得心服口服。

当下属心怀怨气的时候，单纯劝导难以起到真正的作用，只有把他们心中的“怨结”打开，才能让他们豁然开朗。而打开“怨结”的关键就是抓住令他们生气的问题的实质，带领他们走出思想的误区。

2. 避免让属下产生敌意的艺术

身为领导，有时不免颐指气使，让部下感觉不愉快，这是造成领导与员工彼此对立的重要原因。因此作为领导，对员工说话时，注意方式、掌握分寸很重要。老板不应当仅仅看到部下的工作情况和成绩，还应当了解他们内心的烦恼。因此，老板讲话时要极为慎重，注意不要伤害部下的感情。老板的讲话与提问的方式是极为重要的。如果掌握不好的话，就可能使部下与你产生对立。老板可以通过经常鼓励部下积极工作的方式来消除彼此间的对立。而且，这样做还能让部下全部发挥出自己的能力来，从而为企业培养出优秀的人才。

产生对立的谈话方式是：

老板：喂，你最近的表现可不太好啊！部下：可是我已尽了最大努力了。

老板：努力？我怎么看不出来你在努力。部下：我难道不是在工作吗？

老板：你怎么能用这种态度说话？部下：那你要我怎么说呢？

老板：你太自以为是了。这就是你的问题所在。

不会产生对立的谈话方式是：

老板：喂，最近表现得可不太出众啊，这可不像你的作风。

部下：我已经尽了努力了……

老板：是不是有什么心事？

部下：实际上……（妻子住院了）

老板：是吗！你怎么不早说，家里出了事理应多照顾，要不就先请几天假，好好在家照顾一下病人。

部下：好在已经没有什么大问题了。

老板：噢，那就好。如果有什么困难尽管来找我。

在这里，老板表现出了体贴部下的心意，又注意不要强按人低头，所以部下还是十分感激的。但是如果老板说服部下的方法不对，对方会对你产生敌意。这种情况，多发生在谈话之前对对方怀有不满和厌恶的时候；也可能是你过于急躁逼人认错的结果。所以首先避免以上两种容易产生敌意的态度。另外，对方情绪过分激动，其是非的判断力、意志的驱动力都会变得“模糊”，处于抑制状态。在这种情况下，任何“强攻”都难奏效。不如暂停说服工作，告诉对方，好好休息，下次我们再慢慢谈。停一停再谈，这对扭转认识、稳定情绪具有很大作用。心理学研究发现，某一件事在头脑中形成强烈的刺激反应，一时无法抑制，但睡了一觉，这种情绪会淡化，这就是“睡眠者效应”。昨天看来已处于“山重水复疑无路”的说服工作，到了第二天再谈，就可能出现“柳暗花明又一村”的新局面。

老板说服部下，目的是使对方跟自己走。光是自认为理由充足可不行，还要掌握住对方的心理特点，使对方心甘情愿听你的，一切都由你做主。古希腊哲学家苏格拉底认为：他从来没有要教训别人什么，他只像一个灵魂的催生婆，帮助人们产生自己的思想观点。看来，老板也很有必要掌握这种“催生”的艺术。

3. 漂亮的言语也是让属下言听计从的艺术

如果你是领导，你在运筹帷幄制定了工作方案之后，一定不愿让它成为没有现实意义的海市蜃楼。那么，你必然会把你的方案传达到下属那里，并让他们付诸实施。如何使你的下属言听计从呢？有经验的领导会用好口才去激发下属接受任务和完成任务。

(1) 指导和激励。帮助解决问题和创造成绩是最佳的方式。一般人希望领导是帮助他们提供方法、解决难题的导师，是他们创造成绩、争取进步的牵引者，而不希望领导是不懂装懂的蹩脚传令官。当你所领导的下属在各个方面都有比你突出的专长时，你的技术指导似乎苍白无力。然而不要怕，更高明的方法不是直接的技术指导，而是帮助你的下属找到创造成绩的契机，通过激励他们实现人的成功欲望，让他们心甘情愿地实施你的方案。

某单位接受一个科研新项目，有些人觉得领导是在惹麻烦。领导不动声色地在例会上讲：“大家都知道，咱单位都是年轻人，谁也不会不想进步。但我昨天碰到一位老同志，他苦恼地对我讲，他一生虽算一头老黄牛苦苦干过来，可是遗憾没有科研成果，结果职称很低，到老也没什么好骄傲的。同志们，这位老同志的话给我很大的启发，我们在工作的同时不能不创造条件搞科研项目。所以，我向上级领导申请了一项科研任务……”说到这里，他已经把大家的成功欲望激发起来，“惹麻烦”的念头烟消云散，领导的科研方案顺利落实。

是的，一方面以事晓之、以理服之、以法示之，另一方面又以情动之、以利导之、以气鼓之，要让下属言听计从，已有80%以上的把握了。

（2）造势攻心。有些人偏偏会在你任务很急的时候，因为某种偶然的原因拒绝接受任务，怎么办呢？有经验的领导会造势攻心，不动声色地强制执行。

某厂想调一名政工干部去营销部，该干部闹了情绪，厂长找他谈话：“咱厂近来按制度让几位干得不错的干部闲置起来做待聘处理，你不会不知道吧？你有口才，我决定让你到营销部闯一闯，你如不去，可没其他机会了。”在竞争激烈的今天，被闲置就是竞争失败者，厂长一番话，政工干部脸红了，心知利害，服从了厂部安排。

（3）巧用激将法。对有些人，你使用一下激将法，也能取得意外的好效果。军营指挥官一句“你敢立下军令状吗”叫多少热血将士冲锋陷阵，立下赫赫战功，经理一句“你就不能胜过×××，去争取最高工资”叫多少技术人员苦攻难关，创造惊人效益；而教师们运用激将法转化一些顽皮学生就不胜枚举了。

有位领导见一位年轻下属正在抓一个车间的改革试点，故意激他道：“你这么点年龄，行吗？”年轻人答道：“基本完成任务了，请领导验收吧！”领导见状，又有意激道：“车间只是个小单位，你要能把咱厂的改革搞成功，我就服你！”年轻人红了脸：“能让我试试吗？”领导于是让他当业务副厂长，年轻人竭尽全力开始他的改革方案……领导满意地笑了。

4. 有效斥责下属的艺术

斥责部属是一件很不容易的事情，斥责得不当，不但起不到原来的目的，有时还会让部属感到灰心失望。那么如何斥责部属才能达到预期的效果，而又能让他欣然接受呢？

（1）冷静地处理。盛怒时，多数人都是面红耳赤、颈暴青筋。过度的生气，往往会使人失去理性。以致一些严重伤害对方的，不应该说的话也会说出来，这些都值得我们借鉴。怒气冲冲时，不可因情绪激昂而破口大骂，应冷静并选择有效的斥责技巧，才是正确的方法。

一位幼儿园的老师曾经说过：“以声音来惊吓小孩，是非常不明智的举动。”当小孩受到惊吓后，为了防止再受伤害，会逐渐地把一些失败或不良行为转明为暗。好不容易才养成的健全身心，产生变异，所以，当家长因某事而盛怒时，不妨先握紧拳头并放入口袋中，数1，2，3……当怒气被平息下来之后，便能以理性来处理了。被人批评：“笨蛋！猪狗不如！”“教了就忘，你跟那些饲料鸡有什么不同？”“叫你做事，害我晚上都睡不着。”相信你也会想：

“既然如此，一开始就不要叫我做。”“你是垃圾，你家人也一样。前几天打电话去，那是什么礼貌啊！”“看一个人的生活起居，就可以知道他是什么样的人。所以，我知道当你失败的时候，一定会找借口推脱。”伤害他人自尊心的话不该说，应该平心静气地向对方说明。

（2）场合的考虑。

一次商务会上，罗伯特遇到了这样的一个场景：那是一家公司的圣诞晚会，但事实上受到邀请的人都是与公司有生意往来的合作伙伴，所以这个晚会相当于一个非正式的商务宴会。公司的一个高级职员穿了一件不够得体的晚礼服，与罗伯特谈话的公关部经理看到后马上中断了和他的对话，走到那个职员面前：“你怎么穿这样的衣服来了？”经理的声音不大，但还是有人能听到。“对不起……之前准备好的衣服不小心刮坏了，所以就……”“那也不能穿这样的来吧？”经理嫌弃地看着职员身上的衣服，“简直是丢公司的人。”面对咄咄逼人的经理，那个职员的脸色越来越难看。“不要再解释了，马上去给我换一件，要么就离开这里，不要再在这里丢人了。”被说得无地自容的职员只好狼狈地离开了会场。目睹这一切的罗伯特觉得这个经理做得过分了，他想这个经理应该不会在现在的位置上待很久的。果然，几个月后，这个经理被公司调到了外地的分公司，理由是无法和下属很好地相处。

批评时要考虑环境是否适合，这不仅仅是指不要在人多的场合中批评说教，还有其他的一些情况下，你也应该多加注意，以免让人产生逆反心理。

（3）明确地指出重点。大家都知道，没有一件事会比听人说教更难过，尤其是一开口便是这个也讲、那个也骂，到最后仍使人弄不懂到底是做错了什么。所以，斥责对方时，必须针对错误的事项，提出自己的想法与意见，其余的一些小问题都可暂时不予理会，而就重点斥责。这也是能令对方印象深刻的最佳方法。冗长的说教，除了功效不佳之外，最后还有可能造成双方不和。

（4）因人而异地斥责。斥责的方式，必须要先看对方是属于什么类型之后，再下决定。个性较温和的人遭人大声怒吼时，只会一味地退缩和保护自己，无法专心听人说教。而个性刚烈的人，则往往会因对方的斥责而亢奋，无法忍气吞声，结果，通常都会采取强硬的反驳手段，或因而更奋发图强。“笨蛋！你到底在想些什么？不要以为是新人就可以不负责任，拿回去重写！”遭到上司斥责的人，心想：“有什么了不起！”于是下定决心更努力：“有一天等我超越你之后，再看你怎么斥责我。”所谓强将手下的人个个精明能干，就是这个道理。一再遭到他人的斥责，却不愿认输投降的品质，往往都是出现在斗志高昂的人身上。而斗志不充足或是遇上麻烦就习惯性退缩者，通常在此阶段就因此而遭到淘汰的命运。也有些人是属于工作效率高，但个性柔弱的，那么此时就该采取温和式的斥责。例如，将手轻搭在对方的肩上："喂！最近——表现欠佳，好好加油！"以不惊吓到对方的程度给予警告性的斥责。

就如以上所说，斥责要谨慎又谨慎，先考虑对方是属于何种类型后再决定应该采取的方式。

5. 表扬下属的语言艺术

很多领导都可能会犯这样一些错误：明知下属有成绩却很少表扬，该表扬员工时却批评，以为这样更能激励员工。古人指出，"求将之道，在有良心，有血性，有勇气，有智略"，对于那些忠义的下属，一定要大胆表扬施恩，以鼓励他们的忠心。但表扬员工时，一定要注意以下几点：

（1）要具体，切忌含糊其辞。表扬本来是激发热情的一种有效方法，但有时运用不适宜则会使下级反感。因此，中层领导在谈话中表扬下级时应斟酌词句，要明确具体。

比如，有些领导者赞扬下级时使用这样含糊的评价："你是一名优秀工人"，"你工作得很好"之类。其实，以这种方式表扬是毫无用处的，因为他们没有明确赞扬评价的原因。有时部下甚至会因此而产生误解、混乱和窘迫，乃至关系恶化。一般认为，用词越是具体，表扬的有效性就越高，因为下级会因此而认为您对他很了解，对他的长处和成就很尊重。

克莱斯勒公司为罗斯福总统制造了一辆汽车，因为他下肢瘫痪，不能使用普通的小汽车。工程师钱柏林先生把汽车送到了白宫，总统立刻对它表示了极大的兴趣，他说："我觉得不可思议，你只要按按钮，车子就开起来，驾驶毫不费力，真妙。"他的朋友和同事们也在一旁欣赏汽车，总统当着大家的面夸奖："钱柏林先生，我真感谢你们花费时间和精力研制了这辆车，这是件了不起的事。"总统接着欣赏了散热器、特制后视镜、钟、车灯等，换句话说，他注意并提到了每一个细节，他知道工人为这些细节花费了不少心思，总统坚持让他的夫人、劳工部长和他的秘书注意这些装备。

（2）抓住时机。在与下级的谈话中把握住有利时机去表扬对方，其效果可能是事半功倍，失掉有利时机，其效果则可能是事倍功半。一般说来，部下开始为他办某件有意义的事情，就应在开头予以表扬，这是一种鼓励；在这种行为的进行过程中，中层领导也应该抓住时机再次表扬，最好选在他刚刚取得一点成就的时候约谈一次，这样有助于您的下级趁热打铁，再接再厉。另外，请不要忘记，当他的工作告一段落并取得一定的成绩时，下级期望得到您的总结性的公开表扬。当然，在与下级交谈中，表扬也是有"度"的，适度表扬将会使您的下级心情舒畅，反之，则可能使他感到难堪、反感。因此，中层领导在讲话中必须从内容方式等诸方面把握好这个"度"。在上下级的语言艺术中，表扬总是“点石成金”之术，但它仍需根据不同情况巧妙运用，只有恰当适宜的表扬，才能在交谈中架起“心桥”，使上下级关系更加和谐。

(3) 多表扬对方才华。希腊有句谚语：“使人幸福的不是体力，也不是金钱，而是正义和多才。”才能，是一个人区别于他人的最明显的标志，是他幸福的源泉之一。我们表扬一个人，就要深深地打动他，而最能打动他人的表扬，莫过于对其才能的认可和高度评价。我们周围不乏才华横溢之人，有的人有能言善辩的口才，有的人能潇潇洒洒，妙笔生花，有的人善发明，有的人演技高超……诸如此类的才华都是有价值的表扬题材。

(4) 放下架子。放下“架子”表扬下属可以用谦虚、真诚的姿态来表现。

秦穆公得知百里奚是个人才，就想方设法用5张羊皮把他从楚国的囚牢里赎出来。此时的百里奚已是年逾七十的长者。当把他带到秦穆公面前时，秦穆公亲自为他打开囚犯的镣铐，尊之以上座，并向他求教治国之策。秦穆公的行为使百里奚感到受宠若惊，推辞道：“下臣乃亡国之臣，还有什么值得您垂问的。”缺乏信心的百里奚语气里透着伤感和自卑。秦穆公恳切地说：“虞君不信用您，所以才招致亡国之祸。这并不是您的罪过呀！”

秦穆公通过剖析虞君之过巧妙地表扬了百里奚的政治才能，鼓励了他的信心，而秦穆公诚恳、谦虚的求教态度，更是对百里奚治国之才干的无声表扬。真挚的表扬使百里奚鼓起了信心，大为感动，与秦穆公连续3天交谈了自己的治国施政主张。

(5) 少说“我”，多说“你”。少说“我”、多说“你”的表扬原则，主要是指要使对方始终成为你们谈话的重心，你可通过表示欣赏、求教等方式来显示你对对方的由衷赞叹。你要善于分享他的欢乐，肯定他的成功，为他所骄傲的事情喝彩。总之，你要使他得到在别人那里得不到或未被满足的某种心理需求。使对方感到被关怀，自我价值得到某种实现。

6. 拒绝员工不合理要求的艺术

要是在全年最忙的几天，有人要请假，或者别的经理想从你部门借一名员工用一周，你很可能会一口回绝：“不行。”一些平常你有可能同意的要求，在某些场合下却不得不回绝。所有人都想顺人意、讨人爱，但在工作中难免要拒绝别人的一些要求——有的要求合情合理，另一些却可能是非分要求。

下面是一些你非坚持立场不可的例子：

(1) 不能批准员工休假。有两种情况：要么是你的下属没有按照安排休假计划的规定办事，要么是这段时间已经安排其他员工休假了。要是前一种情况，就应该让下属知道他没有遵守规定。你应该这么对他说：“很抱歉，我们打算在那个星期盘点存货，一个人手也不能缺。你知道，正因为这样我们才规定每年的 1 月安排休假计划。”有时，员工的请假要求与别人预先计划好的休假有冲突。遇到这种情况，你要让他明白，批假的原则是“先申请先安排”，所以不能批准他的请求。不过，可以准许他与已安排休假的那个员工协商调换休假日期。

（2）员工要求加薪或升职。遇到那些特别尽职尽力的员工请求加薪或升职时，要开口说“不行”实在是一件很为难的事。特别是有时员工的职位、薪酬早该变了，但预算紧缩，生意清淡，或其他因素使你无法对他们的勤劳予以奖励，要说“不行”更是难上加难。这时，最好如实相告，说清楚为什么不能提职或加薪。处理这类问题时，切忌做超出你职权的承诺。即便你说了你承诺的事，也要视将来情况而定，如等生意出现转机，预算松动之后等，员工仍可能把它看成是正式的承诺。

（3）员工要求改变上下班时间。照顾子女、交通问题以及其他事情常常给员工带来困难。能与员工配合，帮他们渡过暂时的困难当然好，但不一定总能行得通。关键是怎么说“不行”。因为如果员工感到你对他的困难漠不关心，他就很可能另谋高就。

具体处理时要尽可能灵活，探讨各种可能的办法，这样即便不得不否决他的请求，你为此所做的努力也有助于消除员工的怨恨。有些时候，偶尔准许员工稍许迟到或早走一点，不是什么大不了的问题。重要的是一定要事先征得你的同意，不然，你迟早会发现下属自行其是确定上下班时间。有时你准许某个员工提前下班，而有时候又不得不否决这类要求，这时一定要跟其他员工讲清楚原因，否则，他们会认为你办事没有原则或偏袒某些人。

（4）员工要求调到另一部门。如果是一个可有可无的人请求调动，那就赶快批准，你还应该庆幸自己的运气。但要是老天安排最得力的员工要求调动，而且是在大忙时节，或在一时找不到人顶替的时候，千万不要断然拒绝，因为那样会使一个好员工消沉下去。

你应该跟他坐下来谈谈为什么要请调。你会发现促使他调动的原因可能与工作无关。可能是他与某位同事关系紧张，也可能是由于一些通过调工作可以解决的问题，通过交谈才会发现问题在哪里。如果谈话毫无结果，没有什么能使他改变调动的想法，你只有拒绝但要尽可能减少给他造成的消极影响，尽量给他一线希望。比如可以说：“现在不能调，过一两个月再看看有没有机会。”这样做不仅为你赢得了考虑其他可能性的时间，而且在这段时间里，员工的想法也可能发生变化。不管怎样，对员工的调动要求表现出关心有助于减轻拒绝对员工造成的伤害。

(二) 与上级的说话艺术

1. 对上级说话不卑不亢的艺术

有的下属对领导唯马首是瞻，即使领导做错了，还佯装欢笑，卑躬屈膝，违背原则说一些子虚乌有的话。如果是非常精明的领导，这种人是很难得到重用的。因为这种人一般并没有什么真才实学，不仅很难成事，还经常会坏事；而且这些人把利益放在第一位置，现在他可以违背自己的良心说对你有“利”的话，明天也可以干出对你不利的事来。

当然，作为下属，对领导的面子还是要照顾到的。这就要求在和领导讲话的时候既不能肉麻地拍马屁，也不能让领导感觉被压制，下不了台，也就是要不卑不亢。当在领导面前处于不利境地时，如果为了迎合领导，讲了假话，那就违背了自己的内心，也未必会得到领导认可。在这个时候如果讲究点技巧，不卑不亢，既讲了真话，不违背自己的本心，又能使对方接受，岂不是一举两得。下面就是这样一个例子：

宋代有一位大臣，为官公正，为人刚正不阿。年轻时四处游学，机缘巧合，竟然认识了微服私访的当朝皇帝。皇帝心血来潮，写字画画儿去卖，只可惜水平实在不高。这位青年告诉皇帝，他的画儿只值1两银子。皇帝听了既不服气又生气，但也不好发作。

第二年这位青年进京赶考，高中状元，成了天子门生。觐见皇帝时才发现，原来当年卖画儿的老兄竟然是皇帝，皇帝也认出了他。皇帝屏退左右，只将这位大臣留了下来，拿出当年只值1两银子的那幅画，问道：“卿家认为这幅画价值几何?”这位大臣赶紧前进一步说道：“这幅画如果是陛下送给微臣的，那就价值万金，因为无论陛下送的何物，对微臣来说，都是无价之宝。但如果拿去卖的话，这幅画就值1两银子。”皇帝听了，不禁拍掌大笑，知道自己有了一位才学渊博、品行端正的忠心之士。

这位大臣在这里并没违背自己的本意，而是讲了真话，这种不卑不亢的巧妙表达，也使皇帝觉得在理，因而也非常高兴。对于有些涉及领导者的棘手问题，为了给对方留一个面子，同时恰当地维护自己的尊严，就要巧妙区分，从不同的角度来解决，这一招通常都是很灵验的。不卑不亢只是一种说话手段，运用它的关键是理直而气壮，只有在领导面前大胆地说出应该说的话，才能不致弄巧成拙，惹领导不快。

2. 面对上级批评意见的艺术

作为一个下属，在很多情况下，都会有被老板批评的时候。比如自己做了错事，自己受到污蔑，老板不了解情况……甚至老板心情不好或看不惯你，你都可能在老板那里品尝批评的滋味。

不管你是因为什么原因被老板批评，你都应该遵循下面的原则：

（1）认真倾听，让老板把话说完。如果你的老板批评你，不管批评得对还是不对，千万不要打岔，要静静地听老板把话说完，即使有些话很不好听，你也要认真地听。同时，你一定要注意你的非语言因素，也就是要注意你的动作、表情，千万不要让老板感觉到你不愿意继续听下去。正确的做法是：目光直视老板的目光，身体稍微前倾，面部表情要和善，充分表明你在很认真地听取他的谆谆教诲，这就是我们说的倾听。在一般情况下，如果老板批评不当，你可以进行恰当的“辩解”，可是必须建立在你自己充分认识到老板的正确性的前提下，而不是文过饰非，胡搅蛮缠。

当然，最好是不要进行辩解，特别是对那些细枝末节的或者无法弄清楚的事情，最后是保持缄默。

（2）充分肯定，感谢老板的诚意。不管老板的批评是不是有理，作为下属，首先至少必须在口头上对此表示充分的肯定，表现出你接受批评的诚意。如果老板对你的批评是出于一种诚意，你的态度是会让他感到欣慰和满足的，从而老板的态度也会渐渐缓和下来；如果你的老板是另有目的，那么，一般来说，你表现出来的礼貌和涵养，也会使他感到心虚，从而表现出不自然。

如果采取了这些方法，你就可以从老板的反应中分析出是善意还是恶意，千万不要暗示老板，认为他的批评是出于某种不良的因素。如果这样，你和老板之间就会产生更深的隔阂和误解，对于一个下属而言，这是极为不好的。因为如果老板确实出于某种不良的动机，那么他更会因为你的这种暗示而产生更多的不良动机。这样你就很危险了。

（3）退后一步，请老板说得更清楚。作为一个优秀的下属，当老板批评你的时候，你应该静下心来，尽量诱导老板说出他批评你的理由。研究证明，这种方法有利于你了解老板的真正动机和事情的真相，从而找到更加有效地解决问题的方法。

研究发现，有个别老板批评下属的时候，很难做到就事论事，而是或含糊其辞，或借口传言，或明话暗说，让下属捉摸不透。遇到这种情况，你就应该让老板把想说的话都说完，他说得越多，你就会洞察到更多的真相，找到更多的解决问题的办法。俗话说，言多必失，通过老板的说话，从自然而然的流露之中，就会发现很多原先他本来不说的真实想法，这样你就因此能捕捉到事情的缘由。下属尽量采用认真、低调、冷静的方法对待老板的批评，一般不仅不会损害你们之间的关系，而且还会增加你们之间的沟通，可能还会因此使关系变得紧密起来。

（4）不要顶撞，使老板感到受尊重。作为下属老板之所以批评你，就是因为他认为你有他值得批评的地方。聪明的下属是很明白这一点的，他们会善于利用老板的批评，从中化害为利，化腐朽为神奇。同时，不顶撞老板，就是对老板的尊重，很多老板都是会因此感激你的。如果老板是借你杀鸡儆猴，你的这一招可能比获得表扬还要有效。因此，即使老板的批评是错误的，下属只要处理得好，很多时候，坏事也会变成好事。很多老板都会认为，“这个人很虚心，没脾气，能成就大事”等，可能因此就把你当成亲信，作为接班人。而下属如果“老虎屁股摸不得”，动不动就牢骚满腹，那么，你虽然可以获得一时痛快，可是往往都会和老板的关系进一步恶化，会认定你“批评不得”“不谦虚”“目中无人”，因而得出了结论“这人重用不得”，“当个下属尚且如此，当了老板要吃人”。这样的后果比批评本身要严重得多。当面顶撞老板更是一种匹夫行径，“匹夫见辱，拔剑而起”，这是不可取的，因为这不仅仅使老板大丢面子，连下属本身也下不了台，这是一种鱼死网破的行为。

(5) 不做申辩，让老板认为你有度量。老板批评你几句，这没有什么了不起，又不是什么正式的处分。因此，你完全没必要申辩，一定要弄出一个谁是谁非。

被批评会使你的心头感到难受或使你在别人心里的印象受到损害。可是如处理恰当，老板会产生歉疚之情、感激之情，你不仅会得到补偿，甚至会收到更好的效果。这与你面子上损失一比，哪头轻哪头重，显然是不言自明的。并且，在别人的心目中，你能够有理让三分，这是一种很高的修养，是很容易得到大家的尊重的。

反复强调理由是没有必要的，因为如果你反复纠缠，得理不让人，一定要把事情搞个水落石出，老板就会认为你气量狭窄，斤斤计较。这样的人，老板怎能委以重任呢？通过大量的观察发现，老板批评下属的时候，最希望的是下属服服帖帖，诚恳虚心地接受批评，最恼火的是下属把老板的批评当成了“耳旁风”，依然我行我素，屡教不改。按照一般情况，老板是不随便批评下属的，所以站在下属的立场，应该诚恳接受批评，从批评之中悟出很多道理。

不应该把批评看得太重，认为自己挨了批评前途就泡汤了，因而强作申辩，或工作打不起精神，这样最让老板瞧不起。

把批评看得太重，老板就会认为你气度太小，他可能因此不会再指责你了，但是他也不会再信任和器重你了。

3. 下属给上级面子的艺术

每个人都好面子，领导更是如此。给领导面子也是给自己机会。那么给领导面子，最关键的就是不要超越领导的位置，即“越位”。在与上司的相处中，尤其在工作的时候，如果你不摆正自己的位置，即使你为上司出了力，也会遭到他的反感甚至排挤。既然你是为人办事的角色，就应该站在自己的职位上去为上司出力，充分给予他面子和尊严，做到不越位。越位的表现有多种，平时行事就要多加注意。

(1) 决策的越位。在有的企业中，职员可以参与决策，这时就应该注意，谁做什么样的决策，是要有限制的。有些决策，职员可以参与意见，有些决策，职员还是不发言为妙。如果是该由老板来做的决策，你代劳了，那等于是脱了皇帝的龙袍自己穿，无视上司的存在，那你的日子还长得了吗？

韦恩年轻干练、活泼开朗，入行没几年，职位“噌噌”地往上升，很快成为单位里的主力干将。几天前，新老板走马上任，下车伊始，就把韦恩叫了过去：“韦恩，你经验丰富，能力又强，这里有个新项目，你就多费心盯一盯吧！”受到新老板的重用，韦恩欢欣鼓舞。恰好这天要去北京某周边城市谈判，韦恩一合计，一行好几个人，坐公交车不方便，人也受累，会影响谈判效果，打车吧，一辆坐不下，两辆费用又太高，还是包一辆车好，经济又实惠。

主意定了，韦恩来到老板跟前。“老板，您看，我们今天要出去，”韦恩把几种方案的利弊分析了一番，接着说，“所以呢，我决定包一辆车去！”汇报完毕，韦恩发现老板的脸不知道什么时候黑下来了，他生硬地说：“是吗？可是我认为这个方案不太好，你们还是买票坐长途车去吧！”韦恩愣住了，他万万没想到，一个如此合情合理的建议竟然被打了“回票”。“没道理呀！傻瓜都能看出来我的方案是最佳的！”韦恩大惑不解。

在老板面前最忌讳说的一种话就是“我决定如何如何”。如果你想要做什么样的决定，一定要采用引导的方法，结论要让老板自己说出来。

(2) 表态的越位。表态，是表明人们对某件事的基本态度。表态要同一定的身份密切相关。超越了自己的身份，胡乱地表态，是不负责任的表现，也是无效的。对带有实质性问题的表态，应该由领导或领导授权才行。而有的人作为下属，却没有做到这一点。上级领导没有表态也没有授权，他却抢先表明态度，造成喧宾夺主之势，陷领导于被动。

(3) 干工作的越位。哪些工作由你干，哪些工作由他干，这里面有时确有几分奥妙。有的人不明白这一点，有些工作，本来由领导做更合适，他却抢先去做，从而造成干工作越位。

(4) 答复问题的越位。这与表态的越位有些相同之处。有些问题的答复，往往需要有相应的权威，作为职员、下属，明明没有这种权威，却要抢先答复，会给领导造成工作的干扰，也是不明智之举。

(5) 某些场合的越位。有些场合，如与客人应酬、参加宴会，也应当适当突出领导。有的人作为下属，张罗得过于积极，比如同客人如果认识，便抢先上前打招呼，不管领导在不在场。这样显示自己太多，显示领导不够，十分不好。在公开或正式场合，一般的上司都喜欢下属恭维自己，讨厌下属抢镜头、抢次序。尤其是一些上司平时与下属走得过近，界线不分明，平常嘻嘻哈哈、随随便便，甚至称兄道弟，把下属惯坏了，下属心目中的“上司意识”淡薄了，一遇正规场合就可能伤害上司的尊严。

在一次宴请客户时，某公司设宴款待王经理和他的几个下属，就座时年轻的蒋某也没考虑，就抢先一步坐到主宾位置上大吃大喝，王经理只好屈居二位，心里很恼火。事后狠狠地把蒋某大骂一顿，说他能力低下，只知吃喝。不久蒋某便被解聘。

在工作中，“越位”对上下级关系有很大影响。下属的热情过高，表现过于积极，会导致领导偏离帅位，大权旁落，无法实施领导的职责，对此，领导往往把这视为对自己权力的严重侵犯。

4. 拒绝老板的艺术

任何事情有其结果，必有其起因。当老板的意见不正确，需要你拒绝的时候，一定要提出你拒绝的理由。平白无故地拒绝老板的意见或者老板要你做的事情，如果不说出理由，是极端不礼貌的行为。

在拒绝老板的时候，要注意以下几点：

(1) 态度要明确。当老板有了指示或者命令的时候，如果你持不赞同的观点，不要明确地表示拒绝，不要直接地说出“行”或者“不行”，要持有一种保留的态度。持有保留的态度可以避免引起老板的不快。你的最终目的还是要拒绝老板的不当指令。但是这样做绝对不是说对老板的任何指示或者命令都要持有一种既非“肯定”，也非“否定”的暧昧态度。相反的，为达到拒绝的目的，最重要的一点是，事先就要明确自己的态度，之所以这样做是为了拒绝老板，不要改变自己的初衷。

有些问题十分重要而又复杂，无法当场决定采取“肯定”还是“否定”的立场，这时候为了有所保留，不招致老板的不快，就要说：“我想这个问题很重要，请让我多考虑一些时候。”“现在一时说不出所以然来，无法马上答复你，请给我两天的时间。”此时，表现得模棱两可，则是必要的，关键是争取缓冲的时间，以便仔细考虑。鲁迅曾说过：“犹豫要走哪一条路的时候，应该好好地定下心来，花费足够的时间以选择要走的路。”

(2) 善于辩解和找借口。作为下属，既要懂得拒绝老板，还要知道该如何让老板通过你的拒绝而欣赏你。要想做到这一点，就要善于“辩解”和“找借口”。“辩解”是“辩明理由让对方了解”以推动工作，而不是推诿责任，它是对自己言行负责的人应有的正确态度。在工作当中，有的人会因为认为“辩解是有失面子的事情”，而保持沉默，这样做的最终结果是失去自己的主见，也是对自己的工作不负责任的表现。当然，如果为了保护自己而拼命地辩解，也是不好的。

正确的做法应该是，主动说明原因，提供情报，说明不能够做的理由，绝不仅仅是只要保护自己，这才是最好的方法。一般来说，下属找借口时说话都是慢吞吞或犹豫不决的，同时语调也会变得低沉，但如果是堂堂正正地说明理由时，态度便会热忱而明快，语调也会开朗爽快。向老板说明拒绝的理由时，要口齿清晰，态度明朗，如果在讲话的时候语调低沉、态度畏畏缩缩，老板就会认为你是在找借口。

（3）要在拒绝当中成长。作为公司的下属，常常会遇到这样的事情。当老板在某些场合听到一些工作上的新方法后，马上就会在自己的部门实施，于是就督促下属说：“我想在我们的部门，用这种新方法来进行工作。”如果本部门适合这样的工作方法还好，但如果本部门的确不适合运用这种新的工作方法，这样做无疑是增加工作难度，这个时候，有的下属就会在私下里发牢骚。认为老板这样做是强人所难，也不管行不行得通，就将原来的工作秩序打乱。发牢骚终归是发牢骚，不能解决任何实际的问题。这时，要想让老板打消这个念头，除非有人勇于拒绝上级或老板的新花样，让他说出“是这样的吗？”如果不是这样的话，就只有接受领导的这个新花样。

在实际工作当中，照正常情况，一个公司如果想采用一种新的工作方法，应该由组长一类的下层负责人根据实际情况决定是否采用，而不应由老板来考虑。可是如果一旦老板心中有了某种打算，要想消除将是十分困难的。那些绞尽脑汁想要设法说服老板的人，可以从中培养自己的某些能力。

当你认为老板的计划不可实施而加以拒绝的时候，在拒绝的过程中，你或许能发现老板计划好的一面，而从中认识到从前没有发觉的老板的另一面，这对于你和老板之间加深了解不失为一件好事。

以上的情况说明，即便下属在拒绝老板的过程中或许最终反而被老板说服，但自己却会因为受到老板的影响而得以成长。在“拒绝”的时候，下属可以得到很多实际的锻炼，这包括胆量、思维的敏捷性、口才的发挥等，从而促使自己成长。所以，作为下属，如果想在工作中做出成绩，就要学会拒绝，并勇于拒绝，当然，拒绝也必须是有理有节的，而绝不是无理取闹，更不是胡搅蛮缠的。

（4）拒绝的最终结果还是要尊重老板的决策。下属在工作的时候，如果老板提出的计划是无论如何也行不通的，这时，下属对老板的命令是不是非服从不可呢？经验告诉我们，作为下属，你必须服从老板的最后决定，听从老板的意见，因为这个时候，最终要负责任的是老板。

这个时候如果你一意孤行，明目张胆地反对老板的决定，置老板的决定于不顾，按照自己的想法去做，是绝对行不通的。这个计划如果执行，十有八九会失败，且会造成重大损失，作为下属，就要考虑，是否也非服从不可。下属要如何作最终判断呢？依照下面方式思考才是正确的态度。

自己的意见显然是正确的，而老板却断然不肯接受时，原则上应先让老板了解你是出于公心，是为工作着想，并且是在万般无奈的情况下才反对的，然后去执行老板的命令。假如你认为按老板命令去做，会对企业的利益造成难以弥补的重大损失，在情况十分危急的紧要关头，你可以以辞职为手段，“要挟”老板取消其命令。当然，这得有个前提条件，即你是一个在工作中老板离不开的人，或这个命令老板只能依靠你去执行。如果不是这样，则可以假意接受下来，但在执行中让它走样、变形，从而使它的危害性变小或没有。总之，作为一个负责任的下属，作为一个充满正义感的下属，要牢牢记住，在任何情况下，都应该把企业的集体利益放在首位。你如果这样做了，即便老板误解了你，但在事实面前，最终他还是会认识到你是正确的。到时，他就会万分地感谢你，因为是你的坚持，或是你的“胡作非为”才免除了一场重大损失，也才免除了他的灾难性后果。

5. 汇报工作的艺术

在现代企业管理中，下级向上级汇报工作是再常见不过的了。特别是对那些经常要与老板打交道的员工或下属来说，在老板所交办的每一项工作完成之后，向老板进行必要的工作小结，更是必不可少的业务程序。原则上说，只要是老板直接交办或委托他人交办的工作，无论大事小事，无论工作的结果是否圆满，均应向老板如实做出相应的汇报。

从管理的角度看，老板准确地掌握下属的工作总结的材料，有利于及时掌握工作进度及管理运行状况。对于员工和下属而言，如能掌握相应的汇报工作技巧，不仅有利于其自身素质的提高，而且会进一步改善其在老板心目中的形象。汇报工作，不能太简单，也不能太啰唆，关键是要说到点子上，没有哪一个上司会喜欢啰哩啰唆而又政绩平平的汇报者。汇报工作有时采取书面汇报，有时采取口头汇报，但不管是采取哪种形式，需要掌握的具有共性的技巧有 4 个方面：

（1）理清思路。你在向老板汇报工作之前，应冷静地对工作过程进行反思。至于先说什么，后说什么，哪些问题简略地叙述，哪些问题必须详细地说明，都必须理出一个比较清晰的思路来。如果对待一个问题你自己都不能拿出一个比较完整、比较清晰的思路时，事实证明，你是无法或难以说服别人的。

汇报工作也是这样，如果不事先理清自己的思路，你是难以有条理地、层次分明地、有说服力地把自己做过的工作向老板汇报清楚的。在向老板汇报工作之前，特别是在向老板汇报那些重大问题之前，必须先打腹稿，即先在脑海中把要汇报的问题以提纲的形式，列出一个分条目的小标题，记在心中，在汇报时逐条道来。当然，你也可以把这些提纲写在小本子上，作为向老板汇报工作时的备忘录。

(2) 突出重点。任何一项工作都有自己的重点，即在任何工作程序中，各个环节的轻重缓急的分量是不同的。把握重点，常常意味着抓住了工作的要害。而这些要害问题又往往关系着企业和老板事业的大局或重大利益。所以，老板听你的汇报，或看你的汇报材料，所关心的根本问题，就是你对工作中的重点问题的处理结果如何。在具体操作时，你应掌握俗语所讲的“事不过三”的原则，即在一般情况下员工或下属向上司和老板汇报工作时，每次交谈的重点事项、关键问题，只谈1个或1件，最多不要超过3个或3件。也许我们身边有很多这样的上级，他们在总结工作或做指示时，一般情况下总是“讲3条内容”，“提3点建议”，或“希望大家从3方面去做好工作”。事实说明，那些往往把问题或意见或指示归纳为3个数，而加以罗列的领导人，大多都比较干练，且办事效率相当高。尽管这不是绝对的现象，却是一个有趣的现象。因此，员工或下属在向领导人汇报工作或交谈问题时，注意每次只强调一个问题，只突出一个重点，最多不超过3个问题或3件事情。这不仅有利于老板或上司理清思路，迅速决断，同时，还会使老板或上司对你的能力和效率表示认同。

所以，从一定意义上讲，善于掌握重点，突出重点，并把重点问题向老板描述清楚，不仅是一个方法和技巧问题，更是一个素养和能力问题。

(3) 删繁就简。无论是做口头汇报，还是做书面汇报，你都必须注意删繁就简的问题。因为它不仅是技巧，而且是原则。

所谓删繁就简，就是要把一切不必要的话语从汇报中予以删除，否则，就会出现两种不利的影响。一是让人感到你思维混乱、思路不清、不知所云，二是让人感到你文风不正，似有哗众取宠之嫌。更何况还有“话多有失”的时候。

在具体操作上，我们可以这样进行：假如你要以书面的形式向老板汇报工作，那么，你就应该把文章尽量写得简练一些，按照鲁迅的说法，“写完后至少看两遍，竭力将可有可无的字、句、段删去，毫不可惜。宁可将够写小说的材料缩成速写，决不将速写材料拉成小说”。

假如你是以口头语言形式，向老板汇报工作，则必须注意掌握老板问什么答什么的原则和策略，不做无谓的拓展和借题发挥。比如，老板只问到事情的结果，你就只叙述结果，而不要涉及事情的过程。因为，老板可能对事情的过程不感兴趣。事实证明，对别人不感兴趣的问题滥加描述，只会招致反感。

(4) 恭请老板评点。当你向老板汇报完工作之后，不可以马上一走了事。聪明人的做法是：主动恭请老板对自己的工作总结予以评点。

通常，老板对于下属的工作总结，大都会有一个评断，不同的是有些评断他可能公开讲出来，而另一些评断他则可能保留在心里。事实上那些保留在心里的评断，有时却是最重要的评断，对此，你绝不可大意。反之，你应该以真诚的态度去征求老板的意见，让老板把心里话讲出来。对于老板的诚恳的评点，即便是逆耳之言，你均应以认真的精神、负责的态度去细心反思。因为，老板，之所以能够站到老板的位置上，他肯定在很多方面或某些方面，有着强于你的优点。老板的诚恳评点，无疑是他把自己的聪明智慧，无偿地奉献给了你，你何不乐而接受呢？同时，也只有那些能够虚心接受老板评点的员工和下属，才能够再一次被老板委以重任。

那些经常与老板打交道的员工和下属，如能掌握上述汇报工作的技巧，必定能不断提高工作能力和文化品位，同时也会受到老板的信任与赏识。

第二节 与家人及亲朋说话的艺术

一、与父母说话的艺术

（一）说服父母的艺术

许多子女都说与父母有代沟。的确，父母因为年龄的原因，与社会有些脱节。而因为缺乏交流的艺术，双方经常发生摩擦。家庭中父母与子女间的摩擦，许多是两代人之间的思想分歧，解决起来不大容易。而偏偏长辈大多固执，后辈又执拗，他们觉得自己正确的时候，往往靠争辩解决问题，这就更加激化了矛盾。

在这种情况下，如何说服父母，就需要一定的技巧。说服父母是一种特殊的交流和沟通过程。

1. 利用类比讲明道理

在说服过程中，可以巧妙地把父母的经历和自己目前的状况类比，以求得他们的理解，使他们没有反对的理由。

比如，有一位大学毕业生想到南方闯一闯，家长不同意，他这样找理由说服父亲："爸，我常听你说，你16岁离家到外地上学，自己找工作，独自奋斗到今天！我现在比你当时还大两岁呢，我是受你的影响才这样决定的，我想你会理解和支持我的。"这样一来，儿子成功地说服了父亲，父亲无法再坚持自己的意见了。一般情况下，做父母的都有自己认为辉煌的过去，他们免不了以这些资本教育子女。对于已成年的子女，如果要干一番事业但受到父母的阻挠时，就可以拿他们的经历作为论据，进行类比，这样有很强的说服力。

2. 献殷勤，套近乎

献殷勤，不是虚情假意，而是要实实在在地孝敬父母。虽然父母有许多缺点，可做儿女的应该真心实意地爱他们，关心他们的冷暖和健康，为他们分忧解愁。有了这个心理，你就会有许多"献殷勤"的办法，也会有诚恳、礼貌、亲切的态度，自然而然就会说得顺耳，讲得动听了。

需要提醒的是，当父母问你什么事情时，这是送上门的"献殷勤"的好机会，你一定要耐心、认真地正面回答或解释，这样一定会换得父母更多的怜爱。长辈总想更多地了解晚辈的生活，你只要耐心地陪着他们就足够了。

人与人之间应该互相尊重，子女对父母更应该如此。而这种尊重，很重要的一个方面就是经常向老人请教或和他们商量问题。除了那些自己能够预料到的肯定与父母的观点存在明显分歧，而又必须坚持己见的问题之外，其他的事情，则应该经常及时地与父母商量，听听他们的意见，这无疑是有好处的。即使清楚地知道自己与父母的观点绝对一致，也不妨走走过场，以求得意见一致时所带来的愉快心情。

3. 以父母的期望作为自己的旗帜

父母对子女的未来都寄予厚望，望子成龙是他们梦寐以求的，而且在日常生活中，父母常常教导子女要敢闯敢干，将来要做一个有作为、有成就的人。在说服他们时，只要你提出的意见与他们的目标一致，就可以抓住这面旗帜，作为有力的武器，为己所用。

有一位刚毕业的年轻人在一家公司找到一份工作，而父亲不同意儿子的选择，正在托人给他联系某国家机关。这个年轻人说："这个公司我了解过了，很有前途，生产的是高科技产品，和我学的专业很对口。再说，国家机关好是好，可是人才济济，我到那里要想干出一番事业，恐怕机会不多。可是，在这个公司就不同了，我去那里，总经理要我马上把技术工作抓起来，这是多好的机会。我从小就依靠你们，没有主见，我现在长大了，觉得你说得对，这个决定就是我自己独立思考定下的。我想你一定会支持我的。"听到这里，父亲还能说什么呢？

一般说来，父母很注意自身的尊严，对过去说过的话不会轻易失信，而且会及时兑现。所以，在说服他们时，就可以适当利用这种心理，用他们的话作为自己的旗帜，很容易就会成功。

4. 发挥坚决的态度的震撼力

子女在说服父母时要表明自己的坚决态度，让他们明白自己的选择是慎重的，是下了决心的，不管遇到什么情况都不会动摇，即使决定错了，也准备独自承担责任，绝不后悔。

这种坚决的态度具有柔中带刚的作用，对于父母有强烈的震撼力。父母从中可以看到子女的主见和责任感，就不会硬顶着把事情搞僵，反而还会顺水推舟，同意子女的意见。

一位女孩的父母不同意女儿和那个男孩谈恋爱，她对父母说："在这件事情上我决心已定，希望你们能理解女儿的心思。以后吃苦受累我也心甘情愿。如果你们不同意，那也没有办法，就当没有生我这个不孝的女儿吧。不过，我是多么希望你们能理解和支持我呀！那样，我会感谢你们的。"

话说到了这里，父母还能说什么呢？他们并不想失去女儿，既然女儿已经铁了心，为什么还要苦苦相逼呢？这个事例中，女儿的决心起了重要作用。

最后，需要指出的是，如果自己的意见不正确，甚至完全错误，那就不是说服父母的问题，而是应该愉快地放弃自己的意见，采纳他们的意见。当然，这同样也需要勇敢和理智。

（二）父母吵架时的劝说艺术

世间最美满的家庭也难免存在矛盾，父母发生摩擦闹矛盾，甚至公开吵架时怎么办？最重要的是你要当好中间人，在任何家庭中，父、母、子女三者的关系总是最亲密的，子女是父母感情的纽带，是父母关心的中心，在父母面前，始终处于被爱护，被关心的地位。

有一位教育家这样说，我小的时候，隔壁邻居家夫妻两个经常吵架，而他们吵架的时候两个孩子通常只是在一边傻傻地看着，或是在一边流泪，夫妻俩总是小事吵成大事，大事就更不得了，一直到有人劝为止。通常夫妻吵架有时会陷入双方谁也不服谁的僵局，而且外人来劝没有内部解决好。这个时候如果孩子能很好地劝架，那么夫妻的吵架问题就很容易解决，父母会因为孩子那么懂事而欣慰，说不定以后会减少吵架的次数。

父母争执发生矛盾，孩子最好是做好双方工作，所以当父母争吵时，我们应该保持冷静的头脑，绝不可以意气用事。不能把自己置于局外人的地位，对父母的争吵毫不过问，冷眼旁观，熟视无睹，自称"小孩不管大人的事"；也不能不分青红皂白跟着大吵大闹，把父母双方都责怪一通，两人吵变成三人吵。

小张是家里的独生子，平时很受父母的溺爱，仗着这种溺爱，他对父母说话时很少注意方式。有一天，小张父母因为他们的朋友结婚送红包的事发生了口角，一个说送的多，一个说送的不多，小张不耐烦了，大声对父母说："不就是送个钱吗，值得你们吵来吵去的吗，烦死了。"父母听了更加生气了，只听见妈妈说："你知道什么，一送就是500，钱有那么容易赚吗？"爸爸也开口了："烦就滚出去，老子养了你一辈子了，还嫌我烦。"

就这样两个人吵变成三人吵了。或者偏袒一方有意或无意地站在父亲或母亲一边，指责对方，使父母与子女的三角关系更加趋于复杂化。子女应该一碗水端平，等距离外交，好好地劝说。一般父母吵架后会出现3种情况：

一是双方僵持，谁也不肯让步。这时最需要的是子女的安慰，你应立即做好劝说工作，这时不妨这样对你父亲说："爸，您不是一向都对人宽宏大量吗？现在怎么和您老婆这么计较啊。"相信他听了这样的话，肯定会为你的幽默而开口大笑，一场家庭纠纷也就会化解于无形中。劝母亲时可以这样说："我爸那边早已经妥协了，正准备去菜市场买些大闸蟹（当然是母亲喜欢吃的，而又不舍得买），给您做一顿好吃的晚餐呢？"相信你妈会因为大闸蟹太贵而去阻止你爸，这样，你的"阴谋"不就得逞了吗？

二是吵架后，双方都感到后悔，但出于自尊，都羞于主动启齿和好，做子女的应创造各种机会，为双方搭桥，暗中巧妙周旋让双亲言归于好。这时你不妨借助一下第三人，例如："爸、妈，我朋友今天来咱家做客，他们还说要尝尝咱家的拿手菜呢，爸的红烧茄子和妈的烧带鱼都得好好做啊，要不然他们该说我吹牛了。"或者削一个苹果，"妈，这是我爸给你的，他怕你不理他，让我给你拿过来。"想和好的母亲肯定是会乐意接受这个苹果的。

三是一方想和好，另一方却怒气未消。子女要及时将一方急于和好的心情进行传递。一般情况下，疼爱孩子的父母往往经不住孩子的感化，几经劝说，就能和好如初。无论面对哪种情况，对子女来说，都要十分耐心，不能操之过急，还要讲究方法，聪明机灵。

任何夫妻都有吵架的时候，但夫妻吵架的时候孩子的态度通常是很重要的，因为没有父母不疼自己的孩子的。

（三）应对父母打骂的艺术

很多家长受"棒下出孝子"观念的影响，常有打骂体罚子女的事情发生，作为子女，遇到这样的父母时应怎么办呢？

首先要理解父母的心情。父母体罚你多半是出于你的不争气、不努力，辜负了父母的希望，由怨恨导致打骂，宣泄不满，是想唤起你的觉悟。我们应该理解父母的举动，找找自己的原因，不要与父母计较态度，向父母主动承认错误。只有严格要求自己，以后不犯类似的错误，才能避免父母的再次打骂。一个真正懂事、孝敬父母的孩子是不会计较父母行为的，应该更多看到自己的过错和给父母带来的伤害，体谅父母不正确做法中的合情合理成分，看到隐藏在打骂背后的父母的一片苦心。如果挨打主要是由于父母性情粗暴、教育方法不当造成，就要做必要的解释工作："我知道您这是为我好，但我都这么大了，知道对错，能分清是非了，希望您以后别再操心了。""您对我的期望我理解，但这种暴力教育方式我很难接受"等。但说这番话时最好在他们情绪暴怒之前，或事情过后父母心情平稳下来的时候，否则只能是火上浇油。

其次不要自作聪明。无论在何种情况下挨了打，都不能赌气，产生对立情绪，说出诸如此类的话"你们不配做父母""你凭什么打我""我以后再也不进这个家，不想看见你们"。这样的话不但会使父母更伤心，矛盾更激化，更重要的是会因为我们不听从父母的忠告，犯更大的错误。有些人，特别是青少年对父母的打骂心里不满，表面装得无所谓，为免受皮肉之苦以消极的态度应付父母，能瞒就瞒，能骗就骗，报喜不报忧，这样做的后果是很难想象的。

我们知道父母打骂孩子，都是为了孩子好，道理虽说如此，但我们受到父母的打骂时，都会觉得不舒服。那么如何才能避免受到父母的打骂呢？

1. 学会面对父母的误解

在家庭生活中孩子因受父母错怪而挨打是常有的事。这种因误解而挨打的事实在难以容忍，但如果你遇到千万要沉住气，要克制自己，千万别说出过激的话来，如"又不是我的错，你们不分青红皂白就打一顿"，"你们不配做我的父母"，"我恨死你们了"等，避免因过分强烈的反应而加深彼此之间的误会。那么在遇到这种情况时我们该怎么做呢？

首先我们要耐心听完父母的责怪、训斥，以便弄清他们是在什么事情、什么问题上对你产生了误解。如果确实因父母把问题搞错了，那么就可适当做些解释工作，"其实事情不是您想的那样，我之所以迟到，是因为朋友脚崴了，我送她去医院了"，只要事情本身比较简单，父母情绪又比较平稳，误会马上就会消除。许多事情不是三言两语就可以解释清楚的，一般事发时父母的情绪比较激动，你越解释，他们可能越发火，与其如此，不如静下心来不说话，虽然这样做有默认过错的危险，但保持暂时沉默对缓和紧张气氛，减少对父母的感情刺激是有好处的。沉默不语不容易，争辩解释又会激化矛盾，在遭遇责怪时可借故设法暂时离开父母。你听不到那些刺激性的语言，心情就会慢慢平静，父母找不到数落的对象，怒气也会慢慢消失。

无论采取什么办法，最终目的都是要弄清事情原委，帮助父母消除误会，待大家都心平气和时再进行详细的解释，要避免使用刺激性语言，更不要责怪理怨父母一时的不当。一切真相大白时，父母一定会为错怪你而后悔，你可千万不要忘记给父母以体贴的宽慰。切忌对父母生气失去信任，更不能因此而采取过激的行动。要多想想平时父母对自己无微不至的关怀，多想想他们往日的亲情。

2. 不要和父母“顶牛”

现实生活中，父母不可能事事处处都依从孩子，加上你的所作所为并不一定都有道理，一旦主观愿望得不到满足，就感到失去了面子，于是就与父母闹起别扭。与父母“顶牛”只能给父母带来痛苦，也会给自己增加烦恼，甚至给家庭带来不和。有的孩子并不是存心与父母过不去，有时连自己都说不清为什么会把事情搞僵。其实原因很简单：一是自尊心太强，只注意自己在别人心目中的形象，平时喜欢听好话，听不进逆耳话，在家里总希望父母顺着自己，不愿自己的意见遭到否定；二是脾气任性，性格自负，自以为是，过于好强；三是感情用事。

无论怎么说，和父母“顶牛”都是不对的，作为小辈在冲撞了父母之后，从尊重父母出发，应立即向父母赔礼道歉，恳求他们的原谅。只要你真心诚意向父母说几句表示歉意的话，他们会很快转忧为喜谅解你的。千万不要觉得认错有失面子，如果觉得用语言讲和有困难，也不妨写封信给他们，这才是理智的正确办法。切忌感情用事，不理父母或找机会发泄不满，甚至图一时痛快，乱使性子，离家出走。要避免与父母“顶牛”应该不断自我反省，学会控制自己的情绪，掌握正确分析问题、解决问题的方法。

3. 正确面对父母的拒绝

我们的要求遭到父母的拒绝，常常会感到失望，但往往是事出有因的。一是不考虑家庭情况要求过高。一般说只要家庭条件许可，父母总会想方设法满足子女吃、穿、用等方面的要求。但有些同学为了满足自己，不切实际地提出过高的物质要求，给家庭生活带来困难和负担，肯定会遭到家长的拒绝。二是与家长的想法不合。考虑问题要全面，合情合理，不要老是站在自己的角度，要设身处地的想一想。三是你的要求提得不合时宜，即提出要求的时间、地点、场合不对。

那么如何处理呢？首先我们要有家庭意识，某些要求只有在父母的帮助、指导下去实现，才能做得合情合理。要注意提的时机，合理的要求因为提得不合时宜也会遭到拒绝，所以要注意父母的情绪，要注意选择恰当的日子，还要看地点场合，一般来说在客人面前不宜向父母提要求。考虑家庭经济承受能力，把要求的理由恰当地说清讲透。为明白父母的意图，可进行适当的试探，注意创造融洽和谐的气氛和说话的口气，然后再慢慢提出。

另外，遭到拒绝不一定是坏事，父母对你的要求一概满足是不现实的，如果父母对子女百依百顺，也不利于你的成长。

(四) 化解与父母争执的艺术

在孩子的眼里，父母似乎永远是“自由”的反义词，在父母的眼里，孩子似乎总是“天真”的代名词。当你对某一事物的看法与父母不一致，而父母又不肯改变自己的意见时，你应该运用怎样的说话技巧说服父母呢？

与父母意见不一致时，很多人会与父母顶嘴、唇枪舌剑地理论，也有一些人会躲在一边生闷气，再不就是拂袖而去，一走了之……这样做可以在一定程度上发泄你愤怒的情绪，却会伤害你与父母之间的感情，而且也无助于培养你和父母相互尊重的习惯。因此，最好能学会掌握说话的艺术，以建设性的方式处理你与父母的不一致的想法。

下面不妨看看这样一个例子：

小王到北京出差时，遇到张敏，两人一见如故，短短一个月便成为亲密无间的好友。事情办完后小王不得不离开北京，临走前小王把地址、电话都留给了张敏。

没过多久，张敏也出差，目的地正好是小王所在的城市，于是他给小王打了电话。二人在小王家见面了，像故友一样两人无话不谈。等张敏走后，小王的父母发话了：“你怎么交了这么个朋友，这个人看起来很不地道。”小王一听不乐意了：“我交什么朋友，你们都不满意。”“我们这是为你好，怎么这么不懂事？”“你们看着好就一定好吗？你们觉着不好，就不能来往吗？”父母听了气不打一处来，开始骂了起来。小王一看这样说下去肯定不行，马上缓和了口气：“我知道你们是为我好，张敏和我属于同一个集团，做事干练，人也挺好的，而且从小没了父母，也怪可怜的。再说了我都这么大了，也能分清是非了。”父母听了小王的话也缓和了下来，最后小王终于说服了父母。

子女与父母发生争执是很正常的，因为一个人看问题的角度往往与他(她) 过去的经历和现在的状况有关。因此，每个人的看法都会有一定的道理。与你相比，父母的人生阅历丰富，考虑问题会比较周到，但也容易形成固定的看法，产生偏见。你呢？由于思想上没有那么多框框，容易接受新东西，但考虑问题难免片面、肤浅。如果你既能看到对方意见中不合理的成分，还能看到其中有道理的一面，不仅能“化干戈为玉帛”，还会得到有益的借鉴。

当你与父母的意见不一致的时候，不妨静下心来想想，父母为什么会有这样的看法？其中是否有一定的道理？最好先肯定父母观点中有道理的一面，再说明自己的看法。即使你完全不同意父母的意见，也不要用挖苦的语调大声地与父母说话，那样父母会感到受到伤害。如果你感到当时不能控制自己的情绪，最好先找个借口离开现场，等大家都心平气和的时候再讨论这个问题。

如果你与父母中的一位关系更亲近，不妨先和他（她）讨论这个问题，说服了一位再请他（她）帮你说服另一位。当然，你也可以请好友到家来一起参与你与父母的讨论。如果父母知道与你同龄的孩子也有与你类似的想法，可能会更容易理解和考虑你的意见。

解决争端的过程是一个相互协商的过程，彼此尊重对方的权利非常重要。和你一样，父母有权坚持自己的意见，有权表达不愉快的情绪。作为孩子，你应该尊重他们的权利，这样，他们才更容易尊重你的权利。

多一些了解，少一些冷漠；多一些关爱，少一些摩擦；多一些鼓励，少一些责备。如果我们能为父母多想想，站在他人的角度看自己，也许和父母的争执就不会那么激烈了。

孩子需要父母的支持，父母更需要孩子的理解。只要多和父母交流，坦诚相待，也许在与父母的争执过程中会闪出爱的火花。

二、与孩子说话的艺术

（一）赞美孩子的艺术

南京某厂技术员周宏用赞美的办法，把双耳几乎全聋的女儿婷婷教育成了高才生。周宏第一次看小婷婷做应用题，10 道题只做对了 1 道，按说该发火了，可是他没有。他在对的地方打了一个大大的红钩，并由衷地赞扬她：“你太了不起了，第一次做应用题 10 道就对了 1 道，爸爸像你这么大的时候，碰都不敢碰呢！”8 岁的小婷婷听了这些话，自豪极了。在父母的鼓励下，10 岁那年，婷婷就写作出版了 60 000 字的科幻童话。消息见报后，不少残疾儿童被送到周宏门下，都在周宏的“赏识教育法”下得到了很大进步。他说：“哪怕天下所有人都看不起你的孩子，你都应该眼含热泪地欣赏他，拥抱他，赞美他。”

周宏巧妙地把赞美运用到了孩子的真善美上。赞美开发了孩子内在的潜力，激起了他们学习上的热情，唤起了他们强烈的进取心，使得孩子变“要我学”为“我要学”，从而在心理上彻底解放了孩子。

然而，在现实生活中，有的家长不是。他们认为孩子是自己生的自己养的，督促学习也是为了孩子好，不必老是哄着、捧着，甚至以为不打不成材，“棍棒底下出孝子”。因此，这些家长老是“居高临下”，总想从精神上肉体上驾驭孩子，结果孩子在家长的高压下，心情焦虑，逐渐出现心理障碍，甚至精神和行为失控，不少家长为此付出了惨痛的教训。他们不知，光靠压是不行的。只有加强引导，让孩子好之乐之，孩子才会“不用扬鞭自奋蹄”。而赞美就是一剂良方。

人都是爱听好话，喜欢受到表扬的。美国著名心理学家威廉·詹姆斯研究发现：人类本性最深刻的渴望就是受到赞美，孩子更是如此，因为孩子好奇心强但自信心不足，他们对自己的每一点小小的进步都非常在乎，渴望得到大人的肯定。

钟平的儿子乐乐，1岁了。有一天晚上，小家伙趴在地上玩，钟平有意识地逗他用调羹把去撬开牛奶罐上的铁盖。几次示范后，便让他动手。起初，好几次他都没成功。直到再一次，他碰巧撬开了铁盖。钟平举起两个大拇指表扬他："乐乐真棒，顶呱呱！"小家伙并不满足，他又拉着妈妈的手盖上铁盖，然后又去撬。钟平被精彩的节目吸引了，也就没管他了。几分钟后，妻子推了钟平一下，钟平才发觉小家伙手抱着牛奶罐，右手举着调羹，扬起脸注视着钟平，正在期待着什么，妻子提醒钟平："他希望你表扬他呢，这个姿势他做了好一阵了。"就这样，他撬一次，钟平就举起大拇指说一次："乐乐，顶呱呱！"一连几十次，小家伙都没厌烦。动作也在不知不觉中趋于熟练，甚至毫不费力。由此可见，孩子是多么渴望得到赞美啊！

其实，心理学中的"罗森塔尔效应"，揭示的就是"赏识–赞美"的巨大作用。现实生活中，也不乏这样的经典范例。如19世纪德国《卡尔·威特的教育》的真实记录；我国著名教育家陶行知先生"四块糖果"的故事等。事实证明，如果家长能够恰当地运用赞美，就会帮助孩子达到光辉的顶点。因此，家长学会赞美孩子是很有必要的。要学会赞美孩子，就要做到：

1. 尊重孩子

家长只有把孩子当作朋友，平等相待，切实尊重孩子，提倡"友道尊重"，才会从内心去赞美孩子。

2. 要有一颗平常心

我们有的家长对孩子的期望值过高。当一些不切实际的目标达不到时，便采用极端的手段来对付孩子，"恨铁不成钢"时，家长根本就不可能去赞美孩子。

3. 要了解孩子

平时要多观察孩子有什么爱好，从而"对症下药"，激励孩子，帮助孩子，使他们好之乐之，才会学有所成。

4. 要持久

孩子的培养不可能一蹴而就，这是一个漫长的过程。作为家长，应持之以恒，使孩子在赞美声中健康成长。

5. 坚持原则

准备赞美孩子时，必须坚持原则，只有在他做了值得赞美的事情时，才去赞美。由于溺爱，有些父母无原则地对孩子的种种行为加以赞美，造成孩子是非不清、骄横跋扈的坏习惯。孩子按大人的要求去做了并做得很好，就应该及时赞美；做了不对的事情，即使孩子哭闹，要赖皮也千万不要迁就他、说好话。否则，赞美就会失去原有的积极意义。

6. 掌握时机

当孩子正在做或已做完某件有意义的事，应当及时给予适当的赞美，如一时忘记了，也要设法补上。如孩子在老师的说服下，吃饭时终于肯吃蔬菜了，父母应立即予以赞美。须知，在孩子应当得到赞美、渴望得到赞美时，成人的“熟视无睹”无异于给孩子当头浇上一盆冷水。

7. 就事论事

不要直接赞美孩子整个人，而应该赞美孩子的具体行为，也不要夸大其词，言过其实。例如，当孩子画一幅不错的儿童画时，千万不能说：“真聪明！”而应说：“哟，这幅画不错。”要知道，过分的赞美，会给孩子播下爱慕虚荣的种子。

8. 当众赞美

赞美孩子时应当着别人的面。孩子的成绩当众传播了，这就是双重的奖励，如孩子的妈妈说：“孩子很懂礼貌。”以后孩子总是十分小心地维持这种赞美，并且养成懂礼貌的好习惯，每次将客人送到门外，都会说：“再见，请以后再来玩。”

9. 掌握分寸

孩子经过努力做出了成绩，或者做完了他理所应当做的事情，都应该得到赞美。但在日常生活中，注意不要重复赞美某件事情，当孩子养成良好的习惯后，就可以适当减少对孩子这一方面的赞美。赞美孩子并给予适当的奖励或是亲吻或是搂抱，都会给孩子以奇妙的力量。

对孩子的教育，家长不应当吝啬赞美，吝啬肯定，吝啬鼓励。只有学会这些，并适当地运用这些，才会使孩子树立向上的信心，鼓起前进的勇气，大胆地往前走。

（二）放下姿态和孩子交谈的艺术

青春期的孩子，已经有了一定的自我意识，开始不愿意听从父母的管束，对父母的意见更不会盲从，甚至会顶撞、不听话、惹是生非。在这种情况下，如果父母不能从心理变化的角度来理解孩子，仍然唠唠叨叨，严守死守，非打即骂，那必将加重孩子的逆反心理，导致家庭教育失败。

许先生是北京某大学的教授，在谈到身为父母，如何与孩子说话时，许先生颇有感触地说：“我的儿子也正值青春期，作为家长，我深刻地感到了在这一阶段儿子在心理和行为上的变化。以前一放学回家，他就会爸爸长爸爸短地缠着我说个没完，什么班里某某同学今天被老师批了，某某老师讲了一个很风趣的故事呀等，常常是滔滔不绝、兴高采烈。可近一年来，儿子的话越来越少，许多他的事情，班主任老师告诉我了才知道，跟我也没那么亲近了，有时候还会对我说的话置之不理。每当这时我真是又伤心、又恼火，常常会把他痛骂一顿。但从此之后，他的话就更少了，而且放学后迟迟不愿回家。那时我有一种在心理上失去儿子的感觉。在惶惑中，我开始反思，是什么使我和儿子在心理上和感情上分开了呢?”

“我想起儿子刚来北京时，每次吃饭的时候，他刚一兴高采烈地提起话头，疲惫不堪的我就马上制止了他：‘吃饭吧，吃完了再说!’儿子吃完饭，刚讲了几句，我又发令了：‘先写作业吧，等一下又写不完了。’儿子的话就这样少了。我又想起，儿子有一次没完成作业，我不分青红皂白就训斥了一顿，并下了一道死令，今后不完成作业，什么要求也不准提。事后，才了解到他那天晚上一直在赶制两天后将参加科技创新大赛的作品。想象得出，我那天一定是盛气凌人，面目狰狞。儿子就是这样被我这个高高在上的父亲赶走了!反思了很久，终于醒悟过来，于是我同孩子进行了一次长谈。首先我向儿子诚恳地道了歉，请他原谅爸爸的粗暴和无理，又自我检讨了很多不该做的行为。儿子抱着我哭了，他说他很孤独，有时也很累，他真希望爸爸妈妈理解他，也希望父母能分享他的快乐。这次长谈之后，我调整了自己的教育方略，凡事以商讨、建议的口气进行，尽量理解孩子的兴趣和要求，再忙，都要坚持每天同儿子交流对一些人和事的看法，尽可能陪孩子玩会球，散散步。现在，儿子的话又多起来，家里又重新有了欢乐的笑声。很庆幸自己觉醒得还不算晚，放下架子，蹲下来同孩子说话，终于使我在情感上重新找回了儿子。”

放下架子，蹲下身来和孩子说话是一种很具体的教育方法，体现了如何看待子女同父母的关系的教育观念，也从一个侧面体现着教育孩子的能力和水平。

（三）学会这样和孩子说话

父母要解除与孩子之间的代沟，让孩子敞开心扉和自己说话，赢得孩子的热爱，就要首先懂得孩子内心的秘密。而孩子内心最大的秘密是情感，或情感的焦虑。因此，父母必须要掌握情感交流的秘方，走进孩子的内心世界，增强与孩子之间的信任和感情。作为孩子，如果遭遇了问题或烦恼，首先求助的是父母。如果父母不善于与孩子交流，就从一开始阻断了与孩子之间的融洽关系。

小花是一个羞涩而又爱哭的女孩子。她的表妹小羽来跟她住了一个假期。

暑假快结束时，就要回家了。小花非常舍不得，眼泪汪汪地对妈妈说：“羽羽就要走了，以后又是只有我一个人了。”妈妈很轻快地说：“你会另外再找到一个好朋友的。”小花回答说：“可是我还是会很寂寞的。”妈妈开始安慰她：“过不了多久，你就会忘了。”“啊，妈！”小花说着就哭起来了。妈妈生气了：“你都快念中学了，还是这么爱哭。”小花狠狠地瞪了妈妈一眼，跑进卧室里，哭得更伤心了。

为什么会出现这种结果呢？原因就在于，孩子对于友情、亲情的渴望。他们会对自己的感情需求很在意。然而，处于世故与冷漠世界的成人，往往对孩子的这种情感需求很不在乎。这样，就会忽视孩子的感觉，对孩子细小的情感波动表现冷酷。这样一种对待孩子的情感反应的方式显然不利于父母与孩子之间的情感交流。

事实上，孩子们最需要的就是父母对他的重视，哪怕是当时的实际情况一点也不严重，父母也不能掉以轻心。或许在上例中的母亲看来，女儿不应该因为与表妹的分离就流泪哭鼻子，但是她的反应却不应该没有同情。做母亲的应该这么想：女儿很难过，我应该尽最大的努力来帮助她，尽量设法使她知道我明白她内心的感觉。如果这样想，她就可以用以下方式来安慰女儿：“羽羽走了，让人觉得很寂寞。”“你们俩这么要好，真舍不得让她走，你会想她的。”这种反应使父母与孩子之间产生亲密的感觉。孩子的内心感受一旦被父母了解了，他的寂寞和情感创伤就会消失。父母对于孩子的了解和同情是情感的绷带，可以治愈孩子受了损伤的心灵。因此，要达成和谐美满的亲子交流，做父母的也必须对情感交流的技巧加以自觉的领会。

做父母的如何才能架设好与孩子之间的情感交流的“桥梁”呢？比较实际的做法，就是从克服自己与孩子的情感交流的障碍开始。通常而言，当孩子试图与你谈论他内心的烦恼时，如下反应方式都有可能加速交流障碍的形成：用命令、指示或指挥的语气，告诉孩子该去做什么事情，给他下命令：“我不管别的父母如何做，你必须给我……”；用警告、责备或威胁的语气，告诉孩子如果他做了某件事情会产生什么样的后果：“如果你知道好歹的话……”；用说教、教化或规劝的语气，告诉孩子他应该如何做：“你应当……”；以提出忠告、方法或建议的方式，告诉孩子该怎样解决问题：“为什么不用另一种方法来替代呢……”；用评判、批评、否定或指责的语气，对孩子进行负面的评判：“你那样做太不应该了……”；以谩骂、嘲笑或羞辱的方式，使孩子感到自己犯傻，把孩子归入另类，羞辱他：“你的行为像一个不懂事的孩子……”；通过解释、分析或诊断的方式，告诉孩子他的动机是什么，或者分析他为什么那样说，那样做，让孩子感到你在给他筹划，帮他分析：“你那样说是想……”；用保证、同情、安慰或支持的方式,努力使孩子感觉好受一些。劝说他从不良情绪中解脱出来,尽力消除他的不良情绪,否认不良情绪的影响:"不要担心,情况会变好的……";用探索、询问的方式,努力去找理由、动机和原因,获取更多的信息帮助孩子解决问题:"关于这件事情,你还和哪些孩子说过了?";以退缩、转移或迁就的方式,努力使孩子从问题中摆脱出来,自己也避开问题,分散孩子对问题的注意力,引导孩子把问题搁置起来:"吃饭的时间咱们不谈这个。"而正确的反映方式则基本不需要表达出自己的意见、评判和感觉,让孩子把自己的意见、判断和感受充分表达出来,给孩子打开一扇门,引导孩子去说话,使孩子在交流过程中发泄自己的情绪,理清自己的思路,进而自己找出解决的方法。用这种态度来与孩子进行情感方面的沟通,以下一些回应方式是比较简单而又有用的:

"哦!"

"我懂了!"

"有意思。"

"怎么样啦?"

"真的?"

"我简直不敢相信,真是这样?"

其他一些反应在诱导孩子去讲、去说方面,更为有效:

"把这件事情讲给我听听。"

"我想听听这件事情。"

"后来呢?"

"听起来你对这件事情有话要说。"

"这件事看起来对你很重要。"

"咱们一起来讨论一下吧。"

(四)与孩子有效沟通的艺术

现在很多父母都感觉跟孩子讲道理是非常难的一件事。父母说得天花乱坠,孩子却这耳朵进,那耳朵出,一不留神,孩子还逮着个错反诘父母半天。有些父母能与孩子说得眉飞色舞、热火朝天,有些父母却很少与孩子讨论什么。他们与孩子说话,往往说上个三五句,孩子不耐烦,父母也没词了。为什么父母和孩子发生沟通危机呢?又怎样和孩子沟通呢?"沟通"一词,《中文大辞典》的解释是:"穿沟通达也,疏通意见,使之融洽。"用时下的语言,就是寻求事情的"共同处",找出事物的"平衡点",画出事物的"交集",其过程是"疏通",其结果是"融洽"。作为孩子的第一任老师,和谐地与孩子沟通至关重要。

1. 了解是沟通的前提

孩子与家长出现沟通危机，不怪孩子，主要还是家长造成的，为什么孩子懂的家长不懂？为什么孩子关心的事，家长就不关心呢？这是因为我们不了解孩子，不知道孩子想什么，关注什么和需要什么。没有进入孩子的内心世界，又谈何沟通呢？此外，当我们和孩子沟通时，还要了解孩子当时的情绪状况。孩子和大人一样，情绪好时比较容易接受不同的意见，因而跟孩子讲理，要充分了解孩子的情绪状况，在其情绪较好时，对其进行教育，若在孩子情绪低落时跟他说理，是不会奏效的。

2. 平等是沟通的关键

为人父母者往往仗着“闻道”早于孩童辈，就不知、不愿、不肯、不屑去认同孩子，就以成人的眼光、成人的标准去“箍”、去“套”、去约束孩子的小脑袋、小世界。他们总是难以忘记自己“教育者”的角色，以至于和孩子沟通时总是难以保持平等，“你要”“你应该”“你不能”等词语常常挂在嘴边，孩子自然渐渐失去了与家长沟通的愿望。因此在和孩子沟通时，要讲究技巧，和孩子平等沟通。我们是与孩子谈话而不是训话，如果总是板着面孔，居高临下，就很难和孩子交知心朋友，孩子不是不愿谈，就是说假话。这就要求家长和孩子谈话时，要以孩子的心态和孩子能理解的语言进行，要蹲下身来和孩子沟通，让孩子觉得你是他的朋友和伙伴，这样沟通才会水到渠成。

3. 倾听是沟通的良方

现在许多孩子都有了一定的主见，已经不愿意再当被训导的角色，他们思想活跃，希望有个细诉衷肠的对象。这时的家长应该改变原来的教育方法，努力创造一种“聆听的气氛”。最好的办法是家长经常抽空陪伴孩子，并且当一个好听众。

只有倾听孩子的心里话，才能更好地与孩子沟通。孩子向你诉说高兴的事，你应该表示共鸣，如孩子告诉你他在学校得到了老师的表扬，你可以称赞说：“噢，真棒，下次你会做得更好！”孩子向你诉说不高兴的事，你应该让他尽情地宣泄，并表示同情，如当孩子告诉你小朋友推了他一把，他非常气愤时，你可以说：“你很生气甚至想打他，是吗？但你不能这样做，你可以告诉老师，请求老师的帮助。”当孩子向你诉说你不感兴趣的话题，你应该耐着性子听，表示你关注他的谈话内容，你可以使用“嗯”“噢”“是吗”“后来呢”等词语，表示你在认真地倾听，鼓励孩子继续说下去。这样，不仅使孩子更乐意向你倾诉，也可以提高他的语言表达能力。听和说总是联系在一起的，要掌握与孩子交谈的艺术，就要耐心地当好孩子的听众，在孩子漫无边际的讲述中，父母可以了解他的真实想法，在他针对某件事的辩解中，可以发现事情的真正原因，便于说服教育。所以，和孩子交谈时，父母不要只注重自己怎样说，更要注重怎样听孩子说。

4. 信任是沟通的基石

和所有的友谊一样，两代人的沟通也要讲一个“信”字。说话算数说起来简单，真正做到并不容易。儿童心理医生林达曾经举过这样的例子：

一位妈妈因为6岁的女儿不愿与她沟通，便领着女儿去进行心理咨询，结果发现原因是妈妈将女儿告诉她的“秘密”，在晚饭时不经意地告诉了家庭其他成员，结果哥哥姐姐们以此来取笑她，从此她再也不肯对妈妈说什么了。

可见，孩子和家长之间的相互信任是非常重要的。你若不能相信孩子，孩子又凭什么信任你，相信你是真心帮助他的？你若得不到孩子的信任，又怎能跟孩子沟通？

5. 惩罚是沟通的双刃剑

惩罚是一种特殊的沟通，它是一把双刃剑，既可以教育孩子，也可以伤害孩子，如何使用惩罚是教育成败的关键。惩罚一定要说明理由。父母要善于控制自己情绪，不可暴怒，更不可凶狠。在进行惩罚时，要把注意力放到让孩子知道自己言行错在什么地方，为什么是错的上面。大多数孩子都以为自己的行为是对的才去做，或者从自己的兴趣、儿童的角度出发去干的，因此，讲道理仍然是惩罚的重点。父母应牢记，惩罚并非不要讲道理，而是将道理渗透在惩罚之中。此外，惩罚时不能揭短，只要指出这次犯错误的问题即可。一般来说，父母非常容易在惩罚的同时揭短。我们知道，羞耻感是一个人自尊心的心理基础，一些父母在惩罚时不断地揭孩子的短，翻老账，这样会彻底伤害孩子的自尊心。父母在与孩子沟通中应该多表扬，少惩罚，惩罚必须公平和适度。

6. 赏识是沟通最好的添加剂

古语云：“数子十过，不如奖子一长。”跟孩子讲道理，应充分肯定孩子的长处，对孩子的进步给予及时的表扬和鼓励，在此基础上再对孩子的过错予以纠正，这样孩子就容易接受大人的意见。如果一味地数落孩子，责怪孩子这也不是那也不对，只会让孩子产生自卑心理和逆反心理。恰到好处的赞美是父母与孩子沟通的兴奋剂、润滑剂。家长对孩子每时每刻的了解、欣赏、赞美、鼓励会增强孩子的自尊、自信。我们要切记：赞美鼓励使孩子进步，批评指责使孩子落后。

沟通是一门学问，一位教育家说得好：“父母教育孩子的最基本形式，就是与孩子沟通。我深信世界上最好的教育，是在和孩子的沟通中实现的。”让我们每位家长在沟通这门学问面前做一回小学生，真正成为孩子亲密无间的知心朋友！

（五）与孩子忌说的八种话

父母与孩子的关系虽然亲密，但对孩子说话也不能随随便便。因为，孩子与父母在年龄、阅历、心理等方面存在着很大的差异，如不注意这一点，对孩子说一些不该说的话，势必不利于孩子的健康成长。父母是孩子的第一任老师，父母的言行无时无刻不在潜移默化地影响着孩子。因此，父母在与孩子交谈时应注意自己的措辞。父母对孩子说话时要有所忌讳，概括起来，主要有以下几点：

1. 说损话

有些性格急躁的父母，恨铁不成钢，动辄损孩子。什么“你这个笨蛋”，“一点出息也没有”，“活着干什么，还不如死了”等，孩子耳濡目染，身心定然会受到创伤。“你怎么不像你姐姐？她门门功课都拿满分！”这样的话语，无疑会把孩子的自尊心破坏殆尽。许多家长没有意识到自己给孩子造成了不安的情绪。“是啊，为什么我不能像她一样？父母不喜欢我了。”他的反应往往是：第一，觉得遭到了贬黜，一无是处甚至没有希望；第二，摆脱人见人爱的姐姐；第三，为没人喜欢自己而愤愤不平。这时，更为恰当的表达是：“我知道你担心你的成绩不如姐姐好。我要你记住，你俩各有所长。我们也很看重聪明的孩子，你们各有惹人疼爱的优点。”

2. 说吓唬孩子的话

“如果你不立刻跟我走，我就把你一个人抛在这里！”你真会这么做吗？孩子当然希望你不会这么做，因为小孩子最怕单独待在一个陌生的地方。但可能他听多了类似的威胁，已对此充耳不闻了。较有效的方法是：当他太出格时，你把他抱起来。这样，他就会明白你不允许他在公共场所胡闹。

3. 说命令话

有些父母在孩子面前要威风，没有一点民主空气。有的家长一味限制孩子，什么也不准，说话就是下禁令。例如：“放学后不许与同学玩，不许到同学家里去，不许把同学带到家里。”“你每天除了学习，别的什么也不许干。”如果孩子生活在命令中，孩子就会变得迟钝，没有创造力。

4. 说气话

有些缺乏修养的父母，稍不顺心就拿孩子撒气。在家没好脸，说话没好气。孩子不敢接近，又躲避不了。如“去去去，滚一边去”，“不要说话，给我装哑巴”。孩子有时问点事情，也没好气地说：“不知道，别问我。”“老问啥，没完没了的……”这些使孩子横遭冷落的气话，是父母应该忌讳的。

5. 说宠爱话

有些不清醒的父母，溺爱子女，经常听到什么“你是妈妈的心肝儿”，

"命根子、眼珠子"。有时孩子要泼，无论要什么，父母都说"好，妈这就给你换"。甚至骂自己也笑，打自己还说"好"。这些容易造成孩子形形色色的坏毛病，应该改正。

6. 说侮辱话

有的不理解孩子心理的父母，当发现孩子有什么"不端"行为，则认为大逆不道，不是冷静地弄清情况，而是凭主观臆断，说什么"你这个不要脸的小畜生""小流氓"……稍文雅的父母也有旁敲侧击、指桑骂槐的现象，弄得孩子反驳也不是，解释也不是，只好委屈地忍受着。有伤孩子心理的话，也是父母与孩子交往时应该忌讳的。

7. 说埋怨话

当孩子犯错误之后，他会感到很无助。"我怎么会这样？我真傻。"他后悔当初没听从父母的话。就在这时，妈妈说："我早就跟你说过会这样。"转眼间，孩子的无助就变成了自卫。出于反抗母亲轻蔑的语气，出于摆脱自视蠢笨的自卑，他开始辩解。要么在绝望中屈服，要么在愤怒中反叛，两样都不利于孩子成长。较好的表达方法是："你试过自己的方法了，可没成功，对吗？真为你难过。我也是这么过来的。"

8. 说欺骗话

有些言行不一的父母，言不信，行不果。欺骗孩子的话一般有："听妈妈话，明天给你做好吃的、买漂亮衣服。""好好念书，考好给你钱。"这些话不落实，久而久之，孩子就再也不信了。这种话比没说的后果还坏。

三、与朋友说话的艺术

（一）爱打招呼的人朋友多

在这个社会里，一个人要想工作顺利，事业有所发展，必须广交各方面的朋友。在你为了业务奔波忙碌时，必然会遇见许多与你生活或工作有关的人。这些人中，有的你连姓名都不知道，你跟他见面时，也不过说两三句有关业务的话，甚至于有时你只是跟他点一点头。例如，你经常到某大厦去接洽业务，经常遇见那个大厦的电梯司机，或是你到货仓去提货，经常遇见那个货仓的守门人，或是你经常到某银行存款，经常遇见那个柜台后面的出纳员等诸如此类人员，你不知他姓甚名谁，何方人士，但他们或多或少地都与你的工作或生活有关系。你怎样对待这些人呢？你会不会连声招呼都不和他打？这是一个很微妙的也是一个很实际的问题。你是把他们当作陌生人，不屑一顾，大摆你的架子呢？还是对他们谦恭有礼，和蔼亲切，把他们当作你的朋友？

有许多人为了谋生出来工作，待遇很低，工作既辛苦，又单调、繁重，平常已经是受累受气，心烦意乱，如果你对他们神气活现，或是不理不睬，他们对你也不会有什么好感，办起事来，也只顾他们自己的方便，不考虑你的方便。但是如果你把他们当作朋友看待，平时有事没事多与他们打打招呼，对他们有适当的尊敬与关怀，他们即使不知道你的姓名，但一看见你的面容，听到你的声调就已经有了好感。这时，他们就像吸进一股清风，精神为之一振。既然他们对你印象很好，那么，他们除了自己的方便之外，也会兼顾到你的方便。电梯司机会多等你几秒钟，货仓的守门人会替你找搬运工，银行、保险公司、邮局、物业公司的职员们也都会在你需要的时候给你或大或小的方便。

不要小看这些工作上的“穷朋友”，在平时不仅能给你带来不少便利，节省大把的时间，而且说不定在那些不起眼的小人物当中隐藏着有才干的人，能帮你更大的忙。一句话，任何身边的人都不能忽视，多打招呼，关系广，结识到能人志士的几率就越大。

俗话说得好：“人不可貌相，海水不可斗量。”在偌大的社交圈中，我们往往会接触到一些语不出众、貌不惊人的人。不要瞧不起这些人，你身边不起眼的人，将来也许会成为你的朋友，甚至会在关键时刻帮你一把，最终决定你的命运。

商界有一位公司老总胆识过人、很有谋略和眼光，在多次的市场竞争中战无不胜，攻无不克，使公司的效益不断提高，规模空前扩大。一次公司有一桩金额巨大的交易，经过一段时期的酝酿和深思熟虑之后，该公司老总自认为他的方略万无一失，可此时，一位刚刚进公司的年轻属下却提出了异议，认为情况分析不够，投资风险过大，几次提醒老总三思而后行。毕竟，该年轻人刚进公司，人微言轻，他的话没有引起决策者的注意，反而招来人们的讥讽和嘲笑。有人说他太嫩，有人说他不知天高地厚，有人说他不自量力，如此等等，不一而足。结果，这家公司果然在交易中吃了亏，损失了上百万元，不得不宣告破产。

自古以来，许多有作为的大人物都是由小人物脱颖而出的，自古名人多寒士。而且就所谓“大人物”来说，智者千虑，必有一失，而对地位卑微者说来，愚者千虑，尚有一得。“大人物”在许多方面都很优秀，都有过人之处，但“金无足赤，人无完人”，“大人物”身上肯定有自己的缺陷和不足；而“小人物”身上也有自己的长处和优势，或许还是“大人物”所不能及的，由此可以弥补“大人物”的缺陷。

战国时期的孟尝君，他手下的3 000多门客，大多数是地位卑微没什么才干的“小人物”。那么，为何孟尝君要这么做？他是施舍天下士人吗？当然不是，他是以自己独到的眼光为自己储备人才，包括一些不起眼的“小人物”，他深信，乱世之时，人人皆有所用。

一次，孟尝君出使秦国被扣留。为了救孟尝君并贿赂某权贵，一位擅学狗叫的门客自告奋勇，混进秦宫，偷回了那件送给秦王一位妃子的白貂皮大衣，在把大衣送给了秦国的权贵后，孟尝君才得以释放。接着，他连夜逃走，到函谷关口，看到关门紧闭着。按照秦国的规定：必须待到鸡鸣之后，关门才可开启。正好他的门客中，有一个人擅学鸡叫，而他的叫声又带动许多鸡鸣叫起来。孟尝君由此得以脱险。

其实，真正的社交需四面出击，结交三教九流，只有如此，你的社交圈子才有深度和广度。能够获得各种不同类型的社交对象青睐的人，才能达到人际关系的理想境界。相反，许多人由于忽视"小人物"，其社交圈不免存在着严重的缺陷，甚至有时会使他们自己大江大海越得过，小河沟里却翻了船。

情况就是这样，往往是那些不起眼的或只有一面之缘的朋友在最关键的时候伸手帮了你的忙。平时不吝啬你的语言，你会交到许许多多的朋友，让他们成为你办事的得力助手。

(二) 替别人找个下台借口的艺术

在和朋友相处的过程中，难免会遇到一些尴尬的事情，让气氛骤然紧张、难堪，学会替别人找个下台的借口，不仅会缓和对方的紧张心理，让事情得到顺利发展，而且还会让彼此的友谊得到进一步的增进。要达到这样的目的，我们不妨学习使用以下的技巧：

1. 给对方找一个善意的动机

突然间发现别人的失误或错误行为，但不会导致重大的损失出现时，我们应尽量克制自己的情绪，以平静如常的表情和态度装作不解对方举动的真实意图和现实后果，并且给对方找到一个善意的动机，让事态的发展按照自己所希望的方向推进，以免把对方逼到窘迫的境地。

一天中午，一位姓王的老师路过学校后操场时，发现前两天帮助搬运实验器材的几位同学正拿着一枚实验室特有的凸透镜在阳光下做"聚焦"实验。他想：他们哪来的透镜？难道是在搬运时趁人不备拿了一枚？实验室正丢了一枚。是上去问个究竟，还是视而不见绕道而去？为难之时，一位同学发觉了他，其余的慌忙站了起来，手拿透镜的这位同学显得很不自在。王老师从同学们慌张的神情中可以进一步判断这透镜的来历。当时的空气就像凝固了似的，一分一秒也不容拖延。王老师快速地构思，终于想出一条妙方，他笑着说："哟，这枚透镜原来被你们找到了！"凝固的空气开始流通起来。接着他用略带感激的语调补充道："昨天我到实验室准备实验器材，发现少了一枚透镜，我想大概是搬运过程中丢失了，我沿途找了好几遍都未能找到，谢谢你们帮我找到了这枚透镜。这样吧，你们继续实验，下午还给我也不迟。”同学们轻松地点了点头，空气依旧是那么温暖，那么清新。

2. 换一个角度思考问题

在许多情况下，面对尴尬下不来台是因为思维框定在正常的状态之中，这对事态的发展毫无作用。如果我们换一种角度对其尴尬的举动做出巧妙、新颖的解释，便可使原本的消极举动具有另外的内涵和价值，成为符合常理的行动。

有一次全校语文老师来听安老师讲课，校长也光临“指导”，这下可使小安犯难了。他既怕课讲得不好，又担心有的学生回答时成绩不佳，有失面子。

课上，他重点讲解了词的感情色彩问题。在提问了两位同学取得良好效果后，接着提问校长公子：“请你说出一个形容×××的美丽的词或句子。”或许是课堂气氛紧张，或许是严父在场，也可能兼而有之，这位公子一时为难，只是站着。空气凝固，王老师和校长都现出了尴尬的脸色。很快，这位老师便恢复正常，随机应变地讲道：“好，请你坐下，同学们，B同学的答案是最完美的，他的意思是这个人的美丽是无法用文字和语言来形容的。”听课者都发出了会心的微笑。

（三）朋友间忠告的艺术

忠告，对于帮助他人和与他人建立真诚的友谊，起着难以替代的作用。反过来讲，不能给予他人忠告的人不是真诚的人，这种人不会将自己的真实感受告诉对方。也就是说，不爱别人的人是不会给予他人忠告的，不被人爱的人也同样得不到忠告。因此，我们应该欢迎忠告。尽管如此，为什么一般人都讨厌忠告，忠告为何听起来总不顺耳呢？究其原因，就在于一般人容易受感情支配，即使内心有理性的认识，但仍易受反感情绪的影响而难以听进忠言。

有一个中学生很贪玩，整日在外游荡，不爱学习。有一天，他大彻大悟了，下决心要好好学习。当他刚一走进家门，他母亲就急不可耐地忠告儿子：“你又到哪里野去了？还不快去复习数学，看你将来怎么考大学！”“哼，上大学，上大学，我就不信不上大学就混不出人样！”受逆反心理驱使，一气之下，儿子又跨出了家门，一番苦心白费了。

看来，仅有为别人着想的良好愿望还不行，忠告也需要技巧，否则就会起到相反效果。那么给人忠告时需要怎么做才能让其听着顺耳起来呢？

1. 谨慎行事

说到底，忠告是为了对方，为对方好是根本出发点。因此，要让对方明白你的一番好意，就必须谨慎行事，不可疏忽大意。此外，讲话的态度一定要谦和诚恳，用语不能激烈，也不必过于委婉，否则对方就会产生你教训他，假惺悍的反感情绪。

2. 选择时机

例如，当下属尽了最大努力而事情最终没有办好时，此时最好不要向他们提出忠告。如果你这时不适时宜地说“如果不那样就不致这么糟了”之类的话，即使你指出了问题的要害且很在理，可下属心里却会顿生“你没看见我已在拼命了吗”的反感，效果当然不会好了。相反，如果此时你能说几句“辛苦你了”，“你已做了最大的努力”，“这事的确比较难办”之类的安慰话，然后再与部下一起分析失败的原因，最终部下是会欣然接受你的忠告的。

除此之外，在什么场合提出忠告也很重要。原则上讲，提出忠告时，最好以一对一，避开耳目，千万不要当着他人的面向对方提出忠告。因为这样做，对方就会受自尊心驱使而产生抵触情绪。

3. 不要比较

忠告的第三个要素，就是不要以事与事、人与人做比较的方式提出忠告。因为此时的比较，往往是拿别人的长比对方的短，这样很容易伤害对方的自尊心。

“小于，你看人家小熊哪天不是安安静静的，而你总是疯玩疯闹，你就不能学学人家吗?”母亲痛切地对女儿说。“她乖，她好！你认她做女儿算了，我走!”女儿嚷道。虽然女儿明明知道自己的缺点，但出于自尊心，她没好气地顶撞着母亲。母亲的劝告失败了。

(四) 把话说明的艺术

有些朋友彼此太熟了，再用文绉绉、有模有样的说话方式交谈，朋友会觉得你“假”，所以和熟的朋友说话不必一本正经。这种沟通法也有好处，不容易有心结。心里有什么话，就亮出来，像是撒把胡椒粉，心里有什么打个喷嚏，但是“喷”完了，也就没事了。

萧伯纳和丘吉尔两人，虽然一个在文坛，另一个在政界，却是相知的好朋友。两个人的关系，由他们之间信函往来的内容就看得出来。萧伯纳有一场新剧要在伦敦首演，他特别送了两张入场券给丘吉尔，还附上一张写着寥寥数语的便信：“附上拙作演出入场券两张，一张给你，一张给你的朋友——如果你还有朋友的话。”在政界一向饱受政敌攻击的丘吉尔看了哈哈大笑，随即回了一封也只写了几句话的便条：“很抱歉，我今晚没空，但是我会和朋友明晚去观赏——如果你那场戏明晚还能继续上演的话。”新剧上演前，萧伯纳一位要好的在银行工作的朋友也写了一封信给他：“听说你的新剧就要上演了，送给我前排的入场券10张，以便分送朋友观赏如何?”这位朋友也收到了萧伯纳的回信：“听说贵行的新钞票已经出笼了，送给我大额票面的钞票10张，以便分送亲朋好友花用如何?”

曾两度竞选美国总统均败在艾森豪威尔手下的史蒂文森，从未失去幽默。在他第一次荣获提名，竞选总统时，他承认的确受宠若惊，并打趣说："我想得意扬扬不会伤害任何人，也就是说，只要不吸入这空气的话。"在他竞选败给艾森豪威尔的那天早晨，他以充满幽默力量的口吻，在门口欢迎记者进来："进来吧，来给烤面包验验尸。"几年后的一天，史蒂文森应邀在一次餐会上演讲。他在路上因为阅兵行列的经过而耽搁，到达会场时已迟到了。他表示歉意，并一语双关地解释说："军队英雄老是挡我的路。"他用谈笑的口吻大大提高了自己的人气和威信，赢得了朋友们一致的尊重和爱戴。

有着高明的"说笑"技巧的说话高手，在人群里一向都会是最受欢迎的人物。说笑的时候大可放心，因为伤不了人，所以一旦遇到有什么状况发生，心胸宽大地拿自己来嘲笑一番，最能虏获人心。让人哈哈一笑，不但化解了尴尬，也放松了大家的紧张情绪，可真是功德一桩哩！

有一回北宋宰相王安石骑马游极宁寺，马儿由马夫牵着，王安石坐在马上放眼浏览四周的景致，心情十分愉快。没想到，马夫一个疏忽，竟然让马儿受惊，马失前蹄，王安石由马背上摔了下来，这下大伙儿可紧张了，尤其是马夫紧张得手足无措。众人赶快扶起王安石，幸好他毫发无伤。王安石看了看趴在地上吓得直打哆嗦的马夫，一言不发地跨上马背，然后用马鞭指着马夫说："幸亏我的名字叫作王安石，要是叫王安瓦，这下可要摔得粉碎了！"一句话说罢，他用鞭子轻打了一下马屁股，继续向前行进，一句妙语让四周的人哈哈一笑，缓解了紧张的场面。马夫擦了擦额头上硕大的汗珠，松了一口气。

你有没有发现，在朋友之间，懂得如何说笑的人是最受人欢迎的，但是一般人需要心理上的调整，才能够培养这份能力。照着以下的方法自我调适，就能让人际关系向前更迈进一步。

1. 放下身份

不管是什么身份，如果想要受人欢迎，就得放下身段。想想看，谁会愿意接近一个成天紧绷着脸，眼睛长在头顶上的人。

2. 把话说得亲切点儿

话说得太高雅了，就会拉出距离。"嗨！穿得这么美干什么？要迷死人啊！"这句恭维话就比"嗨！你今天穿的衣服非常漂亮"要来得亲切。

3. 偶尔装点儿疯，卖点儿傻

没有人喜欢成天看一本正经的苦瓜脸，偶尔装点儿疯，卖点儿傻，就算嘴里讲着事理，也不会有人怪你，反而会跟着轻松起来插科打诨一番。

不仅是朋友之间，如果夫妻、亲子之间也以这种方式相处，就会有一个甜蜜温馨，让人一下了班就想要赶回去的家哟！

4. 说起话来可别像老师上课

就算再有道理，也别把话说得硬邦邦，让人听了不舒服。在朋友之间说理，只要点到为止就好，别成天婆婆妈妈的，让人见了退避三舍。

5. 把热情拿出来，把诚恳写在脸上

朋友之间遇到麻烦需要有人处理时，尽管举起手来大声说："让我来！"时常打个电话问候一下，别在有求于人时才登门拜访，结结巴巴地说："无事不登三宝殿。"

（五）让朋友表现得比自己优秀的艺术

每个人都希望自己比别人优秀，我们在对待朋友时，要尽量让其表现得比你出色，这样既表现出自己的谦虚，又让朋友喜欢你，达到融洽的交际关系，两全其美的事情，何乐而不为呢？

安德鲁·卡内基是美国的钢铁大王，他白手起家，既无资本，又无钢铁专业知识和技术，却成为举世闻名的钢铁巨子，这当中充满着神奇的色彩，使许多人迷惑不解。

有一位记者好不容易才令卡内基接受采访，他迫不及待地劈头便问："您的钢铁事业成就是公认的，您一定是世界上最伟大的炼钢专家吧？"

卡内基哈哈大笑地回答："记者先生，您错了，炼钢学识比我强的，光是我们公司，就有200多位呢！"卡内基说："因为我知道如何鼓励他们，使他们能发挥所长为公司效力。"确实，卡内基创办的钢铁业是靠其一套有效发挥员工所长的办法取得发展的，当初卡内基的钢铁厂因产量上不去，效益甚差。卡内基果断地以100万美元年薪，聘请查理·斯瓦伯为其钢铁厂的总裁。斯瓦伯走马上任后，鼓励日夜班工人进行竞赛，这座工厂的生产情况迅速得到改善，产量大大提高，卡内基也从此逐步走向钢铁大王的宝座了。

可见，卡内基是十分聪明的，如果他自命是最伟大的炼钢专家，那么，至少会导致一些水平与其不相上下的专家不肯为其效力，即使是斯瓦伯这样的管理专家，也不会被看重使用，而人们也不会如此敬仰卡内基了。

法国哲学家罗西法古说："如果你要得到仇人，就表现得比你的朋友优越吧；如果你要得到朋友，就要让你的朋友表现得比你优越。"

为什么这句话是事实？因为当我们的朋友表现得比我们优越，他们就有了一种重要人物的感觉，但是当我们表现得比他们还优越，他们就会产生一种自卑感，出现羡慕和嫉妒的情绪。

纽约市中区人事局最得人缘的工作介绍顾问是亨丽塔，但是过去的情形并不是这样。在她初到人事局的头几个月中，亨丽塔在她的同事之中连一个朋友都没有。为什么呢？因为每天她都使劲吹嘘她在工作介绍方面的成绩、她新开的存款户头，以及她所做的每一件事情。

“我工作做得不错，并且深以为傲，”亨丽塔对拿破仑·希尔说，“但是我的同事不但不分享我的成就，而且还极不高兴。我渴望这些人能够喜欢我，我真的很希望他们成为我的朋友。在听了你提出来的一些建议后，我开始少谈我自己而多听同事说话。他们也有很多事情要吹嘘，把他们的成就告诉我，比听我吹嘘更令他们兴奋。现在当我们有时间在一起闲聊的时候，我就请他们把他们的欢乐告诉我，好让我分享，而只在他们问我的时候我才说一下我自己的成就。”

苏格拉底也在雅典一再地告诫他的门徒：“你只知道一件事，就是你一无所知。”尤论你采取什么方式指出别人的错误：一个蔑视的眼神，一种不满的腔调，一个不耐烦的手势，都有可能带来难堪的后果。你以为他会同意你所指出的吗？绝对不会！因为你否定了他的智慧和判断力，打击了他的荣耀和自尊心，同时还伤害了他的感情。他非但不会改变自己的看法，还要进行反击，这时，你即使搬出所有柏拉图或康德的逻辑也无济于事。

永远不要说这样的话：“看着吧！你会知道谁是谁非的。”这等于说：“我会使你改变看法，我比你更聪明。”——这实际上是一种挑战，在你还没有开始证明对方的错误之前，他已经准备迎战了。为什么要给自己增加困难呢？

有一位年轻的纽约律师，他参加了一个重要案子的辩论，这个案子牵涉到一大笔钱和一项重要的法律问题。在辩论中，一位最高法院的法官对年轻的律师说：“海事法追诉期限是6年，对吗？”律师愣了一下，看看法官，然后率直地说：“不，庭长，海事法没有追诉期限。”

这位律师后来说：“当时，法庭内立刻静默下来。似乎连气温也降到了冰点。虽然我是对的，他错了，我也如实地指了出来，但他却没有因此而高兴，反而脸色铁青，令人望而生畏。尽管法律站在我这边，但我却铸成了一个大错，居然当众指出一位声望卓著、学识丰富的人的错误。”

这位律师确实犯了一个“比别人正确的错误”。在指出别人错了的时候，为什么不能做得更高明一些呢？因此，我们对于自己的成就要轻描淡写。我们要谦虚，这样的话，永远会受到欢迎。要比别人聪明，但不要告诉人家你比他更聪明。

（六）与朋友说话的三大禁忌

不要以为对方是你的朋友，是认识你的人，说话就毫无忌惮。有的时候，可能是你自己的一个小习惯，在说话的时候无意间表现出来，惹得双方都不愉快。那么在和朋友说话时，就要注意以下三大禁忌：

1. 最忌讳废话

人与人之间交流的时候，最忌讳的是多言或废话，尤其是用一句话能说清楚的事情，或者简单几句话就能表达出的意思，就不要说过多无用的信息。当然，这是一种沟通的技巧，需要双方的默契。所谓最好的说话技巧，就是能够在话题开始的时候，很自然地把意思表达出来。如果为了表达一个意思，不断地解释，增加不必要的废话，只能招人讨厌。

2. 炫耀又爱说教，是最糟糕的习惯

每个人都有爱表现的心理，只不过各自表现的方式不一样。其实习惯说废话的人就是出于一种爱表现的心理，这样的人让人难以接受，但是如果你不仅废话多，还喜欢炫耀和说教，那简直让人无法忍受了。从心理学角度看，爱表现其实是一种反映当事人向上求进步的愿望，所以并非坏事，但凡事总要有个限度，如果过于炫耀自己，比如学历、职业、出身等，还喜欢对别人说三道四，那必定会失去朋友，大家都会对你敬而远之。其实，喜欢炫耀自己、对别人说三道四的人往往并没有多少才学，这样做不过是一种自卑的表现，拿自己仅有的优势招摇，就怕别人不知道。真正有才学的人是不会这样做的，因为他们知道，不用语言，人们迟早会知道自己的优点。

喜欢炫耀的人，习惯不停地说“我如何如何……”，不停地向周围人表达自己的见解，而且还动不动就训斥别人，用说教的口气切断自己的人际关系。如果你喜欢对比你辈分低或地位低的人说教，不仅不会让对方对你产生尊敬，还会觉得你是在说大话，对你产生逆反心理。如果辈分或地位一样，你的说教只能让人家觉得你是在炫耀自己，你是一个非常骄傲、不值得信任的人。

这样说并不是不让你指出对方的不足，任凭错误发生，而是不要在说话的时候加上“如果是我……”，或者“我曾经……”，这一类的话，这样的表达方式让人一听就觉得厌烦，你最初的目的可能会造成相反的结果。

3. 过高的音量只会有损你的形象

不知道你有没有注意过自己说话的音量？相信大多数人都没有注意到，除非是熟识的人提醒你，否则你自己都不会意识到这个毛病。尖锐的高音往往能在你无意的时候破坏你的形象。从医学角度讲，某种声音的音频超过一定程度，就会让听到的人产生不安的情绪，严重的时候还会让人变得焦躁。

春节前，白若德所在的公司计划订一个场地组织活动，白若德就根据广告上的电话进行联系。第一个电话一接通，白若德就被电话里传来的声音吓了一跳。对方是位大嗓门的女士，不仅语速快得让人听不清，而且她的嗓音很尖锐，让白若德甚至感到头都疼。放下电话，她知道绝对不能和这家合作。

几个电话后，白若德从话筒里听到了一个很淳厚的嗓音，对方的声音让她很满意，双方很快谈妥了活动方案。不出白若德所料，这次活动非常成功。

低沉的声音其实可以给人以一种稳重、权威的感觉，让人觉得你是可靠、可信的。运用适当的声音音量，可以表明你的修养。负责接电话的人，如果声音低沉有力，则会给人以安全感，能让听的人觉得值得信任。相反，尖锐的高音只能让人觉得你没有教养，也一定会对你失去信任。谁都知道“有理不在声高”的道理，在与人发生矛盾冲突的时候，高音量并不会为你争取到优势，反而会让人造成误解，觉得你是因为心虚才这么大声音的，就可能造成“有理变没理”的局面。

第三节　与客户及竞争对手说话的艺术

一、与客户说话的艺术

（一）赢得客户的信任

现代营销充满竞争，产品的价格、品质和服务的差异已经变得越来越小。推销人员也逐步意识到竞争核心正聚焦于自身，懂得“推销产品，首先要推销自我”的道理。要“推销自我”，首先必须赢得客户的信任，没有客户信任，就没有展示自身才华的机会，更无从谈起赢得销售成功的结果。为了利益，一些推销员不择手段，到头来其实失去的比得到的要多，损失最严重的就是失去客户的信任。

在一个人的推销生涯中，取得信任是不可或缺的一环。不要以为推销就是骗人，如果你得不到人们的信任，也就无法实现你的推销。在推销过程中，顾客是形形色色的，对于那种非常顽固的顾客，你不妨使用一些直率、诚挚的话语来打动他，从而取信于他。

一次，日本推销大师夏目志郎去拜访一位绰号叫“老顽固”的董事长。不管夏目志郎怎么滔滔不绝，怎么巧舌如簧，他就是三缄其口，毫无反应。夏目志郎也是第一次接触到这样的客人，于是，他用起了激将法。夏目志郎故作冷漠地说：“把您介绍给我的人说得一点没错，您任性、冷酷、严格、没有朋友。”这时，这位董事长面颊变红了，眼望着夏目志郎开始有反应了。

夏目志郎继续说：“我研究过心理学，依我的观察，您是面恶心善，寂寞而软弱的人，您想以冷淡和严肃筑起一道墙来防止外人侵入。”这时，董事长第一次露出了笑脸。“我是个软弱的人，很多时候我无法控制自己的情绪。”“我今年 73 岁了，创业成功 50 年，我是第一次见到像你这样直言不讳的人，你有个性。是的，我拒绝别人，是为了保护自己，不让别人靠近我身边。”

“我想这是不对的。您知道中国汉字中的‘人’字是怎么写的吗？‘人’这个字，包含着人与人之间的相互支持与信赖的意思，任何生意都从人与人的交往产生。人不需伪装，虚伪的面具会使内容变质。”由此，他们聊得越来越投机，董事长已经把夏目志郎当成了朋友，自然他也成了夏目志郎的长期客户。

推销员想要赢得顾客信赖，不管采用何种方法达此目的，都需要从一些微不足道的小事做起。莎士比亚说：“最伟大的爱情用不着说一个爱字。”爱得你死我活的热恋者，一定会以悲剧收场。套用莎翁的话，最伟大的推销员也用不着说“我是非常守信用的”。推销员的一举一动，一言一行更能表明自己是否值得信赖。有时，哪怕是一个极不起眼的细节，也可能使你信誉倍增。

你听说过有人带着闹铃去推销吗？这人就是齐藤竹之助。

据说齐藤竹之助每次登门推销时总是随身带着闹铃，当会谈一开始，他便说：“我打扰您10分钟。”然后就将闹钟调到10分钟后的时间。时间一到，闹钟便自动发出声响，这时他便起身告辞：“对不起，10分钟时间到了，我该告辞了。”如果双方商谈顺利，对方会建议继续谈下去，他便说：“那好，我再打扰您10分钟。”于是，他又将闹钟调了10分钟。谈话就这样10分钟10分钟地继续下来。

齐藤给人一种说话算数的感觉，从而让对方对他产生很强烈的信任感。不管是用独树一帜的方法还是采取直率的态度打动对方，推销首先要设法做成功的一件事就是取信于对方。

(二) 投其所好进行推销的艺术

投其所好，是一种艺术、一种智慧，实际上更是一种沟通。它是寻求不同职位、不同行业、不同经历的买卖双方的利益共同点。

一位推销员奉命到印度去谈判一笔很难成交的军火生意。他事先和印度军界的一位将军通电话，但从来不提合同的事，只是说：“我准备到加尔各答去，这次是专程到新德里拜访阁下，只见1分钟的面，就满足了。”那位将军勉强地答应了。

来到将军的办公室，将军先声明：“我很忙，请勿多占时间！”冷若冰霜的态度给人增加了极大的失望感。推销员思索片刻，说出了一番令人意想不到的话：“将军阁下！您好。”他说，“我衷心向您表示谢意，感谢您对敝公司采取如此强硬的态度。”

“……”将军顿感莫名其妙，一时无言以对。“因为您使我得到了一个十分幸运的机会，在我过生日的这一天，又回到了自己的出生地。”推销员不紧不慢地说道。“先生，您出生在印度吗？”将军冷漠的脸上露出了一丝微笑。

“是的！”推销员打开了话匣子，“1929年的今天，我出生在贵国名城加尔各答。当时，我父亲是法国密歇尔公司驻印度的代表。印度人民是好客的，我们一家的生活得到了很好的照顾。”

接着，推销员又深情地谈起了他对童年生活的美好向往：“我过4岁生日的时候，邻居的一位印度老大妈送给我一件可爱的小玩具，我和印度小朋友一起坐在象背上，度过了我一生中最幸福的一天……”将军被他的一番情真意切的话语深深感动了，当即提出邀请说：“您能在印度过生日太好了，今天我想请您共进午餐，表示对您生日的祝贺。”

汽车驶往饭店途中，推销员打开公文包，取出颜色已经泛黄的合影照片，双手捧着，恭恭敬敬地展放在将军面前。“将军阁下！您看这个人是谁？”“这不是圣雄甘地吗？”将军吃惊地说道。“是呀！您再仔细瞧瞧左边那个小孩，那就是我。4岁时，我和父母一道回国途中，曾经十分荣幸地和圣雄甘地同乘一条船，这张照片就是那次在船上拍的。我父亲一直把它当作最宝贵的礼物珍藏着。这次，我要拜谒圣雄甘地的陵墓。”“我非常感谢您对圣雄甘地和印度人民的友好感情。”将军紧紧握住了推销员的手。当推销员告别将军回到住处时，这桩生意已成交。

在经营、推销的活动中，既要知彼，又要知己，同时再加上巧妙地周旋，艺术地交谈、推销，说客户喜欢听的话，你就能使得主顾心甘情愿地解囊，在生意场上做到游刃有余，纵横驰骋。

（三）利用问题与客户接近

推销是一件很难的事情，要推销成功，成为一位优秀的推销员，需要掌握很多推销方法，其中利用问题接近客户是很有效的方法。推销员直接向客户提出问题，引起客户的注意和兴趣，引导客户去思考，并顺利转入正式面谈阶段。作为一名推销员，你可以首先提出一个问题，然后根据客户的实际反应再提出其他问题，步步紧逼，接近对方。也可以开头就提出一连串问题，使对方无法回避。“到2010年，你将干什么呢？”这个问题可能引起一场推销员与客户之间关于退休计划的讨论。“您的生意大得足以使用自动化生产设备吗？”这个问题引得一家发展中的制造公司总裁提出新问题：“我不知道，我的生意必须达到多大规模？”从而进入正式的推销面谈。

某公司推销员对客户说：“只要你回答两个问题，我就知道我的产品能否帮助你装潢你的产品。”这实际上也是一个问题，并且常常诱出这样的回答：“你有什么问题？”

美国一位女推销员总是从容不迫、平心静气地提出3个问题：“如果我送给你一套有关个人效率的书籍，你打开书发现内容十分有趣，你会读一读吗?”“如果你读了之后非常喜欢这套书，你会买下吗?”“如果你没有发现其中的乐趣，你把书重新塞进这个包里给我寄回，行吗?”这位女推销员的开场白简单明了，使客户几乎找不到说“不”的理由。后来这3个问题被该公司的全体推销员所采用，成为标准的接近方法。

美国一位口香糖推销员遭到客户拒绝时就提出一个问题：“你听说过威斯汀豪斯公司吗?”零售商和批发商都会说：“当然，每个人都知道!”推销员接着又问：“他们有一条固定的规划，该公司采购人员必须给每一位来访的推销员1小时以内的谈话时间，你知道吗？他们是怕错过好的东西。你是有一套比他们更好的采购制度，还是害怕看东西?”

当然，接近问题必须精心构思，刻意措辞。事实上，有许多推销员养成一些懒散的坏习惯，遇事不动脑筋，不管接近什么人，开口就是：“生意好吗?”有位采购员研究推销员第一次接近客户时所说的行话，做了这样一个记录，在一天里来访的14名所谓的推销员中，就有12位是这样开始谈话的：“近来生意还好吧?”这该是多么平淡、乏味。某家具厂推销经理抱怨说4/5的推销员都是以同一个问题开始推销面谈：“生意怎样?”

有一次，一位朋友在给一家销售机动车辆抗磨节能剂的企业讲课时，他们提出了一个在实践中碰上的问题，准客户说：“我们的车辆都是定点维修，你去找他们谈吧。”

这个问题，对于一位聪明老练的推销员而言，是很容易解决的。这种时候，应该立刻掏出笔和本子问对方，定点维修厂在哪里，记下准确信息后，再想办法当场促成。“好啊，请问，你们的定点维修厂在哪里？电话号码是（边问边记）……我这就去找他们……说起来，我们这个产品用起来特别方便……”“（贵公司）这么多年，不可能随便维修，我没猜错的话，应该是定点维修的吧（先争取一个‘是’），为了让你的车得到更好的维护，我要找他们谈一谈（有益无害的建议），请问定点维修厂的电话是多少呢？地址是（同时拿出本子记录，强力暗示对方提供方便）……”

至此，第一步结束。然后根据实际情况，去找维修厂商谈或者像前面说的那样当场促成。

能不能推销成功，取决于你的判断、你的能力。最好的方法是，充分利用与第三方成交的好处，再返回来说服对方。

一名成功的推销员，他最大的优势在于能将他接触的每一个人都自然转化为准客户，那么他是如何做到这一点的呢？到一个公司或一个小区（亦即机关、单位或居民区）拜访前，尽力收集其内部情况，至少也要弄到一个人的姓。如事先来不及了解有关情况，则向在小区、公司遇见的人询问负责人的办公地点。问路也有窍门，你得选择固定的人才行，小店老板、办公室职员等都是理想目标。不然，你再也见不到你接触过的人，只是白费工夫。

“请问，物业管理委员会（居委会）在哪里?”“请问××办公室怎么走?”问题很简单，对方回答起来特别容易。得到答案后，径直走向目的地找负责人。找到了当然再好不过，即使找不到，也不要紧。你的推销对象多着呢！你回过头来再次与给你指路的人见面。这时候，对那个人来说，你不是真正意义上的陌生人了。你很诚恳地表示他或她的指点让你获益多多，能够认识他或她，你很高兴……你得营造出人与人之间交往的良好气氛。这样一来，进行推销就轻松了，因为你们已经变成熟人了嘛。用计要灵活，你心里很清楚到哪个地方怎么走的时候，也可以“问路”。有些推销员非常讨厌秘书、保安，总觉得他们碍手碍脚，整日琢磨骗过他们的“过关法”。其实，你把他们也看成推销对象、未来的合作伙伴，所有问题都能迎刃而解。

（四）适当地戴“高帽子”的艺术

恐怕这世上没有人会拒绝被别人抬高，推销员在推销过程中最好怀揣若干顶“高帽子”，适当的时候就给对方扣上一顶，事情会比你想象的好办得多。

本杰克是一家电力公司的推销员，一天，他来到一所看来比较富有及整洁的农舍门前，不过门只打开了一条小缝，户主切尔太太从门内探出头来。当她得知本杰克是电气公司的销售代表后，便猛然把门关上了。虽然出师不利，本杰克却并不认输。他决定换个法子，再碰碰运气。他再次敲开门，门只开了一个缝，他改口气，大声地说：“切尔太太，很对不起，打扰你了，不过我今天来拜访您并非为了公司的事，我只是来向您买一点鸡蛋。”听到这句话，切尔太太的态度稍微温和了一些，门也开大了一点。本杰克接着说道：“您家的鸡长得真好，瞧它们的羽毛多漂亮，多光滑。您这些多明尼克种鸡下的鸡蛋，能否卖给我一些呢?”门开得更大了，切尔太太奇怪地问本杰克：“您怎么知道我这些是多明尼克种鸡?”本杰克知道自己的话已经打动了切尔太太，便接着说道：“我家也养了一些鸡，可是没有您喂养的这么好，饲养得这么好的鸡我还真是没见过呢。而且，我饲养的鸡，只会下白蛋，也不知道切尔太太有什么技巧让它下红蛋。夫人您是知道的，做蛋糕的时候，用红褐色的鸡蛋，要比白色的鸡蛋好得多。我太太今天要做蛋糕，需要几个红褐色的鸡蛋，所以就跑您这里来了。”切尔太太一听这话，感到高兴万分，于是不再有丝毫的戒备心理，立刻从屋里跑了出来。本杰克则利用这短暂的时间，瞄了一下四周的环境，发现切尔一家拥有整套的酸奶设备，于是继续恭维道：“我敢打赌，您养鸡赚的钱一定比切尔先生养乳牛赚得多。”这句话说到了切尔太太的心坎里，她十分高兴。因为长期以来，她的丈夫不承认这件事，切尔太太则总想把自己得意的事告诉别人。他们互相交流养鸡经验，彼此间相处十分融洽，几乎无话不谈。

最后，切尔太太戴着本杰克送给她的“高帽子”，主动向他请教用电的好处，本杰克先生给她做了详尽的回答。两周后，本杰克在公司收到切尔太太交来的用电申请书，后来，本杰克先生便源源不断地收到这个村落的用电订单。

“高帽”就是对客户的能力和品格进行美化，这是销售成功必备的细节。想想看，谁不愿意听到美化自己的语言呢？谁又不认同美化自己的人呢？找到客户身上的闪光点，将它在合理的范围内合理放大，相信你总是受欢迎的。

有的推销员更是胜人一筹，在推销自己的产品之前先对对方的某个产品大赞一番，人们崇尚礼尚往来，我说你的产品好，再提到我的产品时，你还会给我泼冷水吗？

“我工作时，常用贵公司制造的收音机。那台收音机的品质极佳，我已经用了5年，还完好如新，没发生过故障。真不愧是贵公司生产的，就是有品质保证。”一个纸张推销员在推销本公司产品之前这样说道。当然，他非常懂得怎样去丰富他的赞美之辞，他不仅说出自己对对方公司的商品有兴趣，还具体地说明了他实际使用后，该商品的特征与性能，从而使自己评价的重点有了价值：“或许大家不知道，我现在仍使用贵公司29年前生产的扩音器。期间，我也买过好几次别的产品，但不是发生故障，就是声音难听，结果还是买贵公司的产品划算。贵公司的产品真是好用，即使用了20年，比起现在的新产品也毫不逊色，真是令人佩服。”“是的，本公司生产的扩音器都是采用进口技术的，材料把关也相当严格，所以非常耐用。现在市场上这样有质量保障的品牌为数不多。你真是有眼光，我看你们公司的产品也挺不错嘛，能让我试用一下吗……”对方再也忍不住要和他沟通起来。

好听的话令人感到开心和快乐，而对于说话的人也没有任何损失，何乐而不为呢？如果你出门多带一些“高帽子”，你几乎会比别人少遇到一半的麻烦，它们会给你带来大量的生意。

（五）巧妙地应对客户的艺术

推销人员在推销产品时，应根据不同类型的客户采取不同的对策，因人而异，灵活应变。“知己知彼，百战不殆”，推销员要有效激发客户的购买欲望，就要对各类客户事先研究，迅速判断出客户属于何种类型，应该采取怎样的推销策略。在此，有必要对各种客户类型加以介绍。

1. 犹豫不决的客户

无论是店员或推销员，都要在这些客户上花很多时间，但是你必须认清一点，推销员谈不成生意，责任不在客户。尤其年岁的大小，也会使某些客户裹足不前，像年纪轻的人，比较缺乏判断力，需要有人从旁鼓励，帮他做决断，当你要诱导这些客户时，可以采用指导晚辈或部下的方法，一一指点说明，如此在谈话的过程和技巧中，也可以让你学习如何去领导他人，这也是你必须学习的一面。犹豫不决的客户，一般而言，并非与年龄成正比，只是自己不知道该如何处理的自尊心特别强，优越感和自我表现的欲望也很大，如果你当面指责客户讲话矛盾或错误时，当然是不易为客户所接受的。为了要知道客户究竟懂多少，可以用一小部分专门问题来问他，例如说："电线回路不好，到底是什么原因呢？"或者说："扩音器愈多，为什么发出的声音愈好？"如果客户能够很流利地回答这些问题，当然显示他懂得不少，你可以照他懂的程度来应付。相反地，如果客户的回答是："嗯！这个嘛！意思就是……就是，总而言之，它的性能很不错。"像这种答案，无论是谁听起来，都知道对方的知识有限，但是推销员却不可以马上露骨地表示出来，必须帮他答下去："也许你知道吧！就是……"先要称赞一下客户的了解程度，然后再向他说明，这也是应付这一类型客户的方法。

2. 从容不迫型客户

这种客户严肃冷静，遇事沉着，不易为外界事物和广告宣传所影响，他们对推销员的建议认真聆听，有时还会提出问题和自己的看法，但不会轻易做出购买决定。从容不迫型的客户对于第一印象恶劣的推销员绝不会给予第二次见面机会，而总是与之保持距离。而对此类客户，推销员必须从熟悉产品特点着手，谨慎地应用层层推进引导的办法，多方分析、比较、举证、提示，使客户全面了解利益所在，以期获得对方理性的支持。与这类客户打交道，推销建议只有经过对方理智的分析思考，才有被客户接受的可能；反之，拿不出有力的事实依据和耐心的说服讲解，推销是不会成功的。

3. 不爱讲话的客户

推销员最难应付的客户，就是顽固的客户和不讲话的客户。大凡客户不爱说话，有下列5种原因：客户认为一旦讲了话，恐怕有鼓励人家劝自己买东西的疑虑，所以还是不说话为妙；不讲话时，不容易让人家知道自己的底细，而生就了一副不爱说话的特点；性格上如此，就是不喜欢讲话；因为讨厌对方，所以不讲话；不知说什么样的话比较好（想不出谈话的内容）。

事实上，这种不爱说话的客户并非绝对不开口，只要有适宜的开头和相当的情绪，他们也能讲得很开心，推销员应该针对客户开心的事去征询他们的意见，热心地赋予同情，就可以让客户愉快地谈话了。

4. 忙碌或性急的客户

对于很忙碌的客户，或看起来很忙的客户，洽谈时除了寒暄一番外，就该立刻谈到正题。话虽是这么说，但是真正忙碌和看起来忙碌的人，在实质意义上是不同的，所以讲话的方式也要因人而异。这时，就像是碰到不喜欢开口的客户一样，你必须先设法探听出他喜欢什么、关心什么等，在谈到正题之前，先跟他聊聊天，如果看苗头不对，就该立刻谈到正题，如此先谈结论，再谈理由，也可以给忙碌的客户一个好印象。“我只花你 5 分钟的时间。”当你谈到 5 分钟时，再看看客户的表情，如果客户面露喜欢听下去的模样时，你再说：“我再谈几分钟就好。”然后当你谈到几分钟后，可以反问客户：“你还有什么不清楚的地方，有需要我向你解释的吗？”就利用这种方式，静候客户的发言。

记住，这时应该特别注意拖延时间的说话技巧，绝对不可以讲 4 分钟、6 分钟和 10 分钟，因为双数给人的直觉反应就是很多，这样会使客户怀疑你要讲很久，若用单数，让客户心里存着 5 分钟、7 分钟的观念，他会觉得费时不多，就会安心地听下去，等他心里发生了这种微妙的变化后，你再观察他的表情，如果他还有继续听下去、看看你的商品的意愿时，你就可以把说明书或样本递过去，再诚恳地问他：“你还有什么意见吗？”若遇到性急的客户和连珠炮似的发问时，推销员一定要先听清楚对方的问题，等把样品拿出来时，可以不必按照对方问话的次序，向他说明使用的方法和好处，同时在这种情形之下，你也可以对他说句：“请你稍等一下。”然后再慢慢地向他解说。当你把客户的注意力引到你的话上时，要尽量说明你所认为要紧的理由。如果推销员本身的行动和说服力不够机警和清楚的话，反而会使客户听得不耐烦，以致生意没谈妥，这时推销员最好长话短说，多用动词，少用形容词，言语简短有力，态度举动也要有分寸。

5. 吹毛求疵型客户

有一种人专门爱跟别人斗嘴、瞎扯。这种人不论什么事，总爱批评几句，如果事情合他的口味，就会怡然自得。通常这种人的脸形属长形或正方形的居多。因为这种人喜欢理论，如果推销员不合他的胃口，他就会讨厌推销员，这种人还有个特征，就是对有权威的人所讲的话表示不屑的态度，且还会用诡辩式的三段论法，使推销员无法接近他。

“是的，你讲的话的确很有道理，这也不是我们所赶得上的（适时给对方戴上高帽子），但是这种产品，是我们公司的新发明，也许你知道，某大学电子工程系的吴教授，就是这方面的权威人士，他曾经针对我们的产品研究试验后，称赞这项发明确实非常好。”

在理论上，你能够提出权威证明，对方也比较能接受。就算你知道客户是在诡辩，也不可以指责或点破对方，一方面可以表示说不过他，另一方面最好是设法改变话题，从其他方面再跟他谈论下去。

6. 圆滑难缠型客户

这种类型的客户好强且顽固，在与推销人员面谈时，先是固守自己的阵地，并且不易改变初衷，然后向你索要产品说明和宣传资料，继而找借口拖延，还会声称另找厂家购买，以观察推销员的反应。倘若推销员初次上门，经验不足，便容易中其圈套，因担心失去主顾而主动降低售价或提出更优惠的成交条件。针对这类圆滑老练的客户，推销员要预先洞察他的真实意图和购买动机，在面谈时造成一种紧张气氛，如现货不多，不久要提价，已有人订购等，使对方认识到只有当机立断做出购买决定才是明智举动。对方在如此“紧逼”的气氛中，推销人员再强调购买的利益与产品的优势，加以适当的“利诱”，如此双管齐下，客户也就没有纠缠的机会，失去退让的余地。

由于这类客户对推销员缺乏信任，不容易接近，他们又总是以自己的意志强加于人，往往为区区小事与你争执不下，因而推销员事先要有受冷遇的心理准备。

在洽谈时，他们会毫不客气地指出产品的缺点，且先入为主地评价推销员和有关厂家，所以在上门走访时，推销员必须准备足够的资料和佐证。另外，这些客户往往在达成交易时会提出较多的额外要求，如打折扣等，因此推销员事先在价格及交易条件方面要有所准备，使得推销访问井然有序，避免无功而返。

7. 冷淡傲慢型客户

此类客户多半高傲自视，不通情理，轻视别人，凡事自以为是，自尊心强，不善与他人交往。这类客户的最大特征就是具有坚持到底的精神，比较顽固，他们不易接近，但一旦与其建立起业务关系，便能够持续较长时间。由于这种类型的客户个性严肃而灵活性不够，对推销商品和交易条件会逐项检查审问，商谈时需要花费较长时间，推销员在接近他们时，由熟人介绍效果最好。对这种客户，有时候推销员用尽各种宣传技巧之后，所得到的依然是一副冷淡、傲慢的态度，甚至刻薄地拒绝，所以必须事先做好思想准备。碰到这种情况，推销员也可以采取激将法，给予适当的反击，如说上一句：“别人老是说你最好商量，今天你却让我大失所望，到底是怎么回事？”“早知道你没有这个能力，我当初真不该来这里浪费时间和口舌！”如此这般以引起对方辩解表白，刺激对方的购买兴趣和欲望，有时反而更容易促成推销交易。

二、与竞争对手说话的艺术

（一）一语双关的艺术

一语双关，是指在一定的语言环境中，利用语句的同义或谐音的关系，有意识地使语句具有双重意义，言在此而意在彼。由于双关含蓄委婉，生动活泼，又幽默诙谐，饶有趣味，能给人以意在言外之感，又使人回味无穷，因而在辩论中经常为人们所使用。

有一天，一位年轻的作者来到某编辑部，递上自己的作品。编辑看了作品以后问他："这篇小说是你自己写的?""是我自己写的。"年轻人答道，"我构思了一个多月的时间，整整坐了两天才写出来的，写作真苦!""啊，伟大的契诃夫先生，您什么时候复活了啊!"编辑大发感慨。听了编辑的话，年轻人赶紧悄悄地离开了编辑部。

稍加思索，就会明白，"契诃夫先生，您什么时候复活了啊"这句话，隐喻着"你抄了契诃夫先生的作品"，其效果远胜于明言快语地指出作品是抄袭的。

某日，老杨带着8岁的儿子捧着一盒包装精美的糖果登门造访一位朋友。临走时，坚持留下那礼物，说："$\sqrt{2}$啊，收下吧!"主人愣住了。哪知那8岁的儿子接着说："$\sqrt{2}$等于1.41421……就是，意思意思而已啦!"

人的心理和社会心理，在许多事情上是自相矛盾的。比如送礼就是这样。一方面主张"君子之交淡如水"，一方面又说"礼尚往来人之常情"，所以在送礼与收礼时，往往处在进退两难的境地。倘若说："$\sqrt{2}$啊，收下吧。"那就大出新意，在心照不宣的笑声中，一切都"功德圆满"了。1.41421又与"意思意思而已"谐音，这是又转了一道弯。幽默往往表现为曲线的，这样，就在笑声中，更耐人寻味了。

为了增加语言的幽默或讽刺意味，可以临时借助音词的谐音关系，造成语带双关，可以起到明言此、暗言彼的效果。

有次，美国前总统里根决定恢复生产B-1轰炸机，引起许多美国人的反对。在记者招待会上，面对责问，里根答道："我怎么不知道B-1是一种飞机呢?我只知道B1是人体不可缺少的维生素，我想我们的武装部队也一定需要这种不可缺少的东西。"

这句一语双关的妙言，一时竟使得那些反对者不知所措。在论辩中，当遇到棘手的问题不好回答或不能回答时，一语双关往往能收到出人意料的效果。

（二）适时抓住对方破绽，有力反击

论辩场上，唇枪舌剑，你来我往，难免会犯一些错误，存在一些纰漏，产生一些破绽，机智者常常可及时捕捉住对方的破绽，给以有力的回击，这是展示言辩者知识水平、理论功底、逻辑能力与语言技巧的最佳时机。

1993年8月的新加坡国际大专辩论赛中，复旦大学与悉尼大学对垒，辩题是“艾滋病是医学问题，不是社会问题”。悉尼大学队是正方，复旦大学队是反方。开始，双方你来我往，势均力敌，难分胜负。这时，复旦大学队的二辩问了对方一个问题：“请问对方辩友，今年世界艾滋病日的口号是什么？”对方四位辩手面面相觑，瞎猜一气，错误应答。复旦大学队立即纠正，并巧妙引开：“错了，今年艾滋病日的口号是‘行动起来，时不我待’，对方辩友连这都不知道，难怪谈起艾滋病来这么不紧不慢的啊！”这一招，在对方的阵地上打开了一个缺口，从而瓦解了对方的阵线。

在辩论中，一方面要守住阵地，稳扎稳打，不能贪图一时之利口不择言，言语出错，给对方以可乘之机；另一方面又要洗耳恭听，捕捉对方的言语、逻辑错误，一有机会，立即盯住，穷追猛打。

在北京大学首届辩论赛中，国政系与历史系就“仓廪实而知礼节”展开辩论。正方历史系在论证物质与文化的关系时，提出：“在德国这样经济发达的国家，产生了巴赫、贝多芬、门德尔松等伟大的音乐家……”

反方国政系立即抓住正方论据中出现的“贝多芬”发出反击：“正方错了，贝多芬恰恰是在贫困交迫的情况下才写出《命运交响曲》这样辉煌的作品的！”正方错上加错：“那他也是在吃饱饭的情况下才能进行创作呀！”反方步步紧追：“那么请问贝多芬是在哪一顿吃饱了之后才写出《命运交响曲》的？”上例中，反方抓住正方口误，及时予以回击，赢得了观众的掌声，直逼得对手落荒而走。

在司法审讯中，常见一些有经验的审讯者巧设圈套，让罪犯露出破绽，出现常识错误，在其阵地上打开缺口，从而瓦解其坚固阵地。有一个这样的例子：

在一个黑暗的夏夜，一个衣服湿透的人跑到刑警大队，向侦察员李翔报案：“刚才我走到一座桥上，被一样东西绊了一下，跌到了河里，幸好我会游泳，一会儿就爬上了岸。走到桥上仔细一瞧，那东西原来是个人，脖子上有两条伤口，浑身是血。我摸摸他的身子，还有点微温，估计他被害不久，我就赶来报案了。”

“你怎么知道他脖子上有两处伤口？”李翔接着问。

“我从衣袋里摸出火柴划亮一瞧……”

“别说了，杀人凶手就是你！”李翔厉声说。

这个案例中，罪犯使用贼喊捉贼的伎俩，企图嫁祸于人，为自己开脱罪责，但他还是露出了狐狸尾巴。这是因为，他先说跌入河中（口袋里的火柴就会湿透划不着），后来他又说划亮了火柴看见两道伤口，这是互相矛盾的。由此可见报案人就是凶手，侦察员抓住对方的破绽，主动出击，一举便置对方于死地。

(三) 绵里藏针，以柔克刚

人之所以要学习“说话”的方法，原因就在于人必须在不同的论点中寻求和谐，不能因各自不同的理念而损及人际关系。因此，与人沟通时，就必须注意分寸的拿捏。如果论辩中既不想太强硬，又不想违背自己的原则主张，你可用绵里藏针法，这或许是一个不错的方法。绵里藏针意味着软中有硬，硬是通过软的方式表现出来的，婉言中预示警戒，柔弱中显示刚强。

郑穆公元年，秦穆公任命孟明视为大将，集合300辆战车，于12月出发，准备带兵偷袭郑国。这消息被郑国的一个贩牛商人弦高知道了。当时他正赶着一群牛准备到市集兜售，正在往洛阳的途中，回国报告已经来不及，于是他急中生智，一边派人抄近路连夜回国报信，让国君做好迎战准备，一边把自己装扮得衣冠楚楚，并挑选了12头肥牛和4张牛皮，乘着马车，带着随从，在秦军必经之路等候着。这天，秦国队伍行经时，突然有人拦住去路，大声喊道：“郑国使臣弦高受国君派遣，特来求见将军。”孟明视听了，不禁一怔，心想：莫非我们派兵偷袭的消息被郑国人知道了？他满腹狐疑地接见了弦高，并迫不及待地问：“先生到这里来有何见教?”弦高说：“我们国君听说将军带兵要来敝国，特派我来犒劳大军，先送上这12头肥牛和4张牛皮作为慰劳品，表示我们的一点心意。”孟明视故作镇静，收下慰劳品，假惺惺地说：“听说郑国国君新丧，我们国君怕晋国乘机来侵犯你们，特意叫我带兵来保护。”弦高说：“我们郑国是个小国，夹在秦、晋两个大国中间，为了安全，我国的将士们枕戈待旦，日夜小心地守卫着每一寸国土，要是有谁胆敢来侵犯，我们一定会给予迎头痛击。这一点请将军放心。”孟明视又不甘心地说：“这么说来，郑国就用不着我们秦军的帮助了吗?”弦高说：“我们已经做好了一切准备，如果贵国军队真的入境，我们将负责供应你们粮食和柴草，派兵保护你们的安全。”孟明视听了弦高的话，心想郑国早已有所戒备，只得放弃进攻郑国的打算。事后，郑穆公召见了智言周旋而救国的弦高，并封他为军尉。

此外，在外交上，委婉含蓄的语言往往更意蕴深刻。1984年9月，苏联外长葛罗米柯访问白宫时，曾开玩笑似的对第一夫人南茜说：“请贵夫人每天晚上都对里根总统说句悄悄话——和平。”言外之意是里根总统头脑不够冷静，往往做出有损于世界和平的事。对此，南茜回敬说：“我一定那样做，同样的，希望你的身边也能常常吹出这样的‘枕边风’。”葛罗米柯听后，心领神会地讪讪一笑。

由于代表着不同国家、不同的政治利益，政治家之间的语言游戏，无论形式如何，都是针锋相对的斗争。葛罗米柯和里根夫人的妙语，都在含蓄之中藏着三寸钢针，一个刺得好，一个扎得妙。听似玩笑，实则真言。凭借委婉含蓄，政治家把尖锐的批评包藏起来，抛向对方，不显山不露水地进行了一番较量。人人各有立场，如果都冲动地、直截了当地阐明自己的立场，恐怕世界纷争不断。所以既要维持表面的和谐关系，在捍卫自己的理念上又不能有丝毫让步时，绵里藏针便是最好的方法了。

（四）晓之以理，动之以情的艺术

成功的论辩不仅必须凭借锋利的言词、缜密的思维、铿锵有力的语调，还必须常常诉之以情，把自己的感情融入对方及听众的血液里，令其沸腾。简而言之，就是靠情感战胜对方。

有一天，一位老态龙钟的妇女前去面见林肯，哭诉自己被欺侮的经过。这位老妇人原是美国独立战争时期一位烈士的遗孀，每月靠抚恤金勉强维持生活。前不久，出纳员竟要她先缴出一笔手续费才能领钱，而这笔手续费竟高达抚恤金的一半，这分明是敲诈勒索。素有修养的林肯听完老妇人的泣诉后，怒不可遏，他安慰老妇人，并答应一定帮助她打赢这场官司。法庭开庭后，因证据不足，所以被告矢口否认，情况明显对老妇人不利，轮到林肯发言，几百双眼睛盯着他，看他有没有办法扭转局势。林肯并没有在老妇人的不幸上大做文章，而是用抑扬顿挫的声音，把听众引入对美国独立战争的回忆。他双眼含泪，用真挚的情感述说革命前美国人民所遭受的沉重苦难，述说革命志士在冰天雪地里战斗，为灌溉“自由之树”而流尽最后一滴血的事迹。突然间，他情绪激动，言词夹枪带剑，直指那位企图勒索烈士遗孀的出纳员。最后，他以巧妙的设问，做出精彩的结论：“现在，1776 年的英雄早已长眠于黄泉，可是，他那衰老而可怜的遗孀，还在我们面前，要求我们代她申诉。这位老妇人从前也是一位美丽的少女，曾经有过幸福愉快的家庭生活，然而，她为美国人民牺牲了一切，到头来却变得贫困无依，不得不向享受着革命先烈争取来的自由的我们请求一些援助和保护。试问，我们能视若无睹吗?”这样一个问题，成功地触发了在场所有群众的同情心，在场的人眼眶泛红，都为老夫人掬一把同情之泪。有的捶胸顿足，扑过去要殴打被告，有的当场慷慨解囊。在陪审团的一致要求下，法庭通过了保护烈士遗孀不受勒索的判决。

动之以情，激发众人内心深处的温暖情感，将有助于扭转劣势。俗话说“‘通情’，才能‘达理’”，没有心理上的沟通做基础，即使有理，也达不到说服的目的。

（五）事实胜于雄辩

人们常说“事实胜于雄辩”，在具体的事实面前，即使再蛮横、再能狡辩的人，也不能置事实于不顾，睁着眼睛说瞎话。大家一定还记得那个小时候听过的关于爱因斯坦的“板凳”故事：

一次手工课，爱因斯坦把自己“制造”的一张很不像样的“板凳”交给了老师。老师看后很生气，举着“板凳”问孩子们：“你们见过比这更糟糕的凳子吗?”小朋友们都一个劲地摇头表示“没见过”。但爱因斯坦却从课桌里拿出了另外两张“板凳”说：“比这更糟糕的凳子还是有的。”他指着拿出来的那两张“板凳”说：“这是我第一次和第二次制作的。刚才交老师的已是第三张板凳了，虽然它做得并不好，但比这两张好多了。”结果，老师被说得哑口无言。

这就是摆事实最直接的办法——示物助说。

一次，施特劳斯结束他在维也纳国家音乐厅举行的“个人钢琴演奏会”后，回到下榻处，就有一名俄国军官带着随从一脸怒气地冲了进来。那俄国军官气冲冲地递上一份“决斗书”，吼道：“你是我的情敌，我要同你决斗，一分高低，请吧!”说完，甩开大氅，抽出长剑，亮开了架势。

施特劳斯莫名其妙，不知自己怎么就成了“情敌”?“请你把原因讲清楚再决斗也不迟!”他冷静地说。俄国军官愤愤地陈述道：“你每次演出，我的妻子都要送鲜花给你。鲜花代表着爱情，既然她送鲜花给你，那你俩一定私通!你破坏了我的家庭，你就是我的情敌!这还有什么可说的?”施特劳斯听罢，对这荒唐的推理哭笑不得，本想好好地回敬几句，但稍一思忖后他改变了主意，说：“军官先生，我领你看些东西。”说完，他把军官和随从带到了一处宽大的花房，指着里面放着的无数束鲜花说：“请把尊夫人送给我的鲜花挑出来吧，让它作证，我们好决斗啊!”那军官和随从看着数不清的花束，目瞪口呆，面面相觑：“原来有这么多的人送花啊!”至此，俄国军官自己也觉得鲁莽，便主动向施特劳斯赔礼道歉。一场一触即发的“决斗”被施特劳斯运用的示物助说化解了。

所谓示物助说，就是在适当的时机当场拿出具体的实物来进一步证明自己的观点。其特点是语言与动作糅合为一体或同时并举，形象直观，富有真实感。然而作为一个成熟的辩手，挖掘例证来源的能力应该是非常强的。大凡好的例证更能感化别人，而好的例证的来源之一就在辩论的现场，就看你的想象能力如何。具备想象能力者，在辩论现场直接取证来论证自己的观点，其效果一定极佳。

在辩论中，雄辩者及时抓住现场的某些事物作为论据反击敌论，这种辩论技巧，就是就地取证战术。由于这些事物都是辩论者在现场的所见所闻所感，是大家有目共睹的，生动具体，直观性好，一点就明，一说就透，因而具有很强的雄辩力量。

在一次“大学生可不可以下海经商”的辩论比赛中，正方的一辩是这样开始他的发言的："朋友们，在我们这个'有钱非万能，无钱万不能'的时代里，钱这个身外之物一定令在座的各位男女同学苦苦追求过。也许会有女同学曾为缺少1元钱而买不到自己喜爱的'发卡'伤透了脑筋，也许会有男同学曾因缺少5角钱而不能吃上一份红烧肉只能吃盘白菜而搓痛了脑袋；也许会有同学因为缺钱而买不起牙膏刷牙以致口臭，买不起邮票寄信以致难向远方亲人倾吐感情……也许，无数的也许。看来只有钱才能让人有风采，有魅力，才能让人生存。钱可以给我们带来巨大的物质、精神享受。而下海经商首先做到的是可以开拓生财之道。这样说来，何乐而不为呢？这是其一。其二……"

这位论辩者抓住现场观众感兴趣、联系紧密的日常琐事临场切入，就地取证，讲出了大家的心里话，深得观众认同。王阳明是我国明代著名的"心学"思想家，他主张心外无物，受到很多人的崇拜，也受到一些人的质疑。有意思的是，他还被自己的主张绊倒过一次。

那一天，王阳明和朋友登山观赏风景，一路上滔滔不绝地谈论他的哲学思想。他说："凡是人们心中没有想到的东西都是不存在的，就说这些大树吧，它们之所以存在，就是因为我们看到了它们，心中想到了它们，否则就不存在了！"他正谈得兴致勃勃的时候，不料被一块石头绊了一跤，帽子滚到山下去了，于是扫兴地说："没想到被石头绊了一跤。"他的朋友便问他："你没想到的东西怎么会存在呢？可见还是心外有物呀！"王阳明无言以对。王阳明开始说心外无物，可没想到后来会被石头绊一跤，他朋友抓住了这一现场证据反问他，使他哑口无言。

可见，就地取证能使自己的观点更具战斗力，具有很好的辩论效果。需要注意的是，运用就地取证时要做到思维敏捷，语言陈述情真意切，证物要有典型性和代表性，以理服人，如果做不到这些，弄不好会适得其反。就地取证，顾名思义，就是现场找例证现炒现卖。所以，在用此法时要弄清的是，从现场找来的例证是否有说服力，如果缺乏说服力，还是别把时间白白搭在此方面为好。

（六）说得多不如说得妙

论辩是非常激烈的，针锋相对，各不相让。而这也就给人们造成了一个误解：谁说得多谁就有优势。其实不然，论辩双方取胜的判断标准是：谁最有理、有力地反驳了对方。这就是说，论辩时说得多不如说得巧，说得妙。

据《晏子春秋》记载，齐景公爱打猎，非常喜欢养老鹰，并用它来捉兔子。一次，烛邹不慎让一只鹰逃走了，景公下令把烛邹推出去斩了。晏子为了营救烛邹，立即上前拜见齐景公说："烛邹有三大罪状，哪能这么轻易杀了呢？请让我一条条数出来后再杀他，可以吗？"齐景公说："可以。"晏子指着烛邹的鼻子说：“烛邹，你为大王养鸟，却让鸟逃走，这是第一条罪状；你使得大王为了鸟的原因要杀人，这是第二条罪状；把你杀了，天下诸侯都会责怪大王重鸟轻士，这是第三条罪状。”齐景公听了，对晏子说：“别杀了，我明白你的意思。”

晏子运用假设“罪状”的方法对没有罪的烛邹设立了三条明显违背常理的罪名，并说给齐王听。而这些罪名又明显是从齐王的角度来设立的，因而使齐王作为旁观者自己也觉得不合理。齐王明白了晏子的用意，放过了烛邹。

从这个例子我们可以明白，论辩不一定要说得多，而是要句句有理，句句到位。明武宗时，秦藩请求加封陕边地，而此地战略上十分重要，与国家社稷的关系更是紧密相连，但是皇上受人撺掇，已经同意了，叫大学士们起草一个加封的诏书。梁文康承命起草了这份诏书，他巧妙地采用正话反说的方法表达了劝阻皇帝改变封地的意见。

他写道：“过去皇太祖曾诏令说：‘这块土地不能封给藩王，不是吝啬，而是考虑到它的地广物丰，藩王得到后一定会多养士兵马匹，也一定会因富庶而变得骄纵。如果此时有奸人挑拨引诱，就会行为不轨，有害于国家。’现在藩王既然恳请得到这块土地，那么就加封给你吧！但得此地之后，不要在此收聚奸人，不要在此多养士兵马匹，不要听信坏人挑唆，图谋不轨，扰乱边境，危害国家。否则，那时想保全自己的妻子儿女都不可能了。请藩王在此事上慎之又慎，不要疏忽。”皇上看到诏书后很忧虑，觉得还是不把此地封给藩王为好。

在论辩过程中，如果你滔滔不绝，那么就必须保证你所说的每句话都精湛、到位、有针对性，否则只会让对手从中找出破绽，有力地反击你，从而影响辩论的结果。

第四节 与陌生人说话的艺术

一、与陌生人交谈第一句话很重要

初次见面的第一句话，是留给对方的第一印象。说好说坏，关系重大。说第一句话的原则是：亲热、贴心、消除陌生感。常见的有这么三种方式。

（一）攀认式

初次见面，同对方说：“你是××大学毕业生，我曾在××进修过两年。说起来，我们还是校友呢！”“您是影视界老前辈了，我爱人可是个电影迷。你我真是‘近亲’啊!”“您来自河北，我出生在河南，两地近在咫尺，今天得遇同乡，令人欣慰。”

（二）敬慕式

对初次见面者表示敬重、仰慕，这是热情有礼的表现。用这种方式必须注意：要掌握分寸，恰到好处，不能胡乱吹捧，不说“久闻大名，如雷贯耳”之类的过头话。表示敬慕的内容也应该因时因地而异。例如：“您的大作《教你能说会道》我读过多遍，受益匪浅。想不到今天竟能在这里一睹作者风采。”“桂林山水甲天下。我很高兴能在这里见到您这位著名的山水画家。”

（三）问候式

“您好”是向对方问候致意的常用语。如能因对象、时间的不同而使用不同的问候语，效果则更好。对德高望重的长者，宜说“您老人家好”，以示敬意；对年龄跟自己相仿者，称“老×（姓），您好”，显得亲切；对方是医生、教师，说“李医师，您好”“王老师，您好”，有尊重意味；节日期间，说“节日好”“新年好”，给人以祝贺节日之感；早晨说“您早”“早上好”，则比“您好”更得体。

二、准确地称呼对方的技巧

与人谈话，称呼是必不可少的。在社交中，人们对称呼是否恰当十分敏感，尤其是初次交往，称呼往往影响交际的效果。也许有人认为对于一个人的称呼，是件极简单的事。但是假如你留心现代人复杂的称呼名目，就会明白，一个适宜得体的称呼，常会产生微妙的作用，或至少不致因错用而造成不愉快。

对男人的称呼，比较单纯，一般都称先生。对女子的称呼，就得兼顾身份了，一般称已婚的女子，用夫姓称太太。如果她的身份高，则称夫人较为妥当。称未婚的女子为小姐。称呼一个不明情况的女子，则用“小姐”较于贸然称她为“太太”要万全得多，无论她是16岁或是60岁。宁可让她微笑地告诉你她是太太，也不可使她愤怒地纠正你说她是“小姐”！有些在社会里活动的女子，虽然已婚，但仍然不高兴取丈夫的姓，她仍愿意别人称她小姐。在拜访她之前最好先调查清楚，以免误事。若有人在旁介绍，则应依介绍人所用的称呼方法，不可自作聪明，擅自更改。

前面是一般性的称呼法，如果要兼顾到对方的职位和身份，称呼时则更要谨慎了。“先生”两字是最普通的，甚至可以通用到去称呼一切高层人士。有的军政人员，当你觉得没有称呼他的职衔的必要时，或不知道对方究竟是什么职衔的时候，都可以用“先生”两字来称呼他。以职衔来称呼一个军政长官时，不必叫出对方的姓氏。这一点，对于需要进出军政机构或采访前线新闻的人不可不注意。此外称主席、部长、县长等也一概如此，只有在你用“先生”二字来称呼他们时，姓氏才是需要的。

有些人在10年前做过市长，现在还爱别人称他为市长。有些长官昔日的部属和去拜访他的客人，现在还要叫他做某长官，若你要拜访这样的一种人，你也须先探听清楚为上策。不可用“君”字称呼别人，这是以前学校里年轻的同学们互相称呼的方式，拿到现在社会里用时，人们会觉得你未免太“雅”了。此外，对教会的传教士称牧师，对教育工作的人称老师等，这种称呼比称“先生”要更有亲切感。以前的家庭里，客人称主人家里的仆人，通常都加上“哥”或“姐”字，如“福哥”“银姐”等，这是客人所应遵守的礼貌，除非和主人十分相熟，常在他家里进出，才可以直接喊他的名字。不过，现在不太讲究这一点，最多称呼“先生”或类似适合的称呼而已，一般知道其名字的，都直呼其名字。

对待司机、服务生或跑堂的，如果你用一个适当的称呼，往往可以得到更周到的服务。有些人称呼计程车的司机做“司机老大”，觉得格外亲切。对服务生、跑堂的，你可以称他伙计，如果你称呼他老兄、朋友之类的，将会得到满意的款待。上面所说的都是用客气的称呼，使彼此都愉快。在某些场合中，如果适当地喊他的名字，也会收到亲切愉快的效果，这就看你的身份与当时的情况灵活运用。总之，恰当的称呼能让你和陌生人之间一见如故。

三、用话题展开交谈的“瓶颈”

俗话说“巧妇难为无米之炊”，没有话题，一场谈话就没有焦点。光是空发话，没有实际意思，那陌生人终究还是陌生人，陌生的局面终究化不开。和陌生人说话最苦于找不到话题，怎样巧找话题呢？那就要从具体情况出发去考虑，如果彼此完全陌生尚未相识，那就要察言观色，以话试探，寻求共同点，抓住了共同点就是抓住了可谈的话趣。如果是因为话不投机，出现难题，那就要求同存异，或是检讨自己的不妥之处，表示歉意，如果对方有什么顾虑，或是沉默的原因不明，那就没话找话，随便找个话题，引起对方的兴趣，说个笑话，谈点趣闻都可以活跃气氛。

从具体情况出发，可以选择采取下面的方法：

1. 你想了解什么就问什么，谈什么

在初次交往中，各自都有一定的意图，那就可以依据你的意图，提问求答，你想了解什么就可以问什么。但这样做的时候要注意两点：一是不要形成一串的盘问；二是不要探听对方的隐私。最好的做法是你想了解对方的什么情况，你就先谈自己的什么情况，扩大自己的开放区域，来促使对方扩大开放区域，这样就容易找到许多可谈的话题。如果你想了解对方的业余生活，可以问对方：平时有什么兴趣爱好？业余时间喜欢做点什么？但是很可能对方只说了“喜欢旅游，听听音乐”这么一句话，就不再说了。那你就谈谈自己的业余爱好，谈得具体、详细一些，这样就会引发对方的谈兴，使交谈趣味相投。

与陌生人交谈，一般都可以先提一些“投石式”的问题，在略有了解后再有目的地交谈，便能谈得较为自如。如在商业宴会上，见到陌生的邻座，便可先投石询问：“您是主人的老同学呢，还是老同事？”无论问话的前半句对，还是后半句对，都可循着对的一方面交谈下去；如果问得都不对，对方回答说是“老乡”，那也可谈下去。假如是北京老乡，你可和他谈天安门、故宫、长城，谈北京的新变化；如果是福建老乡，你可与他谈荔枝、龙眼、橘子，沿海的水产等，从而开始你与他的交往，也许他将来就是你事业上的合作伙伴呢！

2. 就社会热点问题进行交谈

陌生的双方刚一接触时，纯属个人生活的事情不宜多谈，但可以对时下的人所共知的社会现象、热点问题谈谈看法。如果对方对这一问题还不太清楚，你可以稍做介绍。例如，近期影响较大的社会新闻、电影、电视剧和报刊文章等，都可以作为谈话的题目和接近的媒介。

3. 从眼前和身边的具体景物上找话题

（1）从双方的工作内容寻找。相同的职业容易引起共鸣，不同的职业更具有新奇感与吸引力。

（2）从彼此的经历中寻找。经历是学问，亲身经历过的人和事往往会给你留下极深的印象。这种交流最易敞开心扉、最易见到真情。

（3）从双方的发展方向寻找。人都关心自己的未来，前途与命运是长盛不衰的永恒的话题。人生若没有前进的方向，生活便失去了动力。这类话题最易触动对方敏感的神经。尤其是异性，更热衷于此。

（4）注意家庭状况。谈家庭生活并不一定就是俗气。家庭是社会的细胞，家庭生活的完美、和谐是每个人的理想。这类话题不必做准备，随时都可谈论，但有思想的人都可以从中发现许多人生的哲理。

（5）关注子女教育。孩子是父母生活的希望，孩子的教育牵动亿万家长的心。怜子、爱子、望子成龙是家长的共同心理。谈及孩子，即使是性格内向的人，也会眉飞色舞、滔滔不绝。

有的时候如果是预约式的拜访某陌生人，那你最好具备一些洞察力。你首先应当对那位你即将拜会的客人做些了解。例如，问一些你们双方都认识的朋友的情况，探听一下对方的情况，关于他的职业、兴趣、性格等方面，了解得越详细越好。当你走进陌生人的住所时，可以凭借你的观察力，看看能否找到一些对方性格的线索。墙上挂的是哪位画家的画？如果是摄影作品，可以揣测对方是否是摄影爱好者呢？要知道，屋内的装饰摆设，可以表现主人的喜好和情调，甚至有些物品会牵引出某段动人的故事。如果你把它当作一个线索，不是可以了解主人心灵的某个侧面吗？了解了对方的一些个性，不就有话题了吗？交谈前，使用多种手段，尽可能地多了解对方，再把所获的种种细微信息进行分析研究，由小见大，由微见著，将它作为交谈的基础。另外，在话题的选择上，还有一些讲究必须注意。例如不谈对方深以为憾的缺点和弱点；不谈上司、同事以及一些朋友们的坏话；不谈人家的隐私；不谈不景气、手头紧之类的话；不谈一些荒诞离奇、黄色淫秽的事情；不询问妇女的年龄、婚否、家庭财产等事情；不说个人恩怨和牢骚；不说一些尚未明辨的是非；避开令人不愉快的疾病详情；忌夸自己的成就和得意之处。有了话题，才能打开“瓶颈”，接下来的谈话才会顺利。

四、谈论别人感兴趣的事情

“酒逢知己千杯少”，两个意气相投的人在一起总觉得有说不完的话。因此，我们在和陌生人交往时，不妨多多寻求彼此在兴趣、性格、阅历等方面的共同之处，使双方在越谈越投机的过程中获得更多关于对方的信息，迅速拉近距离，增进感情。

美国耶鲁大学的威廉·费尔浦斯教授，是个有名的散文家。他在散文《人类的天性》中写道：

“在我8岁的时候，有一次到莉比姑妈家度周末。傍晚时分，有个中年人慕名来访，但姑妈好像对他很冷淡。他跟姑妈寒暄过一阵之后，便把注意力转向了我。那时，我正在玩模型船，而且玩得很专注。他看出我对船只很感兴趣，便滔滔不绝讲了许多有关船只的事，而且讲得十分生动有趣。等他离开之后，我仍意犹未尽，一直向姑妈提起他。姑妈告诉我，他是一位律师，根本不可能对船只感兴趣。‘但是，他为什么一直跟我谈船只的事呢？’我问道。‘因为他是个有风度的绅士。他看你对船只感兴趣，为了让你高兴并赢取你的好感，他当然要这么说了。’”

谈论别人感兴趣的东西能够很容易拉近人与人之间的距离。对于这一点，下面的例子可以作证：

美国马里兰州的爱德华·哈里曼，退伍之后选择了风景优美的坎伯兰谷居住，但是在这个地区很难找到工作。哈里曼通过查询得知一位名叫方豪瑟的企业家，控制了附近一带的企业。这位白手起家的方豪瑟先生引起了哈里曼的好奇心，他决定去造访这位难以接近的企业家。哈里曼如此记载了这段经历：通过与附近一些人的交谈，我知道方豪瑟先生最感兴趣的东西是金钱和权力。他聘用了一位极忠诚而又严厉的秘书，全权执行不让求职者接近的任务。之后我又研究了这位秘书的爱好，然后出其不意地去到她的办公室。这位秘书担任保护方豪瑟的工作已有15年之久，见到她后，我开门见山地告诉她，我有一个计划可以使方豪瑟先生在事业和政治上双获其利。她听了颇为动容。接着，我又开始称赞她对方豪瑟先生的贡献。这次交谈使她对我产生了好感，随后她为我定了一个时间会见方豪瑟先生。

进到豪华巨大的办公室之后，我决定先不谈找工作的事。那时，他坐在一张大办公桌后面，用如雷的声音问道："有什么事，年轻人？"我答道："方豪瑟先生，我相信我可以帮你赚到许多钱。"他立刻起身，引我坐在一张大椅子上。我便列举了好几个想好的计划，都是针对他个人的事业和成就的。果然，他立刻聘用了我。20多年来，我一直在他的事业里与他同时成长。

谈论别人感兴趣的话题，对双方都有好处。不仅可以使人对你产生兴趣，钦佩你，而且可以使自己更关心别人，关心别人对自己的要求。

刘微是一位足球迷，有一次在去北京的火车上，她的同座是位东北口音很浓的小伙子，闲来无事，刘微和他侃了起来。她一开始故作惊讶地得知他是位东北人，然后顺口赞美东北人豪爽，够朋友，她说她有好几位朋友是东北的，人特爽快。小伙子自然高兴，自报家门，说他叫陆军，是大连人，并说东北人是很讲朋友义气的，粗犷、豪放。而刘微话锋一转，说东北人也很团结，特别是大连足球队，虽然每位队员都不是非常出色，但他们团结一致，奋力拼搏，经常取得好的成绩。恰巧陆军也是位球迷，两人直侃得天昏地暗，下车后互留了通讯地址。在陆军的介绍下，刘微认识了很多球迷，其中有一位就是她这次准备争取的客户。于是刘微轻松地完成了这次推销任务，还为公司赢得了一家大客户，更值得高兴的是结交了许多朋友。在与陆军交谈时，刘微先是从"东北人"这个话题入手，然后转到"足球"这个两人都感兴趣的话题上，与对方越谈越投缘。经过一番"神侃"之后，两人很快加深了了解，成为好朋友，这层关系对刘微完成任务起到了关键作用。

五、打破僵局的技巧

初次与人交谈，往往因为不熟悉，不了解而出现冷场，这是比较令人难堪的局面。在人际关系中，冷场无疑是一种"冰块"。打破冷场的技巧就是及时融化"冰块"，消除交往的障碍。陌生人之间存在以下几种情况时，最容易因"不投机"而出现冷场。彼此不大熟悉；年龄、职业、身份、地位差异大；心境差异大；兴趣、爱好差异大；性格、素质差异大；平时意见不合，感情不和；互相之间有利害冲突；异性相处，尤其单独相处时；因长期不交往而比较疏远；性格均为内向者。对于可能出现的冷场，应该具备一定的预见性，并采取措施加以预防，否则陷入冷场的谈话会令双方都很尴尬。下面几种方法可供借鉴。

（一）针对对方的兴趣谈

老人最感兴趣的话题是关于他们自己年轻时候的经历，青年人关注怎样才能使自己的才能得以发挥，以及他们的工作、学习、业余生活；年轻妈妈最感兴趣的莫过于她们的孩子。

（二）故意抛出错误观点

有时装作不懂的样子，往往可以听取他人更多的意见，让他人的自炫心理得以满足。反之，如果你表现得太聪明，人家即使要讲，也会有顾忌，怕比不上你。如果我们用“请教”的语气说话，引起对方的优越感，就会引出滔滔话语。喜欢教人，而不喜欢受教于人，这是种普遍心理。

（三）打破自己造成的沉默

如果是自己太清高、架子大，使人敬而远之，而造成了双方的沉默，在交谈中应该主动些、客气些、随和些。如果是自己太自负，盛气凌人，使对方反感，而造成了沉默，则要注意谦虚，多想想自己的弱点，适当褒扬对方的优点。如果是自己口若悬河，讲起话来漫无边际，无休无止，而导致了对方的沉默，则要注意使自己的讲话适可而止，给对方说话的机会，不要让人觉得你在进行单方面的“传教”。

（四）鼓励对方讲话

为了鼓励对方讲话，你可以经常变换使用一些表示赞同的词语，让对方把话讲完，把心中的想法倾吐出来。当对方受到鼓励并获得赞同意见时，他会感到自己受到了重视。创造一种信任的气氛，这种气氛有助于对方主动说话。

（五）消除隔阂和陌生

如果你和对方过去曾发生过摩擦或存在隔阂，造成了现在见面无话可谈的情形，那么你就应该放宽心胸，把过去的隔阂抛在脑后，仿佛什么也没发生过似的。你的宽容和热情难道打动不了他吗？如果因为彼此不了解，不知谈什么得体，那么你就应该主动做自我介绍，并把话题扩展到尽可能广泛的领域，从中发现双方共同感兴趣的内容。如果你们刚刚发生了争论而出现了沉默，那么，你就应该冷静下来，心平气和地谈些双方无分歧的话题。冷场的出现，跟你选择的“话题”密切相关。“曲高和寡”会导致冷场，“淡而无味”同样会引起冷场。不希望出现冷场的交谈者，应当事先做些准备，使自己有一点

“库存话题”，并把它用随和又恰当的方式表达出来。在这里可以向你提供一些有关的话题，帮你打破冷场：对方的孩子；对方个人的爱好；对方事业上的成就；对方的健康；体育运动；影视戏剧；新闻趣事；日常生活中的“热点”；祖居地风情、特产；旅游、采购。打破冷场当然没有固定的模式，交谈者应根据具体的时间、地点和对方的心理特点，以及造成冷场的原因，采取不同的方法和对策。

六、谈话意味深长的结尾的艺术

我们在与陌生人交谈结束时，运用“再会”之类的告别语显得千篇一律，太俗太空。这样一来，努力设计能给对方留下深刻印象的告别语就很有必要。一般来说，通常有以下几种收尾方法。

（一）关照式收尾

关照式收尾，是交谈双方说完了自己的思想、意见或流露了某些内心意向之后，觉得谈话中的有些话和问题带有范围性、对象性、保密性和重点性，当交谈即将结束时，就关照对方不要将其中的某些话张扬出去。譬如：“刚才我讲的一些话，是一些不成熟的看法，我觉得不必让他人知道，请你不要传出去，以免引起麻烦……”“小陈，我要讲的都讲了，全是心里话。有关小黄的事你千万不要告诉别人，不然会闹出大乱子来的。”这种收尾方式，有一种提起注意、防患于未然和强调重点的作用，能使交谈的对方增进了解并增强“使命感”“责任感”。

（二）祝愿式收尾

祝愿式收尾，不仅具有较强的礼节性和情趣性，而且还具有极大的鼓动力。如果再加上适当的口语修辞，它的效果一定会非常显著。如“再见吧，路上保重。祝你一帆风顺！”“时间不等人，生活就是拼搏，抓紧时间，就等于延长生命。我祝愿你是这样一个人，再见！”

（三）道谢式收尾

这种收尾方式在交谈艺术中具有较强的礼节性，它的基本特征是用讲“客气话”作为交谈的结束语和告别话。道谢适用的场景和对象是最广泛的，无论是上下级、同事、亲朋之间，还是熟人、邻居以及初交者之间都是适宜的。譬如：如果一次同志式的思想启迪性交谈行将结束，从谈者可用“听君一席话，胜读十年书”，“你对我学习上的帮助和生活上的关怀，让我感激不已”结束。“益先生，在您的悉心指导下，我明白了自己的责任，我一定按您的指教去做。谢谢您了，再见！”

（四）征询式收尾

交谈完毕，主谈者根据自己的交谈目的与交谈后的吻合情况向对方征求意见、说明、要求或建设性的忠告、劝诫等，这就是征询式收尾。譬如："宋先生，随着我们接触的增多和了解的深入，你一定察觉出我有许多缺点，你觉得我最糟糕的'毛病'是什么？希望你下次开诚布公地提出来。"当你与陌生下属交谈工作结束时，你应该说："你还有别的什么要求和意见吗？""你生活上还有困难和要求吗？只要有可能，我将全力帮你解决……"下属也应同样征询对方意见："除了工作之外，你对我还有其他意见和看法吗？如果现在想不起来，日后尽管提，我是不会计较别人对我提意见的……"

（五）归纳式收尾

这种收尾方式，通常在陌生人之间非形式性交谈中使用。譬如："周婷，听了你的情况介绍后，我觉得问题的关键是，第一点，我们是做他人思想工作的，如能统一人心，其他问题也就迎刃而解了……"归纳式收尾，由于条理清晰，中心突出，这样对方交谈的目的和内容，双方的思想和意见就能清楚交流，收到言简意赅、重点突出、明朗爽快的效果。

（六）邀请式收尾

邀请式收尾的特征是运用社交手段向对方发出礼节性邀请或者正式邀请。前者的效用体现了"客套式"所需的礼仪，后者则表现了友谊的生命力。"客套式"邀请："如果您下次途经上海，请到我们家来做客。再见！"正式邀请："今天我们就谈到这里吧，星期三晚上6点钟请你到我家吃顿便饭，那时我们再长谈吧。再见！"以上这两种邀请式收尾语，"客套式"邀请也是一种礼节，正式邀请更是一种友好和友谊的表示。运用这种结束语，肯定会赢得陌生人最大的赞同。

与陌生人交谈的结束语的表达方法多种多样，只要我们能够驾驭情境，正确审视对象，选择正确、得体的话语，交谈结束时，不仅会让谈话显得非常得体、有趣，而且还会余韵犹存，感人至深。

第二部分　技能篇

第四章 说话的基本功训练

第一节　细察——多用心去倾听别人怎么说

一、利用观察，丰富感知，激起说话的欲望

观察是认识客观世界的门户，是获得感性表象的渠道。在观察中，人通过听觉、视觉、触觉具体地认识了周围世界，获得了说话的丰富题材。

但对于一些人来说，他们有满腔表达的欲望，却因贮存的词句不丰富，而表达不出。如果通过书本可以增加表达素材，那么人们将会欣然接受阅读，表达的欲望促进了阅读的愿望，激发了阅读的兴趣。

在阅读中，运用观察丰富感知，人的思维活跃起来，从而激起阅读、表达的欲望。例如，读《蒲公英的种子》这篇课文时，我们可以先仔细观察蒲公英带着绒毛的种子，接着轻轻摸种子上的绒毛，再把种子吹散。这时如果能放一段美妙的音乐就更好了。我们的思维在音乐声中望着种子飞向远方，随着种子飞到田野、草原、森林……实物演示、图画再现、音乐渲染，不仅使我们看到、摸到，也听到、嗅到。丰富的感知帮助我们展开想象的翅膀，这时，不仅迫不及待地想说想读，而且说得更美，读得更好。这就是“情动而辞发”。

二、学会观察，掌握方法，提高说话的水平

为了表达，能够对事物做出准确的描述，是对说话的第一要求。为了达到这个要求，首先要有一个科学的态度，那就是实事求是，立足观察——自己的观察和前人的观察。

所谓前人的观察就是文字记载，也就是所谓的知识或者文献资料。观察与思考，不是报纸上专栏所独有的，而应当成为我们落实在日常生活中的基本行为方式。讲话、写文章，都要立足于观察，经过思考，再谨慎、严格地表达出来。人们参与社会生活，无论说话、写报告、做文章，都要立足事实，独立思考，严谨表达，这是社会效率的重要保证。

要使观察产生价值，观察就必须有目的。为了使观察有效率，就必须具备

必要的关于观察对象的知识。出发前，玩耍中，给孩子以必要的背景知识，给孩子以直接的视觉、触觉、空间感，然后让孩子在事后尝试描述，大人辅助孩子回忆、更正，这样花上一段时间，你就会发现孩子看问题、想问题、表达问题的能力会有显著的提高！

持久的观察，还可以生出联想，生出超乎想象的道理，生出出人意料的顿悟。日久生情，触景生情，情景交融，茅塞顿开，触类旁通，就是这个道理。比如，十几年前，一篇中学生的作文，题目是“我爱青青柳”。柳树，司空见惯，但是，少年作者通过自己的观察和联想，把垂下的柳枝比作爱抚大地母亲的柔情的手，把纷纷飘落的柳絮喻作觐见大地母亲的安琪儿，生动地把作者对大地母亲的深情烘托了出来，营造了一个超凡的意境。

三、全面观察言行举止，了解说话的氛围

别人的外表、着装、行为举止、谈吐眼神，都应该属于我们观察的范围。它将为你与别人的谈话提供丰富的信息，进而为开展高质量的谈话奠定良好的基础。而在观察中，眼神的交流是必不可少的。

（1）透过视线的活动，可以看到别人的心态。人的视线活动方式，也反映着人的心态。一般认为，目不转睛地注视对方谈话的人较为诚实，但不一定是自始至终盯着不放。相反，视线的移开，比如在初次见面时，先移开视线者，其性格较为主动。另外，谈话中，判断一个人是否能占上风，在最初的30秒即能确定。当视线接触时，先移开目光的人，就是胜者。相反，因对方移开视线而耿耿于怀的人，就可能胡思乱想，以为对方嫌弃自己，或者与自己谈不来，因而在无形中对对方的视线有了介意，反而完全被对方所牵制。正因为如此，对于初次见面就不集中视线跟你谈话的挑战型对象，应特别小心应付。不过，同样是撇升视线的行为，如果是在受人注意时才移开视线那又另当别论了。

（2）透过视线的方向，可以看到别人的心态。在交往活动中，通过观察人的视线方向，也能透视人的心态。在交往中，如果面对异性，只望上一眼，便故意移开视线的人，大都是由于对对方有着强烈的兴趣。譬如，在火车上或公共汽车上，上来一位年轻貌美的女性，几乎所有人的眼光都会集中在她的身上，但年轻的男性往往会很快把脸扭向一旁。他们虽然也非常感兴趣，不过基于强烈的压抑作用而产生自制行为。假使兴趣欲望增大时，也是用斜视来偷看。这是由于想看清对方，却又不愿让对方知道自己的心思的缘故。

（3）不同的眼神，代表着不同的意思。一直盯着对方，心中可能有隐情；在言谈中，注视对方，表示对对方所谈内容的注意；初次见面时，先移开视线

者，表示希望处于优势地位；被对方注视时，便立刻移开视线者，大都有自卑感或缺陷；看异性一眼后，随即故意移开视线者，表示有着强烈的兴趣；斜眼看对方者，表示对对方非常有兴趣，但又不想让对方识破；翻眼看人者，表示对对方存有尊敬与信赖；俯视对方者，想显示对对方的一种威严；视线不集中在对方身上，很快移开视线者，大都为性格内向者。

四、仔细观察，认真研究，把握说话的方向

1. 走路看人

（1）步伐急促的人，是典型的行动主义者，大多精力充沛、精明能干，敢于面对现实生活中的各种挑战，适应能力特别强，尤其是凡事讲求效率，从不拖泥带水。

（2）步伐平缓的人，是典型的现实主义派，凡事讲求稳重，三思而后行，不好高骛远。

（3）身体前倾的人，走路时习惯于身体向前倾甚至看上去猫着腰，性格大多较温柔内向，为人谦虚，有良好的自身修养。

（4）军事步伐的人，意志力较强，对自己的信念非常专注。

（5）踱方步的人，非常稳重，他们认为面对任何困难事情时，最重要的是保持清醒的头脑，不希望被任何带有感情色彩的东西左右了自己的判断力和分析力。他们有时也觉得累，为了保持自己的尊严，很难笑口常开，这是他们的准则。这种人涉世极深，了解人情冷暖。

2. 发型看人

发型看人不是指发型是否帅，是否俏，而是看头发整不整齐，干不干净，如果很整洁的话，说明这是个爱清洁的人。

3. 穿着看人

穿着看人当然也是看穿的合身不合身，不是指如果是名牌缠身，就判断为富家子弟等，而是看他的衣着是否整洁，风格偏向哪种选择，进而判断出他的性格、喜好等。

4. 相貌看人

如果看到一个有合适高度又穿戴整齐的人，下一步要做的自然是看相貌，不过这点不是很重要了，因为以上三点已经使你有了百分之八十的判断。只要相貌不是很奇怪，一般都没问题，这就是有很多女性自认很美或很多男性自认很帅，却相貌平平的来由。

5. 细节看人

如果你对一个人感兴趣，你就会观察一些很细微的方面，这正如男人爱上一个女人后甚至会留意她的眼睫毛一样，仔细品味她的穿着打扮、服饰的颜色、搭配是否合理，从内心判断她到底是有钱还是没有钱，会留意兜里是否有手机等。接下来你可能会进一步观察她的性格，想方设法去打听其是否花心，性格是否暴躁，有什么样的朋友，爱和什么人接触等问题，为你与她的交谈做好足够的前期准备。

五、察言观色，顾全大局，达到说话的效果

（1）察言观色的说话方。有时候我们遇到虽然说明仔细，但对听话方来说，是无关紧要的事。作为体谅对话方，开始说话前，我们有必要先在头脑中思考，这个说明大概会有多长。如果对方有兴趣并提问，那么就没什么问题了。但是当对方显得不在意时，还是尽量总结成简短的语言，编辑浓缩一下为好。吸引人的话语，通过加工，以提高听话方的兴趣度、理解度。换句话说，要体谅对话人。一定要注意，说话不能拖拖拉拉，要按说话人的思考步幅进行。会察言观色的说话方，一边将说话的流程的每一环节整理恰当，一边再说话。

（2）会察言观色的说话方对话法。首先会在一开始就向听话方说明要怎样听。当“我有话和你说……”时，听话的人会注意起来。其次说话前要先简单说明为什么说，对方就能更容易接受，会话就能顺利进行了。如果在谈话一开始，先以“我随便说说”的话作为开场白，表明事情并不重要；如果真的是要紧的事，就说“现在是很重要的事”。再次向对方明确地表达谈话的意图。如果在一开始就说明谈话的结论，也能很好地向对方传达谈话的要点，减少误解，会话就能顺利进行了。另外，如果话说到一半要改变话题，在改变话题时要清楚地示意接下来要改变话题。比如说“接下来要说的和之前的事没有关系”或“接下来要说的和开头说的内容有关”之类的承转语句，这样就能很好地向对方传达整个对话解决哪些问题。

（3）多管齐下，正确观察他人心态。观察别人的心态先要从自己做起。多从对方的言语中了解别人的境况，站在别人的立场考虑问题。而想观察别人就要先表现自己，想要有收获就要有付出，这并不是一件容易的事，需要审慎尝试，因为这要看你本人的察言观色的能力如何，这是与生俱来的。当然如果你多看一些这方面的书籍，对你也会有所帮助，另外向别人学习也是不错的办法。这样有了书籍的指导，在形形色色的人中你才会懂得更多。除此之外，多交朋友，多想问题，经常想，也会使你明白很多。

观察别人的心态，可以从静态和动态两方面进行。静态观察主要是眼神、语气。动态观察的话，就是换位思考，观察他的行为习惯是否有异样，这个需要是比较常接触的，对陌生人最重要的是观察他说话时的眼睛。实践出真知，多和人接触，从内心去观察别人，特别是小事，要知道小事见真情。

从生活里的一点一滴去观察，和别人谈论，从说话去发现，最重要的是细心。此外，出外打工，学会观察别人的心态，也是非常必要的一门学问。为了提升自己的人生观、成熟度，多听、多看、多想，是研究心态非常重要的一个渠道。

人的内心的很多想法可以通过眼神、动作等方面反映出来，只要多多观察，总是可以发现的。

第二节 多思——思维是灵魂的自我谈话

柏拉图说："思维是灵魂的自我谈话。"俗话说："眉头一皱，计上心来；灵机一动，难题解开。"意思是，如果一个人会思考，那么做事、学习就容易获得成功。说话之道也是如此。

一、善于思考，善于提出疑问

1. 切断惯性思维的源泉

在把你的电视、电脑插上电源之前，在钻进图书馆翻阅资料之前，先自己想想。不断绝你同现实世界的联系，通过限制那些吸引你的常规思维，你就可以提高自己独立思考的能力。也就是减少媒体的使用，降低对其投入的程度。独立的思考者并不一定背道而驰，然而他们对于默认现状持反对的态度。为了好好地感知这个世界，而非仅仅透过显示器去看一切，他们会想出新标准。

2. 投身到与你当前愿景相冲突的体验之中

与其用一个新的普通想法替换掉那个旧的，不如有意找寻、创造一些挑战你观念的体验。他们可能存在于外族文化、罕见的亚文化之中，也可能就在你不愿苟同的那本书的某一页上。关键不是采用什么全新的思维，而是尽量使那条惯性的轨迹中断。

3. 置身事外，远处观之

先把日常生活抛在脑后，这样你就能无拘无束地站在另一个角度看待某些问题。旁观者清，跳出你的小世界，别深陷于其中，才能心无旁骛地为自己想想。偶尔原地不动能提供给你嘲笑自己愚蠢信念的机会，同时也开拓出了新的视角。

4. 随机化刺激你感觉的事物

何不抖擞抖擞精神投身到崭新的体验当中？别总是去那些相同的地方、吃一成不变的食物，不要仅局限于跟身边抬头不见低头见的那几个人说话。很多人都固执于熟悉的事物，以为能够简化问题并且构筑心中的安全感。如果你真想要独立地思考，就需要跳出自我的蜜罐。

5. 习惯怀疑

并非要变得愤世嫉俗或者玩世不恭，你可以开发一下自己本能的怀疑思维，这种习惯是取决于常规思维的。相对于假设这些“真相”是不言而喻的，不如干脆持怀疑态度，直到你能够用逻辑确定那就是不争的事实。若是上述这些听上去都过于困难，那就考虑下自己可以从独立思维中收获什么，甚至那些独立的思想是只能在显微镜下才能依稀看到的一小步，也能增加你对于这个世界的贡献。你会看到其他人轻易就忽略了的机会和解答；你会比缺乏创造力的人拥有更大的竞争优势；最重要的是，你会造就属于你自己的思想，而不仅仅是媒体的陈词滥调。

二、启发思考，创设谈话氛围

善于创设“问题情境”，把自己置于研究新的未知的问题气氛之中，在提出问题、思考问题、解决问题的动态过程中学习。此外，还应营造出平等、宽容、尊重、理解、和谐、愉悦的谈话氛围，真正把自己当作谈话的主人，敞开心扉，热情参与，想说、敢说、爱说、乐说。坦诚相待，敢于发表不同见解，提出疑问、异议甚至批评。对待朋友要多宽容，使交谈过程成为一个不断的交流过程。

三、操作探索，引发思考，锻炼表达能力

在两个人的谈话中，要敢于从被动接受信息向主动探究获取信息转变，在动脑、动口多种感官的交谈过程中，学会思考的方法。交谈中的种种现象能够引起彼此的关注，同时也促使人们主动思考。这样，在谈话过程中，人们不但获取了信息，而且观察能力、思维能力及口头表达能力都得到了锻炼和提高。

四、善于思考，融入社会，追求完美交流

随着交际个体素质的提高、交际环境的改变、交际内容的丰富和交际手段的多样化，人们正在努力追求一种完美的交际境界，使得交际更加高雅、美妙、迷人。

(1) 建立完善的交际人格。人格是个内涵丰富的概念，包括人的性格、气质、修养、能力、知识等各个方面。交际人格则是交际表现出的个体人格特征。完善的交际人格自会使交际进入较高的境界，达到理想的程度。比如良好的知识素养，将使人的交际去俗趋雅；健全的个性特征，会使交际充满风采，高雅宜人，韵味无穷。一个气质优雅、内涵丰富、待人热情、举止有度、口吐莲花的人，他的交际形式也是赏心悦目、令人恋恋难忘的。他会给交际过程带来诗情画意、高雅脱俗的气氛和动人的魅力。建立完善的交际人格是全方位的，并不是一点突破、万般具备的态势。比如知识素养提高了，并不能说明其余的人格特征都发生突飞猛进的变化。但交际人格的各个成分，是一个整体，是能够互动互促的。知识素养提高了，多少能涉及气质、性格的变化。

（2）追求交往方式的“恰好”。交往方式是交际的具体形式，它受到交际人格的制约，但又有其自身规律。把握这些规律的最佳境界是掌握分寸，做到恰到好处。明人洪应明在其《菜根谭》中写道：“文章做到极处，无有他奇，只是‘恰好’。”其实交际也如同做文章，懂得千条交际之道，知道万条交际之法，关键还在于运用。运用之妙则在乎“恰好”，是一种分寸，是一种点到为止，所以既显得典雅，又充满余韵。比如表示友好，大可不必热情过度；表示对对方尊重之意，也以点到为止为宜，传情达意即可，用不着仰附于彼，自我贬低。同一方式常会显示出雅俗不同的层次。

（3）酿造高雅的交际情调。交际主要是一种生活的方式，通常表现为一种关系的联络和互帮互助形式，具有一定的目的性。但交际又不仅仅如此，它会超越物质性，追求一种精神上的欢愉情趣。此时交际便超越一般和朴素，变得分外迷人。尤其在交际陷入功利圈时，这种交际现象更显得卓然脱俗。酿造高雅的交际情调将带来这种美妙的交际局面。

（4）挥洒交际风格的魅力。每一个交际者，其交际方式总带有个体色彩，而这种个体色彩进一步发展，则形成交际风格。挥洒交际风格的魅力使交际既可以提高层次，又能够形成独特的风貌。交际风格虽然以鲜明的个性风采为特征，却有一致的规格，这就是任何交际风格的形成，都要处理好传统的与现代的关系问题。就是说交际风格特征，既有着浓浓的时代气息，具有某种先锋意识，同时又是基于传统的，符合民族的，具有很重的大众基调。只有处理好这层关系，交际风格才是符合审美限度的，契合大众审美心理的，才不艳不俗，充满魅力。

（5）激活和包装交际内容。交际内容是最实在、最稳定、最刻板的了。它的全部的东西就是实现物质移换、信息输送、精神传感、力量互补，多么实在、本色，既谈不上低俗，也谈不上高雅。然而它不是一潭死水。我们一方面要对它加以激活，即通过组接、置换、穿插等方式，使交际内容充满生机和情趣。另一方面要对它加以包装，即对交际内容进行着色、修整、描摹等，使交际内容变得色彩斑斓。经过这番工作，交际内容会生动和雅致起来，会在实用的基础上，形成一种诗情画意的高雅格调。

五、全面思考，适可而止，不是每句话都应该说

（1）适时闭上你的嘴，不要遗憾没有说出来。闭上嘴让别人认为自己是个傻子比张开嘴什么都说要好。不要装做什么都懂，真正聪明的人从不犹犹豫豫地说我不知道；说话随便的人容易说得太多，有时会不谨慎。有丰富想象力的人总是在言谈中给人感觉不可靠。另外，总是保持沉默的人常在亲密的人中相处得很好，但他或她不会给聚会增添吸引力。在谈话中，中庸之道总是最好的，正如很多事情一样。要知道什么时候该听别人讲话，也要知道什么时候该轮到自己讲话了。

俗语道："话说三遍淡如水。"不要重复讲自己，不管是一遍又一遍地讲同一个故事，还是讲那些听起来有趣的细节。很多事情简单地讲述或第一次讲都很有趣，但没有任何事值得重讲。

（2）三思而后说。几乎所有在谈话中出现的失误或错误是由于没有认真考虑或缺乏考虑造成的。例如，一个计算机程序员与一个文学教授共进晚餐，计算机程序员只讲技术编程语言而不讲其他的东西，那么这将是一次十分缺乏考虑的谈话。因为，即便是在工作时，也并不是每个人都愿意听到关于任何题目的冗长演讲。多数情况下没有人提醒我们说话时欠考虑和没有考虑，只要注意听一下自己讲的话，观察对方的反应就可以发现我们的不足。说话之前三思是我们自己的事。

（3）如何回避交谈。面对吹捧者，优秀的交谈者不会没完没了地吹捧别人的工作做得多么好或他的儿子多么出色。当谈话陷入吹捧时，礼貌地加入自己的评论并试图转换话题。如果他给您讲关于他自己耸人听闻的故事，最好的办法是尽快找理由离开，除非您对他的讲话很感兴趣；在谈话中从其他语言借用成语来点缀谈话有做作的意味，除非您经常说这种语言，或者您要说的词在中文中没有绝对的对等或翻译词，或者这个成语已广为使用和流传；如果其他人说了明显是外来语的词或成语，尽量不要注意它，除非你很感兴趣。

（4）面对侮辱想好再说。设想面前有人诋毁一个人、一个团体或一个国家，你该怎么说呢？诚恳地告诉他，他的言论是令人讨厌的，不再想听到这样的话了，然后走开。每次加入一个涉及道德、种族或其他诋毁个人的谈话时，不管那些评论是真正诋毁还是开玩笑，你都在锻炼自己的容忍能力。

以上种种方法技巧，都离不开平时的思考总结。可见，思考对于谈话艺术的提升具有重要的作用。

第三节　苦练——反复操练是非常必要的

口才并不是一种天赋的才能，它是靠刻苦训练得来的。古今中外历史上一切口若悬河、能言善辩的演讲家、雄辩家，他们无一不是靠刻苦训练而获得成功的。

一、好口才的标准

有一副好口才，首先要敢讲，不管在什么场合，讲话都不紧张，能把自己想说的，或准备好的讲出来；其次要做到讲话有内容不空洞，逻辑清晰，有说服力、有感染力、有文采；再次是要会倾听，中国有句话叫作会说的不如会听的，可见听在人际交往中非常重要；第四，好的口才还要有一个好的记忆力，平时看到一个小故事、一句好诗、一句名人名言，我们必须有一个好的记忆力，把它们记下来，以后在讲话时加以运用，使讲话有水平；第五，好的口才还必须有一个好的思维，因为语言是思维的外壳，想到的才能说到。所以，练口才还要练思维。

二、口才是练会的

口才不是看会的。知识的储备，说话的方式方法，条理性，逻辑性……都是需要练习的。在此介绍几种简单、易行、见效的口才训练方法。

1. 速读法

这里的"读"指的是朗读，是用嘴去读，而不是用眼去看，顾名思义，"速读"也就是快速地朗读。这种训练方法的目的，是在于锻炼人口齿伶俐，语音准确、吐字清晰。

方法：找来一篇演讲词或一篇文辞优美的散文。先拿来字典、词典把文章中不认识或弄不懂的字、词查出来，搞清楚，弄明白，然后开始朗读。一般开始朗读的时候速度较慢，逐次加快，一次比一次读得快，最后达到你所能达到的最快速度。

要求：读的过程中不要有停顿，发音要准确，吐字要清晰，要尽量达到发音完整。因为如果你不把每个字音都完整地发出来，那么，如果速度加快以后，就会让人听不清楚你在说什么，快也就失去了快的意义。我们的快必须建立在吐字清楚、发音干净利落的基础上。我们都听过体育节目的解说专家宋世雄的解说，他的解说就很有"快"的功夫。宋世雄解说的"快"，是快而不乱，每个字、每个音都发得十分清楚、准确，没有含混不清的地方。我们希望达到的快也就是他的那种快，吐字清晰，发音准确，而不是为了“快”而“快”。

2. 背诵法

我们都背诵过课文，有诗歌、有散文、有小说。背诵的目的是各有不同的。有的是因为老师要求必须背诵，而不得不背，以完成老师交给的学习任务；也有的是为了记忆某个名诗、名句，以此来丰富自己的文学素养。而我们提倡的背诵，主要的目的是在于锻炼我们的口才。

记忆是练口才必不可少的一种素质。没有好的记忆力，要想培养出口才是不可能的。只有大脑中充分地积累了知识，你才可能张口即出，滔滔不绝。如果你大脑中是一片空白，那么你再伶牙俐齿，也无济于事。记忆与口才一样，它并不是一种天赋的才能，后天的锻炼对它同样起着至关重要的作用，“背”正是对这种能力的培养。

这个训练最好能有专业人员的指导，特别是在朗诵技巧上给予指导。使我们在改进时有所依据，这对练口才很有好处。

3. 练声法

练声也就是练声音，练嗓子。在生活中，我们都喜欢听那些饱满圆润、悦耳动听的声音，而不愿听干瘪无力、沙哑干涩的声音。所以锻炼出一副好嗓子，练就一腔悦耳动听的声音，是我们必做的工作。

4. 复述法

复述法简单地说，就是把别人的话重复叙述一遍。这种方法在课堂上使用的较多。如老师让同学们看一段幻灯片，然后请同学复述幻灯片的情节或人物的对话。这种训练方法的目的，在于锻炼人的记忆力、反应力和语言的连贯性。

方法：选一段长短合适、有一定情节的文章，最好是小说或演讲词中叙述性强的一段，然后请朗诵较好的同学进行朗读，最好能用录音机把它录下来，然后听一遍复述一遍，反复多次地进行，直到能完全把这个作品复述出来。复述的时候，你可把第一次复述的内容录下来，然后对比原文，看你能复述下多少，重复进行，看多少遍自己才能把全部的内容复述下来。这种练习绝不单单在于背诵，而在于锻炼语言的连贯性。如果能面对众人复述就更好了，它还可以锻炼你的胆量，克服紧张心理。

这种练习一定要有耐心与毅力。有的同学一开始就选用那些长句子、情节少的文章作为训练材料，结果常常是欲速则不达。这就像我们学走路一样，没学会走就要学跑，是一定要摔跤的。而且这个训练有时显得很烦琐、麻烦，甚至是枯燥乏味，这就需要我们要有耐心与毅力，要知难而进，勇于吃苦，不怕麻烦。没有耐心与毅力，那么你将注定是一事无成的。

5. 模仿法

我们每个人从小就会模仿，模仿大人做事，模仿大人说话。其实模仿的过程也是一个学习的过程。我们小时候学说话是向爸爸、妈妈及周围的人学习，向周围的人模仿。那么我们练口才也可以利用模仿法，向这方面有专长的人模仿。这样天长日久，我们的口语表达能力就能得到提高。

方法：

（1）模仿专人。在生活中找一位口语表达能力强的人，请他讲几段最精彩的话，录下来，供你进行模仿。你也可以把你喜欢又适合你模仿的播音员、演员的声音录下来，然后进行模仿。

（2）专题模仿。几个好朋友在一起，请一个人先讲一段小故事、小幽默，然后大家轮流模仿，看谁模仿得最像。为了刺激积极性，也可以采用打分的形式，大家一起来评分，表扬模仿最成功的一位。这个方法简单易行，且有娱乐性。课上、课间、课后都可进行，且只要有三四个人就能进行。所要注意的是，每个人讲的小故事、小幽默，一定要新鲜有趣，大家爱听爱学。而且在讲以前一定要做一些准备，一定要讲得准确、生动、形象，千万不要把一些错误的东西带进去，否则模仿的人就跟着错了，害人害己。

（3）随时模仿。我们每天都听广播，看电视、电影，那么你就可以随时跟着播音员、演播员、演员进行模仿，注意他们的声音、语调，他们的神态、动作，边听边模仿，边看边模仿，天长日久，你的口语能力就得到了提高。而且这会增加你的词汇量，增长你的文学知识。

6. 描述法

描述法可以说是比以上的几种训练法更进了一步。这里没有现成的演讲词、散文、诗歌等做你的练习材料，而要求你自己去组织语言进行描述。所以描述法训练的主要目的就在于训练同学们的语言组织能力和语言的条理性。

无论是演讲、说话、论辩都需要有较强的组织语言的能力，没有这种能力也就不可能有一张悬河之口，组织语言的能力是口语表达能力的一项基本功。

要求：抓住特点进行描述。语言要清楚，明白，要有一定的文采。千万不要描述成流水账，平平淡淡，一定要用描述性的语言，尽量生动些、活泼些。要讲点顺序，不要东一句、西一句、南一句、北一句的，描述出的东西让人听了以后能知道你描述的到底是什么景物。描述的时候允许有联想与想象。比如，你观察到秋天的湖边有一位白发苍苍的老爷爷，孤独地坐在斑驳的树荫下，你就可能有一种联想，你可能想到了自己的爷爷，也可能想到这个老人的生活晚景，还可能想到“夕阳无限好，只是近黄昏”这个诗句……那么在描述的时候，你就可以把这一切都加进去，使你的描述更充实、生动。

7. 角色扮演法

角色扮演法，就是要我们学演员那样去演戏，去扮演作品中出现的不同的人物，当然这个扮演主要是在语言上的扮演。

方法：

（1）选一篇有情节、有人物的小说、戏剧为材料。

（2）对选定的材料进行分析，特别要分析人物的语言特点。

（3）根据作品中人物的多少，找同学分别扮演不同的人物角色。比比看，谁最能准确地扮演自己的角色。

（4）也可一个人扮演多种角色，以此培养自己的语言适应力。

这种训练的目的，在于培养人的语言的适应性、个性，以及适当的表情、动作。

这种训练法要求“演”的成分很重，它有别于对朗诵的要求。它不仅要求声音洪亮、充满感情、停顿得当；还要求能绘声绘色、惟妙惟肖地把人物的性格表现出来，而且要配有一定的动作和表情。从这个角度看，这个训练是有一定的难度的。但只要我们朝着这个方向努力，那么我们就会成功。

8. 讲故事法

讲故事看起来很容易，要真讲起来就不那么容易了，常言道“看花容易，绣花难”呀！听别人讲故事绘声绘色，很吸引人，有些朋友听起故事来甚至都可以忘了吃饭、睡觉，可是自己一讲起来，仿佛就不是那么回事了，干干巴巴，毫无吸引力。因此，讲故事也是一种才能，并不是人人都可以把故事讲好的。学习讲故事是练口才的一种好方法。

讲故事可以训练人的多种能力，因为故事里面既有独白，又有人物对话，还有描述性的语言、叙述性的语言，所以讲故事可以训练人的多种表达能力。

方法：

（1）分析故事中的人物。故事的情节性是十分强的，而且故事的主题大都是通过人物的语言、行动表现出来的，所以我们在讲故事以前就要先研究人物的性格特征，以及人物之间的关系。比如，我们要讲《皇帝的新衣》这个童话故事，那么你就要分析其中的几个人物，以及他们的性格，然后把国王的愚蠢无知，骗子的狡诈阴险，大臣的阿谀奉承、不分是非，乃至小孩的天真无邪都用语言表现出来，这是一项十分艰巨的工作。

（2）掌握故事的语言特点。故事的语言不同于其他文学形式的语言，其最大的特点是口语性强、个性化强。所以当我们拿到一个材料的时候，不要马上就开始练习讲，而要先把材料改造一下，改成适合我们讲的故事。这个工作你可以请老师或爸爸、妈妈帮你做。

(3) 反复练讲。对材料做了以上的分析、加工以后，我们就可以开始练讲。通过反复练讲达到对内容的熟悉。最后能使自己的感情与故事中人物的感情相融合，做到惟妙惟肖地表现人物性格，语言生动形象。

第四节　克服说话恐惧之秘法

不少人在众多的人面前说话时感到非常害怕，我们经常听到他们这样说：

“我听过许多报告，多数报告都有答疑的时间。即使我坐在听众中间，大多数人甚至不知道我是谁，但每当我考虑提出一个问题时，我的心就怦怦地跳个不停。整个胳膊感觉像木棍一样，连举手都很困难。”

“我的老师在每堂课上都喜欢提问。无论何时被叫到，我都会口干舌燥。如果是一对一闲谈，我能感觉好一点，但仍然紧张，我不愿说蠢话或去表达一个与众不同的见解。”

什么使这些恐惧落在我们的身上？为什么要担心呢？简单来说，我们大家都想获得尊重，希望招人喜爱。

具体来讲，造成这种紧张、恐惧心理的原因主要有两种。

第一种，不想献丑。这些人的想法是：只要我不在他人面前暴露自己的短处，别人也就不会知道我的缺点。而一旦在众人面前说话，自己的粗浅根底、拙劣看法都会暴露出来。第二种，不知道该如何组织说话的内容，就像被硬拉到一个陌生的世界一样，所以会感到惊惶。有的人是因为先天原因。有些人生来性格内向，气质属于黏液质、抑郁质类型，他们说话低声细语，见到生人就脸红，甚至常怀有一种胆怯的心理，举手投足、寻路问津，也思前想后。

恐惧或忧虑会阻碍我们说话的尝试。有时保持安静较容易，退缩在“壳”里可以掩饰自己的软弱。但是，那样意味着我们将错过无数次张口说话的机会，我们的观点将不被注意，我们的能力将得不到认可。

只要我们看清自己紧张、恐惧心理的原因，科学地分析它，就会发现根本没有什么好怕的。随着你自信程度的增加，你的说话能力也会得到增强。

一、培养自信心

当众说话，自信是必不可少的，它决定你这次讲话能否出色与成功。

说话时保持自信是需要在生活中的每时每刻训练出来的，如果熟练的专业技能和得体的着装仍然无法带给你足够的自信，那就需要更多的自我表现了。

以下有几个小技巧，可以多加练习，直到自信流露在你的举手投足之间为止。通常失败感和沮丧感是由于受到打击或害怕承担风险所导致的。而人性中普遍存在着冒险的“动力”本能，在正确发挥作用时，它能驱使我们信赖自己，并利用机会发挥我们自己的创造潜力。在我们有信心有勇气地行动时它才有机会发挥出来。因此，那些拒绝创造性的生活，拒绝勇敢的行动，而使这种自然本能遭受挫折的人，其实过去就是赌博成性、整天沉溺在牌桌上的人。有的人不能坦率面对自己的弱点，所以一个不愿意亲自试一试的人只好拿别的东西当赌注，一个不愿意勇敢地行动的人则往往靠酒杯来壮胆。此时唤醒自己内心的信心和勇气就是人的自然本能。记住，当你认同自己的专业能力、聪明才智时，别人也会以同样的态度对待你。具体方法如下。

1. 练习大胆表现自我

把自信心视为肌肉，需要定时、持之以恒地锻炼，如果稍有懈怠，它很快就会松弛。和不期而遇的人进行一对一交谈，是很好的开始，从和水电工、超市收银员接触开始吧！

2. 想象自己是完美的化身

这是许多名模、影星在表演之前惯用的方法。同样适用于工作职场，面对大客户或提案，先静坐，从心中默想曾有的愉悦感觉，比如曾经聆听的悠扬乐章，愈具体效果愈好。

3. 说话时语气要坚定

很多人说话时都犯过过于急促的错误，说话的诀窍在于音量适当、语调平稳，速度不缓不急，此举显示你对说话的内容信心十足，利用呼吸换气时断句，可以避免许多不必要的“嗯”“啊”等语病，内容显得流畅有条理。切忌以疑问句结束陈述事实的语句，以免影响语气的坚定。

4. 仿效偶像

学习你所仰慕的人具有的美好特质，可以是影星张曼玉或钟楚红，也可以是政治家或外交家撒切尔夫人，只要她具备你所希望拥有的特质，均可模仿。

5. 以得体的装扮来加深留给他人的印象

选择适合自己气质的服装、发型、化妆，甚至香味，来展现你完美精确的专业形象。特别在颜色上要多注意，不同的色彩有不同的语言，可以善加运用。深色系代表权威信赖；亮色系则引人注目；暖色系则传达温柔且易于亲近的信息。如果你想增加自信与亲和力，不妨选择深色服装搭配浅色丝巾或围巾等。切忌穿着过于暴露或大胆的服装，如紧身短裙或V领低胸上衣，不仅容易让人想入非非，也会使你因怕穿着走光而分心。

6. 以拥有者的态度走入每间屋子

走路的姿态常不自觉地泄露你的秘密，昂首阔步，抬头挺胸，仿佛一切都在你的掌握中。想象你拥有这个空间，当你举步时，回想过去自信的感觉。

7. 向你的焦虑妥协

掌握害怕的根源。害怕时会有生理反应——冒冷汗或呼吸急促。当你知道所有可能会有的征兆时，就可以通过一些放松的小技巧克服它。

8. 要准备犯几个小错误

为了得到你想要的东西，有时可能要稍微承受一些痛苦，但不要自轻自贱。如果有把握之后再去行动，就什么事情也干不成。你在行动时随时都可能犯错误，你所做的决定也难免失误，但是我们绝不能因此而放弃我们追求的目标。你每天都必须有勇气承担犯错误的风险、失败的风险和受屈辱的风险。走错一步总比在一生中“原地不动”要好一些。你向前走的同时可以矫正前进的方向；大部分人不知道他们实际上有多勇敢。事实上，很多潜在的英雄一生都是在对自我的不信任中度过。如果他们知道自己潜在的能量，那将有助于他们产生解决问题甚至克服巨大危机的自信心。记住，你有这种能量，但若不付诸行动、不给它们释放出来为你服务的机会，你永远不会发现这些能量。

9. 处理“小事情”也要鼓足勇气、采取大胆的行动

不要等到出现重大危机时再去当大英雄。日常生活中也需要勇气——在小事情上锻炼勇气，这样才能培养出在更重大的场合勇敢地行动的力量和才能。

10. 以恰当的态度接受恭维

大部分女性都有所谓的女性自我贬抑倾向，总是习惯性地将别人的赞美向外推拒，如此一来，很容易将自己由主动参与转换成被动接受，这是很不明智的。下次当有人恭维你时，记得以“谢谢”来代替“你太客气了”或“那其实很简单”这类的客套语，太谦虚也会有损你的自信。

二、让紧张感为我所用

讲话者在登上讲台之前，经常会过早地感到紧张。对大多数人来说，这种紧张的状态从接受讲话邀请时就已经开始了。通常，我们参与活动的时间越长，紧张的状态便持续得越长，症状也越严重。

人们在众目睽睽之下会感到不舒服，这是一种典型的情况。无论地位高低还是个性好坏，都无一例外。但对于讲话者来说，紧张有时是合理的表现，有时则不是。讲话者可能会担心自己的选题或信息不太迎合观众的期望或需要；担心观众会抨击讲话质量，对内容的可信度提出质疑，或提出一些我们无法回答的问题；意识到自己的陈述有错误，或遗漏了关键的信息。即使对讲话的题

目了如指掌，对自己的讲话资格满怀信心，讲话者也会担心自己表现不佳，从而发生尴尬的局面，而只有观众能够察觉到这种紧张和尴尬。

讲话者如果缺乏适度的紧张感，就不能分泌出足够的肾上腺素来帮助他调整到巅峰状态。要做一场精彩的当众讲话，窍门就在于，让你的紧张情绪为你服务，这就是紧张感的反利用。想象一下，当你浑身紧绷时，分泌出的大量的肾上腺素就会成为你完成精彩讲话的催化剂。

有时候，我们在讲话时丧失自信的原因是缺乏观众的反馈。在对一人的谈话中，我们能得到及时的反馈：对方会皱皱眉头、争论、微笑、点头或者确认你的观点。而在一群人面前讲话时，我们经常会因为缺少这样的反馈而若有所失。这就好像摸石头过河时，看不清水面下的石头，你每走一步都会有点紧张，直到你的脚踩踏实了为止。

要想控制住紧张情绪，就要提醒自己永不放弃。如果你被恐惧打败，就会有大麻烦。所以，你要深吸一口气，拒绝紧张感占据自己。在讲话时，也应该这样——绝不让自己迈出退缩的第一步。与其担心自己会如何尴尬，不如将注意力集中在演讲的话题上，反复回忆并演练自己演讲的要点，而不是把那些困难思来想去。面对紧张，不退缩，反而会让自己兴奋起来，利用对这种情绪的把握，可以使自己达到最完美状态。

三、积极地暗示自己

以心理暗示进行心理放松。心理的毛病用心理的方法去矫治最直接、最有效。心理卑怯现象是心理夸张性感受所致，必须让心理感受重新归位。要达到这一要求，需要采用心理暗示的方式，对对方有客观、正确的认识，对自己做准确、公正的评估，这样就能保持清醒，树立信心。如当别人说话显示出我们没有的优势时，我们可做这样的暗示：这是他的优势所在，我同样也有优势，一样是他比不上的。

演讲者首先要对自己的演讲题材和演讲效果充满自信，要在精神上鼓励自己去争取成功。演讲者可以用如下几句话反复暗示、刺激自己：“我的演讲题材对听众具有极大的价值，听众一定会喜欢。”“我非常熟悉这类演讲题材，我一定会成功。”“我准备得非常充分了。”演讲者不应在上台演讲前过多考虑可能导致演讲失败的因素，如“我忘了演讲词怎么办?”“听众嘲笑我怎么办?”这种负面的自我暗示往往会产生不好的结局。

关于克服当众怕羞的心理，卡耐基先生最有经验，而在他的众多经验中最基本的经验就是：“你要假设听众都欠你的钱，正要求你多宽限几天，你是神气的债主，根本不用怕他们。”

现代实验心理学表明，由自我启发、自我暗示而产生的学习、行为动机，即使这动机是佯装的，也是导致学习、工作取得良好效果的有力手段。

树立自信的方法之一，就是要记住自己是被邀请来做讲话的。有人相信你的能力，相信你对这一论题十分精通。提醒自己，如果在座的观众中有人比你更权威，他们早就该被邀请来做演讲了。

我们应该想到恐惧是后天的反应。两岁大的孩子在过马路时不会懂得害怕，直到有人猛地把他拽回来，警告他过马路有多么危险。同样，当我们第一次看见同学站起来背诵诗歌，发现他突然哽住了，变得慌张窘迫，以致全班发出阵阵的窃笑时，我们懂得了当众讲话时会害怕。既然紧张害怕是后天学会的，那么它也是可以被忘却的，或者至少是可以被控制的。

四、正确认识自己的说话能力

胆量是一种重要的心理现象。要训练好说话的胆量，说话者必须具备良好的心理素质，说得具体一点，就是要求说话者既不盲目自信，也不妄自菲薄，做到不骄不躁，不卑不亢。

生活中，像哑巴一样不能用口说的人毕竟寥寥无几，绝大多数的人并非对谈话之事一窍不通。但是，我们一般的人也不能说是很会说话、很会驾驭语言的人，尽管大家或多或少有些长处，懂得些谈话的常识与方式，但很难说有多少普通人去郑重其事地、科学地分析、研究过它，所以对我们绝大多数人来说，或多或少在某些场合具有不敢说话的毛病。

认真分析并正确认识自己的说话能力，有利于说话者看到自己的长处，认识自己的不足，并扬长避短，增强信心，迅速提高自己的说话信心，增强自己的语言魅力。口头表达贯穿于各个事务的全过程，使用场合很广，从非正规的社交寒暄，到正规的社交致辞；从人数不多的对话、谈判、答记者问，到面对大众演讲、报告；从面谈到电话交谈等，口头语无处不在、无处不用，口头表达是各种事务活动中最普通、最常用的一种言语表现形式。

第五章 说话艺术的提升方法

第一节 说话中的修辞

有无相生，难易相成，长短相形，高下相倾，音声相和，前后相随。

——老子

一、比喻

比喻，就是打比方，即以彼物比此物。具体说，当人们在语言交际中要表达某一事物或道理时，运用联想或想象，引进另一种事物或道理，以便把要表达的事物或道理反映得更具体、更贴切、更生动、更富有感染力，使听者爱听，听得明白，从而留下深刻印象。

刘向的《说苑》中有这样一个生动的故事。

有人对梁王说："惠子这个人说话善于打比喻。假若大王您不让他打比喻，那么，惠子就没法说话了。"

于是，梁王对惠子说："希望你今后说话时不要打比喻了。"

惠子回答说："假若有个人不知道'弹'为何物，您告诉他弹就是'弹'，他能明白吗?"

梁王说："当然不明白了。"

惠子说："我要把我知道的事物告诉不知道这事物的人们，您说不打比喻行吗?"梁王说："不打比喻是不行的。"

这个故事中，本来梁王是不让惠子再打比喻，可是惠子又悄悄地打了一个比喻，说服了梁王。

比喻一般由本体、喻体和喻词三部分组成。本体是被比喻的事物；喻体是用来作比的事物或对象；喻词则是表明比喻关系的词语，如"好像""恰似""像……一样"等。比如，毛泽东曾说，有些人写文章长而空洞，就像"懒婆娘的裹脚布，又臭又长"。这里，长而空的文章就是本体，臭而长的"裹脚布"是喻体，"就像"是喻词。

一次有人问爱因斯坦什么是相对论，爱因斯坦解释说：“你同你最亲爱的人坐在火炉边，一个钟头过去了，你觉得好像只过了五分钟；反过来，你一个人孤孤单单地坐在热气逼人的火炉边，只过了五分钟，但你却像坐了一个小时。这就是相对论。”爱因斯坦用人们日常生活中的真切体验来解释高深玄妙的相对论原理，让普通人也能理解。

人们说话是为了描绘事物，或阐述道理，或表述情感等，要把这些东西表述得生动具体，使别人印象深刻，并不是一件容易的事。如果能运用贴切的比喻，就能化难为易，话半功倍，具有说服力。

庄子是我国战国时期著名的思想家。他一生都过着十分清贫的生活。一天，庄子家里一点粮食也没有了，万般无奈，只好拎个袋子到朋友监河侯那里借点粮食。监河侯正收拾行装要外出。庄子见了他，讲了借粮的事，监河侯满口答应：“好说，好说，不过我正要进城收租金，等我回来，一定借给你三百两银子，好吗？”庄子心想：你进城一趟，来回得半个月，等你回来，我一家人不就饿死了吗？

“老兄啊，刚才我见到一件事，很有意思，你不想听听吗？”庄子说。

监河侯问：“什么事，你快说。”

庄子说：“刚才我到你这儿来的时候，在路边听见求救的声音。我到处找，却没见人。原来在路旁的干河沟里，有一条小鱼，嘴巴一开一闭地在叫着。它说：‘我从东海来，现在快干死了，先生能不能给我瓢水，救我一命啊？’我说：‘那太少了！你再忍耐一下，等我去找赵国和吴国的大王，请他们堵住西江的水，然后开沟挖渠，把西江水引到这儿来，你就可以顺水游回东海了，你看这样好吗？’谁知那条鱼听了很生气地说：‘我现在已经快干死了，只要一小瓢水就能活下去。你的计划虽然很好，但等到西江水来的时候恐怕我早已变成鱼干了，先生只好到干鱼摊上找我了。’”

监河侯听到这里，满脸通红，连声向庄子道歉，喊来家人，给庄子装了满满一袋粮食。

运用比喻说理简洁明了，喻体非常广泛，俯拾皆是。只要与你说明的道理有内在性质的共同点，就可以信手拈来，达到目的。

二、象征

象征是比喻的延伸和扩大，它是借助于特定的具体事物，来寄寓某种精神品质或抽象道理的修辞手法。

一位在医学院里任职的教授，正在给刚入学的新生们讲第一堂课。

在暴风雨后的一个早晨，一个男人到海边散步。

沙滩上有许多被昨夜暴风雨卷上岸的小鱼，被困在浅水坑里，挣扎着，想要回到大海的怀抱。

走着走着这个男人发现远方有一条瘦小的身影，不知疲倦地忙碌着。走近一看，原来是一个七八岁的小男孩，他正弯腰捡起水洼里的小鱼，然后再用力地扔回大海，一条又一条不停地重复着相同的动作。

男人问道："孩子，这海滩上有成千上万条小鱼，你一个人救不过来的。""我知道。"小男孩头也不抬地回答着，但并没有停止动作。

"既然知道，为啥还干傻事呢？"男人又问。

小男孩只是默默地捡起小鱼，再把它们扔回大海，并不回答。

男人忍不住又问了一句："你这么做，又有谁在乎？"

小男孩边扔边说："这条小鱼在乎！这条，还有这条……"

讲完这个故事，教授接着说：

"今天，你们在这里开始了大学生活，从此每一个人都将在这里学会如何去拯救生命。虽然你们救不了所有的病人，但是你们可以救一部分人，为他们减轻痛苦。

"因为你们的存在，人们的生活从此有所不同——你们可以使大家的生活变得更加美好，这是你们能够而且必须做到的。"

这位教授在演说中，先是讲述一个富有哲理的小故事，然后借助这个小故事所喻示的精神品质，告诫他的学生们作为一名医务工作者应该具有起码的职业道德。

一般来讲，象征可分为明征和暗征。明征就是象征客体、象征意义、联系词在话语中同时出现，这类象征意义较明显、固定，如"人民英雄纪念碑是用一万七千块坚硬的花岗石和洁白的汉白玉砌成的。它象征着先烈们的丰功伟绩，寄托着全国人民对先烈的怀念和敬仰之情……"

暗征则只通过对象征客体的精细、巧变的刻画来暗示其象征意义，以期引发人们丰富的联想和想象。

三、夸张

夸张是为强调事物的某种特征而故意言过其实，或者夸大事实，或者缩小事实，让听者对所要表达的内容有一个更深刻的认识和了解。合理地运用夸张技巧，一是便于揭示事物的本质；二是能加强说话的感染力；三是能启发听者的想象力。运用夸张，必须以现实生活为基础，不能漫无边际，做到言过其实而又合情合理，不似真实而又胜似真实。

楚国大夫申无宇的守门奴仆因偷酒被发觉而畏罪潜逃，为了逃避申无宇的追捕，他投靠楚王一跃成为细腰宫守卒。因为楚国的法律明文规定：任何人都不准到楚王宫里抓人。那名奴仆自以为有了尚方宝剑，整日嚣张狂妄。可是，没想到申无宇却在楚王不知道的情况下径直到宫里把那位奴仆捉了回来。

楚王知道了之后非常气愤，命令申无宇把那个奴仆放出来。

申无宇说："天上有十个太阳，人分十个等级，上层统治下层，下层侍奉上层，上下互相维系，国家才能安定太平。如今臣下的守门奴仆畏罪潜逃，借王宫之地庇护犯罪之身。如果真的让他得到庇护，那么其他奴仆便会互相效法，盗贼公行，谁还能禁止得了，长此以往，社会不安，大王江山不保啊！所以，臣下才不敢遵奉王命。"

楚王细细琢磨了一番，觉得很有道理，便下令处决那个奴仆。

上文中楚国大夫申无宇把窝藏一个奴仆与天上的太阳、社会不安、江山不保联系在一起，显然是夸大了事实，却收到应有的效果。可见他的机智与果敢。

夸张既然是在某些方面"言过其实"而又有真实性作为基础，这就有利于突出事物的特殊性，可以唤起人们的想象，收到突出个性形象的效果。如下面的例子。

有三个人在一起谈论如何节约，其中一个人说："我认识一个人，为了节约墨水，无论写什么，字都写得像芝麻粒儿一样大小。"第二个人说："我认识一个人，为了减少手表的磨损，天一黑，就把手表给停了。"第三个人说："你们说的都一般，我认识一位老先生，为了节约眼镜，连报纸都不看了。"

如果说为了保护眼睛连报纸都不看了，还不为夸张，而为了节约眼镜连报纸都不看了，就不能不是夸张了。可以想象，这位节约眼镜的老先生用节约精神去做其他事情时，该又是何等节约啊！

还有一个笑话，说一个老人很健忘，去浴缸洗澡时竟忘了脱衣服，但衣服一点没打湿，原来他忘了开水龙头了。其实再健忘的人也不至于到这种程度。

夸张虽然言过其实，但不等于浮夸，它必须以客观事实为基础，必须反映客观事物的本质特征，做到"夸而有节""饰而不诬"，才能达到强烈的震撼效果。

四、比拟

比拟，即根据一定的想象，把物当作人或把人当作物，或把此物当作彼物来表达的一种修辞技巧。

比拟能使人产生联想，以获得话语的形象感和生动感。毛泽东同志曾多次告诫全党同志不要因为革命胜利而骄傲自大起来，他曾用"牛皮不要吹得太大，尾巴不要翘起来”作比拟。尾巴本来只有动物才有，这里却用来比拟人的自大情绪，既形象生动，又引人联想。

比拟可分为拟人和拟物两种。

拟人又叫“人格比”，就是赋予大自然、动物、抽象事物等以人的言行或思想感情。拟物即把人当作物，或把此物比拟为彼物。

一位来自新加坡的老太太在游武夷山时，不小心被蒺藜划破了裙子，顿时游兴大减，中途欲返。女导游见状微笑着走近老人身旁说：“这是武夷山对您有情啊！它想牵住您，不让您离去，好请您多看她几眼。”

几句话，把老人的不快吹得无影无踪。武夷山的热情好客是机敏的女导游所赋予的，这里就用了拟人手法，而且表达得十分得体。再如：

在一个欢迎日本青年代表团的宴会上，热情的中国朋友用著名的“人参母鸡汤”来款待客人。不想这可为难了在场的翻译。原来，他没有记住日语“母鸡”这个词。只见他机灵地站起来，指着汤，笑着对客人介绍说：“这是用公鸡的太太和人参做的汤，请诸位品尝。”

这里的“公鸡的太太”用的就是拟人手法，显示了翻译的机敏和幽默。

吴稚晖在北京曾教过蒋经国。当时，有人送了一辆人力车给吴稚晖。吴稚晖要蒋经国找锯子把车前两根拉杠锯掉。蒋经国以为先生在说笑话，不敢动手。吴稚晖火了：

“我要你锯，你就锯！”

没办法，蒋经国只好把两根拉杠锯掉了。吴稚晖悠然地坐在上面，哈哈大笑着说：“真舒服，我现在有了一张沙发椅！”接着，他语重心长地教导蒋经国：“一个人有两条腿，自己可以走路，何必要人拉？你坐在车上被人拉着，岂不成了四条腿？”

五、借代

三国时期，马家有五兄弟，这五个兄弟的名字里都有一个念字。五兄弟中，以马良的才学最高，刘备派他去办理外交事务，他每次都不辱使命地载誉而归。因此，当时就流传一句话，叫作：“马家的五个常，白眉毛最优良。”原来，马良的长相有个特点，眉毛像雪一样白得闪光。这里不说“马良最优良”，而是说“白眉毛最优良”，用“白眉毛”这个长相特征来代指马良。

借代就是不直接说出该人或该事物，而借与要说的人或事物有密切关系的其他事物来代替所说的修辞技巧。借代的客观基础是事物的相关性，运用这种技巧可以使语言具体形象，富于变化。

“1949 年在这个地方（指北京，引者注）开会的时候，我们有一位将军主张军队要增加薪水，有许多同志赞成，我就反对。他举的例子是资本家吃饭五个碗，解放军吃饭是盐水加一点酸菜，他说这不行。我说这恰恰是好事。你五个碗，我们吃酸菜，这个酸菜里面就出政治，就出模范。解放军得人心就是这个酸菜，当然，还有别的。”

这段话是毛泽东在中共中央一次大会上讲的。“酸菜”，是一种表面性的个别事物，但实质上代表艰苦的生活，引申为艰苦奋斗的政治本色。用具体代抽象的借代方式讲述，不仅生动有趣，通俗易懂，还可以产生强化激励、深入人心的效果。如果不用借代的方式做一番解释，说吃酸菜虽然过的是艰苦的生活，但保持了艰苦奋斗的政治本色，明确是明确，但缺少自然风趣的生动意蕴，也低估了听者的领悟能力。

六、对照

鲁迅在《战士和苍蝇》一文中这样说过：“有缺点的战士终究是战士，完美的苍蝇竟不过是苍蝇。”这里鲁迅把“战士”和“苍蝇”拿来对照比较，尖锐地讽刺了那些诬蔑革命者的可耻奴才，坚决地支持了坚持革命的勇敢战士。

把两种不同事物或同一事物的两个不同方面放在一起相互比较，通过比较可使事物的性质、状态和特征等更加鲜明突出，并且鲜明地表现出说话人的立场和观点。这就是对照。

闻一多先生在《最后一次讲演》中多次运用这种技巧，如讲到国民党特务暗杀李公朴，还嫁祸于共产党，并说是什么桃花事件时，闻先生说：“这是某集团的无耻，恰是李先生的光荣。”把国民党反动派的无耻和李公朴为革命而献身的光荣相对比，鲜明地表达了闻一多先生的爱憎感情。

战国时期，有一次齐宣王召见颜镯。

齐宣王对颜镯说：“镯，你过来！”

颜镯以同样的语气对齐宣王说：“王，你过来！”

齐宣王很不高兴。齐宣王左右的人指责颜镯说：“齐宣王是国君，你是国君的臣下，你这样跟齐宣王说话成何体统？”

颜镯不慌不忙地说：“我到国君面前是趋炎附势；国君到我面前是礼贤下士。与其让我趋炎附势，不如让齐宣王礼贤下士。”

齐宣王怒容满面，气势汹汹地质问：“到底是国王高贵还是士高贵？”颜镯说：“士高贵，国王不高贵。从前秦国出兵攻打齐国，他们的军队路过士人柳下惠的墓地时，发布一道命令说：‘有到柳下惠墓地五十步范围内打柴煮饭，割草喂马的，死无赦！’后来与齐国军队交战时，秦军又发布一道命令：‘有能割下齐王脑袋的，封地万户侯，同时赏黄金万两！’从这两道军事命令就可以看出，一个活着的国君的脑袋，还比不上死掉了的士人坟堆上的一根柴草！”齐宣王张口结舌，无言以对。

颜镯用同样的语气呼“王，你过来”，这是需要一定的胆量和气魄的。“趋炎附势”与“礼贤下士”的对照，说明他胸有成竹，同时把说话的基点放在国王身上，即为国王考虑，重视士人，兴国利民，可惜齐宣王仍不能体察其良苦用心，竟还要提出国王与士相比谁高贵的问题。士人墓的柴草与活着的国王的脑袋的对比，造成了一种强烈的反差，有力地论证了他的观点。

在生活中我们将两种不同事物进行对比，通常是为了使好的显得更好，坏的显得更坏，大的显得更大，小的显得更小；将同一事物的两个不同方面进行对比，往往是为了把事物说得更透彻、更全面、更鲜明。

七、引用

引用这种修辞方法用途十分广泛，是指在语言交际中引用名言警句、熟语、典故等，来证明事物、阐述道理。运用这种修辞手法可以增强说服力和感染力，使语言表达言之有据、生动形象。如下面的例子。

“文化大革命”初期，在一次批陈大会上，造反派在人民大会堂当众批判陈毅，让陈毅作所谓深刻检查。按照当时盛行的惯例，凡开口讲话，必须先高声朗读几条毛主席语录。陈毅手捧《毛主席语录》高声说：“翻到第 271 页！”会场上立时响起一片翻语录本的声音，接着突然静场，原来语录本上只有 270 页。人们一时愕然。就在这时，陈毅对着语录本高声朗读：“陈毅是个好同志！”全场人迟疑片刻，立时有人提出怀疑。这时，在场的周恩来总理出面证实，毛主席确实讲过这句话。

这样，一场“批陈大会”，就被陈毅引用的、周总理证实的毛主席的这句话轻松化解了。引用可以接通古今中外的多种语言、多种智慧的精华，显示说话者知识的渊博。因为一个人的语言表达能力无论多么强，毕竟是有限的，引用就在于借助于多种多样的表达能力，使其熔为一炉，产生以少胜多、言简意赅、韵味无穷、寓意深刻的表达效果。引用的方式有多种多样，常用的有暗引、正引、反引和撕引。

1. 暗引

暗引即暗示、引用。“鲁迅有两句诗‘横眉冷对千夫指，俯首甘为孺子牛’应该成为我们做人处事的座右铭。”这句话中引用鲁迅的两句诗作为激励、警戒自己的格言，简洁凝练，令人回味。

2. 正引

正引即用其原意原句。如教师节的晚会上，一名女学生在回答教育的作用时说："'在一个文盲的国家里，是不能建成社会主义的。'（列宁语）'一个受了不良教育的孩童，等于走失了方向。'（肯尼迪语）'知识才是引导人走到光明与真实境界的灯烛。'（李大钊语）所以，'教育是廉价的国防。'（亚里士多德语）'教育的根是苦的，但它的果是甜的。'（约翰逊语）教育的根就是我的根。"这一段话引用了列宁、肯尼迪、李大钊、亚里士多德等著名历史风云人物的名言、警句，揭示了教育为本的深刻内涵，生动深刻，效果突出。

3. 反引

反引即反其意而用之。如毛泽东同志在《质问国民党》一文中讲道："照你们的说法'破坏团结'的也是共产党，你们则是如何如何的'精诚团结'主义者，那么，你们以三个集团军的大兵，手持刺刀，配以重炮，向着边区人民前进，也可以算作'精诚团结'了？"

毛泽东同志这一段反用，以其人之道，还治其人之身。没有比这精妙的反引更具说服力的了。

4. 撷引

撷引是撷取原句中部分词语而用之。

毛泽东同志在《论联合政府》这篇著名演讲中将"上以风化下，下以风刺王，王文而谲谏，言之者无罪，闻之者足戒，故曰风"句，巧妙地撷用成"言者无罪，闻者足戒"这一闪烁着真理光芒的名句。

这样的撷引精练地阐述了人民内部对于批评所应采取的正确的态度，倡导和张扬了民主作风和批评与自我批评的精神，不但言简意赅，而且通俗易懂。

运用引用技巧时，要力求精当，多少适宜；所引用的内容必须对阐述问题确有价值，其内容既具有权威性、说服力，又不是老生常谈。

运用引用应注意两点：一是保持引文的完整性，切忌断章取义；二是将引文与所要表达的意思融为一体，成为论说的有机组成部分，不能硬凑生拼，甚至"贴标签"。

八、排比

运用排比可使语意表达层次清晰、语势强劲、节奏鲜明、语意畅达。这种修辞手法一般是由三个或三个以上结构相同或相似、内容密切关联、语气一致的词组或语句排列而成，用以表达同一范围、同一性质的事物，以增强语势，增强节奏感和旋律美，加强语言的力度。

马丁·路德·金在 1968 年 8 月 28 日美国华盛顿黑人集会上发表了一场精彩的演说，其中有这样几段话。

"一百年前，一位美国伟人签署了《解放宣言》。现在我们站在他纪念像投下的影子里，这重要的文献为千千万万在非正义烈焰中煎熬的黑奴点起了一座伟大的希望灯塔。这文献有如结束囚室中漫漫长夜的一束欢乐的曙光。

“然而，一百年后的今天，我们却不得不面对黑人依然没有自由这一可悲的事实；一百年后的今天，黑人的生活依然悲惨地套着种族隔离和歧视的枷锁；一百年后的今天，在物质富裕的汪洋大海中，黑人依然生活在贫乏的孤岛之上；一百年后的今天，黑人依然在美国社会的阴暗角落里艰难挣扎，在自己的国土上受到放逐。所以，我们今天到这里来，揭露这骇人听闻的事实。

“这就是我们的希望。这就是我们带回南方的信念。怀着这个信念，我们能够把绝望的大山凿成希望的磐石；怀着这个信念，我们能够将我国种族不和的喧嚣变为一曲友爱的乐章；怀着这个信念，我们能够一同工作，一同祈祷，一同奋斗，一同入狱，一同为争取自由而斗争，因为我们知道我们终将得到自由。”

在马丁·路德·金这几段演讲词中，第二段以“一百年后的今天”领起的排比句，从黑人没有自由，受着种族隔离和歧视，过着贫乏的生活乃至受虐待遭驱逐的政治、经济、人生、法律待遇等方面集中地揭露了黑人悲惨严酷的生活现状，给人以心灵的震撼。最后一段以“怀着这个信念”领起的排比句，表述了所要进行的不懈努力、斗争原则和奋斗目标。文中排比句式的运用，如江河奔腾，气势磅礴，既淋漓尽致地表达了演讲者的思想和感情，又产生了激动人心的修辞效果。

九、双关

双关就是有意识地使用同一个词或同一句话，在同一个言语环境中兼有两重意思：表面上是说这件事，实际上是指另一件事。一语双关，能使话语含蓄、幽默，饶有风趣，还能加深语意，引人思考，给人以深刻的印象。我们可从下面这一组故事中，体会一下双关语运用的技巧。

有个人十分贪杯，常常喝得酩酊大醉。朋友们都很痛心，一再劝他不要滥饮，无奈他就是听不进去。大家商量来商量去，决定设条妙计吓唬他一下，也许能吓住他。一天，当他大醉大吐之后，朋友们弄来一块猪肝，沾些污物，给他看过，说：“人有五脏才能活命，现在你喝酒无度，吐出一脏只有四脏了，生命已经十分危险，今后不要再喝了。”哪知这人醉了心不糊涂，他故意撒酒疯：“唐三藏都能上西天取经，何况我还有四脏呢？”

酒鬼运用谐言，把“藏”与“脏”牵扯到一起，令朋友们无可奈何，充分显示了这酒鬼的机智。

有个女婿，能言善辩，一次同媳妇一块儿到老丈人家去串门。丈人是个吝啬鬼，在午餐席上，只摆盘生柿子和几样蔬菜。女婿伸手拿过生柿子，连皮一块儿吃。媳妇在屋里看见了，连连说："苦！"女婿一边吃，一边回答说："苦倒不苦，只有些涩（啬）。"

苦涩的"涩"与吝啬的"啬"同音，女婿借此讥讽老丈人的吝啬。他吃柿子连皮一块吞，逗引他媳妇发问，以讥讽他的丈人。在词语的选择上，女婿也显出了煞费苦心，不说柿子苦，而说涩，旨在运用谐音双关。虽然嘴受了点罪，却达到了讥讽以泄不满的目的，足显其机智了。

纪晓岚与和珅同朝为官。纪晓岚任侍郎，和珅任尚书。有一次，两人同饮，和珅指着一条狗问："是狼是狗？"纪晓岚非常机敏，立即意识到和珅是在转弯抹角地骂自己，就给予还击。他泰然自若地回答道："垂尾是狼，上竖是狗。"

这"是狼"与"侍郎"谐音，"上竖"与"尚书"谐音，和珅用谐音攻击纪晓岚，自以为稳操胜券，聪明卓绝，没想到纪晓岚用同样的技巧以其人之道，还治其人之身，使狡猾的和珅没有占到丝毫便宜。

三个朋友到一家小酒店喝酒，店里只剩下一个空位子。三个人各不相让，争吵不休，最后商定："谁吹的牛大，谁就坐这个位子。"

三个人中有一个是瞎子，他抢先说："我目中无人，该我坐这个位置。"另一个是矮子，他说："且慢，我不比常（长）人，应该由我来坐。"第三个人是驼背，他不慌不忙地说："你们都别争了，其实你们都是直（侄）背（辈）的，这个位子，理所当然应由我来坐。"

三个人，皆用谐音技巧，真是各有千秋，难分上下。

第二节　说"不"的艺术

为自己的幸福活着的人，低劣；为别人的意愿活着的人，渺小；为别人的幸福活着的人，高尚。

——列夫·托尔斯泰

一、真心地说"不"

当你的同事向你提出要求时，他心中通常也会有某些困扰或担忧，担心你会不会马上拒绝，担心你会不会给他脸色看。因此，在你决定拒绝之前，首先要注意倾听他的诉说。比较好的办法是，请对方把处境与需要讲得再清楚一些，自己才知道如何帮助他。接着向他表示你了解他的难处，若是你处于同样的境地，也一定会如此。

倾听能让对方有被尊重的感觉，在你婉转地表明自己拒绝的立场时，也能避免他受伤害，或避免让人觉得你在应付。如果你的拒绝是因为工作负荷过重，倾听可以让你清楚地界定对方的要求是不是你分内的工作，而且是否包含在自己目前重点工作范围内。或许你仔细听了他的意见后，会发现协助他有助于提升自己的工作能力与经验。这时候，在做好目前工作的原则下，牺牲一点自己的休闲时间来协助对方，对自己的职业生涯是有帮助的。

倾听的另一个好处是，你虽然拒绝他，却可以针对他的情况，建议他如何采取适当的解决方法。若是能提出有效的建议或替代方案，对方一样会感激你，甚至在你的指引下找到更适当的支援，达到事半功倍的效果。

拒绝时除了可以提出替代建议，隔一段时间还要主动关心对方的情况。有时候拒绝是一个漫长的过程，对方会不定时提出同样的要求。若能化被动为主动地关怀对方，并让对方了解自己的苦衷与立场，可以减少拒绝的尴尬与影响。拒绝除了需要技巧，更需要发自内心的耐性与关怀。若仅仅是敷衍了事，对方其实能看得出来，这样会让人觉得你不是个诚恳的人，对人际关系伤害很大。

总之，只要你是真心地说“不”，对方一定会体谅你的苦衷。

二、轻松地说“不”

1. 做好说“不”的准备

我们可分析一下，那些在别人不论提出多不合理的要求时都很难说“不”的人，通常是由于以下一种或几种原因。

首先对自己的判断力缺乏自信，不知道什么是应该做的，什么是别人不该期望自己做的。

其次渴望讨别人喜欢，担心拒绝别人的请求会让人把自己看扁了。对自己能力能够成功地负起多少责任也认识不清。

最后是自卑作怪，因而把别人看成是能控制自己的“权威人士”。然而，不论出于何种理由，这些不敢说“不”的人通常承认自己受感情所支配。不管过去的经历如何，他们从未在别人提出要求时有一个准备好的答复。

2. 用拖延来说“不”

一位女友想和你约会。她在电话里问你：“今天晚上八点钟去跳舞，好吗?”你可以回答：“明天再约吧，到时候我给你去电话。”

你的同事约你星期天去钓鱼，你不想去，可以这样回答：“其实我是个钓鱼迷，可自从成了家，星期天就被妻子没收啦！”

3. 用沉默说“不”

当别人问：“你喜欢阿兰·德隆吗？”你心里并不喜欢，这时，你可以不表态，或者一笑置之，别人即会明白。

一位不大熟识的朋友邀请你参加晚会，送来请帖，你可以不予回复。它本身说明，你不愿意参加这样的活动。

4. 用回避说“不”

你和朋友去看了一部拙劣的武打片，出影院后，朋友问：“你觉得这部片子怎么样？”你可以回答：“我更喜欢抒情点的片子。”

你正发烧，但不想告诉朋友，以免引起他的担心。朋友关心地问：“你试体温了吗？”你说：“不要紧，今天天气不太好。”

5. 用模糊说“不”

外交官们在遇到他们不想回答或不愿回答的问题时，总是用一句话来搪塞：“无可奉告。”生活中，当我们暂时无法说“是与不是”时，也可用这句话。还有一些话可以用作搪塞，如“天知道”“事实会告诉你的”“这个嘛……难说”等。

6. 用反诘说“不”

你和别人一起谈论国家大事。当对方问：“你是否认为物价增长过快？”你可以回答：“那么你认为增长太慢了吗？”

你的恋人问：“你讨厌我吗？”你可以回答：“你认为我讨厌你吗？”

7. 用推托说“不”

比如一个宾馆服务员，一位客人请求替他换个房间，则可以说：“对不起，这得值班经理决定，他现在不在。”

你和妻子一块上街，妻子看到一件漂亮的连衣裙，很想买，你可以拍拍衣服袋：“糟糕，我忘了带钱包。”

有人想找你谈话，你看看表：“对不起，我还要参加一个会，改天行吗？”

8. 用客气说“不”

当别人送礼品给你，而你又不能接受时，你可以客气地回绝：一是说客气话；二是表示受宠若惊，不敢领受；三是强调对方留着它会有更多的用途等。

9. 友好地说“不”

一位作家想同某教授交朋友。作家热情地说：“今晚我请你共进晚餐，你愿意吗？”不巧教授正忙于准备学术报告会的讲稿，实在抽不出时间。于是，他亲热地笑了笑，带着歉意说：“对你的邀请，我感到非常荣幸，可是我正忙于准备讲稿，实在无法脱身，十分抱歉！”他的拒绝是有礼貌而且愉快的，但又是那么干脆。

10. 对事说“不”

某造纸厂的推销员上某单位推销纸张。推销员找到熟悉这个单位的总务处长，恳求他订货。总务处长彬彬有礼地说：“实在对不起，我们单位已同某国有造纸厂签了长期购买合同，单位规定不再向其他任何单位购买纸张了，我也应该按照规定办。”因为总务处长讲的是任何单位，就不仅仅针对这个造纸厂了。

当我们羞于说“不”的时候，请恰当地运用上述方法。但是，在处理重大事务时，来不得半点含糊，应当明确说“不”。而在朋友真心求助时，则不能用说“不”的方法应付，应竭尽所能，若实在违反原则和自己力不能及时，才好说“不”。

三、委婉地说“不”

若别人有求于你，而你出于各种原因却不能接受，又不好直说“不行”“办不到”，怕因此伤害对方的自尊心；若对方提出一些看法，你不同意，既不想讲违心之言，又不愿直接反驳对方；若你看不惯对方的行为，既想透露内心的真情，又不愿意表达得太直露，以免刺激对方。要想处理好上述社交经常出现的情况，就要在社交活动中学会巧妙、委婉地拒绝，根据不同的情境说“不”。

1. 假托直言

直言是对人信任的表现，也是与对方关系密切的标志。但是多数情况下直言因逆耳而不能收到预期的效果。在这种情况下，要拒绝、制止或反对对方的某些要求、行为时，可采取假托由于非个人的原因作为借口从而加以拒绝，这样对方就容易接受。例如：

某报社的推销员登门要求你订阅他们发行的报纸，可你不想订阅。你可以很有礼貌地说：“谢谢。你们的服务很周到，可是我家已经订阅了其他几家报社的报纸了，请谅解。”

2. 反复申诉

当别人侵犯了你的权利时，你要维护你的权利，既坚持你所需要的东西而不生气，也不急躁或高声喊叫，应该学会在一种冲突的情境中有效地反复表达你的意见。例如：你到商店去买东西，由于购物的人多，售货员少找给你十元钱。你向售货员提出，售货员因记不清而引起了纠纷。这时你要以一种平静而重复的声音诉说是如何少找给你钱的，直到问题得到解决。下面这段店员和买主的对话就是一个很好的例子。

买主：小姐，你少找给我十元钱。

店员：不会吧，我们总是一手交钱，一手付货。

买主：我相信你们总是这样做的，可是你确实少找给我十元钱。

店员：你有发货票吗？

买主：有（拿出发货票），你看，就是差了十元钱。

店员：（看发货票）你在这里买的是两双儿童的靴子。

买主：不错，你再算算，就是差十元钱。

店员：你看过你的衣袋没有？你是不是掉在哪儿了？

买主：不会的，我没动地方。我衣袋里再没有钱了。

店员：现在没法结算，快闭店时我们结账，你来一趟好吗？

买主：好，我相信您一定会找到。

3. 模糊应对

如果由于某种原因不愿意或不便于把自己的真实想法说给对方，这时可以用模糊语言来应对。例如：

在医院里，一位患有严重疾患的病人问医生：“我的病是不是很重，还有康复的希望吗？”

医生回答：“你的病确实不轻，但是经过治疗，安心养病，慢慢会好的。”这里的“慢慢会好”是模糊语言。这“慢慢”是多久，是说不清的，但给病人以希望，对病人是一个极大的安慰。

4. 热情应对

明确表示你希望满足对方的要求，并表示同情，可是实际上是心有余而力不足，请对方谅解，而不直接拒绝。这样也能收到良好的效果。例如：

客户要求电信局安装市内住宅电话，由于供不应求，无法一一满足，但又不能拒绝客户的要求。回答时，应表示同情，并热情地说：

“满足客户的要求是我们应尽的责任，可是由于目前线路短缺，还不能全部解决，我们正创造条件，请您耐心等待。”

5. 旁溢斜出

对对方提出的问题给予回避性的回答，而不直接否定对方提出的不合己意的问题。例如，你的同学问你：“某某小说写得很不错，你认为怎样？”你可以这样回答：“还可以，不过我更喜欢某作家的某一本小说。”再如，星期天你的妻子说：“今天我们去看话剧好吗？”而你不愿去，可以说：“去看电影怎么样？”这种回答不会引起对方的反感，对方可能会同意你的意见。

6. 大胆地说“不”

社交中，我们常会遇到一些人的无理请求，若想既把“不”字说出口，又能不得罪人，确实是一种难事，甚至是一种奢求，因此我们面对某些人的无理取闹，特别是面对时弊陋习，务必旗帜鲜明，断然予以拒绝，大胆把“不”说出口。

钱钟书先生曾把时下流行的祝寿、纪念会和某些所谓学术讨论会一概拒之门外，而且毫不客气地一连说出七个“不”：“不必花些不明不白的钱，找一些不三不四的人，说些不痛不痒的话。”钱老夫子绝不媚俗，该拒则拒，绝不留情。

曾有位女士对林肯说：“总统先生’你必须给我一张授衔令，委任我儿子为上校。”林肯看了她一下，女士继续说：“我提出这一要求并不是在求你开恩，而是我有权利这样做。因为我祖父在列克星敦打过仗，我叔父是布拉斯堡战役中唯一没有逃跑的士兵，我父亲在新奥尔良作战过，我丈夫战死在蒙特雷。”林肯仔细听过后说：“夫人，我想你一家为报效国家，已经做得够多了，现在把这样的机会让给别人的时候到了。”

这位女士本意是恳求林肯看在其家人功劳的份上，为其儿子授衔。林肯当然明白对方意思，他装糊涂。恰到好处地拒绝既有利于自己，也有利于别人。在管理中，作为领导者，你不可能什么事情、什么情况下都能满足对方的要求。有些人经常在该说“不”的时候没有说“不”，结果到头来既害己又害人，将人际关系弄糟。

有人说，如果你想真正了解一个人，就请注意他拒绝别人时的样子，这是一个人的全部。“不”不仅体现一个人的性情，也诠释了一个人做人的标准，在该说不的时候大胆把“不”说出口，是一种境界。

四、谢绝

1. 非个人原因的谢绝

对人说“不”，最困难的就是在不便说出真实的原因时又找不到可信而合理的借口，那么，不妨在别人身上动动脑筋，比如借口你的家人方面的原因。一位生活惬意的家庭主妇自称她的生活之所以能如此安宁，就是因为她能巧妙地谢绝某些麻烦。

当一个推销员敲她家门时，她的态度礼貌而坚定：“谢谢你的好意，可我丈夫不让我在家门前买任何东西。而不是因为我不愿意掏腰包。”

这样一来，推销员既不会因为她没买他的东西而怨恨她，同时也感到再说下去也是白费口舌，因为问题不在于她，而在于那个他并未晤面的丈夫，于是，他只好作罢。

2. 情非得已的谢绝

当有人真心请求你的帮助时，在力所能及的范围内，应该尽量给予帮助。

但碰上实在无能为力的事，你无法给予对方帮助时，也不要急于把“不”字说出口，不要使对方感觉到你丝毫没有帮助他解决困难的诚意，否则，你在别人眼中会是一个自私而缺乏同情心的人。保险公司的小李是处理协调客户赔偿要求事务的，小李的工作决定他要经常地拒绝客户的要求。然而，他总是对客户的要求表示同情，并解释说，从道义上讲他同意对方的要求，可自己实在是心有余而力不足。由于拒绝得体，小李的工作做得很出色。同样，当别人有求于你而你又无能为力时，先不忙拒绝他，而要耐心地倾听他的陈述，对他所处的困境表示同情，甚至可以给他提些建议，最后告诉他，你实在无法帮他，对方绝不会因此而生气，反而会被你的诚意所感动。

3. 通过诱导对方来谢绝

诱导对方即当别人向你提出不合理的要求时，不要简单地拒绝他，而应该让他明白他的要求是多么不合适，从而自愿放弃它。一位业绩卓著的室内设计师声称，对于用户的不合实际的设想，他从不直截了当地说“不行”，而是竭力引导他们同意他希望他们做的事情。

一位妇女想要用一种不合适的花布料做窗帘，这位设计师提议道：“你真是给了我们一种新的设计思维，不过让我们来看看你希望窗帘布置达到什么效果。”接着，他大谈什么样的布料做窗帘才能与现代装饰达成最好的和谐，很快，那位妇女便把自己的花布料忘了。

4. 谢绝后指明方向

这一点对担任一定领导职务的人尤其重要。比如你的下属向你提出的要求被你拒绝后，你不妨告诉你的属下他的努力方向，使他始终看到希望，与此相比，你的拒绝就显得微不足道了，不会挫伤他的自尊心，也不会伤害你与属下之间的感情了。

《成功的人际关系》一书的作者、美国的威廉·雷利博士在谈及怎样处理下属希望晋职而他本身的条件又不够的情况时，曾建议企业主管这样说：

“是的，乔治，我理解你希望得到提升的心情。可是，要得到提升，你必须先使自己变得对公司更重要。现在，我们来看看对此还要多做点什么……”

5. 不假思索地谢绝

一位热情奔放的老妇人决定与年轻的女邻居交朋友，她发出邀请：

“欣迪，你明天上午到我家来玩，好吗？”

欣迪脸上露出温和宽厚的笑容说：“谢谢了，但不行啊！明天，我还有事呢。”她的拒绝既友好又温情，但态度又是那么坚决，老妇人只好作罢。所以，当别人的请求你无法满足，就迅速做出反应，友善、真诚地谢绝他，不留任何回旋的余地。

五、推辞

在阿富汗民间故事里有一则题为《谨慎的智者》的小故事。

有一天，帕夏把智者招来，对他说：

“智者，你的智慧，大家都知道，我任命你担任本城的法官。”

这个智者对这个差事不感兴趣，就回答说：

“伟大的帕夏，这个职务我不能胜任。”

帕夏问：“为什么呢？”

智者答道：“如果我说的是真话，那就不应任命我为法官；如果我是撒谎，难道就任命一个撒谎的人当法官吗？”

这位谨慎的智者实际上是不想做本城的法官，他说的“这个职务我不能胜任”不管是否谦虚，其逻辑判断显示的是不能当；如果他在撒谎，那么一个撒谎的人也不能当法官。于是，从两边挟制，得出“我不能当”的结论，轻松推辞了帕夏的邀请。

在日常的交际活动中，特别是身处职场中，你一定经常遇到这样的问题：一位同事突然开口，让你帮他做一项难度很高的工作。答应下来吧，可能要连续几个晚上加班才能完成，而且这也不符合公司的规定；拒绝吧，面子上实在磨不开，毕竟是多年的同事了。应该怎么找一个既不会得罪同事又能把这项工作顺利推出去的理由呢？

有人会直接对同事说：“不行，就是不行！”这绝对不是最佳的选择，可能会让你和同事以后连朋友都没得做。有人会推托说：“我能力不够，其实小A更适合。”那你有没有想过当同事把你这番话说给小A听时，他会做何反应？有人会不好意思地说：“我真的忙不过来。”理由不错，可是只能用一次，第二次再用时，你面对的一定是同事疑惑的眼光。这些好像都不是最佳拒绝理由，那到底该怎样婉转地拒绝办公室中的不合理请求呢？在这里提供一些方法。

当你仔细倾听了同事的要求，并认为自己应该拒绝的时候，说“不”的态度必须是温和而坚定的。好比同样是药丸，外面裹上糖衣的药，就比较让人容易入口。同样的，委婉表达拒绝，也比直接说“不”让人容易接受。例如，当对方的要求不合公司或部门规定时，你就要委婉地表达自己的工作权限，并暗示他如果自己帮了这个忙，就超出了自己的工作范围，违反了公司的有关规定。在自己工作已经排满而爱莫能助的前提下，要让他清楚自己工作的先后顺序，并暗示他如果帮他这个忙，会耽误自己正在进行的工作，会对公司与自己产生较大的不良影响。一般来说，同事听你这么说，一定不会再勉强你，转而想其他办法。

六、拒绝

美国前总统塔夫脱曾讲过这样一个发生在他身边的故事。

“一位居住在华盛顿的妇人，她的丈夫很有些政治势力，她要求我为她的儿子安排一个职位。她不断向我提出请求，而且还托两院中的几位议员帮她说话。可是，她要求给他儿子的是一个充任总统秘书而且专司咨询两院议事的职位，这个职位只有具有一定专业知识的人才能胜任，她的儿子，实在担当不了这个职务，所以后来我另外派了一个人去接任。这样一来她就感到大大的失望，立刻给我写来一封信，说我不懂世故人情，说她曾努力劝说某一州的代表，让他们赞同我提出的某一项重要法案，她对我这样帮忙，而我仅需举手之力，就可以完成她的心愿！

“我接到她的信，把这封信先搁置了两天，然后再取出来很平心静气地写复信。我对她表示了同情，说做母亲，遇到了这样的事，当然是十分失望。再说关于用人是不能完全由我做主的，因为技术人才，我只能听该部门领导的推荐。最后说了说她的儿子在现在这个岗位上一样可干得很好的话。这一封信总算使她静了下来，过后她又给了我一封短札，说明对前信所言表示抱歉。

“我所委派的人并没有马上就去接任，所以过了几天，我又接到了一封她丈夫署名的信，但是，笔迹完全和前封信一样。这封信中说他的妻子为了儿子职位的事而忧闷成疾，医生诊断，恐怕是一种很严重的胃病。如果要使她健康恢复，最好把前次委任的那个人撤回而另行改为她的儿子。

“因此，我又给她丈夫回了一封信，信中说希望医生的诊断有误，同时，再同情他为了夫人的病而忧戚。至于撤回前次所委派的人，那是在朝令夕改，事实上是不可能的。

“此事不久，我委任的人就到任了。又过了两天，我在白宫中开了一个音乐会，第一对到会的客人，就是那位妇人和她的丈夫。”

上例中塔夫脱一连三次拒绝，每次在拒绝上都义正词严，而对于之外的话题则给予了妇人很大的同情和理解，所以他们在事情过去之后，仍能保持良好甚至是更好的交往关系。这无疑得益于塔夫脱对这件事得当的处理方法和简洁而不乏情意的拒绝之辞。因此，我们在社交中拒绝某些事时，不要为了拒绝而说一大堆理由，有些事不行就是不行，简明说出理由，然后不乏情义地拒绝它，才是上策。

七、反击

我们在人际交往中，总难免碰到一些无理的语言。如果出面劝，无异于对牛弹琴；如果进行直接责备，他自然会与你顶撞。

这时，最有效的办法就是反击，但反击也有好坏之分，反击得好可以使对方哑口无言，不好则势必成为一场口争，甚至是破口大骂，大打出手。

因此，真正的反击并不是单纯意义上的口舌之战，而是行其道反其言，使对方巧妙落入自己话语的陷阱，理屈词穷，无言以对。在反击中，以下四点必须注意。

1. 心平气和

遇到无理的言行，首先要做到的就是不要激动，要控制情绪。这个时候心境平和，对反击对方有重要作用。

首先是表现自己的涵养与气量，以“骤然临之而不惊，无故加之而不怒”的大丈夫气概在气质上镇住对方，如一下子就犯颜动怒，变脸作色，这不是勇敢的行为。古人曰：“匹夫见辱，拔剑而起，挺身而斗，此不足为勇也。”对方对此不但不会惧怕，反而会对你的失态感到得意。

其次是能够冷静地考虑对策，只有平静情绪，才能从容选出最佳对策，否则人都被弄糊涂了，就可能做出莽撞之举，更不要说什么最佳对策了。

2. 绵里藏针

对无理行为进行反击，可直言相告，但有时不宜锋芒毕露，露则太刚，刚则易折。有时，旁敲侧击，绵里藏针，反而更见力量，它使对方无辫子可抓，只得自己种的苦果往自己肚里吞，在心中暗暗叫苦，就像苏格兰诗人彭斯那样。有一天，彭斯在泰晤士河畔见到一个富翁被人从河里救起。富翁给了那个冒着生命危险救他的人一块钱作为报酬。围观的路人都为这种无耻行径所激怒，要把富翁再投到河里。彭斯上前阻止道：

“放了他吧，他自己很了解他生命的价值。”

3. 反击有力

对无理言行进行语言反击，不能说了半天，不得要领，或词软话绵。而要做到打击点要准，一下子击中要害；反击力量要猛，一下子就使对方哑口无言。

有一个常愚弄他人而自得的人，名叫汤姆。这天早晨，他正在门口吃着面包，忽然看见杰克逊大爷骑着毛驴哼哼呀呀地走了过来。于是，他就喊道：“喂，吃块面包吧。”

大爷连忙从驴背上跳下来，说：“谢谢您的好意。我已经吃过早饭了。”汤姆一本正经地说：“我没问你呀，我问的是毛驴。”说完得意地一笑。大爷以礼相待，却反遭一顿侮辱。是可忍，孰不可忍！他非常气愤，可是又难以责骂这个无赖。无赖会说："我和毛驴说话，谁叫你插嘴来着？"于是大爷抓住汤姆语言的破绽，进行狠狠的反击。他猛然地转过身子，照准毛驴脸上"啪、啪"就是两巴掌，骂道："出门时我问你城里有没有亲戚，你斩钉截铁地说没有。没有亲戚为什么人家会请你吃面包呢？"说完对准驴屁股，"叭、叭"又是两鞭子："看你以后还敢不敢胡说。"然后翻身上驴，扬长而去。

大爷的反击力相当强。既然你以你和驴说话的假设来侮辱我，我就姑且承认你的假设，借教训毛驴，来嘲弄你和毛驴的"亲戚"关系，以此对对方的无礼进行反击。

4. 旁敲侧击

对无理的行为进行反击，是正义的语言与无理的语言的对抗。所以，反击的语言一定要与对方的语言表现出某种关联，正是在这种关联中，才会充分表现出自己的机智与力量。

八、说"不"的策略

说话讲究策略，说"不"更要有策略，否则拒绝二字将给你的生活增添不少麻烦。

有一个乐师，被熟人邀请到某夜总会乐队工作。乐师嫌薪水低，打算立即拒绝，但想起以往受过对方照顾，不便断然拒绝，便心生一计，先说些笑话，然后一本正经地说："如果能使夜总会生意兴隆，即使奉献生命，在下也在所不辞。"此时夜总会老板自然还是一副笑脸，乐师抓住机会立刻板起面孔说："你觉得什么地方好笑？我知道你笑我。你看扁我，不尊重我，这次协议不用再提，再见！"这样，乐师假装生气，转身便走，老板却不知该如何待他，虽生悔意，但为时已晚。

在生活中，面对不喜欢的对象，要出其不意地敲他一下，以便打退对方。若缺乏机会，不妨参照上例，制造机会，先使对方兴高采烈，然后趁对方缺乏心理准备，脸仍在笑嘻嘻时，找到借口及时退出，达到拒绝的目的。

日本成功学大师多湖辉曾讲过这样一件事，在日本20世纪60年代末的学运中，某大学的教室里正在上课时，一群学运积极分子闯了进来，使上课的教授手足无措。当着班上学生的面，教授想显示一点宽容和善解人意的风度，就决定先听一下学生讲些什么之后再去说服他们。结果与他的善良想法完全相反，学生们乘势向他提出许许多多的问题，把课堂搅得一团糟，再也上不成课了，并且这之后只要他上课就有激进派的学生出现在课堂上，就这样日无宁日地持续了一年。

从这一教训中，教授悟到一条法则，即若无意接受对方，最好别想去说服他，对方一开口就应该阻止他："你们这是妨碍教学，赶快从教室里出去，与课堂无关的事，让我们课后再说！"假如再发生一次同样的事，教授能否应付呢？就算显示出了拒绝的态度，学生也会毫不理会地攻击他，如果一点也不去听学生的质问，一开始就踩住话头，至少不会给对方以可乘之机，也不致弄得一年时间都上不好课！

一位名叫金六郎的青年去拜访本田宗一郎，想将一块地卖给他。本田宗一郎很认真地听着金六郎的讲话，只是暂时没有发言。本田宗一郎听完金六郎的陈述后，并没有给出"买"或者"不买"的直接回答。而是在桌子上拿起一些类似纤维的东西给金六郎看，并说：

"你知道这是什么东西吗？"

"不知道。"金六朗回答。

"这是一种新发现的材料，我想用它来做本田宗一郎汽车的外壳。"本田宗一郎详详细细地向金六郎讲述了一遍，共讲了十五分钟之多。谈论了这种新型汽车制造材料的来历和好处，又诚诚恳恳地讲了他明年的汽车计划何种新的设计。这些内容使得金六郎摸不着头脑，但感到十分愉快。

在本田宗一郎送走金六郎时，才顺便说了一句，他不想买他的那块地。如果本田宗一郎一开始就将自己的想法告诉金六郎，金六郎一定会问个究竟，并想方设法劝说本田宗一郎，让他买下这块地。本田宗一郎不直接言明的理由正是如此，他不想与金六郎为此争辩什么。拒绝对方的提议时，最好采用毫不触及话题具体内容的抽象说法。

九、说"不"的禁忌

1. 忌说话绵软无力

拒绝别人时若说话绵软无力甚至哼哼叽叽半天讲不清楚，会让人很容易产生一种厌恶感，认为你不是帮不了他，而是根本不想帮他，因为一般而言只有心虚的人才会如此吞吞吐吐。

2. 忌热情过头

既是拒绝别人就认真说出理由，之后无论表示惋惜也好，无奈也好，别人不乐意，但也不能对你的拒绝妄加指责，但你若为了弥补对方，一个劲"可惜可惜""下次下次""一定一定"，则未免有些虚伪。

3. 忌触动感情

据心理学家研究，"触动"是很容易产生共同感受的，故想说"不"时应注意避免。给人以"敬而远之"的态度，比较容易把"不"说出来并说得较好。

第三节　话随境迁的艺术

百行之本，言也。一言而适，可以却敌；一言而得，可以保国。

——刘向

一、说话要顾及场合

说话要顾及场合。否则，再好的话题，再优美的话语也收不到好的效果，有时甚至会适得其反。试想，在跟朋友谈心时，像做报告那样拿腔拿调，在悲哀、肃穆的葬礼仪式上讲话，像相声演员那样通篇幽默之语，将会产生怎样的后果？所以话随境迁的艺术第一强调的就是说话的场合。

所谓“境”，有社会环境、自然环境和说话的具体场景。这里指的主要是说话的具体场景，即由一定的时间因素、空间因素和交际情景有机组合成为的言语交际场合。交谈时，说和听双方对话语的采用或理解，都要受特定场合的影响和制约。就说的一方来说，无论是话题的选择，还是话语形式的采用等，都要根据特定场合的需要来确定。

例如，在说话话题上，在人家办喜事的场合，就不要谈使人丧气的话题；在人家悲痛的时候，一般忌谈逗乐的话题；在大庭广众中做演说、做报告，应当讲严肃的话题，而且话题要求集中；如果是聊天，则可以不断转换话题，甚至离题也有离题的乐趣。

从话语形式来说，一般需要按照常规形式说话，而在特定场合，又可灵活变通，组成特殊的话语形式，这样反而能够收到更为理想的效果。

首先说话一般要求语句完善，符合语法规范，但在特定场合，却允许而且需要组织结构特殊的话语来传递信息。

例如，当汽车快到十字路口而司机仍未减速时，旁边的人只需提醒：“红灯！”司机便会立即做出减速、刹车的反应。此时若旁边的人说出这样结构完整的复句：“前面遇上红灯，这是不准前行的讯号，你应当减速停车，以遵守交通规则，保障安全。”人家不说你有精神病，至少也会认为你这人“迂”得可以了。

因为司机头脑里早已储存有途中可能遇到的那些情况和应该如何处理的信息，因此，只需用极简短的话语提示，他就立即会调动大脑中储存的有关信息去补充。这时的话语要特别简明，语气要特别急促。

虽然说话一般要求前后衔接，语意明晰，但在特定场合又不得不采用断续跳落，甚至话题飞转的话语形式。

例如，当汽车停站后又启动时，忽听得一声急促的叫喊："车，车，车！我还没下哩！"原来是一位妇女由于抱小孩，东西又多，来不及下车。妇女这话孤立起来看，意思不连贯，也不明确，但由于环境的参与，意思又是很明确的，加上词句的简明，语气的急促，效果十分强烈。还有，比如语音的纯、杂也可以依具体场合加以调整。一位老学者回到阔别已久的故乡讲学，在适当的时候忽然冒出一两句地道的故乡方言，会收到意想不到的效果。

二、注意说话的语境

说话的语境，指语言本身所产生的说话环境、氛围等，是说话艺术中最不易把握的也是最常见的一种现象。不同的言语表达不同的内容，产生不同的气氛，如果不注意说话的语境变化，我行我素，一意孤行，不知变通，不仅起不到说话的效果，有时反而会使谈话无法进行下去。

一位早年毕业于某高等院校中文系、勤勤恳恳工作了几十年的老教师退休了，为此，学校为他和另一位曾多次荣获过"先进"的退休老同志一并举行了一个欢送会。

与会同志和领导对他们的工作和为人进行了热情洋溢而又非常得体的肯定和赞扬，相比之下，对那位曾多次荣获过"先进"的老同志的美誉尤多。当轮到两位受欢迎的退休老同志致答谢辞的时候，他们对大家的赞誉表达了深情的感谢。

一时间，会场里充满了一种令人动情的温馨气氛。作为答谢，话本该说到这里为止；然而，那位老教师却并未就此打住，由人们对另一位"先进"的赞扬引发了感触，并做了颇为欠妥的联想和发挥："说到先进，很遗憾，我从来也没有得过一次……"话犹未尽，坐在他对面的、平日与他相处得不很融洽的一位青年教师突然抢过话头："不，那是我们不好，不是你不配当先进，是怪我们没有提你的名。"话语中带着一种不肯饶人而又让人难堪的"刺"，冷不防，老教师的眼角眉梢被"刺"出了一股感伤的表情，一时间会场中出现了一种怏怏不悦的尴尬气氛。

一位领导见势不对，马上接过话茬，想把气氛缓和一下。照理说，这时，他应避开"先进"这个敏感的话题，转而谈论其他。然而，他却反反复复劝慰那位退休老教师，叫他对"先进"的问题不要在意，说没有评过先进，并不等于不够先进，先进不仅在名义，更要看事实。

如此等等，一席话等于是把本应避而不谈的话题做了重复和引申，使本已尴尬的局面变得更为尴尬。

三、时境

时境是诱发说话的欲望、内容的本源。

人们说出来的每一句话，都是观念形态的东西。马克思说：“观念的东西不外是移入人脑的并在人的头脑中改造过的东西而已。”说话是意识活动的产物，不管是客观地介绍情况，还是主观地抒情议论，从根本上说，都只能来源于客观现实。因此，说话的欲望、内容等，都是说话人所感知的客观事物“移入”人脑之后产生的刺激诱发出来的。斯米尔诺夫在《心理学的自然基础》中指出：“意识的根源不应到脑的外部，而应该到人的社会生活——人们最复杂的意识活动形式的真正源泉中去寻找。”

不爱说话的人，在令他兴奋的场合，也常常说起来没完没了。相反的，爱说话的人，在特殊的环境中，也会缄默不语。无论爱说或不爱说话的人，其说话欲望的诱发，都是与时境有关的。人们常说“有感而发”，就是有感于说话的时境而发的。

有一次，一位领导应邀参加“新世纪党员形象”演讲会，他根本不想发言，也没做准备。但在论辩到“党员可不可以下岗”的问题时，他被其他演讲者几乎一边倒的否定意见所激怒，走上讲台，作了生平以来第一次“即兴演讲”，获得了极大的成功。

这位领导本来不想发言，没有在这次会上讲话的欲望，是演讲会场这个具体时境，特别是几乎一边倒的否定意见这个具体条件，刺激了他，诱发了他的说话欲望。

所谓“即兴演讲”，大多是说话的时境诱发了演讲者的欲望，使他兴致勃勃地讲起话来。俗话说：“鼓不敲不响，钟不撞不鸣。”没有特定时境的诱发，往往不会有说话的产生。

时境在诱发说话欲望的同时，也为说话提供了可资谈论的话题。老舍的话剧《茶馆》的第一幕有这样一个场面：

街上兵荒马乱，正搜查谭嗣同的余党，庞太监进来说：“天下太平了。圣旨下来，谭嗣同问斩！”这话一下子打破了茶馆里“莫谈国事”的沉闷局面，出现了新的说话时境。

茶客甲：谭嗣同是谁？

茶客乙：好像听说过！反正犯了大罪，要不怎么会问斩呀！

茶客丙：这两三个月，有些做官的，念书的，乱折腾乱闹，咱们怎能知道他们捣的什么鬼呀！

王利发：诸位主顾，咱们还是莫谈国事吧！（大家安静下来，都又各谈各

的事）

这时，关于谭嗣同的谈论议题，是新的说话时境提供的，随着茶馆掌柜王利发“莫谈国事”的忠告，又回到原来的时境状态。新的说话时境没有了，关于谭嗣同的话题也就结束了。说话的时境是现实生活中与说话主体最切近的部分，能被说话人直接感知，是摆在身边的说话材料，随时可以参与进来，成为谈论的话题。

四、特定场合的说话艺术

有篇报告文学记载了王震同志帮助诗人艾青的感人故事，其间王震与艾青的几次谈话，很能说明特定的交际场合需要用特定的话语形式来表达。

1957年后期，王震找到被错划为右派的艾青，一见面就说：“老艾，我又爱你又恨你！你是不反对社会主义的，你是拥护真理的嘛！离开文艺界，你到我们那里去吧！”艾青到了王震兵团所在的密山安定下来后，王震诚恳而严肃地对艾青说：“老艾呀，你要是搞不好，我是要骂你的。等我死了你再写文章骂我！”这些都是在背地里谈的话，在大庭广众之中说法又不一样了。艾青刚到密山，参加向荒原进军的动员大会，王震站在卡车上对大家说：“有个大诗人，艾青，你们知道不知道？他也来了，他是我的朋友。他要歌颂你们，欢迎不欢迎呀！”还有一次，艾青不在身边时，王震对农场领导说：“政治上要帮助老艾，赶快让他摘掉帽子，回到党内来。要让他接近群众，了解战士。”

前两次讲话，均为个别交谈的场合，王震的话语既有信任，亦有批评，既有鼓励，又有严格要求，也不乏朋友间的坦诚直率。

后两次，交际场合为当事人不在场或大庭广众之中，说语更多热情、爱护与帮助，这对当时的艾青来说，真可谓久旱逢甘霖，使他一直半吊着的心安稳了，他觉得自己“开始了生命的新旅程”。没有老将军这些恰如其分的讲说，或许就不会有艾青的新生，这就是特定场合的说话艺术所产生的巨大魅力。

在特定场合讲话可利用以下几种技巧和原则，以达到理想的说话效果。

（1）多角度。某些场合的变化是出人意料的，如果应对不好，会使自己陷于某种困境。这就要求说话者必须善于变换切入角度，灵活地应对和驾驭各种局面和场合。

里根就任美国总统后，第一次出访加拿大，时值加拿大举行反美示威游行。一次，里根总统的演说为反美示威游行的人群打断。只见里根总统面带笑容对陪同的加拿大总理特鲁多说：“这种事情在美国时常发生，我想这些人一定是特意从美国来到贵国的，他们是想使我有一种宾至如归的感觉。”双眉紧锁的特鲁多眉开眼笑了。

里根高超的说话水平，故作曲解、歪解，解脱了主人的窘迫，又体现了一位大国总统的胸襟与气度。

（2）正话反说。利用情境的参与，正话反说，摆脱不利的话语交际环境。

萧何以谋反罪诛杀韩信后，又召集群臣，设下油锅，要韩信的谋士蒯通当众供认和韩信谋反的罪行。在这种特殊环境的制约下，蒯通无法直陈其词，便用正话反说的方式先数了韩信的“十罪”，接着又列举了韩信的“三愚”：“韩信收燕、赵，破三秦，有精兵四十万，恁时不反，如今乃反，是一愚也；汉王驾临成皋，韩信在修武，统大将二百余员，雄兵八十万，恁时不反，如今乃反，是二愚也；韩信九里山前大会战，兵权百万，皆归掌握，恁时不反，如今乃反，是三愚也。韩信负着十罪，又有此三愚，岂不自取其祸！”

蒯通名为数说韩信的罪状和愚蠢，实为韩信鸣冤叫屈，致使满朝文武为之动容，赢得了群臣的同情，迫使萧何难以下手烹杀。

（3）利用歧义。利用特定场合，造成情境歧义。

鲁迅在厦门大学任教期间，校方曾召开一次专门会议，无理削减一半经费，遭到了与会人员的反对。校长林文庆不但不予理睬，反而阴阳怪气地说：“关于这件事，不能听你们的。学校的经费是有钱人付出来的，只有有钱人，才有发言权！”他刚说完，鲁迅立即从口袋里摸出两个银币，“叭”的一声“拍”到桌子上，铿锵有力地说：“我有钱，我有发言权！致使林文庆措手不及，狼狈不堪。”

鲁迅讲的“有钱”和林文庆说的“有钱”是两个概念，二者所包含的语意相差甚远，鲁迅正是巧妙地利用交际环境造成的歧义，给林文庆当头棒喝，压下了他的气焰，打乱了他的阵脚，实现了当众讲话的目的。

（4）言此意彼。利用情境的微妙关系，言此意彼，使双方心领神会，从而实现交际目的。

五、小环境大背景

人们在一定的社会文化中使用语言，社会文化、历史等因素又渗透在语言之中，制约着语言的运用。社会文化背景，指社会场合，包括时间、地点、场合、气氛、事件背景、人事关系等。文化环境指一个民族在自己的历史发展中形成的独特的风格与传统。我们在讲话中要善于运用这种社会大环境，来衬托自己说话的小环境。

新中国成立前夕，陈毅同志在一次报告中说：“我们有充分的信心可以预见，解放全中国已经不需要太长的时间了！解放上海，更是指日可待！（台下爆发雷鸣般的掌声）过不了几天，阿拉这些土八路可以到上海白相相了！（用生硬的上海话）”台下充满笑声，这样的话在那个社会环境和具体场合显得十分得体，而且出语幽默，又鼓舞人心。

切情切境，是成功讲话的重要条件。陈毅元帅对当时报告的场景氛围的辩证运用，打破风格的表面统一，从而很好地适应了“行将进入上海”这一题旨情境，应情应景，耐人寻味。

还有一些虽然不属于大的社会环境，诸如地点、实物，但它们一旦附属于某种社会力量所能施加影响的范围，就成了社会环境。例如，在国家级的外交谈判中，地点的选择是一个很敏感的问题，通常的处理方法是在谈判双方的领土上轮换举行，或者选择第三国作为谈判地点。为什么这个问题会成为一个重要的而敏感的问题？人们都有这样的体会，在朋友家里，总有一种客人心态，说话也总是显得拘谨一些，可在自己家里接待朋友，就无拘无束了。这种主人心态，就自然形成了一种优势，人们把它叫作“居家优势”。

交际中有时地点的改变也可形成不同的环境，从而有利于解决不同的问题，发表有针对性的讲话。例如：

有些领导者发现问题，往往请下属到自己办公室谈话。办公室是上级办公的地方，下属来到这里，很容易联想到上下级关系，于是便产生了一种“必须服从”的心态。这样，本来是对等的谈话，因为地点这一特殊社会环境的参与，就有利于一方，使对等的双方，变成主动与被动的两方。主动一方便有一种“居高临下”的势头（当然这只是一种心理差异，绝不是“以势压人”）。以此类推，如果顾客与营业员发生纠纷，经理应巧妙地把顾客诱导进自己势力所能影响的范围——经理办公室。这样既可以避免事态的扩大，也可以使这位顾客与围观者隔绝，避免接受人群中一些不良反应而进一步增强不满情绪。所以，经理室实际上成了一个有利于处理问题的小社会环境。反之，如果为了加强联络，增进信任和友谊，领导人员则应走出“领导效应区”，到职工宿舍、食堂、俱乐部等地方去，以便于放开话题，无拘无束。这类非语言因素，有时正像看不见的磁场，有着极其强大的特殊效应。

可见利用合适的社会背景说话，可明显提高说话效果，这就要求我们有敏锐的思维和具有穿透力的眼光，去洞悉社会大背景，并善于利用眼前的实物、身处的地点营造有利于自己说话的环境。

六、怎样利用自然环境

自然环境是指交际的时间、地点、场合。时间，小而言之是指年月，大而言之是指时代；地点，小而言之是指大庭广众、居家密室，大而言之是指城镇、乡村、野外；具体场景则指由一定的时空因素，以及交际情景有机组合而成的言语交际场合。例如，人家办喜事，你便不能谈令人丧气的话题；人家悲痛时，应忌谈逗乐的话题。大庭广众中演讲、报告，应谈与主题有关的话，不可玩世不恭草率应付；散步聊天，则具有随意性，离题或许更有离题的乐趣。

善于利用自然环境来增强说话效果，有时可以借用季候景物，诱发说听双方的共鸣。如郭沫若在 1978 年的全国科学大会上的发言，就是运用这一方法结尾的："春分已经过去，清明即将到来。'日出江花红胜火，春来江水绿如蓝。'这是革命的春天，这是人民的春天，这是科学的春天，让我们展开双臂，热烈地拥抱这个春天吧！"当时郭老卧病难起，做此书面发言。这个发言一经宣读完，会场上就爆发出雷鸣般的掌声，通过实况转播，又在整个科学界引起了热烈的反响。郭老在这里运用"春天"这一季节环境，画龙点睛，效果显著。

一个人谈话总是在一定的时间、空间进行的，如时令、地理环境、自然景物往往因人的主观感受不同而附上不同的情感色彩。若能结合自然情景来组织话语，往往会收到出其不意的效果。李瑞环同志在天津工作期间，适逢某场中国足球甲级联赛在天津举行，天津队参赛前正赶上下雨。李瑞环鼓励队员们说："下雨了，你们要为浑水摸'鱼'，要快传多射，千万别拖泥带水。"这里巧借场上下雨这一自然情境因素，或仿拟，或双关，话语风趣幽默，很好地发挥了鼓舞士气的作用。

另外，自然环境对说话的声音也有着相当的限制，例如，在肃静的图书阅览室里，只有书成页翻动的唰唰声和用笔写字的沙沙声。有人进来办事，非说话不可，也只能悄悄地耳语几句，声音小得别人难以听见。如果有人大声说话，立刻成为众矢之的，随之射来一束束责备的目光。两个人在办公室里促膝谈心，一般声音就可以了，说到机密处，还可以放得更低，窃窃私语。如果两个人相距较远，或在嘈杂的闹市上说话，就得高声呼喊。

如何在公共场合说话：

在公共场合说话最主要的准则是"不哗不惊"。不哗，即不喧哗，不哗众取宠；不惊，即不大惊小怪，不惊动别人。尽管流行每年都在改变，有一个事实却是不变的，那就是适度。有一句话说得好，随便的衣着只有在某些时候才适合，而穿着正式的服装总不会太错。公共场合说话不到位，无异于穿着短裤或家常裤走在繁华都市的大街上，或者是穿着高跟鞋漫步在海滩上。

因此，我们在公共场合应该有得体的言行。外人来你这里要有得体的行为和语言，你也要对他们有礼貌；组织成员之间要有礼貌；你去别人那里同样需要礼貌。例如，去政府机关办事，首先要遵守规定在门口登记，等候门卫电话确认是预约后，才能进门。找到要去的部门和负责人后，应该简要地说明来意，假如有什么事无法达成共识，比如涉及切身利益的问题，不要情绪激动，大吵大闹，造成不良影响。

在银行存提款要注意给别人留下空间，在“一米线”外等候。到写字楼里办事应当着装整齐，礼貌回答门卫提出的问题，进门前一定要敲门，得到允许再进去，不要长驱直入。假如你是去推销更要注意礼貌，写字楼往往是不欢迎推销的，你应该用自己的行为语言给他们一个好印象。在饭店里不能像在家那样不拘小节，随地吐痰、吸烟等都是很不礼貌的。在酒楼除非是包席，否则最好不要太喧哗，以免影响其他顾客吃饭。到条件较好的公寓找人，要和门卫配合。到一般居民楼也不要大声喧哗，找错了门应当致歉。会场里需要注意的是不要窃窃私语，如果有几个地方在小声说话，主席台上的人听见的声音就很大了。另外要尽量把手机、呼机调为震动或者关机。

这些都是生活中一些最基本的常识，其余的还需我们在生活中仔细体会。

七、批评的场合

不注意场合随意批评人往往收不到批评的效果。领导者尤为如此，不仅起不到效果，还会伤了部下的面子和自尊心，也有损自己的形象和威信。穿衣要看天气，批评也要看场合。

批评部属一定要注意场合，而且不能像泼妇骂街。因为，大部分人都不愿意看到上司斥责部属，不愿看到自己的同事被责骂。当然，有的人会幸灾乐祸，但大部分的人会站在被责骂者一边。

有的人喜欢在众人面前斥责下属，并不是因为出于气愤，而是想经由这种方式向上级、客户或其他部属表明这不是他的错，而是某个下属办事不力造成的。事实上，这种做法是幼稚的。一是你既然身为领导，就得对职责内所有事务负起责任。如果你一味强调自己不知情，只会使你在掩饰的同时，暴露出你的另一面缺失，那就是你管理不力，或你所主持制定的管理规则不健全。更重要的是，你的这种推卸责任的行为，会让其他部属看了心寒，他们会觉得你是一个自私、狭隘、没有气量的上司。二是如果一旦出了问题，你就把责任往下属身上推，拿下属做挡箭牌，那么，毫无疑问，这个下属从此就有可能对任何工作都不再热心。而且，他还会在心里想着：“好啊，这次你拿我当替死鬼，那我们骑驴看唱本——走着瞧吧！”更要命的是，如果你的部属是一个脾气暴躁的急性子，他也许当场就和你针锋相对，大吵起来。这时，他也许会把你一些见不得人的黑幕抖搂出来，然后扬长而去。当着那么多旁观者，谁的处境最尴尬？最终还不是你丢了自己的面子。

因此，在发生问题的时候，即使你确定是部属犯的错误，也应该把他叫到办公室，在没有第三者的情况下进行批评。

第六章 >>> 日常生活的说话艺术

第一节　口语的基本要求

口头语言即口语，是与书面语相对而言的。口语是最直接、最方便、最经济，也是最重要的交际工具。

我们每个人从生下来一岁就开始学习说话。但是在日常生活中往往会发现某些人很善于辞令，口才一流，说话总是有说服力；而某些人不但不善于表达，有时候说话更会让人抓不到重点。语言是借由具有共同意义的声音和符号，有系统地沟通思想和感情，是人类沟通的主要桥梁，因此我们应该慢慢培养自己的口语表达能力，不但对人际关系上有极大帮助，对事业前途往往更是决定性的关键。

一、口语的基本要素

语音：包括语调、语气、音量、音长，如语气词“啊”，我们赋予它不同的情感、不同的音量、不同的音长、不同的语调，它所表达的就是不同的意思。

二、口语表达技巧

1. 重音运用

生活中经常运用重音，重音在生活中必不可少。重音具有区别词意的作用，读重读轻表达的意思不一样，重音可分为三种。①语法重音：就是按句子的语法规律重读的音。②逻辑重音：就是根据演讲说话的内容和重点自己确定。③感情重音：就是根据表达强烈的感情或细微的心理来安排。重音不一定重，有时放轻也起强调的作用。重音有两种，一种是重重音，一种是轻重音。重音怎样体现？一是加大音量，二是拖长音节，三是一字一顿，四是夸大调值。

2. 停顿技巧

（1）语法停顿。语法停顿又叫自然停顿，一个词中间是不能停顿的，否则就把意思搞反了。

哪些地方该停呢？从语法上说中心语与附加语往往有一个小小的停顿，书面语用标点符号表示的地方要停顿，停的时间长短不一样。停顿时间是：句号（包括问号、感叹号）>分号>冒号>逗号>顿号。从结构上，是段落>层次>句子。

（2）逻辑停顿。逻辑停顿是根据要强调的停顿，逻辑停顿表达感情的需要。

3. 连接的表现力

连接就是在书面上标有停顿的地方赶快连起来，不换气、不偷气，一气呵成。连接的作用，第一，渲染气氛；第二，增强气势，能表达激情、推进内容。表现停顿连气技巧有三：一是气息要调解，比较大的停顿地方要换气，小的停顿要偷气（不明显的换气），另外要一气呵成；第二，接头要扣“环”，即两个内容相关的句子，第一句的尾音节压低，第二句的起音也要低，这样两个句子中的音位差就小，给人感觉环环相扣；第三，层次要“抱团”，句子的末尾音节不要往下滑，每层的意思要有鲜明的起始感、整体感。

三、口语表达的特点

（1）同步性，即外部语言表达与内部语言思维是同步进行的，口语只是将思维外化了。

（2）简散性，即常使用的是一些短句、散句，有时可使用体态语表达，它的结构松散。

（3）暂留性。我们讲话是通过声波传播的，而声波瞬间即逝，有心理学家做过一次测试：我们听话的过场中能够精确留在记忆中的大概不超过 7～8 秒钟。既然是短暂的，怎么去评价一个人的口才呢？是从整体上把握、从语流上把握。语速给我们的启示一，就是想好了再说；启示二，是说话速度不可太快。一般的发言 200 字/分钟，最快不能超过 280 字/分钟。每次发言（座谈会、讨论会）最好不超过 2 分 10 秒，否则，被吸收的信息大大削弱。

（4）临场性。①时空是特定的，说话必须符合时间和空间并受其制约，比如，我今天来讲课，我不是来演讲的、也不是来讲故事的，我要受到这时空的约束。②表达的对象是特定的，听众是特定的。③现场的氛围是特定的。了解这点给我们两点启示，第一，由于是特定的，说出去的话想收回来是不可能的，这就要求想好了再说；第二，说话要受现场氛围的影响，要考虑“现场反应”，要适时调整语言，这要求提高本身的素质。

（5）综合性。①系统的综合。说话时，语言、声调、态势语要综合考虑，如果语调没有变化，语言是枯燥的，如果没有加一点体态语，语言是不生动的，系统的综合要求在说话时要调动各部门的积极性来完成说话内容，且各部门、各系统要有整体感、协调感。②调动的综合。口语表达有一个过程，就是从生活到思维，再由思维外化成口语，在这个过程中，每个人所说的话，包含了这个人的生活体验、文化素质、道德水准，听其言可了解这个人。同样的稿件各人说出来的效果不一样，就是因为各人的生活阅历不同，对生活的理解不同。所以要调动知识素养，要调动能力素养，要调动生活积累。③手段的综合。口语表达是传声的、有感情的，同时手段是多样的。传声包括声音的高低、快慢、强弱、长短；表情包括面目、眼神、手足。

四、口头表达基本要求

（1）清晰。要让人知道你说的是什么，当然，有时要说得幽默一点，那或是生活的玩笑，或是说相声，一般情况下一定要说清晰，让人听得懂。

（2）流畅。不要有口头禅，有的人做报告开头喜欢用“这个、这个”，有的人喜欢每句后面用“啊、啊”，让人听起来很不是滋味。

（3）响亮。话是说给大家听的，除非是悄悄话，有隐私。一般说话要把音送到人家耳朵里，让人听得清楚，所以要响亮。

（4）口语化。口头语与书面语是有区别的，当我们写好一个书面的东西，不是读是说出去的时候，就要口语化，比如：发言稿是要说给大家听而不是念给大家听，就要口语化；演讲稿要说给大家听也要口语化。口语化有三个途径：①书面语中的单音节词在口语里都要变双音节词。比如，书面语“此时”，口语表述就要用“这个时候”。②文言词变白话词。例如有这么一篇演讲稿：“教育历来被视为一片未加污染的绿洲。”如果说出去就有两个地方要变动一下，“教育历来被人认为是一片没有受到污染的绿洲。”显然第二句效果好些，这就是说，第一要把单音词变多音词，第二要把文言变白话，有的书面语“良久”，口语就只能说“很久”。③书面语停顿靠标点，口语靠情感的处理、靠语气的变化。把书面的停顿变成口语的停顿，书面的停顿靠标点符号，口语的停顿靠词与词（组）之间、句子与句子之间间歇的时间来表现，而且，远远多于书面语停顿的时间。（口语的基本要素语音，包括语调、语气、音量、音长）

五、口语的表达方式

口语与书面语都是语言，彼此关联。因此在表达方式上有共同之处，都有叙述、描述、说明、议论、抒情五种基本形式。但是口语是声音的，书面语是文字的，因而这五种基本形式在口语属“耳治”的，即听觉的；书面语属“目治”的，即视觉的。从说话的角度来说运用这五种基本方式除了要遵循书面语对这五种形式的要求之外，还应顾及口语声音性这个特征，否则听话人难以清楚、明晰地接受你所要表达的思想情感。本节是从说话的角度而不是从写作的角度讨论这五种形式。

（一）叙述

叙述就是把人物的经历和事物变化的过程说出来的一种最基本的表达方式。叙述使用范围广，交谈、讲课、辩论、演讲、讲故事等都离不开它。叙述有繁有简，也可长可短，它最基本的要求有两点：一是清楚，二是生动。讲得清楚，别人才能听懂；讲得生动，别人才会乐意听。会讲的，一件平凡小事，使人听得头头是道、十分有趣；不会讲的，一件有趣的事，叫人听不出个头绪，索然无味。可见，叙述不能不讲究技巧。

叙述的技巧主要表现在两个方面：一是语脉清晰，二是语调传神。

1. 语脉清晰

语脉其实就是叙述的线索和顺序，叙述时语脉清晰方能使得叙述具有条理性。

语脉多种多样，常见的有时间性的、空间性的和事理性的。在口头表达中，使用最多的是以时间、空间为叙述语脉的。比如，叙述人物生平、事情经过，通常采用时间的变化为语脉；叙述旅游、观光等情况，通常采用空间的变换为语脉；叙述较复杂的事情，往往采用时空交错为语脉。

口头表达叙述的语脉既要通过清晰的思路，还要通过恰当的声音。用恰当的声音来传达语脉主要是在语流、重音和停顿上来做文章。一般说来顺畅的语流给人以整体感，使听的人理解你讲的前前后后是一件事的开头结尾，因果发展；运用强调重音突出显示时空变化，使听的人很容易把握语脉；不同长短的停顿则把叙述的层次交代清楚。三者巧妙地结合起来，叙述的语脉就可以清晰地传入听者的耳中了。

2. 语调传神

口头叙述最忌语调呆板单一，即使最精彩的内容，假如用呆板单一的语调来叙述，那也会使人索然无味。因此口头叙述必须讲究语调的变化，讲究语调的神采飞扬。语调的变化主要反映在声音的强弱、音调的抑扬、停顿的长短和语速的缓急等方面。在叙述的时候，首先应根据内容定下一个相适应的基调，一开始就造成一种特定的气氛，在此基础上，再根据内容的发展做些变化渲染。其次还应考虑语言环境，反馈信息，灵活调整语调，使叙说自始至终扣人心扉，以期收到更好的效果。

（二）描述

描述，是用口头语言描绘人物、景物、物体、场景等，给人以如见其人、如睹其物、如临其境的感觉。描述和叙述是两种不同的表达方式。描述是用生动形象的语言把人物或景物具体地描绘出来的一种表述手法，如说："王师傅往炉里添了煤，火很快就旺起来了。"这是叙述，它告诉我们王师傅做了什么，炉火起了变化。如果说成这样："王师傅往炉里添了煤，不一会儿，那红火苗就腾腾地蹿起来了。"这后一句就成了描述，有形象、有颜色，我们好像真的看到那红火苗蹿出来一样。有时，描述和叙述只差在几个字上。如说"马路上过来一辆小车"，这是叙述；说"马路上吱吱呀呀地过来了辆小车"，多了"吱吱呀呀"四个字，说出了声音，听者由声音引起想象，情形就不同。在口头表述中，叙述和描述经常是结合在一起的，二者并无特别严格的界限，有时甚至很难区别。生动的描述能激起听者丰富的想象，给人以美感。如在泰山顶上看日出时，有一位导游用了这么一段解说："大家请注意东方天边的变化。"游客中立即有人踊跃地说："看！雾气变红了，像一片红的海洋。"导游立即接过话头说："在这红的海洋上，簇拥出一堆墨蓝色的云霞，在这云霞里隆起一道细细的抛物线。这线红得透亮，闪着金光……看，抛物线被突破了，太阳露出来了，只有小半个，像一角弯月，放射出无数扇形光波，光彩夺目，灿烂辉煌……蓝、青、紫、橙、黄、白五颜六色，不断变换……"导游在解说中用了大量色彩词、形容词，将日出过程描绘得生动、逼真、优美。

从口头表达的角度来说，运用描述这种方法时有两点特别需要注意：

（1）描述的口语要具体形象，绘声绘色。

可运用重音突出描述对象形、神、声、色的特征，造成清晰的视像。

（2）语调应曲折多变，给人以曲折生动之感。描述的特征在于形象性。因此在口头描述时应通过语调的抑扬顿挫以及语气的变化转换，使人如见其形，如闻其声，如临其境。如沈萍的演讲《为了我们的父亲》中的一小段："……再看一看我们的父亲吧！这是一张忠厚善良、朴实慈祥的老人的脸，在那一道道深深的皱纹中，仿佛隐藏了一生的艰辛，眼睛有些昏花，但却安详，没有悲哀和怨恨，有的却是无限的欣慰和期望。你看，这双勤劳的大手，青筋罗布、骨节隆起，虽然枯燥得像干枯的树皮，但却很有力量……"

这是一段肖像描述，口头演说时可用重音突出描述性成分，如"忠厚善良、朴实慈祥"等。两个"却"的前后语调都宜有所变化，这样便于形成一种以声载情、以声感人的效果。

（三）说明

说明是把事物的性质、状态、特征、过程、功用等有条理地清楚明白地说出来。说明以解释、介绍、阐述事物的性质、特征、形状、成因、关系、功用等为主要目的。这种被解释、介绍、阐述的事物，可以是实体的，例如山岳、湖泊、动植物等；也可以是抽象的事理，例如立场、观点、名词术语、学术流派等。

从语言运用的角度来说，说明大致有两种形式，一种是用平实的语言来说的，如“狗，是一种哺乳动物。它的种类多，嗅觉、听觉非常灵敏，毛有黄、白、黑等颜色。狗是种家畜，有的可以训练成警犬，有的用来帮助打猎，牧羊等”。另一种是用形象的语言来说的，如“重庆，是一座有名的美丽山城，周围青山环抱，城下绿树围绕。南有长江滚滚东去，北有嘉陵江滔滔而来，两江汇流，将重庆围成一个弯月似半岛，好似两条龙托起一座变幻多娇的海市蜃楼。每当旭日东升，给市区林立的高楼大厦披上金色的朝霞，山城就显出它雄伟绚丽的英姿。待到新月高悬，登上枇杷山公园俯瞰万家灯火，恰似繁星闪闪，又使人顿生飘然登天的幻景。而到秋去冬来，江雾缭绕，浓云弥漫，水天一色，山城又时隐时现在一片神秘缥缈的雾海苍茫之中。”

运用说明有两点需要注意：

(1) 一般而言，口头说明以通俗易懂、平实质朴为宜。但也要看对象、目的与场合。有时通俗易懂、平实质朴不宜，而似绚丽多姿、形象生动为佳。比如导游人员对风景名胜的解说，如果一味地平实质朴，是很难成功地引导游客观赏的。

(2) 说明的语调宜清新活泼，自然流畅。这是使人爱听的重要条件。另外，说明一般没有情节，应注意使用停顿，重议论，是对事件或问题进行分析、议论，它运用概念、判断、推埋的逻辑形式直接说理，征服对方。简而言之，议论是阐明自己见解、评论他人是非的一种表达方式，它广泛运用于交谈、讨论发言、演说、论辩等之中。

议论要求论点鲜明，论据确凿，论证合乎逻辑，做到言之成理，言之有据，以理服人。

议论有论证性的，也有反驳性的。前者如：

问：你以为研究思想政治工作也是一门专业吗？

答：研究牛、马、羊和鱼、鸟、虫，都称之为专业，为什么研究高等动物——人的思想变化却不能成为专业呢？人的思想变化不是比动物的行为更复杂吗？

这段回答是采用于类比证明的方式来证明研究思想政治工作也是一门专

业。这种比附自然、贴切、无懈可击。

后者如：

在一次国际会议期间，一位西方外交人士挑衅性地对我国代表说："如果你们不向美国保证不用武力解决台湾问题，那么显然缺乏和平解决的诚意。"我国代表义正词严地回答："台湾问题是中国内政，采取什么方式解决是中国人民自己的事，无须向他国做什么保证。请问，难道你们竞选总统班需要向我们做出什么保证吗？"

一句反问，使这位西方外交人士哑口无言。

从口语最大的特点——声音性这个角度来说，运用议论这种口头表达方式有三点需要特别注意：

（1）语气要坚定。议论要求是非褒贬泾渭分明，因此语气要坚定而不犹豫，赞成什么，反对什么，明确果断。不过要注意，不要趾高气扬，盛气凌人。

（2）轻重应分明。议论要求有理有据，据理力争，可运用重音来增加雄辩的力度。

（3）进行论证语调要抑扬顿挫。议论要求以严密的逻辑道理来征服听者，因此要用语调的抑扬顿挫来展示语言链条的逻辑关系，增加整个议论的气势。

（四）抒情

抒情就是通过抒发主观情感，以感染听者的表达方法。它同叙述、描述、说明、议论等一样也是人们反映客观现实不可缺少的一种手段。抒情有直接抒情和间接抒情两种。直接抒情就是人们常说的"直抒胸臆"，它不借助于外物，而是直接表白自己的爱憎，如民歌《边调曲儿》：

老天爷，你年纪大，耳又聋来眼又花。你看不见人，听不见话。吃素看经的活活饿死，杀人放火的享着荣华。老天爷，你不会做天，你塌了罢！

这是封建社会劳动人民发自肺腑的震天撼地的呼声。它没有叙述什么事件，没有对客观景物的描绘，只是指出暗无天日封建社会的不合理现象，于是便对耳聋眼花的"老天爷"发出了"你塌了吧"的愤怒呼喊。这种抒情手段是直接的，坦露的，由于感情浓烈，感染力很强。

间接抒情是一种依附于事、依附于理、依附于景的抒情，也就是通过叙述、议论、描述的方式抒情。如，一个旅游团游览革命圣地井冈山，导游小姐说："井冈山——革命圣地。它没有嵩山少林寺，也没有泰山玉皇顶，但是岁月却给我们留下了大量的革命胜迹：茅坪河边，红军在这里胜利会师；八角楼上，毛主席在这里播下星星火种；……这山这水哪一样不可以和名山大川媲美呢，这一事一物，哪一桩不在扣动人们的心扉？"这一段就是间接抒情。

运用抒情这种表达方式需要注意：

(1) 要有真情实感。抒情是手段，不是目的。为了感染人、激励人、教育人，说话必须有真挚的情感。矫揉造作，无病呻吟不会达到以情感人的目的。

(2) 语调、语气应随着主旨的不同而变换。抒情是为说话的主旨服务的。说话的主旨不同，其抒情方式的语调、语气也应有相应的变化。

第二节　日常交际的话语

人在交往时要说话，要凭借语言表达出自己的思想和意思。语言交际，作为交流思想、传达信息、调整人与人之间关系的重要工具，是人须臾也离不开的。

说话要分两个层次，一是要把话说清楚，让人听明白；一是要把话说得有魅力，能让人感动，给人启迪。前一层要求把话说对，后一层要求把话说好。把话说对一般人都能做到，但是把话说好，让所说的话有魅力不是简单之事，当然，每个人都希望不但能把话说对，更希望自己的语言更具感人的魅力。

那么怎样才能使你的话更具魅力呢？

一、简明有力的概括

话有魅力，指所说的话有穿透力。要使话具有穿透力，就要用最少的语言概括事物的实质，就是说，语言要具有极强的概括力。这样的概括，必须具备三个条件：一是要内涵丰富，二是要简练明确，三是要精辟有力。例如，一位学者在谈及中国古代的婚姻家庭时说："中国的婚姻是无爱的婚姻，所以，所谓家庭的和谐，实质是一种文化规定。"当有人又问起中国女性在历史上的地位时，他说："中国女性只有容貌没有声音。"

是的，纵观中国古代的家庭婚姻，有很多是没有爱情做基础的，家庭所谓和谐，也不过是一种道德的规定，他的观点也许有值得商榷的地方，但是如此概括，虽然只有简短的几句话，却让人觉得是一部中国家庭婚姻史，一部中国女性史。能用如此简明有力的概括语言表达思想，其魅力是不言而喻的。

二、准确形象的比喻

比喻，不但是一种修辞方法，也是一种思维方法和思想方法，当然也是一种语言表达技巧。人们在表达思想时，大多数情况下是通过概念、判断、推理来实现，但是，人们又觉得有时这样做很难真正表达思想，于是便借助打比方的方法来诠释思想。一个能把话说得魅力无穷的人，一定是一个善于运用比喻的人。例如：有一个老师要求学生用几个句子口头表达对祖国的感情。于是便有了“祖国多么美好啊”，“祖国，我爱你”等老生常谈的话，老师感到十分失望，这时有一个同学站起来说：“如果祖国是一只雄鸡，我愿意成为散落地上的一颗米粒。”这个老师说听到这里时，精神不禁为之一振。如果说最后这个学生的话富有魅力的话，那是因为他运用了准确形象的比喻。其实，无论是读文学作品，抑或听演讲，如果能看到或听到几个准确形象的比喻，便觉得甘之如饴，如沐春风。再想一下，古代的智者，他们的许多名言至今仍然脍炙人口，都是因为他们通过准确形象的比喻来表达思想，例如：孔子的“岁寒然后知松柏之后凋也”，“逝者如斯夫！不舍昼夜”，其丰富的思想和语言的魅力皆因比喻而成。

通过运用形象性、比喻性的语言，可以把思想性、知识性、趣味性熔于一炉，使深奥的道理变得浅显通俗，易于理解和接受。人们在平常的谈话里爱听那些富于哲理性的语言，因为它给人凝练、深远的美，令人回味无穷，发人深省。同时，语言是否含有哲理，也标志着说话者的思想成熟程度。正所谓：凡语生辉、点石成金。

三、贴近生活的真相

能简单地说出事物的对与错，并不能引起人们对生活的联想，语言表达有魅力的人，往往不这样做，而是通过贴近生活的真相来更好地对事物进行描述性的判断。所谓贴近生活的真相是指能通过语言表达，让人感受到生活中的形象，给人一种冲击力。例如：大家在讨论“文化大革命”中让知识分子去参加繁重的体力劳动时，很多人都说，这是对知识的不尊敬，是一种对知识分子的无端的惩罚，是一种错误的做法。这些话都不能说不正确，但从语言表达角度看并没有什么特点，只是从是与否的角度进行简单的判断。而其中一个人则是这样说的：“把知识分子驱赶到田间地头，不过是折磨他们的手脚，让他们的手长满老茧，却把他们的大脑闲置起来让其长草。”此言一出，大家精神为之一振，觉得他的话很有表现力，比大家的简单肯定或否定要有魅力多了。

为什么我们觉得他的话很有魅力呢？是因为他没有用简单的判断来说明对或错，而是运用了诸如“驱赶”“手长满老茧”“长草”等贴近生活的真实形象化表达的，传达了他对这种错误做法的看法，正因为能运用真实性的表达，一是增强了形象性，二是增加了蕴蓄性，三是有了感染力。这样的语言，当然是魅力无穷了。

四、含蓄有致的暗示

暗示法在交际活动中是一种常用的手法。暗示法可以通过手势、表情等副语言的表达形式或特定的语境等手法来实现。生活中有许多话如果直截了当地说出来，会大煞风景，而换一种说法，虽然仍表达了同样的内容，但会有一种特别的韵味。暗示法是交际语言中很有效的艺术。暗示的技巧有很多，这里说几种不直接表达要说的内容，而是通过其他内容把要说的意思暗示出来。

行为暗示法。如鸿门宴上，项羽与刘邦明争暗斗，表面上觥筹交错，实质上刀光剑影，惊心动魄。宴席期间，谋士范增多次向项羽递眼色，拿起衣带上佩挂的玉块给项羽看，暗示项羽赶快下决心除掉刘邦。这便是一种行为动作暗示。

反意暗示。正话反说，或者故意调换相关顺序而成暗示。如，一位女演员倾慕著名作家萧伯纳，对他说："如果我们结合，一定是世界上最完美的结合。将来我们生了孩子，他一定会有副像你那样聪明的头脑，同时又有一个像我这样俊俏的身段。"萧伯纳笑着回答说："可是如果孩子长得头脑像你，身段像我，岂不糟了。"这里，萧伯纳故意把对方假设的两种情况做了调换，从而暗示这位女演员的头脑过于简单。

语义双关暗示。明言此而实指彼形成暗示。例如，美国前总统里根决定恢复生产新式的 B-1 轰炸机，引起许多美国人的反对。一次，在记者招待会上，面对许多人的责问，里根答道："我怎么不知道 B-1 是一种飞机呢，我只知道 B1 是人体不可缺少的维生素。我想我们的武装部队也一定需要这种不可缺少的东西。"这里，B1 既指一种维生素，也指一种轰炸机，里根正是利用这种语义的双关来暗示美国恢复生产这种造价的飞机。

总之，语言交际中的暗示，是通过语言、行为等方式把自己的意向传递给别人，引起他人对事物的反应。在日常生活中，作为一种多功能的语言技巧，暗示使用广泛，意义也是多方面的。通过暗示，可以避免难堪，给予讽刺，表明态度，提出要求，提供帮助等。但是暗示仅仅是手段，目的是要让人完全理解你的意思，如果有误解，暗示则需变为明示，以免引起误会或者造成意想不到的后果。

五、幽默机智的语言

幽默法是运用意味深长的诙谐语言传递信息的方法。它以一种愉悦的方式让别人获得精神上的快感。语言要表达得幽默，最根本的方面在于超乎常规的语言表达方式。深沉的幽默，闪烁着智慧之光，是个人良好修养、丰富学识的折射。具有幽默感的人在实际的交际活动中最为容易得到他人的好感与接受，从而达到良好的沟通效果。稳重大方的气质，诙谐幽默的语言，会给人如沐春风、平易近人的良好印象。幽默语言的一个重要特征就是机智。幽默是思想、学识、智慧和灵感在语言运用上的结晶，因而我们有必要不断学习，全面提高自己的学识修养，达到出口成章、妙语连珠的效果。

幽默法在交际中的作用主要体现在三个方面：一是在喜庆、欢乐的场合制造愉悦的气氛；二是当言语交际由于某种原因陷入僵持或难堪的境地时，恰当地运用幽默语言，可以有效地缓和化解紧张气氛；三是有助于融洽人们的感情，缩短交际双方的心理距离。

常见的幽默技法有以下几种：

一语双关而成幽默。利用语言的歧义，在特定的语境中，另有所指，从而形成幽默。第二次世界大战期间，英国首相丘吉尔到美国寻求援助。一天，他正在洗澡，罗斯福总统突然出现在他面前，丘吉尔感到身为大英帝国的首相，以此等尊容面对美国总统，十分难堪。但丘吉尔不愧为语言大师，便幽默地自我解嘲道："总统先生您瞧，我这个大英帝国的首相，可是什么都没对美国总统隐藏啊！"一句诙谐的双关语，丘吉尔不仅得以摆脱困境，言外之意，也表明了英美之间亲密的关系，以及自己此行求援的坦诚态度。一语双关的语言技巧需要公关人员对语言的把握能力和对外部事态的机敏应变，学会灵活应对。

岔道式幽默法。通过反逻辑的方式造成笑料的方法。听话者对幽默语言的理解过程是一种"理性的倒错"和"错误的预测"。当到了最后结果，却超出了其预测，也就是说预测本身贬值了，这时就会笑起来。例如，男的说："自从认识了你之后，我就戒了烟酒。"女的问："你真的这么爱我？"男："不，是因为我没钱了！"这就是一种错误的预测，通过违反逻辑的思维方式造成了幽默的效果。

公关交际中的幽默方法还有很多，远不止上述几种，此外还有否定式幽默、黑色幽默等。

在使用幽默法时，也不要以为幽默是万能的，应当特别注意对象的特点，如年龄、职业、文化背景等因素，更应当适应当时特殊的语境，不要为幽默而幽默，流于油腔滑调、低级趣味。只有恰如其分地运用幽默方法，才能获得良好的交际效果。

此外，还有委婉法、巧妙迷宫法、归谬法、闲话法、话中有话等。另外说话时脸要有表情，说话内容是喜乐的，脸部应有喜的表情，哀有哀的表情。语气要谦虚，不可夸夸其谈，自以为是，以免对方生厌。注意这些小细节同样也会让你的谈话魅力无穷，妙不可言。

第三节　电话交谈的话语

一般公司的新进人员，多少都会接受一些电话交谈礼仪的训练。但是，时间一久，或与客户熟悉了就忘记了。电话的交谈在某些方面来说，的确要比面对面来得困难。

如果你试着蒙住两个人的眼睛交谈，你会发现可能维持不到一分钟便无话可说了。不是一起开口说话，就是彼此沉默不语，总是无法顺利地进行。

电话是一种见不到对方的交谈，虽然有人只想听到对方的声音就好。但是，对于电话的交谈，应该时时注意，因为你的一句话，给予对方正面或负面的影响，有时会比你想象的要大得多。

由电话的另一端传来的声音及谈话，任何一瞬间都有可能影响到对方的情绪。虽然这一部分与面对面的交谈相同，但是两者最大的不同，在于电话的谈话，无法直接观察到对方情绪变化和他的脸部表情。为什么这一点如此重要？因为对方情绪已经起了变化，而在电话另一端的人却不一定能完全察觉出来。

当对方情绪已经起了变化，如果没有察觉而又说了一大堆，对方愿意继续听下去吗？所以，当接听电话时，第一句话就给对方留下良好的印象，有利于接下来的交谈能够顺利进行。

尽管我们都不太愿意承认，我们总是很快就会通过和对方的简短接触就给对方的形象下定义，也许是在两三分钟之内。在电话当中，也许就是接听电话的前几句话，我们就会决定是否喜欢他们，或是否愿意和他们交往下去，而此形象一旦定格，就很难改变。为了避免给来电者留下不好的形象，我们必须注意电话接听的前几句话。为了做到这一点，很多商务公司都规范其公司的接听语，如：早上好！××公司。甚至有的国内企业为了无形中提升其企业的档次，要求员工必须用汉语和英语接听电话，虽然只是几句英语，却无形中使来电者觉得：听起来，这公司似乎很正规，说不定和国外有业务来往等。因此电话接听的前几句话显得尤其重要。

为了达到这种效果，给对方留下积极的印象，接听电话之前必须注意控制好语气、音量和说话的速度，最好是中等速度、清晰的语句及中等的音量；按照你的职业习惯表达的第一句话，应该是以积极、热情、乐于助人的态度一气呵成。

电话接听，切忌出现一些恶劣语句，例如：工作正忙的时候，电话又响个不停，情绪很可能因此而变得不耐烦，但是打电话的人并没有察觉这一点。所以，当你拿起电话，还来不及将情绪整理就大喊：“喂！找谁!”对方一定会认为：“这是什么公司?”一间拥有一百位员工的公司里，只要一位员工情绪不稳而造成客户不满的话，有可能一竿子打翻了一船人。

所以，无论工作怎么忙，接电话之前必须先松一口气，之后再以明亮的声音向对方说：“喂，某某公司，您好!”如果对方是自己的亲友：“原来是你，真难得！最近好像很不错哦!”之后，再依彼此的交情程度，进行不同的谈话。切忌自己什么都不说，只是一味地询问对方：“你叫什么名字?”“你是哪个单位的?”“你找他是公事还是私事?”这样会给人盛气凌人的感觉，极不礼貌。别人会觉得，你问我是谁，那你是谁?而“喂”字如果大声一点，则有审讯的嫌疑，让人有被审问的感觉。

一、控制通话时间

随着竞争的激烈，人们的生活节奏加快，时间也就显得越来越宝贵，所以在和对方进行电话交谈时，更要学会控制时间。如何控制电话时间需要一定的技巧，特别是在电话当中进行自我介绍时，力争不要超过 1 分钟，简单将自己的情况介绍清楚，这就需要做好打电话前的准备工作。

注意电话接听当中的一些措辞，主动及时地表达出来，可以避免不必要的反复提问。如商务公司在接听电话时说：“早上好，这里是康盛商务公司，我是陈小刚。”这样就可避免对方问“你是谁”，或者交谈到一半时，突然觉得不对劲，才想起问对方：“请问，怎样称呼?”

打短电话最好在三分钟以内完成。根据事先列出的要点，拨通电话后做简单的问候就进入正题，说的时候要简明扼要。这样做不仅让自己节约了时间，还让对方觉得我们是在尊重他，因为对方可能有其他事情要处理或因为和我们通电话而占线，其他重要的电话无法拨打进来。如果你知道通话会需要一段较长的时间，一个好的办法是，在你开始谈话时，对你的朋友说：“陈先生，现在说话方便吗?”或“你有时间说话吗?”如果更多的人采用这种方式，对电话打扰的抱怨就会减少许多。

其实在电话当中交谈和面对面交谈的差别并不太大，不过由于电话交谈双方彼此无法看到对方的表情，而只是纯粹的语言沟通，因此只要稍一不留神，就很容易将重要的事情给传递错了或出现偏差，这往往是由于听者听错或片面理解，以及表达者表达有误或有偏差，这不仅影响了电话交谈的质量，同时也影响到电话接听的时间。因此，为了节省时间又能明确传递信息，有效拨打电话，应做好如下几方面的准备工作。

准备与谈话内容相关的资料。如果谈话内容很重要，可以先将谈话的内容资料给对方邮寄或电传，让对方详尽考虑，以便在电话交谈简明扼要，更有针对性，而不必再在电话里向对方解释每个细节，节省时间。

自己要准备充足的资料。若是谈到一半，才想起需要谈话的资料在某一个角落里，需要对方等待一段时间才能将资料取出，这不仅浪费了对方的时间，也影响了谈话的气氛。打电话前没有准备相关的资料，还常会出现所表达的内容要点不全面，东一件事，西一件事，让对方搞不明白究竟哪件事才是最重要的。如果提前做好准备，那么一切都会是有条不紊，“我给你打电话，有三件事需要和您商量，首先是……其次是……最后是……我来总结一下，看我们是否达成共识，第一件事，我们认为……第二件事是……最后是……是这样吗?”

当准备好所有的资料后，还需列出发言的要点，将其逻辑联系起来，不要太依赖临时组织的谈话要点。

二、设想对方要提出的问题

当我们拿起电话和对方交谈时，对方肯定会提一些问题，因此控制电话时间就需要事先设想对方可能会提出的问题，并且拟定合理的回答。如下面这个例子：

销售部打电话给生产部，要求生产部派人协助向在场的客户解释产品的生产流程，以增加客户对产品的信任度。销售部经理给生产部打了电话：“帮我叫王师傅到销售部办公室来一下。”

生产部的同事说：“为什么要吴师傅到销售部，有什么事吗?”销售部经理说：“来了就知道!”由于生产部正在召开一个会议，见对方如此说，觉得不像是急事，于是就让吴师傅先开完会了再说。

如此一来失去了向客户解释的机会。这主要是销售经理只知叫吴师傅来，却没有回答对方提出的问题，误了事。

三、不要占用对方过多的时间

当你主动打电话时，应尽量控制通话时间，不要占用对方时间过长。特别是你打电话需要对方用一段时间去考虑或查找相关资料，或对方需要时间去向上一级报告时，应考虑给对方一个时间，不要拿着电话等候过长的时间，以免影响对方的工作进度及工作情绪。

四、适时结束通话

有的人只顾自己的高兴，不管对方是否愿意继续接听此电话，殊不知对方已经不耐烦了，你还津津有味，其乐无穷。因此，应该培养一种习惯，在将所有的问题要点解释及讨论完毕后，应提醒自己适时结束电话，并且说几句客气话，“非常高兴能和你交谈”，“真的很高兴你告诉了我这么多的事情”等，以显热情。不可粗鲁地挂上电话，以免对方误认为你在摔电话，应以顺其自然及友好的方式结束电话。

五、电话也可以传神

尽管电话线另一端的人根本看不见你，但你的声音却能为对方描绘出你的形象。如果你愁眉苦脸，电话中的声音也不可能温暖热情；同样，如果你说话时面带微笑，那么电波就会把微笑传递过去。电话这种传递身体表情的能力相当惊人。你在电话中的声音能够清楚地告诉对方：你的嘴角是在向上翘，还是向下撇。你越是态度友好，你的声音听起来就越亲切。而友好的态度，无论在社交界还是在商业场合中，都是有效的交流工具。请把镜子放在电话机旁，一面打电话一面观察自己的表情。

要想与人在电话交谈时取得成功，就要使用“微笑的声音”。但是，这样的声音越来越难以听到，以致当我们听到这样的声音时更感到珍贵。我们现在常常听到的是一种“咆哮的声音”。试想，当你在旅馆中一觉醒来，拿起电话点早餐时，回答你的是一个洋溢着笑意的声音，该是多么愉快！你发现对方把为你拉开窗帘、召唤阳光当作自己的职责，而且似乎十分关心你要喝加热的牛奶不会胃痛，这一切当然会让你感到心情愉快！

无论是在私人谈话还是商业会谈中，电话能传送你的形象——可能是令人愉快的，也可能是招人反感的。因此，你应随时保持声音的活力、热情和真挚。

打电话和你在董事会做报告一样，姿势也会影响声音的清晰、音量和活力。打电话时不要缩在椅子里。如果身体下陷蜷缩，声音也会跟着下沉。坐直身体，使你的呼吸均匀，语气就会轻柔起来。

有时进行这种漫无目的却又必要的电话交谈是有益的，至少对女人们来说是如此。它可以代替你亲自去慰问病中的朋友，可以帮助他或她消磨寂寞的时光。但是，电话交谈对于交谈的双方来说，通常都应该是简单明了的。要自觉限制你的电话时间，甚至也要限制对方的时间——毕竟会浪费无谓的时间和金钱。

斯雷特诺有一次在白宫与福兰克林·罗斯福总统在一起时，恰好遇到丘吉尔从英国打来一个电话。一会儿，斯雷特诺惊奇地听到总统在说：“好了，温斯顿，你的 3 分钟时间到了。挂了吧，否则你要付超时的费用了。”

作为接电话的一方，态度当然要亲切有礼。但这并不意味着你只能做电话闲聊者的牺牲品。

如果某个电话已经持续了好久，而你正要做一些需要集中精力的事情——如正要煮饭做菜，或写一篇文章，或接待一位客户——那你大可直言不讳地告诉对方你目前没时间闲聊。“杰克，等会儿忙完了再打电话给你，现在我实在脱不开身”或“我忙得不得了，要不我明天早上 9 点到 10 点之间再给你电话，好不好？”

如果你是打电话的人，请记住你正占用对方的时间，因此如果你的目的只是为了随便聊聊，那就立刻告诉对方这一点。

六、给对方考虑的机会

在与人打电话时，要想取得对方的信任，争取到合作的机会，不妨给对方一个考虑的机会。

“周经理，我是老武，我今天想在你们酒店订两间客房，你帮我预订一下都有什么样的价位？”

“你现在通过途径能拿到什么样的价位？”

“大约每间每晚 700 元。”

“那也差不多，这几天本地酒店也开始进入了旺季，各酒店的房价都在上涨。如果我帮你预订，在我的权限范围内，恐怕也低不了多少。据说春秋旅行社可以拿到最低的价位，你看这样好不好，你到春秋旅行社试试，如果不行，我再帮你预订，你看怎么样？”

“……”

“……”

“好吧，我先到春秋试试看。”

“好的，记着，如果春秋旅行社那里不行，一定给我电话。”

“好的。”

老武的沉默是在思考，他也许在考虑自己是否有春秋旅行社的朋友，若找旅行社会不会很麻烦；也许通过周经理，虽然价位贵一些，但可避免一些麻烦，价位也应略低一些等诸如此类的事情。

这时这位周经理表现得很好，也保持沉默，给对方思考的空间，而不是直接说：“就这样吧，你先找春秋旅行社吧。”然后挂了电话。这样做无疑是没有给老武一个选择的余地，暗示自己不太愿意帮忙，你去找别人吧。

即使在最后，这位周经理，还再次提醒对方，如果其他途径不行，一定要回来找他，表示了十分乐意帮助对方，给别人留下良好的印象。

给对方考虑的机会，也是给自己铺平道路，省去不必要的麻烦，不信看下面这个例子。

1998年，一群波黑人为了将走私的武器尽快运到前线，他们采取了一个无法无天的行动，劫持了美国某航空公司从纽约机场到芝加哥的一架班机。并要求机长违规降落在他们指定的地点，为他们运输武器。

僵持期间，飞机兜了一个大圈，飞过蒙特利尔、纽芬兰及伦敦，最后降落到法国的戴高乐机场。在这里，恐怖分子击穿了飞机的轮胎。最后法国警察向恐怖分子下了最后通牒。他们说：

“听着，你们可以继续按你们的原则做事。但是，美国警察已经到了。如果你们现在放下武器跟他们一块回美国去，你们将会被判处2~4年的监禁。这就意味着你们也许在10个月左右被释放出来。”法国人说完，沉默了一下，然后继续说：“但是，如果我们不得不逮捕你们的话，按照法国的法律，你们将被判处死刑，你们愿意选择哪条路呢？”

最后，劫机者决定投降，去撞美国法律的大运了。

警察在这里用了一个疏导而不是逼迫的策略，他们给劫持者指出了两条路，也就是为对方提供了选择范围，而且这种选择是由劫机者自行决定的，而不是警察命令的。如果警察用强硬的态度逼迫劫机者就范，也许会把对方逼上拼死一搏的绝路。

七、电话交谈的基本技巧

作为一个现代人，如果不懂得电话交谈的技巧，会直接影响人际关系的建立。而作为一个员工、领导，就更应该掌握电话交谈的技巧，从而有效地与人沟通，也给自己树立良好的个人形象。一般而言，电话交谈的技巧主要有以下几点。

1. 说出对方公司的全名

处于传送信息状态的电话，我们称为通话；而当通话途中传入了第三者的声音时，则称之为私语。

例如，“林小姐吗？请稍等，我帮你转给夏先生。”“夏先生，林小姐的电话。”此时，夏先生如果大意，不管对方是否听得到自己的嗓门，就说：“伤脑筋，你跟他说我不在。”这种话若被对方听到了，一定会很生气。

平常我们称呼别人时，都会在名字后面加上先生或小姐作为尊称。但对方如果是公司时，就常常省略而造成对方的不愉快。因此，无论对方是人或是公司，我们都应秉持尊敬的态度称呼他。不嫌麻烦地把对方公司的全名都说出来，才不至于让对方认为我们没有礼貌。

2. 音量适中

有活力的声音最美，与人电话交谈时更要保持活力和热情，否则你的声音会显得十分疲倦、颓丧和消极。

如果你打电话时声音变得愈来愈高，可以采用“铅笔法”：手握一支铅笔，举到距离你约 25 厘米的地方，然后对着它说话。如果感到你的声音在这个距离内显得过高，就把铅笔放在低于电话听筒，或与茶几同高的位置，并提醒自己降低音调，运用共鸣。

保持生动和关注，某些鸟类在它们对异性发生兴趣时，会改变身体颜色来传达爱意，萤火虫则是用闪动的荧光来表示它求偶时刻的到来。你是否想过你在电话中说的“喂”传递了什么样的信息？它很可能包容了你电话交谈中的全部基调，它能表现出你的情绪：可能是随意而松弛的，说明你正闲着；也可能是友好而活泼的，表面似乎是说：“我很忙，不得不立刻挂掉电话。”其实可能非常粗鲁无礼，预示着接下来是一场暴风骤雨。

要让这声“喂”真正传递出你所希望传递的意思。有些人说这个字时，显得十分傲慢、冷淡，甚至带有敌意，其实他们自己并不知道会这样。因此，我们在电话中要特别注意“喂”的声调和感情。

3. 以应答促成电话交谈成功

面对面交谈与电话交谈时，听者所注意的重点显然不同。以前者而言，纵然说话失礼，也可以用表情弥补。只要谈话气氛和谐，大致不会发生问题。

但电话交谈则不然，往往会由于一句无心的话而得罪对方或招致误解。无论以任何表情表示，也无法消除对方的生气，因为对方看不见表情。

工作正忙碌时，却接到客户的电话，对方只是闲话家常，而且越谈越起劲。虽然你想马上结束谈话，但又担心得罪人，只好勉为其难地应付。随着你的心情焦急，语气从恭恭敬敬的“是”，改成“嗯”“哦”。渐渐的，对方会察觉你的态度不恭，而对你感到不满，但其实，对方根本不了解实情。因此，碰到这种情形时，不妨主动说明事实，以委婉的语气结束交谈。

由于电话交谈纯粹是语言沟通，应避免敷衍了事。此外，若是沉默时间太久，必然引起对方误解，以为你没有专心听讲。所以须趁对方说话告一段落时，插上一句“不错”或“是啊”，促成谈话顺利进行。

通电话时看不见面部表情，因此须特别注意声音，因为声音也反应表情。倘若感到不耐烦，对方照样能从声音中感觉出来。

电话应对以让对方感到受尊重最为重要。为此，我们必须学习电话礼貌，培养出恭敬的态度。

当然，这需经长久的训练才能养成。我们常见有人一手握着电话听筒，一手按着计算机，或一面喝茶、抽烟，一面接电话，这些行为均要避免。虽然电话交谈彼此都看不见，但仍要保持基本的礼貌。

第七章 说话分寸的把握艺术

第一节　沉默分寸的把握艺术

哲学家说沉默是一种成熟；思想家说沉默是一种美德；教育家说沉默是一种智慧；艺术家说沉默是一种魅力。我们知道，在人际交往当中，沉默是一种难得的心理素质和可贵的处世之道，当然，任何事情又都不是绝对的。在特定的环境中，沉默常常比论理更有说服力。我们说服人时，最头痛的是对方什么也不说。反过来，如果劝者保持沉默什么也不说，被劝者的抱怨或无知就找不到市场了。

沉默是金，有时沉默不语能够出奇制胜，有时滔滔不绝，反而有理说不清。

一、保持沉默的火候把握

心理学告诉我们，在不同的场合环境中，人们对他人的话语有不同的感受和理解，并表现出不同的心理承受力。正因为受特殊场合心理的制约，有些话在某些特定环境中说比较好，但有些话说出来就未必好。同样的一句话，在此说与在彼说的效果就不一样。因此，说什么，怎么说，一定要顾及说话的环境。如果环境不相宜，时机未到，最好的办法是保持沉默。

日本公司同美国公司正进行一场贸易谈判。谈判一开始，美方代表滔滔不绝地向日方介绍情况，而日方代表则一言不发，埋头记录。美方代表讲完后，征求日方代表的意见。日方代表恍若大梦初醒一般说道：“我们完全不明白，请允许我们回去研究一下。”于是，第一轮会谈结束。

几星期后，日本公司换了另一个代表团，谈判桌上日本新的代表团申明自己不了解情况。美方代表没有办法，只好再次给他们介绍了一遍。谁知，讲完后日本代表的态度仍然不明朗，仍是要求道：“我们完全不明白，请允许我们回去研究一下。”于是，第二轮会谈又告休会。过了几个星期后，日方再派代表团，在谈判桌上故技重演。唯一不同的是，这次，他们告诉美方代表一旦有讨论结果立即通知美方。一晃半年过去，美方没有接到通知，认为日方缺乏诚意。就在此事几乎不了了之之际，日本人突然派了一个由董事长亲率的代表团飞抵美国开始谈判，抛出最后方案，以迅雷不及掩耳之势逼迫美方谈判全部细节，使人措手不及。最后，谈判达成一项明显有利于日方的协议。

这场谈判成功的关键在于一句俗话“会说的不如会听的”，听出门道再开口，而开口便伤对方“元气”，不很高明吗？

在生活中，我们有时故作“迟钝”未必不是聪明人，“迟钝”的背后隐藏着过人的精明。有人推崇一种“大智若愚型”的艺术，即在商业活动中多听、少说甚至不说，显示出一种“迟钝”。其实这样做的目的是为了获得最大的利益。少开口，不做无谓的争论，对方就无法了解你的真实想法。这样，你可以探测对方动机，逐步掌握主动权。这时候的沉默，实际是“火力侦察”。“话到嘴边留半句，不可全抛一片心”，“言多必失，语多伤人”，“君子三缄其口”的古训，把缄口不言奉作练达的安身处世之道。今天，我们亦应谨记这些古训，该沉默时一定要三缄其口。沉默，是一种特殊语言；沉默，是一种处事态度；沉默，也会赢得百万金。

二、应该保持沉默的情境

（一）受到攻击时保持沉默有时是个好办法

雄辩如银，沉默是金。在我们的生活中，有些时候确实是沉默胜于雄辩。与得体的语言一样，恰到好处的沉默也是一种语言艺术，运用好了常会收到“此时无声胜有声”的效果。

假如我们在生活中遇到个别强词夺理、无理辩三分或者出言不逊、恶语伤人的人，与之争辩是非或是反唇相讥，往往只能招来他们变本加厉的胡搅蛮缠。对付这种人的最好办法往往不是以眼还眼，以牙还牙，而是保持沉默。这种无言的回敬常使他们理屈词穷，无地自容，正如鲁迅先生所说：“沉默是最好的反抗。”

国外某名牌大学，曾发生过老师和校长反目的情形，该校校长遭到许多老师的围攻。当时，也有一群学生冲进校长的研究室，对他提出各种质问。但是，无论教师说什么，这位校长始终不开口，双方僵持了几个小时后，教师们终于无可奈何地走了。这位校长保持沉默，实际上也是一种反抗，同时又给对方一种高深莫测的感觉，从而造成心理上的压迫感。由此看来，“沉默是金”确有一定道理。

当对方出于不良动机，对你进行人身攻击，并且造谣诽谤时，如果予以辩驳反击，又难以分清是非，这时运用轻蔑性沉默便可显示出锐利的锋芒。你只需以不屑的神情，嗤之以鼻，就足以把对方置于尴尬的境地。

某单位有两个采购员，田宁因超额完成任务而受奖，郑伟却因没尽力而被罚。但郑伟不但不反思自己的问题，反而说三道四。在一次公众场合，他含沙射影地说："哼，不光彩的奖励白给我也不要！有酒有烟我还留着自己用哩，给当官的舔屁股，咱没有学会！"田宁明白这是在骂自己，不免怒火中烧，本想把话顶回去，可是转念一想觉得如果和他争吵，对方肯定会胡搅蛮缠，反而助长其气焰。于是他强压怒火，对着郑伟轻蔑地冷笑一声，以不值一驳的神色摇了摇头，转身离去，把郑伟晾在一边。郑伟的脸红一阵白一阵的，窘极了。众人也哄笑道："没有完成任务还咬什么人，没劲！"至此，郑伟已经无地自容。

在这里，田宁的轻蔑性沉默产生的批驳力比之用语言反驳，显得更为有力、得体，更能穿心透骨。这也许是对付无理挑衅的最有效的反击武器。

有些人在遇到麻烦的时候，常常喋喋不休，唠叨不止，殊不知这样正好暴露了自己的弱点。处在尴尬情况下，与其聒噪不停，甚至说错话，倒不如保持沉默。

沉默像乐曲中的休止符，它不仅是声音上的空白，更是内容的延伸与升华。它是一种无声的特殊语言，是一种不用动口的口才。

也正像休止符一样，沉默只有运用得恰到好处，才能收到以无声胜有声之效。如果不分场合，不讲分寸，故作高深或多情而滥用沉默，其结果必然是事与愿违，只能给人以矫揉造作或是难以捉摸的感觉。我们在运用沉默时，不应该把它和语言截然分开。恰恰相反，沉默和语言的和谐一致，相辅相成，才正是沉默的功效。

（二）心照不宣时应保持沉默

心照不宣即彼此心里明白但不说出来，这也是保持沉默的一种方法。

在一座寺庙里，有一位德高望重的长老，他手下有一个非常不听话的小和尚。这个小和尚总是深更半夜越墙而出，早上天未亮再越墙而入。长老一直想批评这个小和尚，但苦于没有罪证。

这一天深夜，长老在寺庙里巡夜，在寺院的高墙边发现一把椅子。他知道必定是那个小和尚借此越墙到寺外。于是，长老悄悄地搬走了椅子，自己就在原地守候。天快亮的时候，外出的小和尚回来了。他爬上墙，再跳到"椅子"上。突然，他感觉"椅子"不似先前硬，软软的甚至有点弹性。落地后的小和尚才知道，椅子已换成了长老，小和尚吓得仓皇离去。在以后的日子里，小和尚觉得度日如年，他天天都诚惶诚恐地等候着长老对他的惩罚，但长老依旧和从前一样，对这件事只字未提。小和尚觉得再也无法忍受了，他不想每天都在煎熬中度过。于是，他鼓起勇气找到长老，诚恳地认了错，哪知长老宽容地笑了笑，说："不用担心，这件事只有天知地知你知我知，你还怕什么？"小和尚从此备受鼓舞，他收住心，再也没有翻过墙。通过刻苦的修炼，小和尚成了寺院里的佼佼者。若干年后，老和尚圆寂，小和尚成了长老。

对于小和尚犯的错误，长老明知却没有直接批评，而是采用沉默的方式达到指责的效果。同样的故事也曾发生在校园里。

有位老师发现一位学生上课时总是低着头，不知在画什么。有一天，他走过去拿起学生的画，发现画中的人物正是龇牙咧嘴的自己。老师没有发火，只是憨厚地笑笑。但是，从此那位学生上课时再没画过画，各门功课也都学得不错。后来，他成为颇有造诣的漫画家。

试想一下，如果老师不是保持沉默——憨厚地笑，而是采用大声斥责的方式，会带来什么样的后果呢？也许该学生会跟老师作对，而老师会对其失望，如此下去，他能否成为有造诣的漫画家，值得深思。

日本海军偷袭珍珠港得手后，尽管美军损失惨重，太平洋舰队几乎全军覆没，但是在一些美国议员之中，还有为数不少的议员反对美国向日本宣战。

当时罗斯福已经将局势分析得十分明朗，他明白如果不趁日军立足未稳时发动战争，等到将来会变得异常艰巨。同时，他也明白那些持反对态度的人的想法。第一次世界大战中，美国在最后阶段才参战，而且战争没有在美国本土进行，反而因第一次世界大战而大发其财。所以，现在美国一旦参战，国内经济必受影响，同时战争的胜负很难预料。如果战事对美国不利，到时如何收场？

罗斯福明白这些人的忧虑，但他以政治家的眼光觉察出这些担忧是毫不必要的，所以美国必须参战。

在一次会议上，当大家为战还是不战而争论不休时，罗斯福突然要站起来，因为他双腿残疾，所以平常总以车代步。当他挣扎着要从轮椅上站起来时，两名白宫的侍从慌忙上前想帮他一把，但让人意想不到的是罗斯福愤怒地将他们推开。于是，在众人惊讶的目光中，罗斯福摇摇晃晃地挣扎着，从轮椅上缓缓地站了起来。然后他满脸痛苦却倔强地坚持站着，默默地看着周围的人，一言不发。全国的电视观众都看到这一画面，他们感动了，是呀，有什么困难是不能克服的？于是，国会很快做出决议：对日宣战。

争论有时不能解决问题，就像上面的情况一样。在正确的问题上受到别人的反对时，不妨保持沉默，以行动来表示自己的意见，说服别人。

（三）不明就里时应保持沉默

在不知道对方底细的情况下，不要轻易开口。保持沉默，不但能揣摸对方意图，往往能变被动为主动。如果冒失开口，将会造成难以挽回的损失。

某博物馆派出某馆员招揽橱窗广告业务，这位馆员专程赶到当地一家制鞋厂，稍加浏览，就大包大揽地与厂长谈生意。他自以为是、颇为认真地指着厂房里展出的各类鞋产品，夸奖一通："这种鞋子，款式新颖，美观大方，如果与我们馆合作，经我馆广为宣传，一定会提高知名度的！然后就会畅销全国，贵厂生产也会蒸蒸日上啊！"

听起来声情并茂，又具说服力，可惜说话人并非制鞋内行，又没做准备工作，没有事先虚心讨教探探"底"，探测信息，就夸耀对方厂中积压的一批过时的产品。结果厂长不动声色地答道："谢谢你的话。可惜你指出的这批鞋子全部是落后于市场供求形势的第七代产品，现在我们的第九代产品正在走俏、热销。"

仅此两句话，就令这位馆员无话可说了。

这位馆员的话没有说到点子上，让厂方觉得这话一听显然是外行，和他们合作也没什么前途，不如趁早"鸣锣收兵"。厂方对这位馆员不得章法的话视为花言巧语，从而在心理上筑起了防线。

说话盲目易造成危害，无形之中贬低了对方。于是，一个眼前的客户走了，一桩即将完成的生意砸了。不是因为该说的没说，而是因为开口太早，说得太多，给自己"曝了光"。

如果例中的这位馆员能够记住"知彼知己"的道理，从实际情况出发，积累资料，分析清楚问题所在，再去游说企业领导人，岂有不胜之理？

第二节　说话时机的把握艺术

沉默是金，并不是说要一味沉默不语。掌握时机，该说话的时候就不要沉默。比如父母为鸡毛蒜皮的小事吵得不可开交，这时你可以保持沉默；如果他们各自的怒火都平息下来了，陷入双方互不理睬的僵局时，保持沉默就不是明智之举了，这时你就应该说些劝解话，让他们重归于好。又比如，领导遇到尴尬情况了，就需要你站出来为领导打圆场，同事有矛盾了，需要你开口化干戈为玉帛等。掌握说话时机，该说话时就说话，才能让你为人处世更游刃有余。

该说话时就说话，不该说话时就千万别开口，以免遭灭顶之灾。这里就有一个有趣的小故事可以说明此理：

阴曹地府，正见阎罗王升堂问事。

有几个鬼抬上一个人，说："这人在阳世，干尽了缺德事。"

阎王命令道："用500亿万斤柴火烧煮。"

牛头鬼上来押解。那人私下里探头问牛头鬼："你既然主管牢狱，为啥穿着这么破烂的豹皮裤子呀？"

牛头鬼说："阴间没有豹皮，如果阳间有人焚化才能得到。"

那人立即说："我舅家专门打猎，这种皮子多着呢。如果你肯怜悯我，减少些柴，我能够活着回去，定为你焚化10张豹皮。"

牛头鬼大喜，答应减去"亿万"两字。烧煮时也只是形式而已。

待那人将归时，牛头鬼叮嘱道："可千万不要忘了豹皮呀！"

那人回头对牛头鬼说："我有一诗要赠送给你：牛头狱主要知闻，权在阎王不在君，减扣官柴犹自可，更求枉法豹子皮。"牛头鬼大怒，把他丢入滚沸的水锅里，并加添更多的柴煮了起来。奉劝别人的话是应该说，但如果没有到该说的时候说出来，无疑会让事情变糟。

所以，说话时千万要记住：该说话时再说话，一定要掌握好时机和分寸。

一、不要轻易打断别人对自己的议论

在大多数场合下，注意聆听别人的谈话非常重要。当听到别人谈论自己的时候，很多人容易犯这样一个错误：一旦别人谈到自己时，尤其是不利于自己的情况时，往往会打断别人，进行争论。其实，这是最不明智之举。

伊利亚·爱伦堡的长篇小说《暴风雨》出版后，在社会上引起震动，褒贬不一，莫衷一是。某报主编不知从哪里得到了斯大林对《暴风雨》的看法——此书是"水杯里的暴风雨"。

为了讨好领导，主编就组织编辑部人员讨论这部小说，以表示该报的政治敏锐性和高度的警惕性，表明该报鲜明的立场。讨论进行了数小时，发言人提出不少批评意见。由于主编的诱导，每篇发言辞都辛辣而尖刻，如果批评成立的话，都足以让作家坐几年牢。可是在场的爱伦堡极为平静，他听着大家的发言，显出令人吃惊的无动于衷的态度，这使与会者无法忍受，纷纷要爱伦堡发言，并要求他从思想深处批判自己的错误。在大家的再三催促下，爱伦堡只好发言。他说："我很感谢各位对鄙人小说产生这么大的兴趣，感谢大家的批评意见。这部小说出版后，我收到不少来信，这些来信中的评价与诸位的评价不完全一致。这里有封电报，内容如下：'我怀着极大兴趣读了您的《暴风雨》，祝贺您取得了这么大的成就。——约瑟夫·斯大林。'"

主编的脸色很难看，以最快的速度离开会场，那些批判很尖刻的评委们，都抱头鼠窜了。爱伦堡轻轻地摇摇头："都怨我，这么过早地发言，害得大家不能再发言了。"

爱伦堡的聪明在于，如果他据理反驳，必会激起同仁们更加尖锐的批评，这种场合，最明智的做法就是保持沉默，褒贬随人。

沉默的力量是无边的，它可以帮你说服反对你的人，让你向成功迈进。所以我们要学会沉默，学会在别人论己时保持沉默。

二、看准机会再说话

孔子在《论语·季氏》里说："言未及之而言谓之躁，言及之而不言谓之隐，不见颜色而言谓之瞽。"这句话有三层意思：

一是不该说话的时候说了，叫作急躁；

二是应该说话的时候却不说，叫作隐瞒；

三是不看对方的脸色变化，贸然信口开河，叫作闭着眼睛瞎说。

这三种毛病都是没有把握说话的时机，没有注意说话的策略和技巧。因为说话是双方的交流，不是一个人的单方面行为，它要受到诸如说话对象、设定时间、周边环境等种种限制，所以说话要把握时机。如果该说的时候不说，时境转瞬即逝，便失去了成功的机会。同样的，如不顾说话对象的心态，不注意周边的环境气氛，不到说话的火候却急于抢着说，很可能引起对方的误解，甚至反感。如果信口开河，乱说一通，后果就更加严重。

战国时，楚王的宠臣安陵君能说会道，很受楚王器重。但他并不遇事张口就说，而是很讲究说话的时机。

他有一位朋友名叫江乙，对他说："您没有一寸土地，又没有至亲骨肉，然而身居高位，享受优厚的俸禄，国人见了您，无不整衣跪拜，无不接受您的号令，为您效劳，这是为什么呢？"

安陵君说："这是大王太抬举我了，不然哪能这样！"

江乙便不无忧虑地指出："用钱财相交的人，钱财一旦用尽，交情也就断了；靠美色相交的人，色衰则情移。因此，狐媚的女子不等卧席磨破，就遭遗弃；得宠的臣子不等车子坐坏，已被驱逐。如今您掌握楚国大权，却没有办法和大王深交，我暗自替您着急，觉得您的处境太危险了。"

安陵君一听，恍然大悟，毕恭毕敬地拜问江乙："既然这样，请先生指点迷津。"

江乙说："希望您一定要找个机会对大王说，'愿随大王一起死，以身为大王殉葬。'如果您这样说了，必能长久地保住权位。"

安陵君说："谨依先生之言。"

但是，过了很长时间，安陵君依然没有对楚王提起这话。

江乙又去见安陵君，说："我对您说的那些话，您为何至今不对楚王说？

既然您不用我的计谋，我就再不管了。”

安陵君急忙回答：“我怎敢忘却先生的教诲，只是一时还没有合适的机会。”

又过一段时间，机会终于来了。此时楚王到云梦打猎，一箭射死了一头狂怒奔来的野牛。百官和护卫欢声雷动，齐声称赞。楚王也高兴得仰天大笑，说：“痛快啊！今天的游猎，寡人何等快活！待寡人千秋万岁之后，你们谁能和我共有今天的快乐呢？”

此时，安陵君抓住机会，泪流满面地走上前来，说：“臣进宫就与大王共踏一席，出宫与大王同乘一车，如果大王千秋万岁之后，我愿随大王奔赴黄泉，变做芦草为大王阻挡蝼蚁，那便是臣最大的荣幸。”

楚王闻言，大受感动，随即正式设坛封他为安陵君，对他更加宠信了。

这件事说明，把握说话时机非常重要，这个过程需要充分的耐心，也需要积极进行准备，等待条件成熟，但绝不是坐视不动。《淮南子·道应》云：“事者应变而动，变生于时，故知时者无常行。”安陵君的过人之处，便在于他有充分的耐心，等待楚王欢欣而又伤感的那个时刻。此时，动情表白，感人肺腑，愉悦君心，终于受封，保住了长久的荣华富贵。

三、插话同样要找准时机

在别人说话时，我们不能只听到一半或只听一句就装出自己明白的样子。我们提倡在听别人说话时，要不时做出反应，如附和几句“是的”等话语，这样既让说者知道你在听他说，又让他感觉你在尊重他，使他对你产生浓厚的兴趣。但是，万事都有所忌，都要把握分寸。许多人过分相信自己的理解和判断能力，往往不等别人把话说完就中途插嘴，这种急躁的态度很容易造成损失，不仅容易弄错了对方说话的意图，还有失礼貌。当然，在别人说话时一言不发也不好，对方说到关键的时刻，说完后，你若只看着对方，而不说话，对方会感到很尴尬，他会以为没有说清楚而继续说下去。

还有不少人在倾听别人说话时表现得唯唯诺诺的样子，哼哼哈哈，好像什么都听进去了，可等到别人说完，他却又问道：“很抱歉，你刚才说了什么？”这种态度，对于说话者来说是有失礼节的事。

所以说，即使你真的没听懂，或听漏了一两句，也千万别在对方说话途中突然提出问题，必须等到他把话说完，再提出：“很抱歉！刚才中间有一两句你说的是……吗？”如果你是在对方谈话中间打断，问：“等等，你刚才这句话能不能再重复一遍？”这样，会使对方有一种受到命令或指示的感觉，显然，对方对你的印象就没那么好了。

听人说话，务必有始有终。但是能做到这一点的人并不多。有些人往往因为疑惑对方所讲的内容，便脱口而出："这话不太好吧！"或因不满意对方的意见而提出自己的见解，甚至当对方有些停顿时，抢着说："你要说的是不是这样……"这时，由于你的插话，很可能打断了他的思路，使他忘了要讲些什么。

刘栋在镇上盖了一套三层的楼房，当该房子的第三层刚封顶时，几个朋友在他家吃饭。席间，突然来了一位专门安装铝合金门窗的个体户，与刘栋一见面就递了张名片。其实这个个体户的店铺门面也在本镇，虽和刘栋平时也见过面，但因没有业务往来，他们都不认识。后经与那个个体户交谈，他们彼此变得非常熟悉。轮到刘栋做决定是否将铝合金门窗的业务让这位个体户做时，刘栋说："虽然我们以前不认识，但通过我们刚才的一席话，得知你对铝合金门窗安装的经验丰富，假如我房子的门窗让你来安装，我相信你能安装，也相信你能做得很好。但是在你今天来之前，我们厂里一名下岗钳工已向我提起过，说他下岗了，门窗安装之事让他来做……"

刘栋的话还未说完，那个体户便插话了："你是说那东跑西走的张宇吧？他最近是给几家安装了门窗，但他那'小米加步枪'式的做法怎能与我比？"哎！这话不说还好，一说便让刘栋顿时改变了主意，接着说："不错，他尽管是手工作业，没有你那先进的设备，而且他目前已下岗在家，资金不够丰厚，只能慢慢完善。但出于同事之间的交情，我不能不让他做！"就这样，那个体户只得快快离开了。之后，刘栋对别人说："那个体户没听懂我的意思，把我的话给打断了。本来，我是暗示他，做铝合金门窗的人很多，不止他一个上门来请求安装。我已打听到了他做门窗多年，安装熟练，且很美观，但他的报价很高，我只是想杀杀他的价格，可他的一番言论甚至攻击了我同事张宇的人品，我宁愿找别人，也不要让他来安装我的门窗。"

一个精明而有教养的人与人交谈时，即使对方长篇大论地说个不休，也绝不会插嘴。贸然打断他人的言谈，不仅是不礼貌的事，而且事也不易谈成。

同时，你还应注意一点，当别人谈话时，不要静悄悄地站在他们身旁，好像在偷听一样。你要尽可能找个适当机会，礼貌地说："对不起，我可以加入你们吗？"或者大方地、客气地打招呼，叫你的朋友介绍一下，就能很自然地打破这个情况。千万不要打断他们的话题，以免出现尴尬的气氛。

有一位中层经理，他获得了一个外调到别的城市工作的更好机会。但是，其妻子表示反对，因为她在目前居住的城市里有一笔业务要做下去。所以这位中层经理面对老板的谈话不好作答，他对此犹豫不决。当他的上司问他："你妻子同意你去外地工作吗？"他只好回答："我正在努力这么做，请您再给我一点时间。”

但当他一看到老板脸上的表情时，就马上从老板的脸上读出，这既是一个与私人生活有关的问题，也是一件认真的公事商谈。于是他马上坦率地补充道：“请您给我一个晚上的时间，我保证明天给您一个准确的答复。”当天晚上，他和妻子正面谈论了这个问题。最后他们达成了一致的意见：他接受公司的这次外调安排，他的妻子留下来继续其生意，他们做一段时间的分居夫妻，每个周末相聚一次。因此，第二天一上班，这位经理就告诉老板：“我接受公司给予的这次机会。”

这位中层经理说话很会察言观色，当他看到老板的表情时，知道老板对自己的话不是很满意，于是马上改口换了另一种说法，为自己赢得了更好的工作机会。人人都有这样的经验：有时，同某人在一起，说话很愉快；有时同某人在一起，感到很烦，本来很感兴趣的话题却不想谈下去。究其原因，主要是因为对方说话不讨人喜欢，该问的问，不该问的也问，所以让我们觉得厌烦。说话要讲究轻重、曲直，更要有个眼力见儿，知道哪些话该说哪些不该说，哪些该问哪些不该问。问题是展开话题的钥匙。有些问题，当你得不到满意的答复时，是可以继续问下去的，但有一些问题就不宜再问。

比方说你问对方住在哪里，他如果只说地区而不说具体地址，你就不宜再问在几路几号。如果他愿意让你知道的话，他一定会主动详细说明的，而且还会补充上一句，邀请你去坐坐，否则便是不想让别人知道，你也不必再追问了。举一反三，其他诸如此类的问题，如年龄、收入等也一样不宜追问，以免引起对方不快。不可问对方同行的营业情况。同行相忌，这是一般人的毛病。因为他回答你时，若不是对其同行过于谦逊的赞扬，便是恶意的诋毁。在一个人面前提及另外一个和他站在对立地位的人或物总是不明智的。此外，在日常交际中，不可问及别人衣饰的价钱；不可问女子的年龄（除非她是 6 岁或 60 岁左右的时候）；不可问别人的收入；不可详问别人的家世；不可问别人用钱的方法；不可问别人工作的秘密，如化学品的制造方法等。

凡别人不知道或不愿意让人知道的事情都应避免询问。问话的目的在于引起双方的兴趣，而不是使任何一方没趣。若能让答者起劲，同时也能增加你的见识，那是使用问话的最高本领。

一位社交家说：“倘若我不能在任何一个见面的人那里学到一点东西，那就是我处世的失败。”

这句话很发人深省，因为虚怀若谷的人，往往是受人欢迎的。记住，问话不仅能打开对方的话匣，而且你可以从中增长学问。

第三节　说话曲直轻重的把握艺术

说话的曲直轻重的火候把握直接关系到沟通和表达的效果。由此可见，把握好说话曲直轻重的艺术非常重要。

一、说话切不可口无遮拦

与人说话要讲究方圆曲直，该说的说，不该说的就不要开口，可实际上，有的人说话口无遮拦，以致让自己陷入危险境地。

纪晓岚中进士后，当了侍读学士，陪伴乾隆皇帝读书。一天，纪晓岚起得很早，从长安门进宫，等了很久，还不见皇上到来，他就对同来侍读的人开玩笑说："老头儿怎么还不来？"话音刚落，只见乾隆帝已到了跟前。因为他今天没有带随从人员，又是穿着便服，所以没有引起大家的注意。皇上听见了纪晓岚的话，很不高兴，就大声质问："'老头儿'三字作何解释？"旁边的人见此情景都吓了一身冷汗。纪晓岚也吃了一惊，说这话本无其他恶意，却被皇上听到了，且还当着众臣的面。纪晓岚突然灵机一动，战战兢兢地说："万寿无疆叫作'老'，顶天立地叫作'头'，父天母地叫作'儿'。"乾隆帝听了这个恭维自己的解释，才转怒为喜，不再追究了。纪晓岚这才把提到嗓子眼的心收了下来。

这只是个民间传说，我们不需要去考证它的真实性。但应该从中得到一些启发：说话不可口无遮拦，要恰当地回避他人忌讳的东西，才能使双方的交流更为融洽。

朋友聚会，大家不免要开开玩笑，玩笑不伤大雅无妨，不有意无意揭人伤疤也无妨。这样可以使气氛更欢愉，彼此沉浸在往事的回忆中，倒是一种乐趣。然而，有时不该说的说了，就会使气氛骤变，若是有朋友携好友或恋人同往，情况还会更糟。

小张长得高大魁梧，在大学校园内有"恋爱专家"的雅号。如今他是一家外资公司的高级职员。英俊的长相和丰厚的薪水使他在众多的女孩中选择了貌若天仙的小丽作为女友。也许是为了炫耀自己的能耐，小张带着小丽去参加朋友聚会。就在大家天南海北闲谈的时候，同学老王转了话题，谈起了大学校园罗曼蒂克的爱情故事，故事的主人公自然是"恋爱专家"小张。老王眉飞色舞地讲述小张如何引得众多女生趋之若鹜，又如何在花前月下与女生卿卿我我。小丽起先还觉得新奇，但越听越不是味，终于拂袖而去。小张只好撇下朋友去追小丽。

老王并不是有意要揭小张的伤疤，而他追忆的往事确实是使小丽耳不忍闻，无端造出了乱子。这不仅使小张要费不少周折去挽回即将失去的爱情，而且使在场的人心里也不愉快。

总之，无论在什么场合，什么情况下都要把握说话分寸，尽量做到该说的说，不该说的就不说，尽量创造一个和谐的氛围。

二、转个弯说话有时效果更好

在某些特定的场合，如果把话说得太直、太透，可能会引起对方的不满，或者对自己产生不利的影响，但意思又不能不表达。这时，如果采用“借他人之言，传我腹中之事”的方法，借用一个并不在场的第三者之口说出，便可以弱化对方的不满和对我方的不利影响。这种方法就是近话远说。

近话远说能够人为地拉开话题与现场之间的距离，给双方留下一个缓冲带。

西安事变前夕，张学良和杨虎城就频繁会面，都有心对蒋发难。可对于这样一个关系到身家性命和国家前途的大事，在对方亮明态度之前，谁敢轻易开口。眼看时间越来越近，双方都是欲说还休。

杨虎城手下有个著名的共产党员叫王炳南，张学良也认识。在又一次的会面中，杨虎城便以他投石问路，说道：“王炳南是个激进分子，他主张扣留蒋介石!”张学良及时接口道：“我看这也不失为一个办法。”于是两个聪明的将军开始商谈行动计划。

当时，张学良的实力比杨虎城大得多，且又是蒋介石的拜把子兄弟。杨虎城如果直接把自己的观点摆在张的面前，而张又不赞同，后果实在堪忧。于是就借了并不在场的第三者之口传出心声，即使不成也可全身而退，另谋他策。说话转个弯儿，在表达了自己的意见的同时，也为自己留了条后路。

对于不宜直言的问题，绕个弯儿说话，有时会让自己化险为夷，不信看下面这个例子：

我国古时候，有个县官很喜欢附庸风雅，尽管画术不佳，但画画的兴致很高。他画的虎不像虎，反而像猫。并且，他还每画完一幅画，都要在厅堂内展出示众，让众人评说。大家只能说好话，不能说不好听的话，否则，就要遭受惩罚，轻则挨打，重则投入监牢。

有一天，县官又完成了一幅“虎”画，悬挂在厅堂，召集全体衙役来欣赏。

县官得意地说：“各位瞧瞧，本官画的虎如何?”

众人低头不语。县官见无人附和，就点了一个人说："你来说说看。"

那人战战兢兢地说："老爷，我有点怕。"

县官："怕，怕什么？别怕，有老爷我在此，怕什么？"

那人："老爷，你也怕。"

县官："什么？老爷我也怕。那是什么，快说！"

那人："怕天子。老爷，你是天子之臣，当然怕天子呀！"

县官："对，老爷怕天子，可天子什么也不怕呀！"

那人："不，天子怕天！"

县官："天子是天老爷的儿子，怕天，有道理。好！天老爷又怕什么？"

那人："怕云。云会遮天。"

县官："云又怕什么？"

那人："怕风。"

县官："风又怕什么？"

那人："怕墙。"

县官："墙怕什么？"

那人："墙怕老鼠。老鼠会打洞。"

县官："那么，老鼠又怕什么呢？"

那人："老鼠最怕它！"来人指了指墙上的画。

被点名的差役没有直接说县太爷画的虎像猫，而是绕着弯说话，让县官在众人面前保住了脸面，又让自己避免了一场灾难。

三、顺水推舟巧应对

在和别人交往时，如果遇到不宜直说，但又不得不说的情况时，采用顺水推舟的说话技巧不失为一种好的解决问题的办法。所谓顺水推舟，就是借助别人先造成的"势"，然后就此一"推"，便顺顺当当地将问题解决了。

武则天当政时，天下禁屠。御史娄师德视察陕州，一次吃饭时，厨人端上了肉。娄师德便问："已经禁屠了，哪来的羊肉？"厨人回道："豺咬杀羊。"看来娄大人口福不浅，知道他大驾光临，便有狼咬死羊，足见厨师训练有素，其主人教导有方。你看，禁也没有破，肉也有得吃，这"水"是够"顺"的了。不用说，只需轻轻一推，自然会"轻舟已过万重山"。无怪娄师德夸奖"豺大解事"，其实是地方官解事呀。过一会儿又端上鱼丸子，娄问何来鱼？或许是事先培训不到家，厨人回曰："豺咬杀鱼"，师德叱道："智短汉，何不说獭咬杀鱼？"

其实他也心知肚明，只是不愿说破罢了。

有时运用顺水推舟的说话方式，可以让我们保全别人的面子，又让自己减少不必要的损失。

一次在酒家里，一位外宾吃完最后一道菜，顺手把制作精美的景泰蓝食筷“插入”自己的口袋。

这时，服务小姐看到了，但她没有当场给外宾难堪，而是不露声色地迎上前去，双手捧着一只装有景泰蓝食筷的绸面小匣说：

“先生，我发现您在用餐时，对我国景泰蓝食筷颇有点爱不释手之意。非常感谢您对这种精细工艺品的赏识。为了表达我们感激之情，经经理同意，我们把这双图案最精美的景泰蓝食筷赠送给您，并按最优惠价格，记在您的账上，您看好吗？”

这位外宾自然明白这些话的弦外音。在表示谢意之后，他借口多喝了两杯，误将食筷插入衣袋，从而借此下了台阶。

中国的景泰蓝工艺，堪称世界一绝。这位外宾爱不释手，并想浑水摸鱼，据为己有，也情有可原。但如果听之任之则国家要受到损失，因此，制止是必需的，但不能直言不讳地指责，那样会置对方于难堪的境地，严重的话可能造成国际上的不良影响。服务小姐顺水推舟的手法既保住了客人的面子，又避免了国家遭受不必要的损失。

把握好说话曲直的分寸，在遇到难以解决的境况时，你也不妨采用一下顺水推舟的说话技巧。

四、该直接说的话要直言不讳

我们知道，说话要讲究方圆曲直，不可口无遮拦，但在有些情况下，有的话必须以实相告，直话直说。

明末农民领袖李自成逼死崇祯皇帝，建立了大顺政权，可时过不久，由于吴三桂背叛，兵临城下，李自成形同瓮中之鳖，苦思撤退良策。烟花女子陈圆圆前来拜谒。面对这位风尘女子，李自成猛想起以前吴三桂、刘宗敏就是为了争夺她才闹得满城风雨，自己寻思道：“自古红颜多祸水”，于是传令将陈圆圆处斩。

武士们正要动手，陈圆圆自己站了起来，不屑一顾地看了李自成一眼后，冷笑一声转身就走。

李自成大喝道：“回来！你冷笑什么？”

陈圆圆转回身来，再次跪下，语带讥讽地说：“小女子久闻大王威名，以为是位金戈铁马、逐鹿问鼎的大英雄，没想到……”

“没想到什么？”李自成问道。

“想不到大王却害怕一个弱小女子！”陈圆圆情绪激愤地说道。

“孤怎么会畏惧你？”李自成反问道。

“大王，小女子也出身良家，不幸坠入烟花巷，饱受青楼沧桑之苦，实属身不由己。最初被崇祯皇帝霸占，后被吴三桂夺去，随后又被大王手下刘将爷强行抢来，其实这并非小女子本意。请问大王，小女子自身有何以为罪？大王挥师起义，不是要救天下黎民于水火吗？小女子本是无辜之人，大王却要赐死，不是畏惧小女子又做何解释呢？”陈圆圆妙语反驳道。

李自成被问得瞠目结舌，只见他抬了抬手，接着对陈圆圆说道：“你且起来说话。”

陈圆圆给李自成磕了头，说了声：“谢大王！”然后站起来说，“就是为大王计，大王杀小女子也实为不智。”

“怎么不智？”李自成一怔。

“小女子看宫中情形，大王有撤出京城打算，不知是也不是？”陈试探道。

“就算孤有这种打算，那又如何？”李自成想从这位女子口中得到点什么，继续追问。

“大王是想安全撤离呢，还是想被追袭而奔呢？”陈圆圆问道。

“当然想安全撤离，又当如何？”李自成继续往下追问。

“大王，吴三桂为先锋，兵强马壮，小女子听说他正向京城进逼。小女子蝼蚁之命，大王杀了我，不会给你带来任何好处；留下小女子，小女子感念大王不杀之德，当尽心竭力，使吴三桂滞留京师，不再追袭。大王可保全实力，全师而撤，巩固西京，不久又可东山再起。趋利避害，请大王三思。”陈圆圆语重心长地说道。

陈圆圆的话触到了李自成的心病，他不由身子前倾，问道：“你果真能使吴三桂滞留京师吗？”

“大王想必知道，吴三桂背叛大王，由小女子所致，大王杀了小女子，必然激起他复仇的欲望，以致日夜兼程，追袭不休。大王留下小女子，小女子指天立誓，想尽一切办法也要使他滞留京城，不再追袭。小女子如有背信，五雷击顶。”

“好！孤王相信你，留下好了。”李自成最终同意了陈圆圆的请求。

为什么陈圆圆能让李自成同意其请求，免遭不杀之祸呢？因为她从实际情况出发，直话直说。吴三桂进逼京城，李自成苦无去路，都是实际情况，直说，让她和李自成有了相容的心理基础。

五、点到为止的技巧

事情有缓急，说话有轻重。有些人在日常交际中，对问题缺乏理智，不考虑后果，一时性起，说话没轻没重，以至于说了一些既伤害他人，也不利自己的话。

有一对夫妻吵架，两人唇枪舌剑，各不相让，最后丈夫指着妻子厉声说："你真懒，衣服不洗，碗也不刷，你以为你是千金小姐呢，什么都不会，脾气还挺大，要你有什么用，不如死了算了。"妻子一气之下割脉自尽，丈夫后悔已经来不及了。

这样的例子在日常生活中屡见不鲜。这类说"过"了、说"绝"了的话，虽然有一些是言不由衷的气话，但是对方听来，却很伤心，故常常引起争吵、嫉恨，甚至反目成仇。俗话说"过火饭不要吃，过头话不要说"，"话不要说绝，路不要走绝"，正是对上述不良谈吐的告诫。

如果听话人是一个非常明白事理的人，你说的话就不必太重，蜻蜓点水，点到即止，一点即透，因为对方就像一面灵通的"响鼓"，鼓槌轻轻一点，就能产生明确的反应。对这样的人，你何必用语言的鼓槌狠狠地擂他呢？

赵明是工厂的一名班组长，最近他的班组调来一个名叫王楠的人，别人对王楠的评语是：时常迟到，工作不努力，以自我为中心，喜欢早退。

过去的班长对王楠都束手无策。第一天上班，王楠就迟到了5分钟，中午又早5分钟离开班组去吃饭，下班铃声响前的10分钟，他已准备好下班，次日也一样。赵明观察了一段时间，发现王楠缺乏时间观念，但工作效率却极佳，而且成品优良，在质管部门都能顺利通过。于是，赵明对王楠微笑着说："如果你时间观念和你的工作效率同样优秀，那么你将成为一个完美的人。"以后赵明每天都跟王楠说这句话。时间久了，王楠反而觉得过意不去了，心想：过去的班长可能早就对我大发雷霆了，至少会斥责几句，但现在的班长毫无动静。

感到不安的王楠，终于决定在第三周星期一准时上班，站在门口的赵明看到他，便以更愉快的语气和他打招呼，然后对换上工作服的王楠说："谢谢你今天能准时上班，我一直期待这一天，这段日子以来你的成绩很好，如果你发挥潜力，一定会得优良奖。"

赵明对待王楠的迟到，没有采取喋喋不休的方式批评，而是点到为止，让其自动改正错误。

小宋是一位小学语文教师，他不满某些社会现象，爱发牢骚，甚至在课堂教学中有时也甩开教学内容，大发其牢骚。很显然，他缺乏教师这个角色应有的心理意识。校长了解这种情况后，与他进行了一次交谈。校长说："你对某些社会不良风气反感，对教师经济待遇低表示不满，这是可以理解的。心中有气，尽管对我发，但是请你千万不能在课堂上发牢骚。少年的心灵本是纯真、幼稚的，他们对有些事缺乏完全的了解和认识，你与其发牢骚，何不把那份精力用来给学生讲讲如何振兴祖国？这才是一个称职的教师应该做的。"听了校长这一番语重心长的话，小宋认识到当教师确实不能随意把这种牢骚满腹的心理状态表现出来，不然，对学生会产生不良的影响。从此以后，再也没有听说他在课堂上发牢骚了。

同样，校长如果不把握说话的轻重，直接说："你这样做是缺乏修养的表现，不配做一个教师。"那么结果又会怎样呢？说话要把握轻重，点到为止，给人留住面子，才能起到说话的原本目的。

六、发生冲突时理智先行

人与人之间难免因某种原因产生摩擦，这时，如果把话说得过重，就会使矛盾激化，相反，如果压制自己的情绪，则会让事情平息下来。

日本一位著名作家藤本义一先生，是位颇为知名的人。一次，他的女儿超过了晚上时限10点钟，于12点方才带醉而归，开门的藤本夫人自是破口训斥了一顿，之后还说："总而言之，你还是得向父亲道个歉。"顿时，她也清醒了不少，感到似乎大难就要临头了，于是便怯怯地走向父亲的卧房，面色凝重的父亲却只说了句："你这混蛋！"之后便愤然离去，留下了无言的女儿独自在黑暗中。

虽然只是一句话，但却深深刺痛了她的心，然而晚归之事，自此便不再发生。为人父母者都有责备孩子的经验，多半也了解孩子可能有的反抗心，所以要他们反省是相当困难的。通常会以一句："你是怎么搞的，我已经说过多少次……"想让他们了解并且反省，此时他们若有反抗的举止，父母又会加一句"你这是什么态度"然后说教更是没完。

如此愈是责骂，反抗心便愈是高涨；愈是希望他们反省，反愈得不到效果，于是情况就会变得更糟。但藤本先生的这种做法，使他女儿的反抗心根本无从发泄，反而转变为反省的心。因藤本夫人的一顿训斥，已足够引起女儿的反抗心，但藤本先生却巧妙地将它压抑住，反而使女儿的内心感到十分歉疚，因为父亲的一句"混蛋"，实胜过许多无谓的责骂，她除了感激，实在无话可说。

压制自己的情绪，在遇到愤怒的事情时，切勿失去理智，口不择言。通常有些"过头话"是在感情激动时脱口而出的，人们为了战胜对手，往往夸大其词，着意渲染，“攻其一点，不及其余”，甚至使用污言秽语。如前例中，丈夫在火头上说的“我一辈子也不想见到你！”这话显然是气话、“过头话”，是感情冲动状态下的过激之言。事过之后，冷静下来，又会追悔莫及。所以，在情绪激动时，要特别注意控制，切莫“怒不择言”，出语伤人。同时，因为双方有矛盾，说话就难免很冲、带刺，如果你也采取同样的态度回击，则积怨更深，最好的办法就是避其锋芒。钢刀砍在石头上，肯定会溅起火星，如果钢刀砍在棉花上，则软而无力，对方一定不会再强硬下去。历史上廉颇与蔺相如“将相和”的故事，告诉我们的就是在与有误解或隔阂的人相处时，应避其锋芒，不要硬碰硬，不说过头话，使用的语气不要咄咄逼人，如果一方能主动示弱，便有利于矛盾的化解。

第四节　危机语境中说服与劝阻的分寸技巧

在日常生活中，人与人之间有时难免会因为这样那样的原因引起争吵或纠纷，产生交往上的障碍，对于始料不及的纠纷，如果得不到及时解决，化干戈为玉帛的话，往往会使双方积怨加深，妨碍彼此间的正常关系。这时就需要纠纷外的第三者去调解，使其关系融洽。

一、说话时要以尊重他人为前提

说服与劝阻别人是很难的事情，处理不好会引发很多意想不到的矛盾。要想成功地说服别人就要首先尊重别人，不要把别人当“机器人”。心理学教授坎贝尔说：“我始终不明白，为什么要有机器人这个说法。只要词语中带有人字，无疑意味着人为地拔高物质的高度。我认为应该把机器人称为机器鬼，这样就不至于把机器和人搅和在一起。反正机器人这个说法令人觉得别扭。”

不要以为他人是机器人，可以由你想怎样操纵就怎样操纵。只有学会尊重他人，意识到对方也拥有充分的潜能，能够从他人的角度理解问题，才会有真正意义上的沟通。

（一）没有完美的技巧，但经由技巧可能有完美的结果

说话是双方的事，一个巴掌拍不响。当你运用技巧时，别人也会运用技巧。当然，你可以使自己的愿望处于优势，并且尽可能达到这个对自己有利的结果。但这多少有些一厢情愿，因为别人也运用技巧，彼此力量的消长有一个合适的中点，那是双方可以接受的结果。沟通能达到这个目的，双方都应该满意，虽然这个结果跟你渴望的结果有些差别，但也应该坦然接受。

（二）尽量多采用含蓄的暗示方法

既然他人不是机器人，理所当然应该受到你的尊重。而尊重的妙招就是暗示。暗示就是为了保全他人自尊时采取一种比较含蓄的不直接指责、指使的方法，也就是间接地让人做出你希望他做的事。

暗示可以成为行动的动力，他们在接受暗示时，已经感到了受尊重的意味，就会主动帮你达到你渴望的结果。暗示可以让人心甘情愿地和你交往。

（三）运用漂亮的语法

世上每一种语言都有其特殊的美，其中都有很漂亮的语法。沟通也是种语言交流，漂亮语法的运用就很合适。

当然，漂亮语法绝不是指滥用形容词之类的肤浅玩意儿，它必须的的确确是一种语法，能将各种词语巧妙地运用，且不仅仅限于形容词。

“然后……”“这时……”等语法可以给人流畅感，他人就容易顺应你的思路，承启转合之间，沟通已经趋向圆融。使用“因为……，所以……”等语法，则给人很讲逻辑、很讲道理的感觉，他人就会心服，谁愿意跟不讲理的家伙打交道呢？

语法是有玄机的，能成功地被运用的语法都是漂亮的语法。在漂亮语法当中，先尊重对方的态度，然后，说出自己的要求，只要语法得当，就算前后矛盾，对方也不会觉得受到伤害，可以接受你的观点和建议，并愿意合作。

（四）乔装弱者

世上总有很多人喜欢表现自己的力量和能耐，在他们眼中，他人总不如自己。这种人很可能令你讨厌，但你可以利用他们。他们喜欢表现就给他们表现的机会嘛。最简单的办法就是，在他们面前故意表现得笨手笨脚，他们定会过来：“真是差劲，让我来！”于是，他们就自己动手做起来。这个方法儿童们都会用，何况成人。最聪明的办法是询问，表现得很虚心的样子去求教，他人怎么会不理睬，说不定一边做一边教你怎样做呢。

（五）运用动作进行暗示

我们的肢体是有语言的，我们的动作往往可以暴露我们的心情。同样的，他人的动作也会泄密。所以，沟通中的人对他人的动作是很敏感的，你正可以利用它。

如果与人交谈时，你做侧头沉思的动作，你的体语就告诉对方，这个问题你有疑问，这比直接予以打断他人的语流更有效，不至于立刻和对方抵触。他人一定会问：“有什么不懂吗？”这样由他人自己中断语言流程，可以有效地保证他人自尊心不受伤害。

如果想中断谈话，急于离开去做别的，你可以不停地偷看手表。手表有时候可能就是心理时间的外壳。他人会问："有事吗？你可以先走。"你就可以很有礼貌地全身而退。

体语的运用，很讲究空间。在宽敞的房间里交谈，彼此可以做到公平。但要达到亲密关系的程度，还是狭窄房间为好。谈话时中间不隔着桌子更容易融洽。距离上的靠近也会造成精神的靠近。

体语也可以保全自己的尊严。迟到时表现出气喘吁吁地着急赶来的样子，他人容易原谅。

（六）移动他人的观点

在沟通时，接纳对方的观点，然后再削弱他人的观点，是一个尊重他人的好办法。生活中，人的观点多种多样，纷繁复杂地围绕在你周围。这些观点有容易理解的，也有摸不着头脑令人难以把握的。观点是容易冲突的，人都不愿放弃自己的观点，所以，沟通时不要破坏对方的观点，只能悄无声息地移动他人的观点，让它靠拢自己的人生观。记住，移动，不是改变。移动他人的人生观，可以采用游戏性质的做法，让别人感觉不到严肃的压力，因为人生观可是个严肃的大问题。而在游戏中，人生观稍有移动和变化，他人是不会觉察的。

二、动辄争辩只会激化矛盾

从古至今，哲学被争论了2 000余年而胜负未分，心理学的争辩也至少有几百年，现在还是不分高下。留心我们的周围，争辩几乎无处不在。一场电影、一部小说能引起争辩，一个特殊事件、某个社会问题能引起争辩，甚至，某人的发式与着装也能引起争辩。而且往往争辩留给我们的印象是不愉快的，因为它的目标指向很明确：每一方都以对方为"敌"，试图以一己的观念强加于彼。

你喜欢和人争辩，是不是以为你用争论压倒了对方，对方就会被你说服呢？你要明白，你必定压不倒对方。即使对方表面屈服了，心里也必悻悻然，你一点好处也得不到，而害处却很多。好争辩，第一使你伤害了别人的自尊心，令人对你心生反感；第二使你很容易养成专去挑剔别人缺点的恶习；第三使你变得骄傲；第四，你将因此失掉一切的朋友。

请从体育精神做起吧，输了，不必引以为耻，而后，竭力去学习尊重别人的意见。好胜是大多数人的弱点，没有人肯自认失败，所以一切的争辩都是没有必要的。谈话的艺术就是提醒你怎样游出这愚蠢的漩涡，更清醒地去应付一切。如果能够尊重别人的意见，你的意见也必被人尊重，如此，你所主张的就很容易得人拥护，而不必把精力花在无益的争辩上。你可以实现你的主张，你可左右别人的计划，但不是用争辩的方法来获取。如果你想借某一问题增加你的学识，你应该虚心地请教，而不要企图借助争辩。请记得：争辩是一场无休止的战争。

每个人的见解、主张，都是经过长期的生活经验形成的，你不可能在短时间内通过一场争论改变它。因此，当你遇到与别人意见不同的情况时，一方面不要太过心急地要求别人立刻同意你的看法，应该学会理解、同情对方，容许别人做更多的考虑。另一方面也不要因别人的意见一时和自己不同，就说什么“话不投机半句多”，跟人断绝交往，闭口不说话。如果你能很礼貌又很谦虚地听取别人不同的见解、主张，必然会受到人们的欢迎和尊敬。

我们都知道推销员能说会道，有好的口才。小王是公司的推销高手，销售业绩连续三年居公司第一，是公司公认的金口才。他刚刚从事推销时的一件事对他触动很大、影响很深。

小王公司生产的产品是一种更新换代型产品，与原有产品相比，功能加强了，售价也不高。小王刚开始去推销时，遇到的第一个顾客，可能思想有点保守，接受新事物有些慢，只承认原产品好，对新产品的优点视而不见。小王不服气，拿出新旧产品的说明书，两相对照，向顾客讲解。同时又实际进行操作，证明新产品功能确实比旧产品好；然后进行性价比、产品生命周期对比。最终，顾客在小王的攻势下，不得不承认小王说的是对的，换代产品确实比原有产品好。但顾客却没有购买任何产品。

让顾客认同了自己的观点，小王成功了吗？没有，推销员虽然应该有好的口才，但是口才体现在让顾客购买自己的产品，而不是让顾客不得不承认你正确。后来小王正是从这件事中吸取了教训，以后经过刻苦的学习和训练，坐上了公司推销的第一把交椅，成为公认的金口才。

切记，“常有理”不是金口才，说服别人时，有输才有赢。给对方留一点空间，也就给自己留下了回旋的余地，离你的目的也就更近了。

当你觉得某些情况下不得不争论一番时，最好先问自己几个问题：①这次争辩的意义何在？如果是一些根本就不相干的小事情，我们还是避免争论为妙。这次争辩的欲望是基于理智还是感情（虚荣心或表现欲等）？如果是后者，则不必争论下去了。②对方对自己是否有深刻的成见？如果是，自己这样岂不是雪上加霜？③自己在这次争论当中究竟可以得到什么，又可以证明什么？

心理学家高伯特普曾经说过：“人们只在不关痛痒的旧事情上才‘无伤大雅’地认错。”这句话虽然不胜幽默，却是事实。由此，也可以证明：愿意承认错误的人是少的——这就是人的本性。

三、说服的最佳突破点寻求技巧

人的心理是客观现实在头脑中的反映，外界的刺激会引起人的心理变化，突然的刺激会导致心理波动。这时，人们往往情绪反应强烈，特别是年轻人情感更为动荡、极易冲动，情感有余，而理智不足，情感的潮水会漫过理智的堤坝，在激情的驱使下会采取事后追悔莫及的过火行为。

如果抓住情绪已经产生强烈波动即将导致不正常行为的时刻予以说服，说明利害得失，对方就会受到震动，恢复理智，幡然醒悟。而过早地进行说服，会被对方认为神经过敏或无中生有；时过境迁，再去说服教育，易被对方看成"事后诸葛"，或秋后算账，都不能收到好的效果。

要抓住最佳时机，就要善于在人的思想、情绪容易发生变化或可能出现问题的关口及时进行说服教育。一般来说，工作调动、毕业分配、入党入团、家庭事件、婚恋受挫、提职加薪、意外事故、住房分配、子女就业、战士报考军校、退伍回乡、请假探家、负伤患病等。人们在面临这些情况时，极容易产生思想波动，这也正是进行说服的好时机，在这种时刻要及时劝导提醒，防患于未然。

个别说服的时机是否恰当，可以通过观察对方的情绪表现进行判断。如果对方心平气和，或者表现出情绪超乎平静的迹象，这往往说明时机较为合适。如果发现对方表现出反感和对立情绪，我们除应检查谈话方式、方法或自己的观点、态度是否正确外，还应考虑谈话的时机是否成熟，及时中止谈话，以免造成不利的后果。这时，我们应积极观察，耐心等待；或者采取恰当措施，创造有利的时机，使说服一举奏效。

实际上，"最佳时机法"所强调的最佳时机，并没有刻板的具体标准，也并不限于上面事例中所展示的模式，全靠我们在具体情况下从说服的目的出发，针对对方的思想状态和心理特点，自己揣摩和把握。

只要我们具有敏锐的观察力、准确的预测能力和果断、灵活的思维能力，我们的说服工作就会像杜甫诗句中"知时节"的"好雨"那样，"当春乃发生"，恰到好处地滋润人们的心田。

四、可以试着先接受对方的想法

当你感觉到对方仍对他原来的想法保持不舍的态度时，其原因是尚有可取之处，所以他反对你的新提议。此时最好的办法，就是先接受他的想法，甚至先站在对方的立场发言。

"我也觉得过去的做法还是有可取之处，确实令人难以舍弃。"先接受对方的立场，说出对方想讲的话。为什么要这样做呢？因为当一个人的想法遭到别人一无是处的否决时，极可能为了维持尊严或咽不下这口气，反而变得更倔强地坚持己见，抗拒反对者的新建议。若是因说服别人沦落到这地步，成功的希望就不大了。

某家用电器公司的推销员挨家挨户推销洗衣机，当他到一户人家里，看见这户人家的太太正在用洗衣机洗衣服，就忙说："哎呀！这台洗衣机太旧了，用旧洗衣机是很费时间的，太太，该换新的啦……"结果，不等这位推销员说完，这位太太马上产生反感，驳斥道："你在说什么啊！这台洗衣机很耐用的，到现在都没有故障，新的也不见得好到哪儿去，我才不换新的呢！"

过了几天，又有一名推销员来拜访。他说："这是台令人怀念的旧洗衣机，因为很耐用，所以对太太有很大的帮助。"这位推销员先站在太太的立场上说出她心里想说的话，使得这位太太非常高兴，于是她说："是啊！这倒是真的！我家这部洗衣机确实已经用了很久，是太旧了点，我倒想换台新的洗衣机！"于是推销员马上拿出洗衣机的宣传小册子，提供给她做参考。

这种推销说服技巧，确实对推销员大有帮助，因为这位太太已被动摇而产生购买新洗衣机的决心。至于推销员是否能说服成功，无疑是可以肯定的，只不过是时间长短的问题了。

善于观察与利用对方微妙的心理，是帮助自己提出意见并说服别人的要素。一般来说，被说服者之所以感到忧虑，主要是怕"同意"之后，会不会发生意想不到的后果。如果你能洞悉他们的心理症结，并加以防备，他们还有不答应的理由吗？至于令对方感到不安或忧虑的一些问题，要事先想好解决之道，以及说明的方法，一旦对方提出问题时，可以马上说明。如果你的准备不够充分，讲话模棱两可，反而会令人感到不安。所以，你应事先预想一个能引起对方可能考虑的问题，此外，还应准备充分的资料，给客户提供方便，这是相当重要的。

五、说话要晓之以理，使他人为之所动

说服他人时，从对方的利益出发，最容易达到说服的目的。

肿瘤患者放疗时，每周测一次血常规，有的患者拒绝检查，主要是因为他们没意识到这种监测的目的是保护自己。

一次，护士小王走进病房，说："王大嫂，该抽血了！"患者拒绝说："不抽，我太瘦了，没有血，我不抽了！"小王耐心地解释："抽血是因为要检查骨髓的造血功能是否正常，例如，白细胞、红细胞、血小板等，血常规太低了，就不能继续做放疗，人会很难受，治疗也会中断！对身体也不好。"

患者更好奇地说："降低了，又会怎样？"小王说："降低了，医生就会用药物使它上升，仍然可以放疗！你看，别的病友都抽血了！一点点血，对你不会有什么影响的。再说还可以补充回来呀。"患者被说服了："好吧！"

是的，通常我们行动的目的就是"为自己"，而非"为别人"。如果能够充分理解这一点，那么想要说服他人就有如探囊取物般容易了。只要了解对方真正追求的利益何在，进而满足他的欲望便可达到目的。

相信大家一定经历过，在说服或想拜托别人做事情时，不管怎样进攻或恳求对方，对方总是敷衍应付、漠不关心。这时你首先要以"利益"为驱动引起对方关心，然后再说服诱导。在推销方面，推销员为了唤起顾客的注意，并达到80%的购买率，往往是先诱导，后说服。

在英国工业革命方兴未艾时，以发明发电机而闻名的法拉第，为了能够得到政府的研究资助，他去拜访首相史多芬。法拉第带着一个发电机的雏形，非常热心并滔滔不绝地讲述着这个划时代的发明，但史多芬的反应始终很冷淡，一副漠不关心的样子。

事实上，这也是无可奈何的事情，因为他只是一个了不起的政治家，要他看着这种周围缠着线圈的磁石模型，心里想着这将会带给后世产业结构的大转变，实在是太困难了。但是法拉第在说了下面这段话后，却使原本漠不关心的首相，突然变得非常关心起来，他说道："首相，这个机械将来如果能普及的话，必定能增加税收。"

显而易见，首相听了法拉第所说的话后，态度突然有了强烈的转变。其原因就是因为这个发动机，将来一定会获得相当大的利润，而利润增加必能使政府得到一笔很大的税收，而首相关心的就在于此。相对应地，我们在劝阻对方放弃固执、愚蠢、鲁莽、不智的举动时，也可以摆出利害关系，使对方心服口服。

有时候，我们的真诚劝阻之所以没有成功，很多情况是因为我们没有抓住对方固执的行动给自己造成的危害。"打蛇打七寸"，抓住对方切身利益的损失，会使他的心弦受到颤动，促使他做深入思考，从而放弃自己消极的、错误的行动。

某剧场门前不许卖瓜子、花生之类的小食品，怕的是污染环境，影响市容。唯有一位年近六旬的老太太可以例外。用剧场管理员的话说就是："这老太婆年岁大，嘴皮尖，人家叫她铁嘴，不好对付，只好睁只眼闭只眼。"某日，市里要检查卫生，剧场管理员小王要老太婆回避一下，说："老太太，快把摊子挪走，今天这里不许卖东西。""往天许卖，今天又不许卖，世道又变了吗？""世道没有变，检查团要来了。""检查团来了就不许卖东西？检查团来了还许不许吃饭？”“检查团来了，地面不干净要罚款的。”小张加重了语气。“地皮不干净关我屁事，他肥肉吃多了拉稀屎，能去罚卖肉的款吗？”小张无言以对，悻悻而退。管理自行车的老刘师傅随后走了过来，说道：“老嫂子，你这么一把年纪，没早没晚的，又能挣几个钱呢？检查团来了，真要罚你一笔，你还能打场官司不成？再说，检查团不会天天来，饭可是要天天吃，生意可是要天天做的呐。”“嗯！姜还是老的辣。好，我走，我走。”老太婆边说边笑地把摊子挪走了。

本例中，两种劝阻方式，一个失败，另一个却成功，这其中很有学问。管理员小张之所以劝阻不成反讨没趣，就因为他只是一味地讲抽象的大道理，却没有站在老太婆的角度上耐心地帮助她分析利弊。而老刘师傅就懂得这一点，他从老太婆的切身利益出发，向她指出了只考虑眼前的小利而不顾长远利益的不良后果，使她真正认识到了自己固执行为的不明智，于是心服口服地接受了规劝。

利己是多数人的“通病”，只要能将这种心理利用起来，多半的说服都是会成功的。

六、危机语境中纠纷的调节技巧

危机语境中纠纷的调节技巧直接事关调节的成败。比如说，你与一个朋友之间产生了一定的隔阂，但又不想与之断交，这就不妨请个第三者从中说和。第三者的任务是将双方的歉意及想保持交往的愿望准确真实地进行传递。

小孩子们中常常出现这种事情：“小燕，珍珍愿意和你好了，你呢？”

“我也愿意。”“珍珍，小燕愿意和你好，大家拉拉手吧！”这是最简单的第三者消除隔阂的办法。成年人的世界里，这种方法用得很常见，也复杂得多。

人间需要“和事佬”。有机会充当这样的角色，是很有意义的事。有时候，双方陷入僵局，相持不下，顾及脸面，谁也不愿放低姿态，给对方一个台阶。这时“和事佬”就大有用武之地了。“和事佬”最高超的功夫就是“打圆场”。

所谓“打圆场”，是指交际双方处于争吵或尴尬境地时，由“和事佬”出面站在第三者角度进行调解。“打圆场”近似于捧场，同是圆滑乖巧之为，但它没有捧场那般肉麻，而且在了结现实矛盾、平息事端的功效上，都比捧场高上一筹。“打圆场”运用得好，可以活跃气氛，联络感情，消除误会，缓和矛盾，平息事端，还有利于应付尴尬，打破僵局，解决问题。

那么，如何才能达到顺利调解纠纷的目的，让“打圆场”打得成功呢？

首先，先表“赞同”，后诉歧义。

调解员在进行调解时，由于其特定的身份，往往使调解对象持有紧张、戒备乃至对立的情绪。要使自己的意见易于被调解对象接受，不妨适当采用“赞同”的方法，即强调谈话双方在某一方面的“一致性”的方法，如强调共同愿望，肯定对方某一点意见的正确等。

这种寻找“一致性”的方法，有助于打消调解对象的对立心理，平定激动情绪，从而理智地、心平气和地接受自己的正确意见。这种找共鸣点、先赞同长处、后驳斥短处的调解语言，既使调解对象的委屈、愤怒心理得到了平衡，又使其顺其自然地接受了自己的意见，收到了事半功倍之效。

其次，言辞恳切，合法合情。

既然是调解，那么调解的矛盾均属于没有什么严重冲突的人民内部矛盾，应以和平解决为最佳途径，这就要求调解语言既符合法律规范，又要符合调解对象的特定心理。有时调解语言虽然合理、合法，却不合“情”。可见，调解语言不可生搬硬套，必须根据调解对象的不同的心理特点，选用不同的调解语言。

最后，因人而语，忠言不逆。

世人常说“良药苦口利于病，忠言逆耳利于行”，但随着科学技术的迅速发展，良药也裹上了糖衣，变得可口了。既然良药未必苦口，那么忠言也未必逆耳，这就取决于说话的方式方法的优劣了。调解人员要抓住调解对象自尊、爱面子的心理，从维护双方名誉出发，晓之以理，动之以情，使忠言的表达深刻得体，忠言也变得顺耳利行了。

(一) 打圆场时要让双方满意

在别人发生矛盾、争论的时候，夹在中间的滋味是比较尴尬的。作为争论的局外人，我们应当善于打圆场，让矛盾得到及时化解。但是在打圆场的时候，一定要注意一个问题，就是要不偏不倚，让双方都认为你没有偏向。否则，只能是火上浇油，还不如不说。

清末的陈树屏口才极好，善解纷争。他在江夏当知县时，张之洞在湖北任督抚，谭继询任抚军，张谭两人素来不和。一天，陈树屏宴请张之洞、谭继询等人。当席间谈到长江江面宽窄时，谭继询说江面宽是五里三分，张之洞却说江面宽是七里三分。双方争得面红耳赤，本来轻松的宴会一下子变得异常尴尬。

陈树屏知道两位上司是借题发挥，故意争闹。为了缓和宴会气氛，更不得罪两位上司，他说：

“江面水涨就宽到七里三分，而落潮时便是五里三分。张督抚是指涨潮而言，而谭抚军是指落潮而言，两位大人都说得对。”

陈树屏巧妙地将江宽分解为两种情况，一宽一窄，让张谭两人的观点在各自情况下都显得正确。他们两人听了下属这么高明的圆场话，也不好意思再争下去了。

有时候，争执双方的观点明显不一致，这时就不能“和稀泥”。如果你能把双方的分歧点分解为事物的两个方面，让分歧在各自的方面都显得正确，这必定是一个上乘的办法。

春节放假前，某单位举行文艺比赛，管理人员和员工分成两组，根据所选的道具自行编排和表演节目，然后进行评比。表演结束后，没等主持人发话，坐在下面的人就已经分成两派了，管理人员说管理人员的好，员工说员工的好，各不相让。

眼看活动要陷入僵局，主持人灵机一动，对大家说：“到底哪个组能夺第一，我看应该具体情况具体分析。管理人员组的节目富有创意，激情四射，应该得创作奖；员工组的节目富有朝气，精神饱满，应该得表演奖。”随后宣布两个组并列获得第一名。

这位主持人心里明白，文艺比赛的目的不在于决出胜负，而在于丰富大家的娱乐生活，加强上级和员工的交流，如果为了名次而闹翻，实在是得不偿失。于是，在双方出现矛盾的时候，主持人没有参与评论孰优孰劣，而是强调双方的特色并分别予以肯定。最后提出解决争议的建议，问题自然解决了。

凡事都有诀窍，打圆场也有打圆场的学问。归纳起来，打圆场的学问主要有以下几点：

1. 说明真相，引导自省

当双方为某件小事争论不休，各说一套，互不相让，纠缠不休时，“和事佬”无论对哪一方进行褒贬过分的表态，都犹如火上浇油，甚至会引火烧身，不利于争端的平息。因此“和事佬”此时只能比较客观地将事情的真相说明清楚，而不加任何评论，让双方消除误会，从事实中反省自己的缺点或错误，引导他们各自多做自我批评，使矛盾得到解决，达到团结的目的。

2. 岔开话题，转移注意

如果属非原则性的争论，双方各执己见，而这场争论又没有必要再继续下去，那么作为“和事佬”又如何“打圆场”呢？如果力陈己见，理论一番，恐怕不会有效。这时，不妨岔开话题，转移争论双方的注意力。

3. 归纳精华，公平评价

假如争论的问题有较大的异议而双方又都有偏颇，眼看观点越来越接近，但由于自尊心，双方又都不肯服输，那么“和事佬”应考虑双方的面子，将双方见解的精华归纳出来，也将双方的糟粕整理出来，做出公正评论，阐述较为全面的双方都能接受的意见。这样，就把争论引导到理论的探讨、观点的统一上来了。但不能“各打五十大板”。因为，所谓“各打五十大板”是不分青红皂白、是非曲直的，那样乱批一气不利于解决问题，不可取。

（二）适当地褒一方，贬一方

不对争执双方做人格上的评价，而强调双方在性格、能力等方面的差异性，在客观上起到褒贬的效果，从而化解争执。人们在吵架的时候，经常为了谁对谁错，谁好谁坏而争执不休，直接的褒贬至少会引起一方的不满，甚至伤害其自尊心。因此，劝架者在对一方进行劝解时应该避重就轻，不对双方道德上的孰优孰劣做出判断，而是强调二者在个性、能力上的差异，适当地“褒一方，贬一方”使被褒的一方心里得到满足并放弃争执，而又不伤害被贬的一方，使劝解成功。

小陈和小杨是某学校新来的年轻教师，小陈心眼细，考虑事情周到，小杨性情有些鲁莽，但业务能力较强。一次，两个年轻人发生了争执，小陈说不过小杨，感觉很委屈，跑到校长处诉苦。校长拍拍小陈肩膀说：“小陈啊，你脾气好，办事周到，这个大家都清楚，也都很欣赏，可是小杨天生是个躁性子，牛脾气一上来什么都忘了，等脾气过去了就天下太平。你是一个细心人，懂得从团结同事、搞好工作的角度看待问题，你怎么能跟他那暴性子一般见识呢?”一番话说得小陈脸红了起来。

这是一个强调双方差异来解决纠纷的典型例子。校长没有直接批评小杨，而是反复强调小陈脾气好，小杨性格暴躁，这实际上是通过比较两人截然不同的性格来肯定小陈待人办事的方法是正确的，小陈领悟到校长的意思，自然也不会再跟小杨计较。

此外，在褒一方，贬一方时，作为调解纠纷的第三人应记住以下几点，以免褒贬不当而引起当事人的反感，让事情变得更糟。

1. 忌激化矛盾

很多调解纠纷的第三者在“褒一方，贬一方”的方法时，由于方法不当而加剧矛盾，这主要是因为：

第一是强化了当事人本来就不该有的消极情绪，从而火上浇油，扩大了事态。

第二是“惹火烧身”。因方法不当，激怒了当事人，使当事人把全部的不满和怨恨情绪都转移到了你身上，你成了他的对立面和“出气筒”。

2. 忌急于求成

人们常说，善弈棋者，每每举一而反三。做别人的思想工作也好比下棋，也要珍视这“三步棋”的做法，要耐心细致，再三斟酌。如果条件不具备就急于求成，不瞻前顾后，总想一劳永逸，其结果往往是事倍功半，“成”效甚微，甚至把矛盾激化。

3. 忌官腔官调

要克服官腔官调，最主要的是应该增强普通人的意识，以普通人的姿态出现在人们面前，彻底改变那种高高在上、唯我独尊、主观武断的官僚作风和指手画脚、发号施令的作风。还必须注意坚持实事求是的态度，慎用套话，加强语言表达能力的培养。

4. 忌空洞说教

要避免空洞说教，尤其要从道理上使人信服，思想观点要明确，语言要朴实新颖。三个方面都要下功夫。

5. 忌反常批评

必须努力克服以下几种不正确的批评方式：批而不评式；阿谀奉承式；隔靴搔痒式；褒贬对半式。以上几种不正确的批评方式，均属于调解纠纷的"败笔"。要想使调解达到转变对方态度、修正对方错误的目的，就应该正确运用批评的武器，切忌简单化和庸俗化。

6. 忌不分场合

如果不分场合，信口开河，不管人前人后，指名道姓地对人说服，效果往往不佳，搞不好还会出现与当事人的良好动机截然相反的结果。

（三）维护当事人的自尊心

一般来说，人们对于自尊往往存有不容侵犯的保护意识，如果你能顾及他人的自尊，处处为其着想，那么解决起问题来就容易得多了。同样，在调解纠纷时，不对矛盾的双方进行批评指责，相反，分别赞美争执的双方，肯定他们各自的价值，使他们感到再争执下去只会损害自己的形象，因而自觉放弃争吵。

星期天，小陈一家包饺子，婆婆擀饺子皮，小陈夫妻俩包。不一会儿，小陈的儿子从外面跑进来："我也要包。"

婆婆说："大刚乖，去洗了手再来。"

儿子没挪窝，在一旁蹭来蹭去。妻子叫："蹭什么！还不去洗手，看弄得一身面粉，我看你今天要挨揍。"

"哇……"5岁的大刚竟哭起来。

"孩子还小，懂什么？这么凶，别吓着他！"婆婆心疼孙子了。

"都5岁了还不懂事，管孩子自有我的道理。护着他是害他！"

"谁护着他了，5岁的孩子能懂个啥，不能好好说吗？动不动就吓他！"

小陈一看，自己再不发话，"火"有越烧越旺之势，便说："再说，今天这饺子可就要咸了哟！平日里，街邻、朋友都说我有福气，羡慕我有一个热情好客、通情达理的母亲，夸我有一位事业心强、心直口快的妻子，看你们这样，别人会笑话的，都是为孩子好。大刚，还不快去让奶奶帮你洗洗手，叫奶奶不要生气了。”又转向妻子：“你看你，标准的‘美女形象’，嘴撅得都能挂10只桶了。生气可不利于美容呀！”妻子被他逗乐了。那边，母亲正在给孩子擦着身上的面粉，显然气也消了。

每个人都爱自尊，大部分成功的人都由经验中证实，要维护他人的自尊，绝非一两次的表态可以奏效，它是由许多次日常接触所形成的一种过程。

弗雷德·薛佛在纽约人寿保险公司工作，在保险业中，日常关系是最重要的。因为在保险业里，业务人员就等于是公司本身。业务员如果业绩不佳，不久就连公司都将无立足之地。多年前薛佛曾任职于一家国际保险公司麦卡比公司。当公司迁入一座新大楼后，跟以前不同的是这大楼中还有几家其他的公司。薛佛希望在搬迁之后，原来所维持的重要的个人关系并不因迁移而招致疏忽。所以，他到新大楼上班的第一天，第一件事就是走到安全人员台前。

薛佛回忆当时的情景：“当时有十来位安全人员，我请他们都围拢来，结果发现他们除了知道我们公司的名称之外，其他一概不知，连我们从事保险业都并不清楚。于是我对他们说，‘各位！我们在底特律市有几位很重要的业务代表，如果你们发现来的人是业务代表，我们一定得给予最隆重的欢迎，我是说尽量让他觉得备受重视，如此便得劳驾你们亲自送他上7楼找到他所要会见的人，也请你们一定要配合帮忙。’后来我听到一些业务代表谈起他们来到这栋大楼所受到的礼遇，让他们感到很高兴。”所有的这些小动作加起来就是一个很重要的整体结果，那就是：人们会对自己觉得很满意。员工只要相信公司关心他们、并了解他们的需要、维护他们的自尊，就会以努力工作、达成公司目标作为回应。

每一个人都是有自尊心的，如果你对他所说的话能够表示同意，这就是尊重他的意见，他在无形中把自己高抬了，而抬高他的便是你，自然他对你是十分高兴的，他也愿意和你做朋友。反过来，你不能对他表示同意，显然你是站在和他敌对的地位，你是他的敌人而不是友人，他能不和你为难吗？所以在说话的时候，这一点我们是应该要加以注意的。

总之，顾及他人的心态及立场，尊重他人的自尊，是调解纠纷的必备武器，更是相当重要的为人之道，也是让他人交出信任的不可或缺的要素之一。因此，你要促使别人与你合作，你要说服他人，就必须遵循说服的这一要诀：维护他人的自尊。

（四）唤起当事人的荣誉感

为了劝解正在争吵的双方，领导者可以讲一讲争吵者引以为自豪的某些事，以唤起其内心的荣誉感。一个人曾经拥有的荣耀和嘉奖常常会成为鞭策其严于律己的动力，但是在争吵的过程中，人们由于情绪激动，往往容易忘记平时对自己的要求。因此，领导者应该适时地点明争吵者以往曾引以为豪的一些事，唤起他的荣誉感，使他认识到作为一个受人尊敬的人，应该克制自己的情绪，用理智来解决问题，这样才无愧于自己的荣誉，争吵者会自觉放弃争吵。

在一辆公共汽车上，乘务员关车门时夹住了乘客，但自己还不认账。这时一位名叫小丁的青年打抱不平，对乘务员说："你是干什么吃的！不爱干，回家抱孩子去！"乘务员嘴像刀子，两人吵了起来。这时，站在小丁旁边的一位老人发话了，他拍了拍小丁的肩膀说："小丁，你当机修大王还不够，还想当个吵架大王吗？"青年说："师傅，我可不认识你呀！""我认识你，上次我去你们厂，你站在门口的光荣榜前欢迎我，那张特大照片可神气呢！"小伙子一下红了脸。老者说："以后可不要再吵架了，这不是解决问题的办法嘛。"一场纠纷就这样平息了。

在这个例子里，被唤醒的荣誉感发挥了很大的作用。小伙子由于打抱不平而与人争吵，那位老者及时地提醒他回想起自己曾上过光荣榜，暗示他吵架会损害他的荣耀，小伙子意识到这一点之后，立刻为自己的冲动感到惭愧，于是很快恢复了平静。

（五）模糊解决

不指明谁是谁非，只给出一个模糊的解决方案，让争执的双方都有台阶可下。下属因为一点小事而争执不下，以至于矛盾激化，主要原因倒不是因为争执的双方认为自己有多么正确，一定要捍卫"真理"，而是为了维护自己的面子，只好通过试图压倒对方来获得平衡，而这显然分外困难。那么，领导作为调解人，此时根本没有必要指明谁是谁非，以免进一步激化矛盾，只需给出一个模糊的解决方案，让争执的双方都有台阶下就可以了。

有两位中级主管近来行动反常，双方感情恶化，公司经理便把他们两人找来，动之以情："你们两人就如同车子的两只轮子，只要有一方脱离，整个车子就无法动弹了。希望你们同心协力发挥力量，把工作做得更好。"两位中级主管缺乏作为总经理助手应该怎样做的自觉意识，缺少公司是一盘棋的观念。于是经理便又用助手的比喻来加以说明："部门的职能就像一位家庭主妇，主妇如能尽心尽力地把家弄好，这位户主在公司才能安下心来去闯事业。"

经理助理没有判明谁是谁非，干脆给出了一个"各自分路而行"的解决方案，让两人都有了充分的理由掉转车头，找个台阶下。这样，两人的争执就"不明不白"地解决了。

(六) 委婉规劝淡化争端本身的严重程度

换一种富于情趣的委婉说法，把化解争执的理由和自己的良苦用心寓于其中，让争执双方自己领悟。对于相互争执的下属来说，利益固然重要，面子也不容轻视，特别是在领导的眼皮底下，谁都渴望成为让领导刮目相看的强者。但对于领导来说，下属谁强谁弱并不是最重要的，最重要的是大家都能够为共同的事业倾注心力。为了协调好下属之间的关系，领导可以不直接批评哪一方或肯定哪一方，只采用富有情趣的幽默说法，委婉地表达自己的倾向或苦心。

一天，乾隆皇帝在新任宰相和珅与三朝元老刘通训的陪同下，游山赏景。乾隆随口问了一句："什么高、什么低，什么东、什么西?"饱有学识的刘通训随口即应："君子高、臣子低，文在东来武在西!"和珅见刘通训抢在了自己的前面，十分不快，随即相讥："天最高、地最低，河（和）在东来流（刘）在西!"因为按当时的皇家礼仪，上首为东、下首为西，此话暗示：你刘通训再老、再有能耐，还在我和珅的下首。

刘通训知道和珅的用心，心里也极为不满。当三人来到桥上，乾隆帝要他们各人以水为题，拆一个字，说一句俗语，做成一首诗。刘通训张口即来："有水念溪，无水也念奚，单奚落鸟变为鸡（繁体为'鷄'），得食的狐狸欢如虎，落坡的凤凰不如鸡。"和珅一听，好呀！老家伙骂我是鸡！岂能饶过他："有水念湘，无水还念相，雨露相上使为霜，各人自扫门前雪，休管他人瓦上霜!"告诫刘通训，给我当心点儿！乾隆帝听出了新老不和的弦外之音，二相不和，有损大清事业！于是，他一手拉一人，面对湖水中映出的三个人影说道："二位爱卿听着，孤家也对上一道，'有水念清，无水也念青，爱卿共协力，心中便有清。不看僧面看佛面，不看孤情看水情。'"二人听罢，心中为之一震，深为乾隆帝如此循循善诱而不降罪的龙恩所感动。和珅和刘通训立刻拜谢乾隆，当着皇上的面握手言和，结为忘年交。

在皇帝面前，刘通训与和珅都渴望自己成为强者，成为皇帝最赏识的人，因此炫耀才华，互相贬低，搞得很不团结。此时乾隆帝如果直接褒贬，一定会伤害一方的面子，致使双方的矛盾加深。因此，乾隆帝故意吟诗一首，通过诗歌来隐晦地传达自己希望二人和好的愿望，避免了对双方面子的伤害，收到了良好的效果。

淡化争端本身的严重程度，使一方或双方看淡争端，从而缓和情绪，平息风波。

某厂一对新婚不久的夫妻因家庭小事闹矛盾，女方一气之下跑到娘家哭诉告状，说男方欺负她，哥哥听罢心想：我妹妹结婚不久就遭妹夫欺负，日后还有好日子过？于是气愤地扬言要去教训妹夫。这时，父亲充当起"和事佬"

来首先对儿子说："教训他？别冲动！教训他就能解决问题吗？再说，他家又不在厂里，一个人孤立无援的，你去教训他，旁人岂不要说闲话？好了，你妹妹自己家里的小事，用不着你操心，还有我和你妈呢。你多管些自己的事去吧。"待儿子息怒离开后，父亲又劝慰女儿说："别哭了，又不是什么大不了的事。都结婚出嫁了，还耍小孩子脾气，多羞人。小夫妻哪有不吵架的？我当初和你妈就常吵闹呢。不过，夫妻吵架不记仇，夫妻吵架不过夜。你不要想得太多，日后凡事要大度些，不要像在娘家那样娇气任性。好，快点回你们小家去，不要让他到这里来找你回去，他是个不错的小伙子。家丑不可外扬，以后丁点儿小矛盾不要动不动就往娘家跑噢！"

女儿点头止哭，像没事一样，回她的小家去了。

夫妻吵架本是稀松平常的事，而当事人本身却认为事情很严重。因此，父亲在劝慰女儿的过程中，始终强调夫妻闹别扭只是"丁点儿"小事情，促使女儿把争端看得淡一点。女儿在冷静思考之后，认同了父亲的看法，思想疏通了，气也自然消了。

作为调解纠纷的第三人，如果想淡化矛盾双方争端的严重性，就必须学会以下技巧：

1. 将严肃问题诙谐化

在双方僵持不下时，可采用这种形式来缓和气氛，制造转机。如果纠纷双方是为了一个严肃的问题而互相争执，那么这个问题的严重性带来的压力往往会加深他们之间的相互敌视，促使他们更加坚持己见、互不示弱。为了打破这种僵持不下的局面，可用这个技巧使双方的心理压力得到缓解、气氛变得轻松，为问题的解决制造转机。

2. 调虎离山，暂熄战火

有的争论，发展下去就成了争吵，甚至大动干戈。如果双方火气正旺，大有剑拔弩张、一触即发之势，"和事佬"即可当机立断，借口有什么急事（如有人找，或有急电），把其中一人调走支开，让他暂时脱离争论，等他们消了火气，头脑冷静下来了，争端也就趋于平息了。

假如你想让两个过去互相抱有成见的人消除前嫌；假如你的亲人突然处于僵局……作为第三者，你应首先联络双方的感情，努力寻找双方心理上的共同点或共同感兴趣的问题。一幅名画、一张照片、一盘棋、一个故事、一则笑话、一句谚语、一段相同或相似的经历，乃至一杯酒、一支烟都可能引起对方的兴趣，都可成为淡化争端的严重性、融洽气氛、打破僵局的契机。

第五节　开玩笑时的分寸把握

一、开玩笑要健康文雅

适当地开个玩笑，能让别人快乐，也让自己显得更有魅力。但是开玩笑是运用幽默的语言，有技巧地进行思想和感情交流的艺术，这就要求在开玩笑时要注意语言必须纯洁、文雅。太庸俗、太低级下流的笑话不仅使语言环境充满丑恶的气味，也是对听者的一种侮辱，更有损于你在同事中的形象。所以在开玩笑时，要注意多说些健康的有哲理意义的言辞，摒弃那些庸俗、肉麻的话题。

一提到"肉麻"二字，人们往往联想到"性"。性是个敏感的话题，又是一个人们感兴趣的话题。革命导师恩格斯在19世纪80年代曾指出过这样一个事实："性爱，特别是在近800年间获得了这样的意义和地位，竟成了这个时期中一切诗歌必须环绕着的轴心。"近年来，我国的文学作品、影视艺术涉及性的，更是不胜枚举。退一步说，人们在日常生活交往中，性也是一个躲不开的话题。就连2 000多年前的孔老夫子都感叹："吾未见好德如好色者也。"然而由于"性"的特殊敏感性，大多数人对此讳莫如深。谈性的时候，小心为好，慎重为佳，时机、对象、分寸都要掌握得恰到好处，不然就会产生较大的负面效应。尤其在新婚闹洞房时，对性的话题要点到为止，一旦踏入性的雷区，不仅让人觉得肉麻，还会使后果不堪设想。

我国古人讲的四大喜事是："久旱逢甘雨，他乡遇知音，洞房花烛夜，金榜题名时。"这"洞房花烛夜"是众所皆知的人生一大喜，不但新人眉飞色舞，亲戚朋友也是笑逐颜开，人们在祝贺送礼之外，总是喜欢和新人开玩笑。不少人最开心的玩笑，就是带有性色彩的玩笑。老一辈人留下了"新婚三天无大小"的习俗，长幼、亲朋、男女之别被打破了，再加上喝几杯酒壮胆，嘴就没了遮拦，不由自主，污言秽语如下水道堵了一样直往上冒。

有一个人，在为新人祝贺时说："在你们'性'生活开始的时候，我要为你们献上一首诗。"马上有人插科打诨说："是新生活，不是性生活。"那位还趾高气扬地说："我普通话说得不好，'新'和'性'不分，不过，只要大家'知我意'就行！"

他献上那诗的内容更是老妪喝粥——无耻（齿）下流，肉麻之至，羞得一对新人恨不得找个地缝钻进去。此时，新郎的弟弟气不过，骂了声"放屁”，抡起了拳头。若不是人们及时拉开，一定会酿成大祸。类似的玩笑就太过分了，应马上送进“回收站”里去，开这样玩笑的人也应自省。尊重新人的人格是开有性色彩玩笑的前提，不伤大雅，如果点到为止，往往还能增添一番情趣。比如一群小姐妹去看结婚不久的好友，临别时新郎新娘一再挽留多坐一会儿，其中一位女孩说：“挺晚的了，别耽误你们休息。”说得其他小姐妹哄堂大笑，打着闹着冲出了新人的家。新郎新娘不但不会反感，还会有一种说不清的情愫涌上心头。

健康、风趣的幽默自然受大家欢迎，也易让人接受。正如英国著名戏剧家莎士比亚说过：幽默和风趣是智慧的闪现。同样，法国作家雷格威更断言，幽默是比握手更进步的大文明。然而，生活中除了我们前面所提污秽、令人肉麻的玩笑外，那些低级粗俗的幽默也不可取。例如：一个陪客突然放了一个屁，他自己也红了脸，但立刻想法子去掩饰，就连续用手磨皮椅发出声音。而另一位客人却接着说：“还是第一声比较像。”像这类低级庸俗的话也算是幽默吗？所以，在幽默过程中我们应尽量避免不洁和不雅的内容和形式出现。

二、开玩笑要讲技巧

（一）开玩笑适度得体的技巧

在生活中，适度、得体地开个玩笑，可以使周围的人松弛自在，并能营造出适于交际的轻松活跃的气氛，这也是具有幽默感的人更受欢迎的原因。如果玩笑无度，不但收不到好的效果，更会造成严重的后果。

一位男士的女同事穿着一身漂亮的新衣服来上班，他幽默地说道：“今天准备出嫁？”这其实是一种夸赞，只不过话说得委婉一点、调侃一点。然而，他的这位女同事却是个神经质的泼妇。她闻听此言，怒不可遏，拍案而起：“你骂人！难道我离婚了，难道我丈夫不在了？”接着又来了一大串的谩骂。这位男士万万没有想到，他的颇为得意的幽默竟被人家当成是不堪入耳的污言秽语，得到的竟是如此难堪的结局。他百口难辩，只好道歉了事。每当提及此事他都苦笑不已，因为那位女同事因此而到处说他是个“二百五”。为了达到开玩笑的目的，又不致造成不必要的误会，事先做一下说明是值得借鉴的。日本人在开玩笑前很紧张，所以他们在开玩笑前要先打个招呼——以下是个笑话，然后才讲笑话，也许我们觉得这一点儿也不好笑，但日本人却会说，这“穿靴戴帽”是很必要的。因为只有这样，对方才有心理准备，不会把玩笑和严肃的话题混淆，免得造成工作上的误会；如果玩笑和对方有关，打个招呼能避免伤害到对方。日本人不仅说笑话要预告，就是要对某件事提出尖锐的批评时也要先讲一句：“我有句难听话要说。”讲完后还要再加一句：“这话虽然刺耳，但是请你不要往心里去。”这就是日本人，很多人共同的价值认识，在这里要按照特殊的游戏规则才能通行于他们的社会生活之中。

幽默口才应当是阳春白雪，不宜任意挥霍。下面叙述在运用幽默口才时应该注意的几个问题：

1. 朋友陪客时忌和朋友开玩笑

人家已有共同的话题，已经形成和谐融洽的气氛，如果你突然介入与之开玩笑，转移人家的注意力，打断人家的话题，破坏谈话的雅兴，朋友会认为你扫他的面子。

2. 和非血缘关系的异性单独相处时忌开玩笑

哪怕是开正经的玩笑，也往往会引起对方的反感，或者会引起旁人的猜测非议。要注意保持适当的距离，当然，在一定场合也不能拘谨别扭。异性之间的幽默更要做到张弛有度，那些所谓的“荤段子”不但不能拉近异性之间的距离，反而会降低自己的人格，使对方认为你低俗难耐。

3. 和残疾人开玩笑要注意避讳

人人都怕别人用自己的短处开玩笑，残疾人尤其如此。俗话说：“不要当着和尚骂秃子，瞎子面前不谈灯光。”要知道人是没有完美无缺的，他人的缺陷和不足绝不是你拿来玩笑的材料。这种笑话会严重地伤害到对方，导致不堪设想的后果。

4. 不要总和同事开玩笑

开玩笑要掌握尺度，不要大大咧咧地总是开玩笑。这样时间久了，在同事面前就显得不够庄重，同事们也不会尊重你；在领导面前，你会显得不够成熟，不够踏实，领导也不会信任你，因而不会对你委以重任。这样做实在是得不偿失。

5. 不要以为捉弄他人也是开玩笑

捉弄别人是对别人的不尊重，会让人认为你是恶意的，而且事后也很难解释，它绝不在开玩笑的范畴之内。轻者会伤及你和同事之间的感情，重者会危及你的“饭碗”。记住“群居守口”这句话吧，不要祸从口出，否则你后悔晚矣！

6. 莫板着脸开玩笑

到了幽默的最高境界，往往是幽默大师自己不笑，却能把你逗得前仰后合。然而在生活中我们都不是幽默大师，很难做到这一点，那你就不要板着面孔和人家开玩笑，免得引起不必要的误会。

7. 态度要友善

与人为善是开玩笑的一个原则。开玩笑的过程，是感情互相交流传递的过程，如果借着开玩笑对别人冷嘲热讽，发泄内心厌恶、不满的感情，那么除非是傻瓜才识不破。也许有些人不如你口齿伶俐，表面上你占了上风，但别人会认为你不能尊重他人，从而不愿与你交往。

8. 避人忌讳

忌讳是因风俗习惯或个人生理缺陷等，对某些事或举动有所忌讳。几乎每个人都或多或少地有自己的忌讳，所以开玩笑时一定要小心避之。

9. 行为要适度

开玩笑除了可借助语言之外，有时也可以通过行为动作来逗别人发笑，但必须要适当，否则会酿成恶果。

有一对小夫妻，感情很好，整天都有开不完的玩笑。一天，丈夫摆弄鸟枪，对准妻子说："不许动，一动我就打死你。"说着真的扣动了扳机，结果，妻子被意外地打成重伤。可见，开玩笑千万不能过度。

当然，也有极少数人利用幽默的形式专讲刻薄话，既伤人又伤己，他们专门去打击别人的自尊心，毫不在乎地讲出对方所"耿耿于怀"的话。例如，有关别人的命运，他们所生长的社会环境、有关他们双亲在社会上的地位或者他们的职业等，都成为一些人的谈资。

这个世上本来就有很多不幸的人，一生下来之后，即背负了身体上不利的条件。而更值得同情的是，他们之所以会变成这样，并非自己心甘情愿的。因而，人要有怜悯之心，事实上，这也是与人交往时，必须注意的一种礼节！

然而，还有人毫不介意地使用那种伤人的言词。当着别人面说那种伤人感情的话，这是非常不人道的。例如，有些人常常使用一些刻薄的言语，如"货底""嫁不出去的老处女""睁眼瞎子""拖油瓶""滥货""杂种""后娘""拖累人的废物""精神薄弱儿""坏胚子"等字眼。

假如你有心的话，将不难察觉到这些字眼是极为伤人的，是非人道而残酷的。我们不妨设身处地想一想，如果自己被如此称呼时，心里将有何感觉呢？这个问题实在是有深思的必要。

10. 开玩笑要掌握因人而异原则

由于性别、年龄、经历的不同，人与人之间的心理也存在差异。例如有人性格开朗，有人性格内向；有人是多血质，有人是抑郁质；有人爱好玩乐，有人爱好学习。这些都表现出人与人之间的心理差异。开玩笑时如果不注意对方的性格，也容易出问题。

（二）了解对方的脾气和心境

百人百姓百脾气。有些人在与不同的人打交道时，不了解对方脾气、性格、爱好等就随意行动，有时也会冒犯人。比如，有的人是小心眼，如果你说话不注意，就会惹人家不高兴。有的人是急性子，说话讲究干脆，可你却在那里啰唆，一遍又一遍地交代，他就会反感，为你不相信他而生气。有的人把自己的脸面看得很重，自尊心太强，任何时候别人都冒犯不得。他们只喜欢好听的，不喜欢有人说他们的缺点，一旦有人揭他们的伤疤，就像捅了他们的“马蜂窝”，他们会不顾一切地和你大闹起来，与你为敌。

有一位干部很清高，自认为水平高，常常吹自己没有不认识的字，而且常常纠正别人。可是有一天，小孔发现他也读错了一个字，就当场指出来，开玩笑：“自称是大文豪的人，居然也念了白字！”大家哄堂大笑，这位干部的脸也像一块红布，讷讷地说不出话来。但他用憎恨的目光白了小孔一眼，从此不再搭理小孔。就这样小孔把他得罪了。原因很简单，就因为小孔让他当众出了丑，他就觉得受不了。

人们的心情常常有起伏变化，喜怒哀乐、有暗有明。当心情好的时候，交往成功的希望就大得多。因为在这时候，人们的心情好，兴致高，接受和包容各种意见的心理也健全和博大得多。哪怕是刺激性较强的言行，也能容忍，不去计较，不会造成不良后果。可是，当人们的心情不好，心事重重，十分烦躁时，他们对于外界信息的接受就会带有明显的倾向性和选择性，对于那些反面的信息就会持排斥反感的态度，而每一个人，在某一特定的时间内，都处于某一心境之中。这样，在交往中，首先应当对对方所处的心境有所了解，有所体谅，并由此出发来选择话题，决定讲话内容以及所采取的表达方式等，这样才可能取得较好的效果。

某学校在分配住房中，一位青年教师“谎报军情”，本来没有登记，填表时却写上已登记，结果取得了分房排队的资格。到分房子的时候，排在他后边的人揭穿了他，使得他当场被宣布取消了分房资格。

当天这件事情就传开了，很多人都知道了。这天晚上，这位青年教师的一位同事遇到他，关切地问了一句：“听说你这次分房，遇到了点儿麻烦？”要说，这句问话也够得上“委婉”了，字句中还略带诙谐，因为并没有直接说出“作弊”之类的话，而只是说“麻烦”什么的。可无论如何，这样的问话毫无疑问是有害而无利的，只能使对方陷入尴尬甚至痛苦的境地，并由此而不悦、上火、生气。因此，哪壶不开提哪壶是极不明智的，尽管你的出发点可能并不坏，但是绝对不会有好的效果的。像遇到上边那种情况，比较合适的做法是说点别的什么，甚至于什么也别说，点个头、打个招呼也就可以了。性格不同，决定开玩笑的内容、方式和情境也不同。一般情况下，对于性格开朗的人来说，玩笑即使过火，他也能够接受，大不了一笑置之，可一旦碰上交往对象性格封闭，非常在意他人说话的用心，这时你采取如下做法，无疑是非常明智的：控制自己，不图一时痛快，随随便便开玩笑。另外我们也知道，性格开朗的人有时也会碰到烦心事，而性格内向的人有时也会“人逢喜事精神爽”，所以分别遇到这两种情况，对前者就不可以再说玩笑话，免得惹他变脸；而对后者，恰如其分地开个小玩笑，相信他也会笑脸相对的。

最后，我们来一同确认一下，跟哪些对象交往时，不要随随便便开玩笑：不跟长辈或晚辈开男女情事方面的玩笑；跟普通的异性朋友单独相处时，不要随便开玩笑；在残疾人跟前，开玩笑一定要注意避讳；朋友跟别人谈正事时，切不要开朋友的玩笑。

三、开玩笑场合要注意

开玩笑要符合场合，一般来讲，严肃、静穆的场合，言谈要庄重，不能开玩笑。而在喜庆的场合，则要注意自己所开的玩笑能否给喜庆的环境增添喜悦的气氛。如果因为你的玩笑，而使人扫兴就不好了。工作时间不宜开玩笑，以免因注意力分散影响工作，甚至导致事故……总的来说，开玩笑一定要先看清楚场合，搞清楚状况。

（一）正式场合与非正式场合

交际场合有正式（公开）与非正式（私下）之分，一般来讲，在正式场合，所表达的内容及采取的形式应当是比较庄重的，而在非正式场合，就可以随便一些。

有一位很有知名度的老干部做报告，一开始，报告人先客气了一番，无非是说自己并没有做什么，也不是什么了不起的大人物，到这里，他又说出了这么一句：“我只不过是一个骚达子。”“骚达子”是东北口语中表示“跑腿的”“听人指使的”“无足轻重的小人物”等意思的词，含有较强的戏弄或蔑视意味。据说，这是一个来自俄语的音译词。在这样一个正式场合，用了这么一个“难登大雅之堂”的词，使人感到很不协调。

非正式场合中可以开的玩笑话，用在正式场合中就显得过分了。

据报载，葡萄牙的环境部部长，只因不看场合说了句玩笑话而丢掉了乌纱帽。事情是这样的：葡萄牙的阿连特加地区，因水中含铝超标，已经致使16个人的大脑受损医治无效而先后死去，医院里还有些同样的病人处于危险状态。政府决定彻底查清原因，采取防治措施。为此，环境部、卫生部的负责人、专家和有关医生在米纽大学举行讨论会。会后休息时，环境部部长指着医院的几个医生对大家开玩笑说：“你们知道他们和阿连特加地区最近死去的那些人有什么关系吗？他们将那些人弄到回收工厂，从那些人的肾脏中回收铝。”

这当然是说笑话，怎么可能从人体中回收铝呢？但是，在这样不幸的令人焦灼不安的时刻和场合开这样的玩笑，实不应该。为此，这位环境部长事后声明道歉，并引咎辞职。

这些事例充分说明，在正式场合与非正式场合说话的影响力是不同的，在正式场合说话应特别谨慎，否则就会得罪人。

（二）喜庆场合与悲痛场合

在有些交际场合，某种情感色彩的氛围很浓，在这样的场合氛围中，要求人们的言行要与此情此景相一致、相融合。比如，在喜庆的场合，人们的言行就应有更多的欢乐色彩，彼此在情绪上才能共鸣。在悲痛的场合，人们的言行应更有人情味，更富同情色彩，才有助于感情的沟通。

一般情况下，人们不会有意识地讲一些与某一场合中的气氛截然相反的话，比如在喜庆的场合说悲痛的话，或者颠倒过来，在悲痛的场合说逗笑的话。

但是，确实有一些人在无意中说出了与某一场合中的悲喜气氛不相适应的话，从而造成了不好的影响。

在悲痛、忧伤的场合，说不合时宜的话也会得罪人。有这样两个老友，在平时爱开玩笑，几天没见面，就说："你还没'死'呀?"对方马上说："我等着给你送花圈呢!"两个人哈哈一笑了之，后来甲真的病了，住进了医院。乙想叫他开开心，到医院去看望。一见面，他就开玩笑："你还没死呀?"甲的脸一下子拉长了，说："你滚!"把他赶了出去。你看，在医院，对病人说这样的笑话显然是不合时宜的。

开玩笑不是任何时候都能给人带来欢声笑语的，更不要图一时痛快，想到什么就说什么，一定要看清楚当时所处的场合。

一般来讲，开玩笑都想达到一种令人回味无穷的幽默效果，为此，有人开玩笑竟侵犯到了别人的隐私，这实在太过分了。其实，玩笑能否令人回味无穷，在于巧妙、含蓄的构思，精辟、深奥的哲理，浅显、滑稽的表现形式，幽默的引证，以及特定的矛盾、特定的情境等。用过分的语言去开玩笑，难免出现污言秽语。不宜过频地开玩笑，应该适可而止。

每个人都有自己的秘密，都有一些压在心里不愿为人知的事情。在同事之间的闲聊调侃中，哪怕感情再好，也不要去揭别人的短，把别人的隐私公布于众，更不能拿来当作笑料。

某茶馆老板的妻子结婚2个月就生了一个小孩，邻居们赶来祝贺。老板的一个要好的朋友吉米也来了。他拿来了自己的礼物——纸和铅笔，老板谢过了他，并且问："尊敬的吉米先生，给这么小的孩子赠送纸和笔，不太早了吗?"

"不，"吉米说，"您的小孩儿太性急，本该9个月后才出生，可他偏偏2个月就出世了，再过5个月，他肯定会去上学，所以我才给他准备了纸和笔。"

吉米的话刚说完，全场哄堂大笑，令茶馆老板夫妇无地自容。调侃他人的隐私是不对的，上例中吉米明显道出了茶馆老板妻子未婚先孕的隐私，这样令大家都处于尴尬的局面。

所以说，调侃时说出了他人的隐私，虽言者无意，但是听者却有心的。他会认为你是有意跟他过不去，从此对你恨之入骨。他做的事别有用心，极力掩饰不使人知，如果被你知道了，必然对你不利。如果你与对方非常熟悉，绝对不能向他表明你绝不泄密，那将会自找麻烦。最好的办法是假装不知道，若无其事。

在现实中，正人君子有之，奸佞小人有之，既有坦途，也有暗礁。

在复杂的环境下，不注意说话的内容、分寸、方式和对象，往往容易招惹是非，授人把柄，甚至祸从口出。因此，说话小心些，为人谨慎些，使自己置身于进可攻、退可守的有利位置，牢牢地把握人生的主动权，无疑是有益的。一个毫无城府、喋喋不休、乱侃他人隐私，乱揭他人伤疤的人，会显得浅薄俗气、缺乏涵养而不受欢迎。

心理学家研究表明：谁都不愿把自己的错误和隐私在公众面前“曝光”，一旦被人曝光，尤其是以一种调侃的形式被人揭露，就会感到难堪而愤怒。因此，在与人交往谈话中，如果不是为了某种特殊需要，一般尽量避免接触这些敏感区，免使对方当众出丑。必要时可采用委婉的话暗示你已知道他的错处或隐私，让他感到有压力而不得不改正。知趣的、会权衡的人需“点到即止”，这样的人一般是会顾全双方的脸面而悄悄收场的。当面揭短，让对方出了丑，说不定会使他人恼羞成怒，或者干脆耍赖，出现很难堪的局面。至于一些纯属隐私、非原则性的错处，还是那种方法：装聋作哑，千万别去追究。

第六节　赞美分寸的把握

赞美是人生的润滑剂，生活中需要赞美别人，给人玫瑰，手有余香。对于别人而言，由于你的赞美而变得更加光彩，对于自己来说，你已经为自己的人际关系开辟了一条平坦的道路。

在公关交谈中，真诚的赞扬和鼓励，能满足人的荣誉感，能使人终生难忘。在日常生活中，一些人认为赞扬和鼓励有害无利，却相信处罚和责骂。其实，这是一种过时的思想和习惯，是小农经济时代的特征，是和现代人健康的人格与尊严、荣誉与自尊相背离的。

你可以称赞一位并不十分漂亮的女士为“很有智慧”“心地善良”“善解

人意”。同样，你也可以称赞并不十分强壮的男士为“很有能力”“很有见地”“很有个性”。你可以对男同事说：“哦，你今天的这个领带真别致。”也可以对穿了新衣服来上班的女同事发出由衷的赞美：“这件衣服穿在你身上很得体。”你还可以对家人说：“今晚的菜太可口了，我的肚子撑不下了，可舌头还想吃。”

赞美的话犹如大自然的花朵，令人赏心悦目。正如美国心理学家威廉·詹姆士所说的：“人类本性上最深的企图之一是期望被赞美、钦佩、尊重。”

一、赞美的“度”的把握技巧

赞美的话人人都爱听，但“真理向前跨越一步就是谬误”，适度的赞美，会使人心情舒畅；反之，则使人十分尴尬。为了使赞美达到应有的而不是相反的效果，合理把握赞美的“度”就成为赞美者们必须重视的问题。

（一）赞美要注重过程

我们可能都有过这样的体验。当你夸奖朋友取得的成绩时，他会说：“你不知道我付出了多少心血！”言语间仿佛有你不知其艰辛、看结果不看过程的意思。相反，如果你说：“真不错，一定花了你许多的心血吧！”他就会觉得心里舒服，认为你很了解他。可见，夸奖劳动的付出是必不可少的，甚至效果更佳。

其实，很多人做事并不仅仅在乎结果，更注重过程。如果你人云亦云地夸奖他取得的成果，不但有势利之嫌，还会让人这样想：“如果我失败了呢？”因而对你心生厌恶也未可知。很多名人讨厌记者的采访，也许有此同感。

（二）要及时赞美

赞美的效果在于见机行事、适可而止，真正做到“美酒饮到微醉后，好花看到半开时”。作为丈夫，当你下班后走进家门，看见娇妻已经为你备好晚餐，你只要深情地望她一眼，说一句“看到桌上的菜我就饿了”，她定会心花怒放的。倘若你酒足饭饱之后才说一句“你今天回来得真早”，那样的效果，已经是雨后送伞了，她还能感受到你当时就有的那份亲情吗？

某电视台的老张是一名老编辑，他总是勤勤恳恳地工作。在他生日时，全室人员为他庆祝，新闻中心主任在祝词中是这样说的：“老张多年来勤勤恳恳地工作，甘于奉献，却从不争荣誉、邀功劳。在您生日之际，我代表全室人员向您表示祝贺！”主任的一番话令老张很感动，他认为这是领导对自己的肯定。一位普普通通的下属住院了，领导亲自去探望时，说了这样一番话：“平时你在的时候感觉不出来你做了多少贡献，现在没有你在岗位上，就觉得工作没了头绪、慌了手脚，你可一定要安心把病养好！”

你把下属当成左膀右臂，让他也认为自己很重要，这样赞美别人又怎么不会赢得人心呢？

（三）赞美频率要适中

这里的频率是指相对时期内对一个对象赞扬的次数。次数太少，起不到应有的作用；次数太多，也会削弱应有的效果。而赞扬的频率是否适中，是以受赞扬者优良行为的进展程度为尺度的。如果被赞扬者的优良行为同赞扬的频率成正比，则说明赞扬的频率是适度的；如果呈现反比的现象，则说明赞扬的频率过高，已经到了“滥施”的程度。

（四）要有前瞻性和预见性

赞美不仅要符合眼前的实际，而且要高瞻远瞩，具有一定的前瞻性和预见性。那样才能提升你赞美的高度，使你的赞美经得起推敲和时间的考验。有些东西具有相对稳定性，比如人的容貌、性格、习惯等，这些方面比较容易称赞。而有些东西则不稳定，如人的行为、成绩、思想、态度等，若从长远考虑，赞美时要谨慎。如有些人入党之前各方面表现都很积极，领导便开始称赞他：“该同志一直……”有经验的人就会想，先别夸那个，慢慢儿看吧。果然，他入党之后，各方面就开始松懈了。人迫于某种压力或某种需求时，才会有积极的表现，做一件好事很容易，难的是一辈子都做好事。如果赞美人时仅限于就事论事，极易犯目光短浅的错误。

二、赞美要有新意

每个人都希望自己被别人欣赏，被别人赞美，但“千篇一律”“老生常谈”的那些老话有时只会引起对方的反感。因此，如果在赞美的话中，加上一些“新意”作为调料，抓住其独特之处来进行委婉赞美。那么，赞美之术就趋于完善了，而这样的赞美之词，也最能打动人心。不过，赞美的创新方式要根据不同的场合，对方的性格因素、文化背景、习俗等来决定。

人品是一个人重要的基本素质，中国人自古以来就是一个重伦理、重道德的民族，所以人品成为中国人心目中一个非常崇高的东西。无论知识分子，还是从政从商者，都视名誉为生命的重要部分。

因此，赞美一个人的品德就是一个很好的切入点。孔子对颜回说：“贤哉，回也！”毛泽东赋诗赞美彭德怀：“山高路远坑深，大军纵横驰奔，谁敢横刀立马？唯我彭大将军。”这些赞美之词都以人品为基点，利用专业化的语言来完成，从中翻出新意来。

在赞美他人时也应考虑到对方的地域文化背景、习俗等特点。在西方，上司对下属的赞美一般情况下可以是“谢谢”“你干得很出色”等寥寥数语，而在中国更可能是一顿饭，或者敬一支香烟。就国内而言，如果你面对的是山东人或东北人，你可以竖起大拇指，大赞一句："好家伙，你真行!"不知情者看起来粗声大气，很不礼貌，但是被赞美者肯定会眉飞色舞地大声回敬一句："兄弟，你也不赖!"如果故作文雅，反而会引得人家不高兴。有新意的赞美，可以让你的人际关系变得和谐、稳固。那么如何才能做到新颖呢?

(一) 新颖的表达方式

赞美他人，在表达方式上是可以推陈出新、另辟蹊径的。

富兰克林年轻时，在费城开一家小小的印刷所。那时，他参加了宾夕法尼亚州议会的选举。在选举前夕，困难出现了。有个新议员发表了一篇很长的反对他的演说，在演说中，竟把富兰克林贬得一文不值。遇到这么一个出其不意的敌人，是多么令人恼火呀！该怎么办呢？富兰克林自己讲述道："对于这位新议员的反对，我当然很不高兴，可是，他是一位有学问又很幸运的绅士。他的声誉和才能在议会里颇有影响。但我绝不对他表现出卑躬屈膝的阿谀奉承，以换取他的同情与好感。我只是在隔数日之后，采用了一个别的适当的方法。我听说他的藏书室有几部很名贵又很少见的书。我就写了一封短信给他，说明我想看看这些书，希望他慨然答应借我数天。他立刻答应了。"富兰克林用一种不露痕迹的赞美方式，赞美新议员，恰如"润物细无声"。

表达赞美的方式有很多，要针对具体情况选择最为恰当的方式。选择赞美方式时，既要考虑表达方式的新意，又要考虑对方的感受及最后的效果，综合性去思考，将会找到最适宜的表达方式。

(二) 新颖的语言

赞美是所有声音中最甜蜜的一种，赞美应该给人一种美的感受。新颖的语言，是有魅力的、有吸引力的。简单的赞扬也可能是振奋人心的，但是一种本来是不错的赞扬如果多次单调重复，也会显得平淡无味，甚至令人厌烦。一个女人就曾说过，她对别人反复说她长得很漂亮，已经感到很厌烦，但是当有人告诉她，像她这样气质不凡的女人应该去演电影，给世界留下一部电影拷贝的时候，她笑了。

有一个国外的电视连续剧有这样一段情节，父亲走入厨房看女儿做饭菜，他对女儿说："如果没有好的胃口就像天上没有星星那么遗憾。"女儿露出了特别快乐的笑容。新颖的赞语，给人清爽、舒心之感，更能打动人心。

(三) 独特的角度

常言道："别人嚼过的肉不香。"一些人在公共场合赞美别人时，自己想不出怎样赞美，只能跟着别人说重复的话，附和别人的赞美。

中国古代后梁的开国皇帝朱温手下就有一批如鹦鹉学舌般溜须拍马的人。

一次,朱温与众宾客在大柳树下小憩,独自说了句:"好大柳树!"宾客为了讨好他,纷纷起来互相赞叹:"好大柳树。"朱温看了觉得好笑,又道:"好大柳树,可作车头。"实际上柳木是不能做车头的,但还是有五六个人互相赞叹:"可作车头。"朱温对这些鹦鹉学舌的人烦透了,厉声说:"柳树岂可作车头!我听人说秦时指鹿为马,有甚难事!"于是把说"可作车头"的人抓起来杀了。

每个人都有许多优点和可爱之处。赞扬要有新意，当然要独具慧眼，善于发现一般人很少发现的"闪光点"和"兴趣点"，即使你一时还没有发现更新的东西，也可以在表达的角度上有所变化和创新。对一位公司经理，你最好不必称赞他如何经营有方，因为这种话他听得多了，已经成了毫无新意的客套话了；倘若你称赞他目光炯炯有神，风度潇洒大方，他反而会更受感动。法国某将军屡战屡胜，有人称赞他："你真是个了不起的军事家。"他无动于衷，因为他认为打胜仗是理所当然的事。而当那人指着他的鬓须说："将军，你的鬓须真可与美髯公相媲美。"这次，将军欣然地接受了。

赞美的角度很重要，新颖的角度的赞美将起到事半功倍的效果。每个人都有其独特之处，把握好角度，才能沟通得轻松顺畅。

三、真诚的赞美让人铭刻肺腑

真诚地赞美他人，不但能赢得友谊，还能让他人铭刻肺腑，从而达到意想不到的效果。

建筑商阿尔汗决定建一所音乐学院和一座剧场。纽约一家专门制造高级椅子的公司的董事长杰克，希望能得到这两栋大建筑的座椅订单，便决定前去拜访阿尔汗。

当杰克前往赴约时，一位朋友好意地提醒他："如果你想争取到那笔订单，我劝你最好只和阿尔汗会面5分钟。超过这个时间，恐怕就没希望了。阿尔汗是个一板一眼的人，整天忙碌不堪，所以你和他说话，别忘了简明扼要四个字。"杰克道了谢，并准备按照他的话去做。当杰克走进阿尔汗的办公室时，阿尔汗正在翻阅一大堆公文。过了好一会儿，他才抬起头来，摘下了眼镜，走到杰克的面前。"早安，请问你有何贵干?"阿尔汗问道。杰克没有直奔主题，而是说道："呵！这房间的装饰和摆设，格调真高雅，在这种环境中办公，工作效率一定很高。我从事室内装饰行业这么久，从没见过这样舒适的办公室。""对！你这么一说，我又想起当初装潢的事了。真的很不错吧！大厦刚落成时，我也有这种感觉。但最近工作太忙，我几乎都忘了这个优点了。"阿尔汗答道。

杰克走到木质墙壁前，用手摸了一下，说："这是英国橙木制的，和意大利橙木在纹理上有些不同。”“是啊！这是从英国进口的。我的一位朋友经营木材生意，特地替我选的。”阿尔汗说。然后，阿尔汗把办公室摆设的平衡感、色调、手工艺的装饰和他自己的构想，一一说给杰克听。两人边聊边在办公室里来回走着，最后在窗前停住脚步。阿尔汗用平稳的语调说出自己为谋社会福利，以个人财力建造的各项公共设施，如罗契斯特大厦、综合医院、疗养院、友爱之家、儿童医院等。杰克对他的博爱精神和他所做的各种努力表示由衷地敬佩。

阿尔汗又打开一只小箱子，里面装的是他从英国人手中买来的照相机，也是他研究照相机的第一个实验品。杰克问他惨淡经营之初的艰苦情况，阿尔汗再追述起穷苦的少年时代，寡母靠收房租过活，他自己则在日薪5毛的一家公司做事。那时，他只想如何摆脱贫困，让母亲不再辛勤工作。杰克又问他做底片实验时的情形，阿尔汗神采飞扬地告诉他，那时他每天从早到晚不停地工作，只在等待药品产生变化的短暂时间内稍微休息，有时连续72个小时不睡觉。

“前些日子，我去日本考察业务，买了一把椅子回来，放在阳台上，经太阳一晒，油漆纷纷剥落，我自己就买了一罐油漆，亲自重新漆上，你要不要见见我的油漆技术？我们先一起用餐，然后再去看。”

饭后，阿尔汗果然带杰克回家去看那张椅子。那是一把价值1.5美元的普通椅子，和他亿万富翁的身份毫不相配，但杰克对阿尔汗的油漆技术夸奖不已。9万美元的座椅订单，就这样落到了杰克手里。从那次以后，阿尔汗和杰克成了莫逆之交。

四、第三方的赞美往往更有效果

有时，我们为了博得他人好感，往往会想赞美对方一番，若由自己说出“你看起来还那么年轻”这类的话，不免有点恭维、奉承之嫌。如果换个方法来说：“你真是漂亮，难怪某某一直说你看上去总是那么年轻！”可想而知，对方必然会很高兴，而且没有阿谀之嫌。因为在一般人的观念中，总认为“第三者”所说的话是比较公正、实在的，因此，以“第三者”的口吻来赞美，更能得到对方的好感。

通过他人之口赞美对方，既可以达到赞美对方的目的，还可以维护你基本的心理安全需要，并且，你还可以完全不对“他人的话”负责。而对方则不但要感激你的赞美，而且要对你的赞美负责，因为别人总是十分重视自己在别人面前的形象，不愿意在别人面前丢丑，所以他必须在举止之间来体现你赞美的内容。这样，你便可利用对方的这一心理来提出你的请求，不管对方是否答应，他肯定会慎重对待的。

《三国演义》中，貂蝉就曾经用过这种赞美方式，取得了很好的效果。在“王司徒巧使连环计，董太师大闹凤仪亭”一回中有这样一段描述：“貂蝉曰：‘妾在深闺，闻将军之名，如雷贯耳，以为当世一人而已。谁想反受他人之制乎？’言讫，泪下如雨。布羞惭满面，重复倚戟，回身搂抱貂蝉，用好言安慰。”

貂蝉这话的前半句，就是借他人之力把吕布捧上了天，后半句又陷之入地，这就使得吕布深感有愧于貂蝉对自己的赞美与敬慕，不觉“羞惭满面”。可以说，貂蝉假以涕泣的数语，对吕布后来反杀董卓起到了至关重要的作用。

事实上，借他人之口赞美一个人，丝毫不会影响你的赞美效果。一般来说，人们都倾向于认为，你借他人之口加以赞美的方式不过是一个托词，你表达的其实正是你自己的真实看法，只是你羞于直接说出口而已。借他人之口赞美一个人，会使你的观点蒙上 层面纱，其中微妙的心理不仅常常使人感到惊奇，更会令其陶醉在猜想的快乐中。

也可以在背后赞美对方，如果当面赞扬一个人，有时反而会令他感到你的赞扬虚伪，或者对你的诚心感到怀疑。无论在大众场合还是在个别场合赞扬某个人，这些溢美之词总有一天会传至那人耳中，更能使对方感到你对他的赞扬是真诚的。

第三部分　应用篇

第八章 社交、谈判的说话艺术

得体的语言、艺术的语言在政治、外交上有着重要作用，它不仅体现了发言人的自身素质，还体现了这个国家的形象，对增进国家间的友谊、信任度、加强合作、共同发展具有重要意义。在我们的学习生活中，与同学、老师建立良好的关系是必需的，沟通又要用到语言，说的话恰当才能交到更多好朋友，才能得到老师更多的帮助，从而把学习搞好。然而，在现实生活中，存在着许许多多交流的问题，这些问题如果不及时处理，对我们个人的未来、对社会和国家的未来可能都会产生很大的不良后果，也可以说是人生的一大遗憾。因此，对于人际交往中的语言艺术的研究非常重要且必要。

第一节　社交语言的特点与要求

轻松得体的社交语言艺术可以帮助人们赢得他人的好感和认同，获得融洽的人际关系，加深人与人之间的了解与沟通，高质量地实现社交目的。一位哈佛教授曾经说过："现在多数人讲话刻板、干巴、模式化、冗长、没有风趣，甚至在学历高的人群中，这种现象更突出。我几乎可以断定，口语表达能力不足是个普遍性的社会问题。"

一、社交语言的特点

1. 言语得体

言语既是交际心理现象，又展现了交际心理过程，就必须做到说话得体，恰如其分。一切夸大其词，或是不看对象，词不达意，都会影响交际心理的展现，妨害相互间的交流。例如怎样称呼别人，这中间就大有文章。两人会晤，第一个词便是称呼，它既是会晤礼，也是进入交际大门的通行证。称呼得体，对方会感到亲切、愉悦；称呼不当，对方就会不快、恼怒。

交际中言语也要注意分寸，该说则说，不该说则一句都不说，说的程度应视对象和交际目标而定。赞美对方，说他如何才华出众，伶俐能干，这些恰恰是他的不足之处，对方的心理如何，便可想而知了。例如某人好不容易才刊登了一篇作品，这时你表示祝贺，说他“能吃苦”“有毅力”“有一种顽强精神”，这都可以，但如果以此便夸奖他成了“作家”，他就感到你这是嘲讽、讽刺他了。两人辩论问题，对方从全局考虑，做出某种退让，使问题得以及时解决，这时你诚意地称赞他说：“你的风格真高，实在难得！”这种赞美，往往适得其反。既然是真诚地赞美别人，又何必加上一句“实在难得”呢！

2. 言语真诚

其实言语得体也是出于真诚，话说得恰到好处，不含虚假成分，能说不真吗？然而真诚还有它另外一面，那就是避免过于客套，过分地掩饰雕刻，失去心理的纯真自然。绕弯过多，礼仪过分，反而给人“见外”的感觉，显得不够坦诚。

与人交际，谦和礼让是完全必要的，然而不分对象、不分场合，一味地“请”“对不起”，未免有虚伪的嫌疑。比如说故人相聚，还过分客套，搞得别人难为情，这就很难说是真诚。这里缺少点什么呢？缺少直率和坦诚！很多情况下，我们需要直抒胸臆的言语艺术，是怎么样，就怎么说，还事物以真面目。直言不讳，是待人接物很重要的语言技巧。

3. 言语委婉

语言的表达方式是多种多样的，因为谈话的对象、目的和情境不同，语言表达方式也没有固定的模式。说话有时要直率，有时则要委婉，要视对象而定。直时不直，委婉时不委婉，同样达不到交际效果。

自然，言语委婉并不容易做到，它需要有高度的语言修养。如运用什么语气，采用哪一种句式，运用什么言辞，以及“讳饰”、暗喻等，既要有高度的思想修养，也要有丰富的汉语知识。但用得好，批评的意见可以使对方听得舒服，同样的内容可以使对方乐意接受，而且在极大程度上，可以激起对方的兴趣和热情，其功能往往超过普通的直言快语。

4. 使用敬辞

在人际交往中，你的言谈能否愉悦人的心情，其中一个重要因素就是能否适时、恰当地使用敬辞。所谓敬辞，即是指含有恭敬口吻的用语。它既能表示你对对方的友好与敬重，又能使自己的言辞显得高雅、有礼貌。

二、社交语言的使用要求

在交际活动中，语言的表达功能，集中体现在语言活动的整个过程中。从某种意义上讲，交际过程，实际上就是人们的心理活动过程。

说和写，听和看，既是语言沟通情境的行为，又是人们相互间心理活动的反映，是人们的心理构成的重要成分。这是因为人的心情和情感体验是借助于面部表情、动作姿态、语言和语调的参加交际和沟通来实现的，进行交际活动始终，可以充分展示交际者的语言心理。

交际过程中的心理活动，既然是通过言语活动过程反映出来的，那么，言语对于展现交际心理过程就至关重要了。“良言一句三冬暖，恶语伤人六月寒。”交际双方貌合还是神离，成功还是不欢而散，在很大程度上取决于言语艺术。可以说，语言是思想的外化，是必不可少的交际工具。

1. 要了解对象

兵法上说，“知己知彼，百战不殆”。沟通交流也是一样，单单“知己”，认识自己的能力、地位、人缘，这还远远不够，还要做到“知彼”，了解对象，掌握对方的基本情况，他的个性、身份、地位等，然后投其所好，避其所忌，有的放矢地沟通。

（1）考虑对方的基本情况。考虑对方的年龄、性别、文化程度、职业职务等。如果是少数民族和外国客人，还要看其宗教信仰和风俗习惯。对方的年龄、性别、文化程度等基本情况不同，对信息的接受和理解就会不同。

（2）看对方的身份和地位。无论在哪个国度、哪个年代，地位等级观念都是很强的。但身份地位的不同并不妨碍正常交往、平等交流，但在说话的措辞和情态上有必要适当把握。一般来说，下级对上级、晚辈对长辈、学生对老师、普通人对有名气有地位的人，以及男士对女士等，不必要也不应当低三下四，唯唯诺诺，即使有必要也应当在言谈举止上表现得更加尊重一些，不要过于随便。反之，身份高对身份低的人说话，随便一些就会显得平易近人。如果不是十分严肃和隆重的场合，身份高的人对身份低的人说话越随便、越风趣越好。

在一次座谈会上，著名的语言学家、学会的负责人首先讲话。他说：“先让我这个老猴来耍一耍，然后你们中猴、小猴再耍。我这个老猴肯定耍不过你们中小猴，不过总要带个头吧！”这位报告人是个德高望重的语言学家，到会的中青年同志对他都很熟悉，也很敬仰，他以自嘲的方式来个“庄谐杂出、四座皆春”，会场的气氛马上被调节起来。

（3）了解对方的个性特征。各有其情，各有其性。有的人感情丰富，就要动之以情；对于强硬理性的人，要晓之以理；对于虚荣心强，刚愎自用，脾气暴躁，冷僻孤僻，坦诚直率等各种性情的人，都要采用不同的方式与之沟通。

有一次，孔子的学生子路问孔子：“听到了是不是马上见之于行动？”孔子回答说：“有父亲、哥哥在，怎么能不向他们请示就贸然行事呢？”过了一些天，冉有也向孔子问同样的问题，孔子回答说：“听到了当然要马上行动！”公西华对此十分迷惑，不明白为什么同一个问题老师却有不同的回答。孔子解释道：“冉有办事畏缩、犹豫，所以我鼓励他办事果断一些，叫他看准了马上就去办；而子路好勇过人，性子急躁，所以我得约束他一下，叫他凡事三思而行，征求父兄的意见。”公西华听了老师的回答，顿时恍悟过来。实际上，孔子正是由于看到了子路和冉有具有不同的性格，从而顺其自然地选择不同的回答。

针对感情丰富的人，交谈时要动之以情；

针对强硬理性的人，交谈时要晓之以理；

针对虚荣心强的人，要学会赞美；

针对心胸狭窄的人，要表示谦恭；

针对冷僻孤僻的人，要多行关切；

针对坦诚直率的人，要多进忠言。

（4）揣摩对方的心理状态。人在不同的情况下会有不同的心态，而且有时候未必会从外部表现上明显看出，要学会察言观色，洞悉对方的心理，以便有效沟通。

越南战争以后，美国青年普遍厌烦参军，担心自己会遭受不幸。面对这种情况，美国国防部特意聘请心理医生，劝导青年说：“参军不用怕，无非是两种结果。一种是合格，一种是不合格。不合格根本没有什么担心的，合格嘛，也不用忧虑，因为合格无非也是两种结果，一种是在后方，一种是上前线。在后方当然没什么害怕的。上前线，无非是两种结果，一种是不受伤，一种是受伤。不受伤当然高兴。受伤，也只有两种情况，一种是轻伤，一种是重伤。轻伤肯定能治愈，所以不用担心。重伤呢，无非是两种结果，一种是治愈，一种是无法治愈。治愈了当然不用再担心了，没治好，那当然意味着死亡。死亡有什么害怕呢？反正那时你已经不知道了……”一番话果然产生效果，大多数人又踊跃参军。

2. 要考虑场合

人们常说，说得漂亮，不如说得恰当得体。所谓说话恰当得体，首先是指你所说的话要适应场合和对象。任何话语对其语言环境都有一定的依附性，在直接交流中，人们注意和感兴趣的不仅是语言本身所表达的内容，而且是一定的话语与其场合相结合的产物和效应。说话的时间环境对于说话的含义也有很大影响，相同的话语在不同的环境中，可以表达不同的意思。如：“都九点了。”母亲对躺在床上的孩子说这句话，意思是：“你怎么还不起床？”一个姑娘在公园门口对走来的小伙子说这句话，意思是：“你怎么来晚了？”顾客对商店的守门人说这句话，意思是：“到开门时间了，该让我们进去了。”“经济搞上去，人口降下来”这条标语，内容很好，又很精练，几乎是放到任何场合都正确，但总有某种场合不适合，会产生歧义。比如，人们到八宝山参加追悼会，在火葬场入口处见到这条标语，就会感到不舒服，很别扭。这就是时境因素对语意的影响。

说话要看场合，应当怎么看呢？主要体现为重要的谈话最好选择场合，更多的情况是应适应场合，并利用场合的景象把话说得更得体。

（1）选择场合。重要的人际交流，如恋爱约会、商务洽谈、名人访谈等，事先应当选择场合。因为适当场合是促成有效沟通、谈话成功的因素之　。我们就要从实际出发，充分利用时境这个因素，让谈话的内容意图与场合气氛协调一致，便于对方接受和理解你的谈话意图。如领导者和管理者在布置工作任务的时候，大都要把下级叫到自己的办公室里谈话，因为办公室的环境气氛给人的心理感受无形之中有一种“下级服从上级”“认真看待工作”和“一定要顾全大局”之类的意味，从而使领导者和管理者处于主动的地位。

一般来说，你要说服什么人，最好是在你所熟悉、便于控制的场合；如果是在对方所熟悉和控制的场合，那就不利于把对方说服。

（2）适合场合。美国前总统里根一次在国会开会前，为了试试麦克风是否好使，张口便说：“先生们请注意，五分钟之后，我对苏联进行轰炸。”一语既出，众皆哗然。里根在错误的场合、时间里，开了一个极其不当的玩笑。为此，苏联政府提出了强烈抗议。这说明，在庄重严肃的场合里是不宜开过头玩笑的。

说一些不适宜场合气氛情境的话，往往与初衷适得其反。在丧葬场合，说任何喜乐的话、玩笑的话，都会引起当事人的不满；在喜庆的场合，切忌说些不吉利的话。

有一次，一位知名人士去出席一个国际会议，受到外国友人的热情接待。宴会上，这位人士的口才受到东道主的称赞，并说：“像你这样有口才的人是应该当外交官的。”在这种场合，他只要略表谢意就可以了，但他却忽视了这是涉外场合，兴奋之下竟说了很不得体的话：“是的，我是应该做外交官的，但我至今也没有做外交官，这显然是我国外交部的一个错误。”一下子扯到了国家政府，这让在场的外国友人如何表示呢？如此说话漏嘴，就是没有注意到讲话当时场合的性质和特点。

（3）利用场合。面对面的沟通交流可利用环境，为沟通架桥铺路。比如借助天气变化、景物陈设、挂图书刊等说话，可以见景生情，可以借物言志，可以调节气氛，引导听者产生相应的感受，使双方在融洽亲切的气氛中进行信息和情绪的交流，并增强某些话语的形象性、说服力和感染力。

（4）抓住时机。俗话说：“机不可失，时不再来。”交谈如果不是正式的话，很难真正定个时间进行。这就要求你要善于捕捉交谈时机。不要错过任何一个哪怕只有万分之一希望的机会。

第二节 社交的艺术

古代有一位国王，一天晚上做了一个梦，梦见自己满嘴的牙都掉了。于是，他就找了两个解梦的人。国王问他们："为什么我会梦见自己满口的牙都掉了呢?"第一个人说："皇上，梦的意思是，在你所有的亲属都死去以后，你才会死，一个都不剩。"皇上一听，龙颜大怒，杖打了他一百棍。第二个人说："至高无上的皇上，梦的意思是，您将是您所有的亲属中最长寿的一位呀!"皇上听了很高兴，赏了他一百个金币。

同样的事情，同样的内容，为什么一个会挨打，另一个却受到嘉奖呢？因为挨打的人不会说话，受奖的人会说话而已。类推到现代社会，大家都很清楚，说话是一种生存技巧。会说话，一切都好；不会说话，总会吃亏。

一、社交语言的表达技巧

1. 得体的自我介绍

在社会生活中，互不相识的人见面总免不了要做自我介绍。自我介绍包括对姓名、年龄、职业、住址、经历及特长等几个方面的介绍，应根据场合和需要的不同来决定其繁简，一般的朋友聚会只需要说出自己的姓名、身份即可。

自我介绍时，态度要平和，要清晰地报出自己的姓名，并用微笑来表达自己的友好和真诚。同时还要掌握分寸，不要有意抬高或贬低自己，这会让人产生反感，从而产生排斥心理，影响了进一步的交往和了解。

自我介绍实际上是一种自我推销，它给别人留下的是第一印象。一般来说，自我介绍时要注意以下几点：

(1) 平和自信。初次交往，都想互相多了解对方，又都想被对方所接纳。自我介绍时要大大方方、不卑不亢，切不可羞答忸怩、吞吞吐吐、左顾右盼。要勇于向他人展示自己，树立自信，让别人产生与你交往的欲望。

(2) 把握分寸。介绍自己时要有自谦和自识，自我介绍少不了介绍自己的身份与特长。这时的介绍应该有内容有针对性，态度平和，既不要把自己树得很高大，甚至得意扬扬，也不要妄自菲薄，自我贬低。这样才能给对方留下良好的印象。

(3) 别具特色。在众人面前和临时性见面的情况下，怎样给人留下深刻的印象，这是艺术。可以运用自我调侃或幽自己一默的方式，既活跃了气氛，又让人印象深刻。举个例子：

小王是一名记者，在一次“记协”聚会上，由于大部分人是第一次见面，小王这样自我介绍：

“我喜欢写诗，可写不过舒婷；我喜欢唱歌，可唱不过毛阿敏；我喜欢主持节目，她俩都比不过我……”

这么一说，使听众既了解了小王的特长，也接受了他这个人。这样的介绍方式不仅起到了介绍自己的作用，同时也润滑了小王的人际关系。

2. 合理选择句式

生活中常常出现因为表达不当而影响沟通效果的现象，其中一个主要原因是句式使用不当。如：

“你在……方面有很多优点，但是……”这是个转折句式，语意侧重后半句，而后半句恰好是否定性评价，给人的感觉，前半句的表扬不是真正的目的，是为了后面的批评做铺垫。所以“但是”一出，对方就立马儿举起了心理盾牌，有了抵触情绪，后边你再说什么他也听不进去了，是不是？那应该怎么表达呢？可以用假设句式，如：你这次考试成绩不错，如果你在××、××方面再细致些，就会更好。这样不仅可以打消对方的抵触情绪，还为其指出努力方向，激发其上进的欲望。

“你看人家××，就比你好”这是一个比较句式，在比较中否定了对方，那对方在心理上就很难接受，反过来会说：“你看他好，你跟他搭档好了。”说话者的本意是想树立一个榜样，促使听话人改进，结果却适得其反。这类情况该怎么说呢？我们可以说：“××在某方面确实很有实力，咱们努把力，不信赶不上他。”

“你总是”是一种有明显抱怨语气，而且还有扩大范围之嫌，这样一来，很容易引起对方的反感，如果他反驳说：“谁总是了！我就这一次！”两人的交流出现了情绪上的障碍，也就无法进行下去了。遇到这类情况正确的做法是“就事论事”，不连带其他问题，这有助于双方建立良好的沟通氛围，也就有利于问题的解决。

“你要是（再）不……我就……”具有极强的威胁、要挟的意味，会让对方产生强烈的反感情绪。当然，可能一开始这样的表达会收到预期的效果，即使按照你的要求去做，也不可能是心甘情愿，久而久之就会影响了团体的合作与完成任务的质量。

3. 说话要看对象和语境

（1）关于对象。所谓说话对象的特点，包括对方的年龄、文化程度、理解能力等。

年龄大的人，听力差，反应慢，你的语速要慢些，让他听清楚所有信息；小孩子活泼，思维连贯性差，你要突出表达信息要点，比如督促他动作快些，你得说："快一些，要迟到了。"

此外，根据对象的特点，我们要恰当使用敬语和谦语。

敬辞：贵、令、尊、大，如贵姓、贵校、贵庚、令子、令父、尊府、大作、鼎力、惠存、斧正、雅正；

谦辞：拙、家，如拙作、拙见、家兄；

从敬辞的作用看，可分为不同种类，主要有：表示谢意、感激、佩服的，如拜谢、拜服、高见、高论等；

表示希望得到对方指教的，如赐教、候教、雅正、呈正、斧正等；

表示询问的，如请问、高寿、贵庚等；

表示情态、动作的，如恭候、奉陪、光临、拜望、惠存、笑纳、雅教等；

表示请托的，如烦劳、劳驾、拜托、赏光、鼎力、俯就等；

表示尊称的，如阁下、高足、仁兄、贤弟、大人、诸位等；

表示歉意或请人原谅的，如失敬、失迎、海涵、包涵等。

从表达形式上看，敬辞又可分为口头的和书面的。口头的如拜托、赐教、借光、烦劳、奉陪、高见、阁下、恭候、请问等；书面的如驾临、枉驾、钧鉴等。口头敬辞可以作为书面敬辞在文章中应用，而书面敬辞除了特殊情况很少用作口头敬辞。

敬辞不管是口头的还是书面的，大多数出现在句子的头或尾，如"烦劳您顺便给我家里带个信儿去"，"借光，让我过去"，这是出现在句子开头的。"招待不周，还望海涵"，"本星期日下午在家候教"，这是出现在句子末尾的。当然，敬辞有时也出现在句子中间，如"多蒙鼎力协助，不胜感谢！""我们已经恭候多时了。"

在我们了解、掌握的敬辞中，有的含义不止一种，如"高寿"作敬辞用，是问老人的年纪，如"老太爷高寿啦？"这个词除作敬辞用以外，还有"长寿"的意思。"俯就"作敬辞时，是请对方同意担任某种职务时用，另外，它还有"迁就""将就"的意思。"海量"作敬辞，是表示宽宏的度量，如"对不住的地方，还望您海量包涵"。此外，"海量"还可指很大的酒量，如"您有海量，还可多喝几杯"。"敬礼"则可表示一种立正、举手或鞠躬行礼的动作。因此，我们要全面掌握和恰当使用敬辞，对有的敬辞的其他含义也不可忽视。

(2) 关于场合。比如，在世贸谈判中，吴仪有力地反击了对方说我们是"小偷"的指责。在涉及国家的尊严与人格时，要针锋相对，据理以争。周恩来接待美国友好访问团时，关于“派克”钢笔的回答，柔中有刚，绵里藏针。

在生活中，有些场合不必咄咄逼人、寸土不让。如在酒店里，发现客人偷或“拿”走了浴巾，你怎么说，才能实现最佳效果？

大堂副经理在总台收银处找到刚结完账的客人，礼貌地请他到一处不引人注意的地方说：“先生，服务员在整理房间时发现您的房间少了一条浴巾。”言下之意是：“你带走了一条浴巾已被我们发现了。”此时，客人和大堂副经理都很清楚浴巾就在提箱内，客人秘而不宣，大堂副经理也不加点破。客人面色有点紧张，但为了维护面子，拒不承认带走了浴巾。为了照顾客人的面子，开始给客人一个台阶，大堂副经理说：“请您回忆一下，是否有您的亲朋好友来过，顺便带走了？”意思是：“如果你不好意思当众把东西拿出来，您尽可以找个借口说别人拿走了，付款时把浴巾买下。”客人说：“我住店期间根本没有亲朋好友来拜访。”从他的口气理解他的意思可能是：我不愿花50元买这破东西。大堂副经理干脆就给他一个暗示，再给他一个台阶下，说：“从前我们也有过一些客人说是浴巾不见了，但人们后来回忆起来是放在床上，毯子遮住了。您是否能上楼看看，浴巾可能压在毯子下被忽略了。”这下客人理解了，拎着提箱上楼了，大堂副经理在大堂恭候客人。客人从楼上下来，见了大堂副经理，故作生气状：“你们服务员检查太不仔细了，浴巾明明在沙发后面嘛！”这句话的潜台词是：“我已经把浴巾拿出来了，就放在沙发后面。”大堂副经理心里很高兴，但不露声色，很礼貌地说：“对不起，先生，打扰您了，谢谢您的合作。”要索赔，就得打扰客人，理当表示歉意。可是“谢谢您的合作”则有双重意思，听起来好像是客人动大驾为此区区小事上楼进房查找，其合作态度可谢。然而真正的含义则是：“您终于把浴巾拿出来了，避免了酒店的损失。”如此合作岂能不谢？为了使客人尽快从羞愧中解脱出来，大堂副经理很真诚地说了句：“您下次再来我们这里，欢迎再度光临我们酒店。”

整个索赔结束了，客人的面子保住了，酒店的利益保住了，双方皆大欢喜。

（3）恰当运用礼貌用语。“劳驾”比“请”更有作用。公交车上，有人要从前门向后门移动，一再说“请让一让，让一让”，扭头一看，没有一个人动，就听旁边一个人小声说：“让什么让呀，好像是有理了。”为什么呢？你的通过影响了别人，还那么理直气壮，谁愿意配合你呀？而用“劳驾”，效果要好多了。

用感谢的语言可以缩短彼此的距离。一个同学与高年级的同学接触时的第一句话是：“谢谢你！开学时就是你帮我安置床铺的。”“是吗？”话题就此打开，气氛顿时热烈多了。

(4) 不做居高临下式评判。不要断然否定或打断对方的想法和做法,多用“如果……就更好了”“如果是我,就……做”,甚至还可以举自己一个“犯傻”的例子,说明自己的懊恼、悔恨的心情,以此去影响他,效果会很好。

(5) 恰当的幽默效果好。在西方,幽默被看作是智慧的一部分。如果一个人富有幽默感,他往往会得到周围人的喜爱。

节日招待客人时,孩子帮家长上菜,不小心把盘子里的鸡滑到地上,孩子自己难过得几乎哭出声来。这时女主人说:“好孩子,别害怕呀。你把那家伙抓起来,放到厨房里去,换一只听话的不就得了。”

有一次,周恩来总理同国民党政府谈判。在我方义正词严面前,对方不但不接受,反而说同我方谈判是“对牛弹琴”!周恩来总理当即灵机一动,利用对方抛来的词语,将计就计,巧妙地回敬了对方:“对!牛弹琴!”在这里,周恩来总理把对方抛来的“对牛弹琴”这个成语巧妙地进行了结构上的调整,变成了一个内涵丰富的“对!牛弹琴!”,从而既摆脱了困难,又迫使对方陷入无地自容的窘境。

幽默风趣是一种优美的健康的品质,也是现代人应该具备的素质。那么,应当如何培养自己幽默风趣谈吐的能力呢?首先,要有广博的知识和广阔的胸怀,对生活充满信心与热情。其次,要有高贵的情趣、丰盛的想象、豁达乐观的性格,才能成为风趣幽默、自然洒脱的人。

幽默风趣虽然能够促进人际关系的协调,但倘若运用不当,也会适得其反,破坏人际关系的平衡,激化潜在抵触,造成冲突。

在一家饭店,一位顾客赌气地对服务员嚷道:“这是怎么回事?这只鸡的腿怎么一条比另一条短一截?”服务员故作风趣地说:“那有什么!你到底是要吃它,还是要和它跳舞?”顾客听了十分赌气,一场原来可以化为乌有的争吵便发生了。

所以,风趣应文雅得体,态度应谨慎和气,不伤害对方。风趣且不失分寸,才能促使人际关系协调融洽。

在社交中纯熟地运用以上技巧,可以使语言更具有艺术性。但运用这些技巧还有一个最基本的前提,那就是“真诚”。我们用真心对待别人,语言就是交往的润滑剂;我们用诚意对待别人,语言就是沟通心灵的桥梁。

二、社交语言的艺术

人们离不开交往,交往是一种实现行为目的的手段和工具。在交往的过程中,要把你的一份意思传达给别人,使对方受到感应,从而自动地帮助你,或是同意你的要求,接受你的思想意识。交往的质量很大程度上取决于能否说好六种话。

1. 恭贺赞美话——诚恳热情地说

当别人取得成功时，诚恳热情的祝贺既可以表达你对对方的理解、支持、关心、鼓励和美好祝愿，还可以展示出自己的宽广胸怀和纯美的人格，因此一定要重视“恭贺话”的艺术。

通常情况下，常用“恭喜”“祝贺”等语言，这种语言形式往往会给人程式化的感觉，难以表达出内心真诚的情感。

其实我们还可以更有创造性地表达自己的恭贺之意。如同学们取得了优秀的竞赛成绩，我们可以说：“你太棒了！我多么想像你这么出色啊！”“我要是有你这样的成绩该是多好啊！”“你的成就，我都觉得很自豪呢！”这些话中都包含着说话人内心的丰富而强烈的情感与期待，更具有真诚的力量，相信没有哪个人听了这样的话不心花怒放的。

2. 鼓舞勉励话——语重心长地说

当别人遇到困难、挫折需要帮助时，当有人受到不公正对待渴望公理时，当有人受了误解想要辩解时，我们要学会给以安慰与鼓舞，用勉励的话去激励对方，让他从消极的情绪中解脱出来，重新振作起来。

如有人下岗了，情绪消沉沮丧，我们可以说：“困难是暂时的，我们一定有办法渡过难关的。你看我能在哪方面帮助你？”前一句话充满力量，后一句切中实际，让对方感觉到实实在在的效果，而不是一味唱高调，耍嘴皮。

有的同学考试成绩不理想，我们可以说：“你这次成绩比起你以往的水平，确实不够理想。不过你在××题的解答上，很有思路和创意的。我想，如果你克服了急功近利的想法，一定会有理想的收效。”第一句明确承认现状，而不是虚假的肯定或表扬；第二句肯定了对方某方面的亮点，让他看到希望与曙光；第三句指出不足和努力方向，给他具体准确的指导，产生可靠的鼓舞勉励作用。

鼓舞勉励的话不能“假”“大”“空”，让人产生距离感或隔靴搔痒的感觉，而是要针对实际情况，客观分析，具体有效。

3. 分别告辞话——留恋惜别地说

客人告辞，都应以礼相送，可以说“再见”“慢走”“以后还请继续指教”等。说告别的话时，态度要自然、真诚，防止用草率或敷衍的神情，这样才能使对方有值得留恋的余味和友谊久长的感觉。

朋友分别时，可以回忆相处时的愉快，可以追述曾经有过的默契合作，可以再次感谢对方给予的无私帮助，可以告诉对方别后的思念与孤独。这一点古人做得非常好，像宋代词人柳永在《雨霖铃》中说：“便纵有千种风情，更与何人说?”以别后寂寞、内心触动无人可诉来表达对对方的依恋与不舍。这比单纯说“我会想你的”，更容易感动人。

4. 道歉补过话——真诚勇敢地说

因为自己的过失，造成他人不便或是损失，就要勇敢承担责任，真诚地道歉。有这样一件事：饭店的女服务员在服务时，态度十分冷淡、生硬，引起客人的不满，客人于是就投诉到领班那里。领班说：“对不起！今天本该她休息，但工作需要，取消了她的休假，所以她可能不太高兴。”这样的道歉是极其愚蠢的：饭店工作安排不当，却让客人承担后果。这对客人是不公平的，也是不尊重的。而且领班的道歉还有推卸责任之嫌，不但不能很好地解决问题，反而会使矛盾激化。再如，出现服务员服务不到位的现象时，也有的领班会说：“对不起！她刚来，还不熟悉，请您原谅！”大家知道，服务员上岗是需要培训的，合格后才能上岗操作，“她刚来，不熟悉”是培训不到位，而工作上的失误和缺陷，不能让客人来承担。

5. 宽容原谅话——大度机敏地说

面对他人的过失，特别是当事人已经为自己的过失自责愧疚之时，善良大度的人往往会忽略不计其过错，或是将责任揽到自己的身上，从而消除当事人情绪上的紧张，更好地融洽双方的关系。

一个保姆不小心把主人刚买回来的茶壶摔碎了，她感到十分紧张和自责，不知道该怎样跟主人道歉。这时主人说：“嗨，摔就摔了吧，这就不是咱家的东西，所以才在咱家待不住。改天儿咱再买个别的。”主人这番话很好地宽慰了保姆，让保姆心存感激，感激主人对自己的宽容和关心，心里暗自下决心：一定要好好工作，一定要对得起这好心的主人！

这就是“良言一句三冬暖”。这感情的价值远远超过那只普通的茶壶。还有一例：

一位王妃，看见新来的女仆将清汤弄浊了。仆婢心想：王妃一定会气愤极了。然而，出乎意料，这位王妃不但没有责备女仆，反而和颜悦色地说：“哎呀！我真糊涂，忘了提醒你，煮清汤的时候要把锅盖盖好！”乍听之下，似乎是王妃的疏忽，没有事先交代清楚，以致清汤成为浊汤。可见这位王妃在交往上的聪明之处。视若不见、无动于衷固然不好，这样说既掩饰了女仆的失误，同时也表现了王妃的大度，使女仆深深地敬佩王妃。

有时，化解他人的尴尬，不仅需要大度，还需要机敏。再看一例：

第二次世界大战期间，一位德高望重的将军举办一次祝捷酒会，除上层人士外，将军还特意邀请了一批作战勇敢的士兵。酒会在热烈隆重的气氛中进行，上菜后，一位普通士兵端起供洗手用的一碗水喝下去了。顿时引起达官贵人的一片骚动。这时将军站了起来，端起自己前面的那碗水，面向全场贵宾，充满激情地说："我提议，为我们这些英勇杀敌、拼死为国的士兵们干了这一碗。"言罢，一饮而尽。全场为之肃然。少顷，人人均仰脖而干。此时，士兵们都泪流满面。将军的度量以及富有人情味的语言显示出一种强大的精神震撼力。

有人说："一人之辩，重于九鼎之宝；三寸之舌，强于百万之师。"一句话赢得了一颗心，一句话赢得一个国家，这丝毫不是夸张。

6. 安慰劝解话——往人心坎上说

当别人遇到挫折或灾难时，我们常常善意地劝导对方，但是这话怎么说，才能打动对方？有的人说"不要紧，会过去的"，但是你是否知道"要过去"的过程有多艰难；有的人说"我特理解你"，可是"理解"不等于能代替，不等于不痛苦。所以，当你真心安慰劝解别人时，一定去感受当事人的内心活动，了解他的心理和感情需求，分析他痛苦的关键和症结，才能有针对性地、高效地解决对方的心理问题。

一个朋友受了重伤，其心里的创伤更为深重。其他朋友到医院去看望他，都不知怎样安慰他。大家来到医院，放下慰问品，就都无语地站在那里，直直地、静静地，然后告别离开。这种看望其实还不如不来，因为这种探望无形中给伤者带来更大的精神压力。其实，这时我们就要抓住其内心最珍视、最关注的因素进行安慰劝解，才能产生良好的劝解效果。我们可以说："虽然受了伤，可是孩子和家人都还得靠你呢，至少你还是他们的精神支柱，你说呢?"提到家人和孩子，就激起了他心里的责任感，因此他必须坚强勇敢地面对目前的困难。

7. 批评指责话——温柔智慧地说

在学习和工作中，我们常常会担任一些职务，组织活动，安排工作。对于活动或团队中不和谐的人或事，应该提出批评，使团队的步调一致，从而实现预期的目的。批评不像表扬，不恰当、不科学的批评有时不能收到积极的效果，反而会引起对方的抵触，甚至会形成不必要的矛盾，影响了整个团队的气氛。

有人会说：你太没有原则了，这叫圆滑。当然，面对是非，应该有原则，有立场，这毫无疑问。批评的话可以响锤重鼓地说，可以一针见血地说，还可以和风细雨地说，当然也可以温柔智慧地说。关键在于，你面对的是怎样的对象，你针对什么问题。

有一个女生，对一位高中男生心仪已久，常常借各种理由接近那位男生，可是那位男生丝毫不为所动。有一天，男生以非常生硬而冷淡的态度赶开了女生。这位女生心里非常生气，就给男生家里去了一个电话，称男生在上学路上发生了车祸。男生父亲急急忙忙赶到学校，才得知车祸子虚乌有，于是把状告到了老师那里。女生肯定知道这样做不妥，因此单纯批评她做法错误，并不能从根本上解决她的思想问题。同时，这个问题的出现还反映出她不知如何处理与他人的关系，对男女同学之间的交往缺乏正确的理解。所以为了帮助她认识到自己问题的症结，老师选择了一个非常规的思路，帮她分析男生为什么不接受她，让她感觉到老师确实在为她着想。最后她心悦诚服地接受了老师的分析和指点，从内心深处认识到自己行为失当。

第三节　谈判语言的特点与要求

商务谈判是指不同的经济实体各方为了自身的经济利益和满足对方的需要，通过沟通、协商、妥协、合作、策略等各种方式，把可能的商机确定下来的活动过程。它可以促进双方达成协议，是双方洽谈的一项重要环节。商务谈判是人们相互调整利益，减少分歧，并最终确立共同利益的行为过程。如果谈判的技巧不合适不但会使双方发生冲突导致贸易失败，更会造成经济上的损失。语言在商务谈判中占有重要的地位，它往往决定了谈判的成败。因此在商务谈判中谈判双方应出色运用语言艺术及技巧。

商务谈判作为企业经济活动中一个十分重要的活动，越来越多地受到人们的关注重视，商务谈判的过程是一个围绕双方经济利益，通过语言进行沟通和协商的过程，实质上就是谈判者运用语言进行协调磋商、谋求一致的过程，而在谈判中如何把思维的结果用语言准确地再现出来，则反映了一个谈判者的语言能力。

一、语言在谈判中的作用

商务谈判过程中，语言的作用十分重要，叙述条理清晰、论点鲜明、论据充分的语言表述，更能让对方信服，达成双方的共识，协调彼此间的目标和利益，从而使谈判完满成功。谈判方通过语言把己方所要表达的信息传递给对方的过程中，语气、语速、语态及词语的选用上都应该十分考究，因为这些都影响着谈判的进程与效果。语言在这一进程中主要起到以下三种作用：

1. 完整、准确表述谈判者的意图

谈判双方在沟通的过程中，首先是要把话说得清晰、准确、客观，且实事求是。在商务谈判中，谈判者在介绍本企业产品、财务等状况的时候一定要符合实际，不要夸大其词，这样才能使对方切实感受到己方的诚意。同时在阐述自己目的和意图的时候，语言要说得简明扼要、有的放矢。一般的商务谈判都是要经过很多回合，每次商谈和能敲定下来的项目和议题也就是三五个左右，这是因为人的大脑记忆是有限的，在有限的一段谈判时间内只能记住一些重点的讨论内容。这就要求谈判者具有十分出色的逻辑表达能力，思维缜密，表达概念时要明晰，判断要正确，推理要严谨，在与对方的沟通过程中要客观、有针对性，理由要充分，说服力要强，才能使谈判顺利地朝着成功的方向前进。如果在商务谈判的过程中谈判人不围绕主题，对准目标，而是使用啰唆、含糊不清的语言进行表述，这会使对方产生迷茫和困惑，甚至产生轻视，认为己方夸夸其谈，对谈判表现的不够真诚、毫无诚意而言，给谈判造成障碍。

2. 用语言的艺术说服对方

人们常说商务谈判其实就是一场顽强的性格之战，但即使再强的对手也是有软肋的，其实商务谈判就是不间断的说服，而通过语言的表达来打动说服对方，则是与谈判对手博弈过程中取得满意效果的一种十分行之有效的手段。这是谈判双方都想做到的，但也是十分难做到的。商务谈判中要想说服对手，首先要听取对方的要求和想法，找到对方能接受的谈话契合点进行叙述，提出己方的问题并回答对方的疑问。在观点不一致时进行有理有据的辩论。只有通过这些多种多样的语言艺术的运用，才能让对方改变初衷，真心实意地接受己方的意见和主张。在谈判过程中双方为了各自利益争执不下时，如果能够让对方认同己方的观点，做出让步同意我们的要求和想法，那谈判就取得了成功。但在谈判的过程中，出现的情况是千变万化的，这就要求在使用语言艺术的时候，要具体情况具体分析，合理正确使用不同的语言技巧，才能使谈判双方取得共识，求同存异，解决分歧。有时候也要设身处地为对方考虑，从对方的利益出发，使彼此间的谈判圆满双赢。

3. 控制和把握谈判气氛

所有的商务谈判都是在一定的气氛中进行的，谈判气氛会影响谈判者的情绪和行为方式。因此谈判气氛的好与坏直接影响着整个谈判最终的进程。作为一名优秀的谈判者，一定要具有很好的控制和把握谈判气氛的能力，建立适当的谈判气氛。而合理正确地使用语言技巧，正是调节和缓和谈判气氛的一个十分重要的手段。

在商务谈判开始阶段，谈判者应该积极地运用语言技巧，创造出和谐热烈的谈判氛围。例如，商谈双方在相互介绍自己之后，彼此间还是拘束和陌生的时候，一个好的谈判者就会主动聊一些轻松的题外话，消除大家的紧张情绪，同时也能博得对方的好感。随着谈判在紧张、严肃、和谐的不断进展的过程中，谈判者的承受能力有可能降低时，可以采用不同的语言技巧，降低谈判者的紧张压力，适时地缓解谈判气氛，有利于谈判的顺利进行。例如：开些轻松诙谐并且无伤大雅的玩笑，讲些幽默的小段子等。而当谈判遇到危机时，要使用恰当的语言来化解，以缓和谈判的紧张气氛，使双方能重新对谈判建立新的信心，最终彼此达成共识。

二、商务谈判的语言特征

商务谈判的语言艺术表现在许多方面，但无论是陈述、提问、答复还是说服等，就其内在的本质特征来说都具有客观性、针对性、逻辑性及论辩性的特征。

1. 客观性

对于商务谈判来说，谈判语言的客观性具体表现在买卖两个方面。从卖方看，语言的客观性主要表现在：介绍本企业情况要符合实际；介绍商品性能、质量要有事实依据，有条件的最好能出示样品或当场进行演示；报价要恰如其分，既尽力满足己方需求，又不能忽视对方利益；确定支付方式要考虑对方要求，采用双方都能接受的方式等。从买方来说，语言的客观性主要表现在：介绍己方财务状况和购买力时不要夸大其词；评价对方商品的质量要依据事实、中肯可信；要价要恰当合理，压价要有依据，无论成交与否，要让对方感到己方的诚意。

2. 针对性

谈判语言的针对性具体来说包括：针对某次谈判；针对某项内容；针对某个对手；针对对手的具体方面。商务谈判涵盖的内容很广，它包括贸易谈判、代理谈判、合作谈判、工程谈判等。谈判标的的不同，内容也截然有区别。即使是同类谈判，内容也不可能一样，这就要求谈判语言要有针对性。针对某次谈判来说，谈判内容一旦确定，就要认真准备相关材料，同时还要充分考虑到谈判桌上将要使用的相关语言甚至行话。只有有选择地、有针对性地使用谈判语言，才能有益于谈判活动的顺利进行。

3. 逻辑性

商务谈判的逻辑性是指谈判者的语言要符合逻辑规律，表达时概念要明晰，判断要准确，推理要严密，要充分体现其客观性、具体性、连贯性和思辨性，论述要有说服力。这就要求谈判者要有缜密的逻辑思辨能力。

4. 论辩性

谈判论辩性是谈判的艺术在某种程度上的论辩艺术。因而，谈判语言的论辩性从一开始便融入谈判的本质中。谈判者为此必须掌握语言的运用技术，才能在辩论中取胜，才能迈向谈判成功。

三、谈判中语言的使用要求

成功的谈判都是谈判双方出色运用语言艺术的结果，谈判语言和一般的语言表达有着明显的区别，谈判是双方意见、观点的交流，谈判者既要清晰明了地表达自己的观点，又要认真倾听对方的观点，然后找出突破口，说服对方，协调双方的目标，争取双方达成一致。要想掌握、运用好谈判语言，首先应该了解谈判语言运用的基本要求。

1. 准确性

策动谈判的动力是需要和利益，谈判双方通过谈判说服对方理解、接受己方的观点，最终使双方在需要和利益方面得到协调和适应。所以这是关系到个人和集体利益的重要活动，语言表述上的准确性就显得至关重要了。谈判双方必须准确地把己方的立场、观点、要求传达给对方，帮助对方明了自己的态度。如果谈判者传递的信息不准确，那么对方就不能正确理解你的态度，势必影响谈判双方的沟通和交流，使谈判朝着不利的方向转化，谈判者的需要便不能得到满足。如果谈判者向对方传递了错误的信息，而对方又将错就错地达成了协议，那么，就会招致巨大的利益损失。

在谈判中，谈判者经常会出于表达的策略上的需要，故意运用一种模糊语言，但是使用模糊语言时，也要求它具有准确性。因为模糊语言反映了谈判者对某一个客观事物的一定的认识程度，而这种程度的表现必须是相对准确的。换句话说，使用模糊语言正是为了更准确地传递复杂信息，表达复杂的思想。模糊语言规定了一定的理解范围，如果抛开了准确性原则，超出了它的理解范围，模糊语言就变成糊涂语言了。

2. 针对性

谈判无所不在，谈判对象也各有不同，要取得谈判的成功，谈判者就必须遵循针对性原则，要针对不同的谈判对象，采取不同的谈话对策，因人施语。

谈判对象由于性别、年龄、文化程度、职业、性格、兴趣等的不同，接受语言的能力和习惯使用的谈话方式也完全不同。语言工作者发现男性运用语言理性成分较多，喜欢理性思辨的表达方式，而女性则偏重情感的抒发，使用情感性号召效果明显；性格直爽的人说话喜欢直截了当，对他们旁敲侧击很难发生效用，而性格内向又比较敏感的人，谈话时喜欢琢磨弦外之音，甚至无中生有地品出些话里没有的意思来。如果在谈判中无视这种个人差异，想怎么说就怎么说，势必难以取得良好的效果，进而影响谈判的顺利进行。

除了个人差异之外，谈判双方还有老幼尊卑、亲疏远近、上下左右等各种关系的差异，谈判者在谈判中还要考虑各种差异对语言应用的影响。跨国谈判更要注意语言的针对性，不同的文化背景决定了对语言的不同的理解。所以，在谈判时必须考虑对方的接受能力。

3. 灵活性

谈判不能由一个人或一方独立进行，必须至少有两个人或两方来共同参加。谈判过程中谈判双方你问我答，你一言我一语，口耳相传，当面沟通，根本没有从容酝酿、仔细斟酌语言的时间，而且谈判进程常常是风云变幻，复杂无常，尽管谈判双方在事先都尽最大努力进行了充分的准备，制定了一整套对策，但是，因为谈判对手说的话谁也不能事先知道，所以任何一方都不可能事先设计好谈话中的每句话，具体的言语应对仍需谈判者临场组织，随机应变。

谈判者要密切注意信息的输出和反馈情况，在自己说完话以后，认真考察对方的反应。除了要仔细倾听对方的话，从话里分析反馈情况，还要察言观色，从对方的眼神、姿态、动作、表情来揣测对方对自己的话的感受，考察其是否对正在进行的话题感兴趣，是否正确理解了得到的信息，是否能够接受自己的说法。然后，根据考察的结果，谈判者要及时、灵活地对自己的语言进行调整，转移或继续话题，重新设定说话内容、说话方式，甚至终止谈判，以保证语言更好地为实现谈判目的服务。如果谈判中发生了意料之外的变化，切不可拘泥于既定的对策，来个以不变应万变。不妨从实际出发，在谈判目的的规定性许可的范围内有所变通，以适应对方的反应。如果思想僵化、死板，不能及时以变化了的方式去对付变化了的形势，必将在谈判中失去优势，被动挨打。

4. 适应性

俗话说“到什么山上唱什么歌”，“什么时候说什么话”，就是告诉人们，说话一定要适应特定的言语环境。所谓言语环境主要是言语活动赖以进行的时间和场合、地点等因素，也包括说话时的前言后语。言语环境是言语表达和领会的重要背景因素，它制约并影响了语言表达的效果。掌握谈判语言艺术就一定要重视言语环境因素，如果谈判时不看场合，随心所欲地想说什么就说什么，不仅语言不能发挥效果，甚至还会引人反感，产生副作用。要根据不同的场合随时调整语言表达的策略，采用与环境最为契合的表达方式。如果发现环境根本就不适合谈判，就要及时换个环境或者改变谈判计划中止谈判，以免谈判失败。

言语环境在某种特定的条件下，还可以充作谈资，谈判者可以利用它，突出主题的表达。比如，如果谈判在某一个具有纪念意义的日子和具有特殊意义的地点进行，谈判者就可以在说话时把它和谈判内容联系起来，让环境帮助自己说话。

四、商务谈判中语言表达的注意事项

在商务谈判中，双方的接触、沟通与合作都是通过语言表达来实现的。说话的方式不同，对方接受的信息、做出的反应也都不同。也就是说，虽然人人都会说话，但说话的效果却取决于表达的方式。而且商务谈判是合作型的谈判，一言一语都应有助于加强沟通，增进了解，从而达成双方各得其所、互惠互利的目的，使结果皆大欢喜，凡是与此宗旨相违背的语言，都属禁忌之列。所以语言表达是有技巧的，就商务谈判这一特定内容的交际活动来讲，语言表达应注意以下几点：

1. 正确地应用语言

在商务谈判中，谈判必须使用具体、准确，并有数字证明的语言来加强谈判的力度，除非是出于某种策略需要，才能使用模棱两可或概念模糊的语言。

商务谈判事关金钱利害、得失，说话必须诚恳、慎重。诚恳给人以安全感，慎重给人以可信赖感。什么不该说，什么该说，说到什么程度，都要有分寸，适可而收。如果说话轻率，不负责任，言过其实，不兑现诺言，只会影响信誉，妨碍友好合作。

总而言之，只要牢记商务谈判是争取友好合作、共同受益的谈判，而非政治斗争、军事斗争中败方向胜方乞降的谈判；商务谈判中，如果谈判破裂，对双方都不是好事，所以，上述四种忌讳的语言，就必须避免在谈判席上出现。

2. 不伤对方的面子和自尊

在谈判中，维护面子与自尊是一个极其敏感而又重要的问题。许多专家指出：在洽商中，如果一方感到失去了面子，即使是最好的交易，也会留下不良后果。因此，要避免上述问题，必须坚持区别人与问题的原则，对问题硬，而对人软。对运用的语言尤其要进行认真的推敲。

故意提有敌意的问题、厉声指责对方、像法官似的审问对方等，只会给对方心理平添一份压抑感，使交流产生障碍，导致意图误解、成见加深、谈判破裂。即使对方有错时，既要坚持原则，必须明确指出其错处，但方法要灵活，语气要委婉。是非分明是要坚持的原则，感情不能伤害与面子不能撕破也同样是要坚持的原则。

如果谈判遇有分歧，对方的认识又一时不能转过来，你只想到这是一场较量，忘记了更应该是合作，一味争强好胜、好斗，声高气粗，咄咄逼人，只能使对方抵触情绪更大，丝毫无助于使对方改变主张，甚至有可能把合作对象推到竞争对手的位置。

即使谈判未能达成协议，也不妨友好地分手，以便今后继续对话、商谈。在市场竞争中，本无所谓永久的朋友，也无所谓永久的对手，朋友与对手的身份，常常是交叉、兼任乃至更换的。从长远考虑，你想要商务不断发展，就应广交朋友、广结良缘，何必到处树敌呢？

3. 用赞同、肯定的语言

赞同、肯定的语言在交谈中常常会产生异乎寻常的积极作用。在交谈中适时、中肯地确认另一方的观点，能使对方产生认同感，从而使整个交谈气氛活跃，谈判双方心理距离拉近，这样就能在和谐友好、互惠互利的原则下顺利达成协议。

商务谈判是一个彼此不断沟通、逐步加深了解的过程，而且情况又经常处在流动、变化之中。如果没有十足的把握，不能把话说绝、不留下任何回旋的余地。如果遇到分歧、矛盾，要冷静地权衡各方面的利弊，多考虑几套方案与表达方式；不能固执己见、铁板一块，没有任何商量余地。只要求对方步步退让，自己没有一点伸缩性、灵活性，那就会把谈判引进死胡同，形成僵局，以致最后破裂。

4. 富有感情色彩

语言表达应注入感情因素，以情感人，以柔克刚。人皆有理性的一面，也有情绪的一面。有时候在说理不通的情况下，可先从情上打动对方。这就要求谈判人员在谈判中要注意使用富有感情色彩的语言，打动对方、增进双方情感的交流，促使谈判顺利进行。

5. 注意说话的语速、语调和音量

交谈中陈述意见要尽量做到平稳中速。在特定的场合下，可以通过改变语速来引起对方的注意，加强表达的效果。一般问题的阐述应使用正常的语调，保持能让对方清晰听见而不引起反感的高低适中的音量。

商务谈判是一项讲时效，讲经济效益的工作。这就要求双方目的明确，说话有的放矢，语多则长，话少则短，无话则免。如果啰哩啰唆，颠三倒四，漫无边际，空洞无物，废话连篇，就会浪费时间，令人生厌。

第四节　谈判的艺术

英国谈判学家马什说："所谓谈判是指有关各方为了自身的目的，在一项涉及各方利益的事务中进行磋商，并通过调整各自提出的条件，最终达成一项各方较为满意的协议的不断协调的过程。"就是要善于运用有说服力的语言艺术，向对方说明自己的观点和意见，将自己的观点一点一滴地渗透到对方的头脑中去。阐明双方的利益，使对方明白这些观点和建议对双方都是有益的。

商务谈判是谈判双方通过充分施展各自的智慧、技能而展开激烈竞争的过程，谈判的结果直接影响到双方企业的发展和经济利益，因此其成败显得尤为重要。对于每个谈判者来说，双赢是谈判的基本原则也是终极目标，运用富于智慧、幽默和有说服力的语言，才能在谈判过程中不断地把握和寻找到双方能共同接受的利益平衡点。语言是谈判这场利益博弈中的最有力的工具，语言也是谈判双方思想最有力的表达，只有科学、合理地运用好语言的技巧，才能在谈判中把握生机、占据先机、赢得战机，使己方最大限度地获得发展利益。

一、谈判中的语言运用策略

1. 以礼待人，合作共赢

一位谈判老手曾说："多数交易是50%的感情，50%的经济学。"很多时候，在谈判中占主导地位的是关系，而不是交易本身。而建立良好合作关系的第一步即本着追求合作共赢的思想，以礼待人。正如某谈判专家所说，成功的谈判"并非一方独得而赢，而是双方各有所得而赢"。礼貌用语的具体策略有以下几点：

（1）间接提问。间接提问使表达更客气、更礼貌。在商务谈判中，提问几乎贯穿谈判的全过程，大多数的提问都是说话人力求获得信息，有益于说话人的。这样，根据礼貌等级，提问越间接，表达越礼貌。

（2）设身处地。这种语言表达是通过说话人表示理解和关心对方的问题，来改善谈判气氛的巧妙用法。从语用学的角度看，在谈判气氛紧张或缺乏信任的条件下，说话人巧妙使用这种表达来理解对方的处境时，易于赢得对方的心理认同，可在一定程度上防止谈判破裂，从而易于达成协议。

（3）委婉表达。国际商务谈判中有些话语虽然正确，但对方却觉得难以接受。如果把言语的"棱角"磨去，也许对方就能从情感上愉快地接受。因此，在国际商务谈判中，需要使用委婉语来达到特殊的语用效果。比如，少用"无疑，肯定，必然"等绝对性词语，改用"我认为，也许，我估计"。若拒绝别人的观点，则少用"不、不行"等直接否定，可以找托词，比如"这件事，我没有意见，可我得请示一下领导"。

2. 妙语解颐，巧妙应答

对于谈判过程中对方提出的问题，我们有时不便向对方传输自己的信息，对一些问题不愿回答又无法回避。所以在语言上，就更需要一些应答的技巧，为自己解围。巧妙的回答甚至还能活跃会场气氛，有利于谈判的顺利进行。

(1) 模糊用语。我们可以闪烁其词，避重就轻，以模糊应对的方式解决。模糊语言一般分为两种表达形式：一种是用于减少真实值的程度或改变相关的范围。如有一点、几乎、基本上等。另一种是用于说话者主观判断所说的话或根据一些客观事实间接所说的话，如恐怕、可能对我来说、我们猜想、据我所知等。

(2) 含蓄幽默。国际商务谈判的过程也是一种智力竞赛、语言技能竞争的过程，在这种谈判语用行为中，含蓄和幽默有时往往会交织在一起。幽默的话语有助于营造和谐的谈判气氛，可以传递感情，暗示意图，可以使批评变得委婉友善，增强辩论的力量，避开对方的锋芒，是紧张情境中的缓冲剂，同时可以为谈判者树立起良好的形象。

(3) 条件式回答。当对方向你提出非分要求时，拒绝并不是唯一的方式——你可以答应对方的要求，但一定要限定一个对方不可能接受的条件，这种反击会让对方知难而退，自己不战而胜。

3. 绵里藏针，出奇制胜

(1) 恭维有道。从语用策略讲，通过赞美有可能探测对方谈判意图，获得相关信息；从心理策略讲，赞美可以缩短谈判双方的心理距离，融洽谈判气氛，有利于达成协议。但是赞美并不是一种容易驾驭的谈判战略，从态度上要真诚，尺度上要做到恰到好处，如果过分吹捧，就会变成一种嘲讽；从方式上要尊重谈判对方人员的个性，考虑对方个人的自我意识；从效果上要重视被赞美者的反应。如果对方有良好反应，可再次赞美，锦上添花；如果对方显得淡漠或不耐烦，我方则应适可而止。

(2) 激将法。激将法实质就是针对项目主要负责人或者主谈，让对方主将激动而丧失理智。“激点”是对方关注的自我表现的方面，如能力大小、地位高低、名誉好坏等。表达方式要因人而异，一般态度要真诚，语气要友好，最好站在对方立场思考问题，甚至表现出无法理解对方处境的感情。谈判是智力、技能竞争的过程，而语言艺术的巧妙应用无疑将为一场谈判加上成功的砝码。语言运用更多的时候是综合运作，相互配合。运用之妙，存乎于心。语言的艺术必将为谈判锦上添花，为营造双赢发挥作用。

二、谈判语言的艺术性

1. 说服的艺术

谈判者说服对方，是依靠理性的和情感的力量而使对方心悦诚服地转变态度。说服注重的是心灵的呼应，它与法律仲裁、强权、舆论压力等强制性的手段或欺骗性的手段根本不同。说服对方时，态度要平等温和，保持理智，这是说服对方的基础。说服既是一种艺术，又是一种心理作战技巧。让对方心悦诚服而又无压抑感和威逼感，必须讲究策略。

(1) 建立良好的人际关系。说服对方使之改变初衷，要寻求语言的共同点，形成彼此心里相容的沟通气氛。当一个人考虑是否接受说服之前，一般是先衡量与说服者熟悉程度和亲善程度，即信任度。如果对方在情绪上对立，则不可能被说服。

(2) 把握说服的时机。在对方情绪激动或不稳定或对方敬重的人在场或对方的思维方式极端定势时，暂时不要说服。这时，首先应设法稳定对方的情绪，避免让对方有失体面。要在对方遇到尴尬的事情发生前，及时捕捉并充分利用这一时机。同时，还要使说服语言尽量适应对方的心理坐标，以便发掘对方被抑制了的内心世界。

(3) 说服言语要诚挚。在谈判中进行说服，应努力寻求并强调与对方立场一致的地方。对于立场上的分歧，可以提出一个美好的设想来提高对方接受劝说的可能性，并诚挚地向对方说明，如能接受，对双方将会有什么样的利弊得失。这样做，会使其感觉到对方的意见客观，合乎情理，而且易于接受。

2. 表达的艺术

(1) 针对性强。在商务谈判中,双方各自的语言,都是表达自己的愿望和要求的,因此谈判语言的针对性要强,做到有的放矢。模糊、啰唆的语言,会使对方疑惑、反感,降低己方威信,成为谈判的障碍。针对不同的商品、谈判内容、谈判场合、谈判对手,要有针对性地使用语言,才能保证谈判的成功。

(2) 表达方式婉转。谈判中应当尽量使用委婉语言，这样易于被对方接受。比如，在否决对方要求时，可以这样说："您说的有一定道理，但实际情况稍微有些出入。"然后再不露痕迹地提出自己的观点，让对方心平气和地认真倾听自己的意见。要善于把自己的意见用委婉的方式伪装成对方的见解，在自己的意见提出之前，先问对手如何解决问题。当对方提出以后，若和自己的意见一致，要让对方相信这是他自己的观点。在这种情况下，谈判对手有被尊重的感觉，他就会认为反对这个方案就是反对他自己。

(3) 灵活应变。谈判形势的变化是难以预料的，往往会遇到一些意想不到的尴尬事情，要求谈判者具有灵活的语言应变能力与应急手段，巧妙地摆脱困境。当遇到对手逼你立即做出选择时，你可以有礼貌地告诉对方你要与一个约定的朋友通电话等，得体地赢得几分钟的思考时间。

(4) 语言幽默。在谈判中，幽默的谈吐，是必不可少的。它不仅能使严肃、紧张的气氛变得活泼、轻松，而且能让人感受到说话人的温厚和善意，使其观点变得易于接受。幽默不仅能反映一个人对生活积极乐观的态度、同情心和爱意，同时还反映了一个人高尚的审美情趣和丰富的知识修养。因此，在谈判中适当的幽默语言，能起到润滑剂的作用。

(5) 恰当地使用无声语言。商务谈判中，谈判者通过姿势、手势、眼神、表情等非发音器官来表达的无声语言，往往在谈判过程中发挥重要的作用。在有些特殊环境里，有时需要沉默，恰到好处的沉默可以取得意想不到的良好效果。

3. 让步的艺术

让步是谈判中常用的技巧，但要做到有理、有利、有礼、有度。让步的幅度要对等，要同步，来而不往非礼也。让步的目的是为了取得己方的最终利益，足够的让步能使对方深受鼓舞，增强成交的信心。但在让步时，要注意速度适当，不可一让到底，让得太快、太多反而会影响谈判结果。坚持自己的谈判条件并不等于无礼。在没有得到对方的交换条件时，不要轻易让步。对于轻率的、无代价的让步，不但不会使对方满足，反而会刺激对方提出更加苛刻的要求。因此，在谈判桌上，礼节是一层温情的面纱，遮盖着彼此的唇枪舌剑。如果对方做出了让步，不必感到内疚、失礼。接受让步时，要先控制自己的情绪，不要冲动或喜形于色，应了解对方让步的用意并称赞对方的让步是明智之举，让对方感到让步给对方带来了极大的利益。

4. 拒绝的艺术

在谈判中，对对方提出的有损于己方利益的要求必须拒绝。在拒绝时，要讲究艺术，采用巧妙而委婉的拒绝方式，使对方乐于接受。拒绝的艺术有以下两种：

诱导否定，即在对方提出问题之后，不马上正面回答，而是先讲一点理由条件或反问一个问题，诱使对方自我否定、自动放弃提出的问题。

肯定后否定，即先肯定对方的说法，再转折一下，最后予以否定。肯定是手段，转折否定是目的。先予肯定，可使对方在轻松的心理感受中，继续接受信息。尽管最终是否定，但柔和地叙述反对意见，对方较易接受。

在谈判中，拒绝是一种逆势状态，它必然会在对方心理上造成失望与不快。拒绝的艺术，就是把拒绝造成的失望与不快降到最小限度。这样，既能使自己从无法回答的困境中解脱出来，又能使对方在和谐的气氛中接受。

三、谈判语言的艺术技巧

1. 提问的技巧

首先，在提问时应注意以下几点：

提问者要事先准备好问题。用最精练的语言将问题进行归纳并提出，同时要顾及对方的反应；要选择合适的提问方式。根据谈判的氛围，适合地选择提问方式，可以引导转变对方思路，控制谈判的方向；掌握好提问的时机，可有助于谈判的进行；把握好提问的态度。提问时态度要平和有礼，让对方感受到你的诚恳，提出问题后应等待对方回答，尽量避免唇枪舌剑。

2. 回答的技巧

某种意义上讲，在谈判中，有时回答比提问更重要，不会回答，就等于不会谈判。因此，谈判中的“回答”也要讲究技巧。回答的技巧主要有以下几点：

（1）掌握好回答的速度。回答问题之前，要给自己留有思考的时间，搞清对方提问的真实意图，再决定自己的回答方式和范围，并预测在己方答复后对方的态度和反应，考虑周详之后再从容作答；

（2）回答时要有所保留，不要彻底回答；

（3）谨慎回答尚未弄清楚的问题，不要马上作答。不能在未完全理解对方问题时就仓促回答，否则很容易掉进对方设下的陷阱，导致把不该说的事情说出来，造成不必要的损失。

（4）不要确切回答。在谈判中经常会遇到不便明确答复的问题，可以用模糊性或意向性的语言，避重就轻地应付对方回答。

（5）要注意不要不问自答；不要在回答时给对方留下追问的机会；不要滥用“无可奉告”等。

3. 提议的技巧

在提议用语中注意其可行性，加快推进谈判的进程。在做好谈判准备后，正式谈判时就可以提出我方的主张或提议。巧妙地运用提议，可起到抛砖引玉的作用。对于接近双方谈判目标的可行性建议或提议，对于顺利地使谈判达成双方都满意的协议很有帮助。

通常来讲，提议或建议用语常用陈述句和疑问句，但要注意语气应站在对方的立场上，而不要使用以自我为中心的句式。可以把“我认为……”改为“您是否认为……”更有助于达成共识、协商成功。比如，“贵方已经了解了有关情况，现在可以决定……吧？”要比“我保证……”更能赢得对方的首肯。提议的方式主要有试探性提议和条件提议两种。试探性的提议可以诱发出对方的反应，通过更进一步的语言及表情，可以确定对方的意图和态度。而条件式提议相比来说更容易赢得主动。但是需要注意的是，第一个提议最好不用条件式提议，应该先用试探性提议，明了对方的真正想法之后，再拿出有利于己方的条件或提议，加快推进谈判的实质进展。

4. 使用多种语言手段的技巧

（1）模糊的语言。在谈判中注意语言的模糊性，在突发情况中保持主动态势。世界上没有绝对一成不变的事物，因此在谈判中应该学会运用模糊性语言，使谈判者进退自如，游刃有余。模糊性语言的运用还可以避免过早地暴露己方的意愿和实力；对于某些复杂的或意料之外的情况，有时谈判者不可能立刻做出准确的判断，这时，也可以运用模糊语言进行较有弹性的回答，从而为下一步制定对策争取时间，这种语言风格具有相当的灵活性，既不会使对方不快，又能在一些突发的情况中占据主动。

(2) 幽默的语言。运用幽默的语言打破僵局，营造良好的谈判气氛。在谈判过程中难免会遇到双方激烈争论、相持不下的境况，在充满火药味的时候，幽默的语言往往能使气氛顷刻松缓下来。因此，幽默的语言能在紧张充满疲劳的工作环境中使人放松，舒缓压力。在谈判过程，如果能运用幽默的语言打破僵局或提出建议，往往会让谈判双方以一种愉悦的精神状态去思考彼此的建议。

(3) 无声的语言。恰当地使用无声语言，可以增强谈判语言的表现力。在谈判中，如果能合理地、恰到好处地运用无声的语言，往往能够发挥很好的谈判效果。如谈判者通过姿势、手势等肢体语言，通过眼神、表情等非发音器官来表达的无声语言，往往在谈判过程中可以取得意想不到的良好效果。

因此，在谈判中，我们除了要注重谈判的原则与策略外，还要注意运用好语言技巧，讲究谈判语言的艺术性。在不同的谈判阶段，运用不同的特色语言，把握谈判的节奏与进展效果。

第九章 ›››
广告、推销的说话艺术

广告活动作为一种创作活动，其实际上是文化的结晶。任何民族文化均对广告创作有着重要的影响，而广告语言是广告的核心内容，因而，民族文化也必然影响和制约着广告语言及其表达。广告语言的创作只有注重对民族文化的研究，才有可能达到预期的效果。

“交易的成功，往往是口才的产物”，这是美国“超级推销大王”弗兰克·贝特格近30年推销生涯的经验总结。因此，对于销售人员，哪里有声音，哪里就有力量；哪里有口才，哪里也就吹响了战斗的号角，进而也就有了成功的希望。

销售工作就是要通过说服客户来达成交易。如果销售人员欠缺相应的口才技巧，就无法与客户进行有效的沟通，也就谈不上对客户的说服，进而也就无法成功地达成交易。

第一节　广告语言的特点与要求

广告词是指广告中用以表达广告主题和创意的语言文字。任何一则广告，都要用语言和文字来表现主题和创意。一则绝妙的广告词，不但能使其宣传获得成功，而且能给人以美的享受，令人难以忘怀。

在一则广告中，是否有好的广告词，其效果是迥然不同的。广告词在广告诸因素中最具应用性、应变性、表现力，在广告中处于统帅和灵魂的地位。

广告语言主要包括广告的标题、广告正文等内容。广告标题部分是广告文案中最重要的部分，如画龙点睛，起着直接吸引注意的作用。在广告界，有“好的标题，等于广告成功了”的说法。广告文案的正文是说明性或报告性的文字，起着解释广告信息的作用。

广告的标题是广告的灵魂，不仅是广告词中最主要的部分，也是整个广告中最重要的内容。一个成功的广告标题可能流芳百世，而一个平庸的广告标题，至多只能是过眼烟云。广告标题的功能在于：点明主题，引人注目；引起兴趣，诱读正文；加深印象，促进购买。

正文是广告的中心，以说明商品或服务为主要内容，对标题加以论证，从而进一步吸引受众，激发他们的购买欲望。广告正文的层次结构一般是发端语—中心语—结束语。

广告口号有时也称广告标语，这就是人们通常所指的广告语。它是有影响的广告主长期使用的一种特定宣传用语，表现一家企业相对不变的广告宣传主题的短句。

广告口号的功能在于能引起消费者的永久记忆并保留印象，是一种吸引消费者注意，强调广告主题的“语言的标志”和“文章的商标”，成为一种在消费者心中立刻引起识别的符号，进而对树立企业形象具有不可忽视的重要作用。

一、广告语言的特点

广告语言的特点主要是简简单单，创造意境，从而给消费者以联想，使广告发挥效果。

进入 20 世纪 90 年代初至今，随着现代市场的活跃和营销策略的进步，广告语越来越显现出它的活力。

1. 贴近消费需求，激发购买欲望

广告的诉求点从产品的功能诉求逐步发展为贴近消费者的生活、贴近消费者的心理需求，塑造和激发了受众的购物欲望和购物行为，而这种欲望恰恰是我们发展消费型经济的一种重要的驱动力。广告语向受众显示了拥有现代生活用品的快乐和惬意，展示了新技术为市场创造的全新概念的产品，而这一切都是一个普通人所应该享用的。

“世界随我而动”——风神汽车广告

“让一亿人先聪明起来”——巨人脑黄金广告

此类广告语展现了一系列新型的生活概念和现代的生活方式。如果寻着这些广告语诞生的轨迹，我们可以一步一步地感受到生活的巨变、消费观念的巨变，体会到现代生活的丰富多彩、轻松愉快。

2. 语言简洁明快，突显产品个性

广告诉求通过简洁、明快、直白的语言形式将企业的经营理念生动地表达给受众，既使产品个性更为突显，又丰富了产品的内涵，在这一类商品广告中尤其突出的是高新技术产品。

“科技以人为本”——诺基亚广告

“网易，网聚人的力量”——网易广告

这些国内外一流企业一流的广告创意，以理性的思维和形象的语言表现，将企业思想通过文字完美地表现在商品里。

当你观赏这些广告时，可以明明白白地透过商品体会到企业精神、窥视到企业的未来，你会被广告语传递的科技的力量和描绘的未来生活所感动。采用理性化的表现手法使产品在同类产品、众多品牌竞争的市场中形成商品特有的利益点，因此而形成差异化。

3. 创新语言文字，形成通俗文化

朗朗上口的广告语在今天已成为大众文化的一个重要组成部分，不管学术界如何评价这些语言的规范化、合理化问题，至少，这确确实实是广告巧妙地运用了中国语言文字的独特之处，使其和电视、体育、电影和音乐一样，共同构成了当今中国通俗文化的象征。有相当一部分广告语因其独特的韵味而进入了大众文化。

“维维豆奶，欢乐开怀”——维维豆奶广告

“喝孔府家酒，做天下文章”——孔府家酒广告

二、广告语言的要求

1. 忌套话太多

现在的广告语，有许多套话，比如“质料优良，价格合理”“部优、省优”“走向世界”，“誉满全球”“领导世界新潮流”等，毫无个性，不能给人留下鲜明的印象，见多了，还让顾客反感生厌。没有个性，就没有特点。缺乏创造，什么内容的广告都套用几句现成的话，是不能有好效果的。例如：

本产品设计合理，外形美观，结构紧凑，性能优良，价格低廉，欢迎选购，代办托运，实行三包——一则柴油机的广告语

这是某柴油机的特征吗？用在发电机、拖拉机、汽车，甚至儿童机械玩具都是可以的。这种套语是许多广告语的通病，是应该努力克服的。

2. 忌夸饰不当

产品要真，广告要实。即使用夸张的修辞格，也应能让人相信。绝不可任意胡夸、海夸，让人听来总觉得滑稽可笑。如果那样，广告就等于帮了倒忙。

比如，有顾客批评的化妆品“大宝”曾用过的这段广告词：“人类发现了种子，带来了伟大的农业革命；蒸汽机的发明，产生了伟大的工业革命；在当今信息时代，‘大宝’会为您的生命做出新的贡献。”这就有点言过其实，耸人听闻。“大宝”充其量只不过是一种化妆品，而且也不可能真的使人返老还童，去病防灾，怎么能跟带来“农业革命”的种子与产生“工业革命”的“蒸汽机”相提并论呢？稍有常识的人读了，就觉得不伦不类，非常可笑。这则广告花了那么多字，甚至还拉扯到“信息时代”，却不能让顾客对该产品留下好的印象，更不能说因广告引起购买欲，这就是失败的广告语。

3. 忌有副作用

广告语的宣传频率很高，收视收听的效果也很强，有时只几个字就播放了多少年，几乎家喻户晓。比如“唯有牡丹真国色，花开时节动京城”，“戴博士伦舒服极了”等，差不多人人皆知。因此，广告语也就有一个全面考虑，不能产生宣传副作用的问题。可惜，有的广告语，制作时思虑不周，任意措辞，只图自家说得带劲，不管国家政策允许与否，结果出了问题。例如：

如果我有第二个孩子，我还将选用“新星儿宝”。（“新星儿宝”电视广告语）

少抽一包烟，一年都方便。（《江西广播电视报》征订启事）

以上两则广告词显然存在顾此失彼的毛病。第一例，“新星儿宝”是一种儿童营养补剂，质量的确不坏，但广告词选取这个角度来为产品做宣传，与我们国家正在大力推行的计划生育政策相悖。广告宣传既要考虑到产品的畅销，又要不违背国家的有关政策。第二例，“征订启事”的撰写者也真是用心良苦，为了强调订报费用的低廉，从而最大限度地争取订户，竟把订报和抽烟硬拉扯到一起。诚然，这种大众化的类比由来已久，几乎约定俗成，但在目前积极提倡戒烟的形势下出现就很不适宜。“少抽一包烟”的背后其实是对抽烟的默许。因而，我们在撰写广告词时千万要慎重一些。

还有的广告语言的副作用还表现在简化不当上。如北京某条街上配合巨幅广告画有这样的广告词语“人革皮箱”，还有的副食商店用塑料袋包装的肉松，袋上面竟印着“儿童肉松”字样。“人造革”说成是“人革”，儿童食用的肉松，写成“儿童肉松”，听来产生误会，令人不寒而栗。这也是很大的广告语病。

目前广告语言中也还有其他毛病，如滥用方言，滥用繁体字，随意用生僻的词语，数字计算有误，语调嗲声嗲气的等。

三、广告语言的语言误区

高尔基讲：“作为一种感人的力量，语言真正的美产生于言辞的准确、明晰和悦耳。”这句话同样也适用于传媒广告语言。广告学家一致认为，广告语言是广告生命的支点，它在广告中处于核心地位。目前，有些传媒的广告从业人员还没有充分认识广告语言在广告中的地位和作用。广告语言被视为细枝末节、雕虫小技，可以敷衍了事，致使一些广告中的别字、错字和欠妥的提法不断出现，有的甚至不堪卒读，严重伤害了传媒的品牌形象。

1. 错用字词、造成歧义

一般来说，准确、简洁、鲜明、生动，是撰写现代广告、锤炼语言的基本要求，也是衡量传媒广告从业人员素质高低的主要指标。广告语言必须简洁，它不像其他文字作品可以尽情地挥洒。言简意赅的广告语言能变成流行语，让人牢牢记住。广告语的写作，一定要精心琢磨，反复推敲，做到“语不惊人死不休”。要用“吟成五字句，用破一生心”；“二句三年得，一吟双泪流”这样精益求精的态度去写作。

有些广告之所以出现让人目瞪口呆的语病，主要是关键词语打马虎眼，没有精雕细刻。强调广告语言精确，一定要看这些词语在什么情况、什么场合下适用。请看下面三例：

有一则医疗广告这样写道：“几年来，全国各地及港澳台同胞纷纷前往就诊。”这句话中的“及”字用得极不谨慎。既然讲了“全国各地”，港澳台理应包含在内，用了一个“及”字，反而把港澳台排斥在全国各地之外了，这会在政治上造成不良影响。

某报刊登过一则为了押韵弄巧成拙的广告：“正宗孔府酒，唯独曲阜有。”不知这则广告的制作者用意如何，但它的效果是告诉人们，除曲阜以外，都不能买到正宗孔府酒。也就是说，除曲阜以外，市场上所有的孔府酒都是“非正宗（水货）”的。若将该例中的“唯独曲阜有”的“有”字改为“产”字，就不会造成歧义了。

“无愧旅游野人谷”，这是湖北某知名旅游景点的一篇文字广告标题。“无愧”一词的意思是：没有应该感到惭愧的地方。旅游野人谷，岂能引发这样的感觉？可见用在这里，明显不当，根本无法与其后面的词语搭配在一起表达意思。改用“无悔”一词，尚可说得过去。

2. 搭配不当、造成混乱

好的广告语言是优美的诗，是拨动心灵的歌。美妙的广告语言不仅是靠语法规则或某些修辞手段的固定模式创造出来的，还来自于撰稿人的语言修养和灵感。倘若广告语言搭配不当，逻辑混乱，就会影响广告客户意图的顺利表达，进而直接影响广告的效果。

有一则轿车广告的导语中写道：“谁能保证明年的轿车价格会不会降呢？”“保证”指担保或担保做到，如“保证按时交货”。在该例中既然用了“保证”一词，后面就不该用两面性的词语“会不会”。只能说“保证价格会降”，或“保证价格不会降”。

“它具有降低心血管疾病以及某些癌症的优点。”这则医疗广告中的“降低”指下降或使下降。该例说的“心血管疾病以及某些癌症”都是疾病。疾病只能与“预防”“治疗”“治愈”等词搭配，而不能与“降低”“下降”“提高”等词搭配。如果在“心血管疾病以及某些癌症”之后加上“发病率”三字，这则广告就通顺了。

“在汤逊湖旁，一片高层住宅楼群正在成长。”“成长”指生长而成熟或发育长成，如“茁壮成长”。在该例中说“高层住宅楼群正在成长”，既不合词义又不合使用范围，可以改为“一群高层住宅楼即将拔地而起”。

3. 精简不当、造成多义

常有这样的现象：有的读者看完一段广告后非常扫兴地说：“唉，把我给搞糊涂啦！”究其原因，主要是这段广告写得不明不白。

在有些报纸的商业广告中，经常出现一些像“普惠”（普遍优惠）这样的简化词，就使人难懂。简称不可滥用，如滥用不但使读者费解，也有碍于广告语言的纯洁。又如，“今年上半年的生资价格持续上涨”。“生资”指什么？至少有“生活资料”与“生产资料”两种说法是难以区分的。如果造成读者误解，有时就要产生不良的后果。这里的“生资”，从上下文看是指“生产资料”。

有一则减肥广告这样写道：“这三个月来，喝了这种减肥茶后，我们的体重逐日减少，最多达5千克。”该例中的“最多达5千克”可以理解为“这三个月来”减的体重，也可以理解为“逐日（每天）”减少的体重。虽然事实上不可能每天减少体重5千克，但由于表述模糊，就容易引起歧义。这里的“逐日”，应该改为“都有”。

某药品广告的标题为“夏天无疗效骄人”。此则广告让人越看越糊涂，因为按习惯读法，会读成“夏天/无疗效/骄人”。其实这则广告的药名叫“夏天无”，而疗效“骄人”也不好理解。标题是广告的关键部分，像这样表述不清的广告标题，其效果也会大打折扣。该标题可以改为：“疗效显著的夏天无”。

有则广告的标题是“某手机又出爆炸新闻”。这可以理解为“某手机自身爆炸而产生的新闻”，也可以理解为“某手机又出了爆炸般令人惊奇的新闻”。猜测起来，似乎后者的可能性大。果真如此，至少应该说得清楚些，比如改为“某手机又出爆炸性新闻”。

某药品广告的标题是“肝炎的福音”。如果正如该广告所言，那么这种对“肝炎”说来是“福音”的药品，对肝炎患者必定是灾星，避之唯恐不及，还会有谁去买这种药呢？该标题应改为“肝炎患者的福音”。

4. 乱用双关、造成低俗

由于有些商家在指导思想上的错位和部分媒体受利益驱动的影响，使得一些如同“男人，你的车该修了”（壮阳药品广告）、“我喜欢更有劲儿一点的”（床垫广告）、“你知道亲嘴的味道吗”（口香糖广告）之类的庸俗广告语言、广告画面纷纷在一些报纸、电视上粉墨登场。这些广告语言、广告画面既不能反映广告商品的内在特性，又不能使广告本身在公众心理产生认知、认同、认购的效应，更不具有一定的文化品位，只会让人看后不知所云，对自身品牌也造成伤害。

“丫人模狗样地回家，饥肠辘辘，死猪一样躺在床上，除了美女，什么都懒得碰。恍惚间，突然有一股结婚的冲动，有老婆就有人照顾了。丫转念就笑了，现在的年轻女孩，除了化妆、逛街、叫床外，谁会照顾你？老子反正饿不死，打一个电话送餐，二楼的卤肉盖浇饭不错，里面的枸杞还能壮阳，哈哈。顺带让小丽上来一趟，帮我把这些烂衣服洗了，这个洗衣房的姑娘真不错，就是……”这些话出自于某报刊登的一家房地产公司售楼广告。从这则广告中，不难看出一些广告的低俗倾向。有的媒体刊登和播放的广告向低俗词语看齐，使用的广告语言粗俗不堪，充满了性暗示和性挑逗，以引发受众的性联想而自鸣得意。更令人忧虑的是，有些广告从业人员甚至把低俗当成了“创意”。

广告学家说过，深切的人文关怀精神是现代广告所应具有的一种品质。广告既可以在社会精神文明建设中发挥积极的引导作用，也可能对受众产生不良影响。

5. 乱打标点、造成错义

标点符号是文章的齿轮和螺丝钉，也是广告语言不可缺少的辅助工具。凡是好的广告，总是以炽热的感情来拨动消费者的心弦。这种深厚的感情色彩，许多时候单靠文字是表达不出来的。恰当而巧妙地运用标点的辅助功能，能增强广告语言的醒目性和生动性，往往能收到言虽尽却意无穷的传播效果。

标点错误在有些传媒广告中表现得相当突出。广告中的标点随心所欲，或者一逗到底，该断不断，或者乱加句号，割断文气，甚至个别传媒的广告出版制作人员懒得编校，有时明知广告稿件中有标点差错也听之任之。结果，一些流行的广告标点差错，几乎在传媒广告中都可以找到实例。

例如，“为了提高工作效率请您使用多种功能，可靠耐用的震旦。”这句广告令人费解。细察内容才知道，“震旦”指的是台湾震旦集团生产的“震旦牌数码复印机”。因此，“震旦”二字应加上引号。此外，“效率”之后加一逗号，“功能”后的逗号则改为顿号，这一广告语就通顺多了。

武汉某大型百货商场刊登过一则广告：“妈妈：六一节，您为孩子准备了什么礼物？”这则广告用了冒号，就不知是妈妈在问还是在问妈妈？若是前者，应改为“妈妈：六一节到了，孩子，你想要什么礼物？”若是后者，应改为“年轻的妈妈，六一节到了，您为孩子准备了什么礼物？”

某晚报有这样一则房地产广告：“武广召集令！所有向往 5A 写字楼的老板看过来！”这是什么意思，不仅标点不对，连句子也像日本话。应将该例中“武广召集令”后的叹号改为冒号，“看过来”改为“过来看”。

"让您笑逐颜开地享受'神秘之火'、烹调乐趣!"这则某电磁炉广告中就存在顿号误用的问题。因为消费者享受的是"烹调的乐趣",而非"神秘之火",所以顿号应改为"的"字。

有一则旅游广告中写道:"溪水日夜流淌。它温情脉脉,像文静的妙龄少女伸开的玉臂。它又像执着的小伙百折不回地去寻觅、寻觅……"该例中,两个并列分句间应该用分号的地方却用了句号,这样就割断了前后的密切联系。

6. 乱改成语、造成误导

有一段时间广告界流行以中国成语或俗语的谐音来做广告语,什么"衣衣"不舍、"衣"见钟情之类,早先还有点新鲜,多用和滥用则会引起人们的反感。如用"好色之涂"宣传颜料,用"制冷鲜锋"推销冰箱等,专家认为这是对汉字的亵渎。更让人吃惊的是,某种特效文胸广告语:"丰胸化疾,一戴天骄"(仿"逢凶化吉,一代天骄"),几近猜谜语了。成语是人们长期以来惯用的简洁、精辟的定型词组或短句。成语一般有典故,或出自名篇佳作,是不能随意篡改的,否则所表达的意思就变了。例如,"消除乳房疾病,邦太'贴证如山'","微波炉'蒸'风相对","新年购车'礼'油多多"等。

利用成语的谐音来做广告用语,还容易误导青少年。如有一则宣传止咳露的广告"咳不容缓",某初中生在一篇作文中就把"刻不容缓"写成了"咳不容缓",并强调"电视里就是这么说的",弄得老师哭笑不得。

广告语要求出新有其道理,为出新而采用一些新词、新语、新用法,也是可以理解的,问题是"新"也必须符合规范,不是什么随意的搭配都称作"新"的。"新"得不通,让人不懂,这样的广告也不会有什么积极效果。话都说不通,产品未必是什么好货色——消费者大都有这样的心理。

第二节 广告的说话艺术

广告,是现代社会市场经济条件下使用频率很高的交际手段。广告语言是一种很有特色的交际语言。虽然广告的交际工具不仅仅限于语言,还有图像、摄影、表格等,但是书面语言乃是广告借助的最主要工具。因此,研究广告书面语言交际的艺术,具有重要的实用价值。

一、广告语言的艺术特色

1. 力求简短

书面语交际都有简练明确的特色,但广告语言尤其突出。这是因为从经济方面说，广告是要费用的，字数越少就越省钱，所以都希望传递同样信息时尽量使语言简短扼要，突出重点。从公众方面说，接受广告，很多情况是无意的，偶尔听几句或看一两眼就算了，篇幅长了，他们会不耐烦。从制作方面说，还希望尽可能舍弃一般，单刀直入，用极少的语言体现产品的特征，提高厂家的知名度，引起顾客的重视、注意等。

综上所述，广告愈短愈好，力求简明。如：

不打不相识！（打字机）

味道好极了！（雀巢咖啡）

长城电扇，电扇长城！（长城电扇）

戴“博士伦”舒服极了！（“博士伦”眼镜）

这些广告语言都非常简短，突出了产品的特征，强调了产品的作用，有利于推销各自的产品，也有助于树立厂家或公司的形象，给观众留下鲜明的印象。当然，广告也并不是都能如此简短的。有些广告内容较多，用语言也就较多，如招生广告，必须说明招生单位、所设课程、任课教师、招生对象、学员待遇、学制学费、联系地址、人名、有关注意事项等。但即使这样，广告语言仍应坚持简明的原则——用较少的语言传递较多的信息。

广告怎样做到语言简明呢？通常的办法是：

（1）层次分明。将所要表述的内容条理清楚地逐一说明，有的还用序号予以帮助。

（2）主题突出。广告不能面面俱到，必须舍弃一些可有可无、较为次要的内容，突出要宣传的主题。

（3）多用短句。美国广告专家马克斯·萨克姆说：“广告文稿简洁，要尽可能使你的句子缩短，千万不要用长句或复杂的句子。”这话是非常正确的。如《演讲与口才》的广告词即是一例：

论辩的良师，交际的指南，公关的益友，人才的摇篮。

就是由短句（独词句）构成的简明扼要的广告词。

2. 新颖生动

广告语言不同于其他交际语言，它既没有听读的强制性，又没有接受的专一性。尤其在当今商品社会，经济竞争激烈，各种各样的广告多如牛毛，都是千篇一律，读而无味的词语，就决没有吸引力和竞争性。因此，广告语言必须追求新颖生动，打破常规，冲破套路，才能赢得顾客，收到好的效果。

美国广告专家大卫·欧格威说：“要吸引消费者的注意力，同时让他们来买自己的产品，非要有很好的点子不可，除非你的广告有很好的点子，不然它就像被黑夜吞噬的船只。”这里说得很好的“点子”就是指广告语言的新颖生动。为了做到新颖生动，广告语言往往从以下几方面努力。

(1) 以反衬正。这类广告语言的特点是不从正面夸赞自己的产品或企业，而是从反面说它的缺点和不足。这种以反衬正的广告语言给顾客以坦诚的印象，使他们感到放心，并产生一种会心的微笑和真诚的默契。当然，这里的所谓“反”，有时只是一种形式或说法，其实正是产品的特色和长处。例如：

日本一家钟表店的广告：“这种手表走得不太准确，24 小时会慢 24 秒，请君购买时深思。”

外国一家报纸登过这样一则广告：“狮牌保险柜最大的特点是用密码上锁，必须用密码开锁，不然的话，要用焊枪切开，这是唯一的办法。记密码有困难的人，请不要使用狮牌保险柜，免得麻烦。”

德国金龟汽车公司的广告：“1970 年型的金龟车一直是丑陋的。”

瑞典钟表公司的广告词：“本公司在世界各地的维修人员闲得无聊。”

美国一家电脑的广告：“这部电脑的缺点是不能为您冲咖啡。”

美国一家打火机的广告：“每天使用，20 年后，唯一该更换的部件无非是它的一个链子。”

瑞典一家名贵裘皮大衣的广告：“该大衣唯一的缺点是——将使您不得不忍痛扔掉以前购买的内衣。”

美国 U 形锁的广告：“如因本锁被撬而丢车，本公司包赔新车一辆。”

以上八则广告词都是正话反说，或叫反面证明。这样使用语言，广告就很新颖生动。

(2) 形象描绘。用形象的语言描摹产品的形状、性能、特色、作用，激发顾客的联想，引起顾客的喜爱，进而使他们产生购买的欲望。这也是广告语言新颖、形象的一种形式。例如：

荷花牌棉蚊帐的广告词，“如烟似雾；玉洁、冰清，飘飘然使你如入仙境，甜蜜蜜伴君美梦。借问蓬莱人何处寻？就在那‘荷花’帐中！”

北大校园曾有一则介绍摄像机服务的广告：

OK，CAMERA！欢欣、爱意、神驰、成就

松下 M7 高科技摄像机将永远记下您生日晚会上的喜乐、恋爱婚礼的甜蜜、漫步自然的畅快、获取学位时的心绪……若干年后，膝下儿女将与您共同赏阅您的珍爱，您的回忆……

(3) 风趣幽默。有的广告采用幽默诙谐、妙趣横生的词语，读后给人一种新奇感，由好奇而产生关注，由关注而加深了解，由了解而想去购买。于是实用与艺术紧紧地结合在一起了。例如：

台湾某生发精的广告词：“聪明何必绝顶，悲根长留。”

一家眼镜公司的广告词："眼睛是心灵的窗子，为了保护您的眼睛，请将窗子安上玻璃吧！"

有一家臭豆腐店的广告词："臭名远扬，香飘万里。"

一家理发店的广告词："虽是毫末技艺，却是顶上工夫。"

日本一家小吃店的广告词："请到这里来用餐吧，否则你我都要挨饿了。"

肯尼亚天然植物园的广告词："凡向鳄鱼池内投掷食物者，必须自己捡回。"

（4）出奇制胜。有的广告词，一反平常的构思与表达方式，想得奇，说得也奇。奇怪、奇特、奇妙的广告语言，力求引人注目，新颖生动，也是为了激发顾客的好奇心，达到招徕顾客、扩大销售的目的。例如：

相传过去有人开了一家"点心店"，请一位书法家写招牌。书法家大笔一挥，写了"点心店"。店主也没有细看，就请人照字制牌挂了出去。这一来，引起很多人围观，谈论"心"为什么少一点。店主也心中纳闷，去问书法家到底开的什么玩笑。书法家笑着说："'点心店'的心少了一点，正是要顾客去店里点呀！"店主听后恍然大悟，转忧为喜。果然，这个招牌引起了众人的兴趣，纷纷去看招牌，并且忍不住要进去"点"一顿，一时小店生意兴隆，财运亨通。

从前有一家卖笔的店铺，招牌上画着一枝大毛笔，旁边是四个未写完的字，意思是让你加一竖，变成为"笔下生才"四个字。谁乍一看都不解，不解就总想试试，试试就知道了用意，于是就产生了购买的兴趣。

（5）逆反激将。广告语言要发挥它更大的作用，就要研究和利用人们复杂的心理活动。那种自吹自擂的宣传已经不大起作用了，于是就有了利用顾客逆反心理的广告语言诞生，激发顾客去"试一试"。其实这种广告语言古已有之。景阳冈下的酒店"广告词"是"三碗不过冈"。你说喝三碗就不能过冈吗？武松偏不服，一连喝了十八碗还非要去过冈，就这样成就了一位大名鼎鼎的"打虎英雄"，可见这种广告语言的巨大作用。例如：

一家酒店的广告称："本店出售的是掺水10%的陈香老酒，如果不愿掺水者请预先说明，但饮后醉倒与本店无关。"

皇冠牌香烟的广告："禁止吸烟，连皇冠牌也不例外。"

法国化妆品和香水大亨克思琴·狄奥尔曾试制出一种"浓厚花香型"香水，为了使它畅销，故意取名为"毒药"，这个产品广告使这一香水风靡欧洲市场，赢利百万。

双鲸牌柔软剂的广告词："您真的会洗衣服吗？"

这些广告词都在于反激，引起顾客的逆反心理，激发他们偏要去看一看、想一想、试一试，于是广告语言就收到了很好的效果。

3. 以诚相见

有的广告词不去花样翻新，却以坦率相告，以诚相见，语言的诚恳和对顾客的信任，也照样能感动人，使人过目难忘。例如：

有一家小商店，门口贴一副对联：童叟无欺，人品重于商品；货真价实，卖货不卖良心。

某药店门前的广告：但愿世间人无病，何愁架上药生尘。

湖南湘潭“天仙”牌电扇的生产厂家，曾出重金征集广告词，结果以1 500元的“悬赏”看中了一则广告：“实不相瞒，天仙的名气是吹出来的。”

中央电视台“广而告之”的栏目，有一则奉劝人们在饭店宴请客人应把剩余的菜肴带回去。画面上的广告词是：“吃不了请兜着走。”

有一家营造公园的广告词是：“工程不嫌小，太大吃不消。”

美国烟草公司的广告词：“别人请你的东西都可以拒绝，唯独香烟不能拒绝。”

原联邦德国一家刀片公司的广告词是：“本公司制造的刀片，总比人家贵一点，工厂曾努力降低成本，但是无法办到。我们因而想到，刮脸刮得干干净净，总比刮去一点点重要得多。”

上海家用化学品厂的防晒露、防晒水的广告词是：“防晒就是防衰老。”

一种羽绒服装的广告语：“羽绒服装：软、轻、暖。”

以上的广告语都是以诚挚、坦率赢得顾客的。诚能取信于人，诚能感动人，也就是说诚能取得顾客的信任和好感。

4. 虚实结合

广告语言基本上是两类，一类是“虚”说，一类是“实”说。实说如上面的羽绒服的广告。其他如招生、招工广告，演出广告、展览广告，征集物品广告等，都要求实，因为不但要吸引公众参与，还要明白地告诉他们如何参与，这就兼有了说明书的功能，非实不可。另一类是虚说，它并不宣传自己的产品，也不讲产品的规格、性能、优点等，只是创造一种气氛，引起顾客的关切，获得顾客的青睐。至于产品的宣传不靠这则广告来完成。这类广告也很多。

虚说的广告语，又有以下几种情况：

(1) 刺激性的虚说广告语言。

你想使身材更苗条一些吗？——请喝减肥茶。(减肥茶广告词)

你工作紧张吗？请喝杯茶，醒醒脑，提提神吧！(茶馆广告词)

下雨天没有橡胶公司的套鞋，连百足蜈蚣也躲着不能上街。(马雅可夫斯基为橡胶公司的套鞋写的广告语)

上面几则广告，都在刺激顾客的想象。这种广告语虽无具体产品内容介绍，但它迎合了顾客的心理，看到了顾客的需要，有了这些，就不愁产品销不出去了。

（2）提醒式的虚说广告语。为了提醒和警告而采用这种广告语。它体现了一种关切，奉送了一片情意，有时也带点必要的警告，很能赢得顾客的欢心和谅解。如：

国外有一个擦鞋匠在自己的箱子上写了一句广告词："约会前，请擦鞋。"

Melbo 时装公司的广告语："上了年纪的人认为：穿上它就别出高声。"

英国伦敦地铁为警告不买票的乘客，在广告牌上这样写着："如果您无票乘车，那么请您在伦敦治安法院前下车。"

这种提醒式的广告语，只要起到了提醒的作用，就收到了预期的效果。

（3）借语式的虚说广告语。所谓借语，是指借别人的评价，来"客观"地从总体上宣传自己。

《百科知识》月刊的广告语："河北省一位读者来信说：这个刊物使我失望，本来以为会有许多供人茶余饭后浏览的轻松的生活知识和科学趣闻，没想到都是些学术文章。"

这一例广告是借语式，是以贬为褒，"借"读者的所谓"失望"的话来曲折地褒扬自己的刊物风气正，质量好；轻利润，重学术的格调。

（4）总赞式的虚说广告语。这种广告语的特点是不具体赞扬本企业、本产品，而是从总体上赞扬自己产品所属的行业和类别（产品），让顾客认识、理解、热爱某一事物或某一产品，进而达到宣传自己、激发顾客购买欲的目的。

喜悦之时，音乐使我们欢乐；悲哀之时，音乐使我们振奋。——日本先锋音响的广告

表是女性的心理学。——精工女表的广告语

出于好奇心的明亮的目光，在任何人的眼中都很明亮。——资生堂化妆品的广告

以上三则广告，语言都很虚，也没有称赞自己的企业和产品，只从总体上称赞了音响、女表、化妆品。但有一条很重要，即广告的"落款"（署名）是很具体的，有了这一条，它虽然看来没有宣传自己，实际还是宣传了自己的产品、企业。而且显得很"大度"，很"无私"，加之语言优美富于情味，所以宣传效果也极佳。

二、广告语言的修辞艺术

修辞是为了适应特定的语言环境，为提高语言的表达效果而采用的一种最佳表述形式的活动。

广告语言，讲究准确、简明、形象、生动，要适应环境，要提高表达效果。因此，就特别重视在广告中运用修辞。词语修辞、句式修辞、修辞格几乎都在广告语中得到广泛的运用。下面仅仅从修辞格的角度分别予以介绍。

1. 生动的比喻

比喻，就是打比方，是指用本质不同但又有相似点的另一事物说明或描绘该事物的修辞方法。其特点和优点是将抽象的事物具体化，深奥的事物浅显化，陌生的事物熟悉化，在广告语中运用效果极好。如：

宾至如归。（旅馆的广告语）

如饮甘露，如坐春风。（茶馆的广告语）

小小金鱼，游遍大江南北！（金鱼牌洗衣机广告语）

本店出售的酸奶有如初恋的滋味。（日本酸奶店的广告语）

伴您健步如飞。（手杖广告语）

蓬景花园是您温馨的家园。（厦门轮渡口的广告语）

金星，金星，亮晶晶，电视机的一颗明星。（电视机的广告语）

2. 新颖的拟人

广告中的拟人是把无生命的产品当作有生命的人来写，同样给人以生动、真实、亲切的感觉。例如：

我理想的伙伴，你送来了凉爽的风，你吹走了辛勤的汗水，飞转吧，旋风，你永远不知疲倦！（电扇广告）

她工作，您休息。（某品牌洗衣机广告语）

3. 有力的排比

广告语中常见排比。排比能铺排事理，整齐句式，增强语言的气势与力度。例如：

为您提供美，为您提供乐，

为您提供爱，为您提供趣。

——《故事会》杂志的广告语

因为，它有独创交叉缝式鞋底沟纹，冲刺、急停时不会滑倒。因为，它有七层不同材料砌成的鞋底，弹性好，能缓解与地面的撞击。因为，它有特殊功能的圆形吸盘，可密切配合急停、转身跳投。因为，它有弯曲自如的鞋头和穿孔透气的鞋面，能避免脚趾摩擦挤压，维护鞋内脚部温度，穿久不会疲劳。——某品牌球鞋的广告语

4. 工整的对偶

对偶，是汉语中特有的修辞格，可以说是汉民族的土特产。它讲究平仄、格律，还讲究词性相对，读来朗朗上口，寓意也很丰富。例如：

进店来乌云秀发，

出门去白面书生。

——理发店的广告语

酿成春夏秋冬酒，

醉倒东南西北人。

——一家酒厂的广告语

鸿雁远去皆因大地春暖，

旅客常来只为小店情深。

——某旅店广告语

分分秒秒凝聚钻石价值，

时时刻刻蕴含珠宝魅力。

——某品牌表厂征集的广告语

以上各例都是对偶，对仗工整，用词讲究，语言耐人寻味。

5. 鲜明的对比

对比修辞格的特点是把两个相反或相对的事物放在一起加以比较，突出特点；或者把一个事物的两个方面、两个阶段加以比较，突出变化，前者叫横比，后者叫纵比。这种修辞格，在广告语中也常用，并且效果也很好。例如：

皮张之厚无以复加，利润之薄无以复减。—— 一家皮鞋厂的广告语

重情少图币，薄利多销售。—— 一家百货商店的广告语

不贪一次多获利，只求数年少萧条。—— 一家店铺广告语

6. 合理的夸张

夸张是指有意采取“言过其实”的说法，用形象的语言把对象加以夸大或缩小，是一种效果强烈的修辞格。广告语中的夸张修辞格也很常见。例如：

挥血泪贴本大甩卖，抢便宜捷足准先登。(某个体户年终挂历广告语)

100 元买一位大师一生的智慧。(美国一本书的广告)

车到山前必有路，有路就有丰田车。

以上数例都是夸大其词的说法。一本书也容不下作者的一生智慧，并非所有的路上都有丰田车。例 1 虽不是夸耀产品，但它是夸大卖主的心情和赔本严重的情形，这当然也是言过其实的一种夸张。

广告语言要求准确、诚实，为什么又允许夸张，并且夸张的广告语言也能力顾客所接受，并不使他们反感呢？这里的关键因素有两点：

一是产品确实质量过得硬，大甩卖降价也的确幅度很大，这就是说夸张有事实为基础；

二是夸张要有节制，不能形成无限制的浮夸。比如用“挥泪”甩卖这虽

然夸张了，但还是有可信性的，如果改为“甩卖完了就跳楼”，那就只是胡夸，顾客就会认为这是骗人，并且感到可笑了。

7. 巧妙的双关

双关是一种使语言有“重旨”（刘勰语）的修辞格。在广告语中，双关运用得好，不仅能增大语言的信息量，而且还使语言新颖、有趣，增强广告的可接受性，获得顾客的喜爱。例如：

第一流产品，为足下增光。——某品牌鞋油广告语

唯有牡丹真国色，花开时节动京城。——北京电视机厂广告语

这里的“足下”意义双关，既指皮鞋，又是对顾客的敬称。“牡丹”是意义双关，既指产品名称，又指这些事物。巧妙地赋予一词以两义，丰富了语言的表现力，给顾客增添了兴趣。

8. 必要的反复

反复是指同一词语或句子在表述中一再出现，以强调、突出某种事情，或抒发某种强烈的思想感情的修辞格。广告语中的反复修辞格，也是为了强化广告内容，加深顾客的印象。

永生永生，信誉永存。——永生金笔广告语

该广告语采用了反复修辞格，按照顾客对广告内容的注意→兴趣→欲望→购买的规律，反复能造成强烈的印象。

9. 有趣的顶真

顶真是用前一句结尾的词做后一句的起头，使邻接的句子头尾上下衔接产生趣味的一种修辞格。顶真的特点是句式整齐，语气贯通，易读易记。广告语采用这种修辞格的也比较常见。例如：

在云南高原上有一个明镜般的滇池；滇池边上有一座郁郁葱葱的睡美人山；睡美人山下有一座美丽的城市——昆明。

——少儿版《春姑娘的家乡——昆明游记广告》

该广告语采用了顶真辞格，造成语言的美感，词简义丰，好读好记，有很强的宣传效果。

10. 精巧的回环

回环辞格是把前后语句组织成穿梭一样的循环往复的形式，以表达不同事物间的有机联系。它往往与顶真连用。两者既相似，又有区别。顶真是反映事物间的连接关系的，它从一个事物到另一个事物，顺连而下，不是递升与递降的关系。回环是在词语相同的情况下，巧妙地调遣它们不同结构关系、不同含义而形成的回环往复的语言形式，即从甲事物到乙事物，又从乙事物回到甲事物中去。例如：

中意冰箱，人人中意。——中意牌冰箱广告语

此广告语中的“中意”属于回环，词语循环往复，读起来节奏鲜明，朗朗上口，有利于突出产品名称，加深顾客的印象。

11. 有意的仿拟

仿拟，也是一种古已有之的著名修辞格。陈望道先生说：“为了讽刺、嘲弄而故意仿拟某种形式的，名叫仿拟格。”

仿拟辞格，是不是只能用于“讽刺、嘲弄”呢？其实不然。广告语中的仿拟成了一种表现力很强的修辞格，但又决无“讽刺、嘲弄”之意，是一种修辞格在内容上的创新运用，是旧瓶装新酒。

广告语中的仿拟辞格，功用有三：一是借这种熟悉的语言形式，使顾客看起来有一种新鲜感；二是增强广告语言的美感和幽默性；三是便于顾客记忆。例如：

莫愁前路无知己，“××”伴您万里行。——××牌汽车广告语

买了咱的书，复习考试不发愁，保得九十九；买了咱的书，见了教师不磕头，三元九角九。——华中师范大学出版社高考指导书的广告语

第三节　推销语言的特点与要求

销售人员是靠嘴吃饭的，所以，一名出色的销售人员一定有出色的口才。只有有了出色的口才，才能够让客户感受到你的魅力，才乐意购买你的产品。好的口才能够充分展示一个销售人员的个人魅力，同时也给自己的顾客带来愉悦的享受。

一、推销语言的特点

所谓销售语言，是在商业销售活动中，经营者与生产者、经营者与消费者之间传递沟通信息，推销商品，进行现场服务的一种应用性语言。

在商品销售活动中，经营者与生产者、经营者与消费者之间形成了一种特殊关系，而形成和维系这种关系，靠的就是语言。在商贸谈判、产品推销、技术引进、销售服务中，都是语言在起作用。而这种作用的发挥，在整个商务活动中，从接近顾客到向顾客宣传产品、解除疑虑，直到最后成交，都离不开销售语言。销售语言的核心，是说服对方接受自己的产品和服务。销售语言的主要内容，是在商务活动中沟通关系，交流信息，推销商品，为顾客售前、售中、售后服务。

销售语言是应用性的行为语言，其特定的使用情境、使用对象，决定了它除具有一般的语言特点之外，还具有以下特征：

1. 目的性

所谓目的性，就是说话者的主观意图。销售语言有明显的目的性，从同消费者打交道开始，其目的性就是宣传产品、推销商品。在开口说话前，其思维就有活动，如怎样说，产生什么效果，自己将怎样应付等；绝不毫无目的地乱开口，即使是信口雌黄，也是有目的。而且，你不开口则已，只要一开口，就要影响消费者的思维和行为，就会产生社会效果。哪怕别人并未听清或听懂，这种影响都是一种客观存在。

在一般情况下，销售语言的目的是单一的。某个时间，某个场合，对某个人说什么样的话，目的相当明确，只要获得了期望的效果，目的就达到了。

2. 真实性

销售语言的真实性，一方面指的是语言内容的真实、确切，介绍商品实事求是，不能含混不清、模棱两可；另一方面是感情真挚，满腔热情地接待每一位顾客，不能虚情假意、油嘴滑舌。语言的真切性是销售语言的基本特征，也是对商品销售者的基本要求。销售，是要通过经营者和消费者的双方沟通，使消费者建立起对商务经营者的信任和信念。人的信任感和信念感的形成有一个过程。信任是确信某种商品具有真实性后的一种感觉和观念；信念则是人们对真的东西的追求，得到满足后的一种理念。

在一定条件下，销售人员可以运用语言夸张地表达其对某商品的感受，但绝不能胡编乱造，不能欺骗、愚弄公众。真实是商业取信于民、取信于社会的基本前提。

3. 时代性

商业作为窗口行业，是连接生产者与消费者，沟通地区之间、城乡之间、工农之间关系的桥梁和纽带。集结了人类社会一切文明成果、作为思维和交流工具的语言，在商品销售中的运用是最富有时代性的。社会的政治、经济、文化的发展变化，都可以通过销售语言集中地反映出来。陈旧过时的语言被淘汰，新的语言逐渐产生并传播出来，因此说话的内容具有很强的时代性，如电脑、期资、“五讲四美三热爱”“实行三包”等新名词，“老板”“师傅”等人际称谓，都较早地出现在商业经营语言中，进而传播开来。

4. 艺术性

销售语言不仅是为商业活动服务的工具，而且也是一种艺术。销售语言的艺术性是销售艺术的具体体现。销售语言的艺术性表现在接待顾客、介绍商品、业务洽谈等具体的销售活动中，尤其集中地体现在经营者与消费者的交往中。例如：

一家店铺的广告是这样的："我们的买卖不比卖羊皮靴子的，我们是替上帝当差，这比金银还宝贵，当然是没有任何价钱的……"结果，许多人都情不自禁地被吸引过来，体现了销售语言的艺术性。

如果说话缺乏艺术性，无所忌讳，就会自讨没趣。例如：

有一位日用化工厂的销售员，他到一个研究所里去推销"染发""防皱"美容化妆品。遗憾的是他并没获得成功，其原因就是他的言语引起了人们的反感。他是这样说的："人过四十，天过午，头上的白发一天比一天增多，脸上的皱纹一天比一天粗，正一步步向老迈进。今天我给大家进来了几种美容商品，虽无返童之力，但总可帮助大家遮遮丑……"顾客越听，心理越不是滋味，讪笑着说："算了吧！人越老学问越多，也许越懂礼貌，还是听任白发和皱纹自然地增添吧！"说完，都生气地走了。

可见，语言没有艺术性，不会说话，不但得罪了顾客，也丢了赚钱的机会。

5. 直接性

大量的销售语言是存在于销售者与消费者的交际之中的，与书面语言有许多不同之处。书面语言错了可以修改过来，而销售语言在很大程度上是表达与感受同步，即具有直接性。这一特点说明，搞好商业销售、赢得顾客满意不是轻而易举的，也说明了学习和掌握销售语言艺术的必要性。

6. 应变性

消费者是各种各样的，不同的消费情景，不同的心理需求，对销售者语言的要求也不尽相同。这就需要经营者的语言要适应不同的场合，不同的顾客。比如，人们的文化、情趣、性格、经历各不相同，经营者所使用的语言就应各不相同。对老年顾客、少年儿童，要用耐心细致的语言；对青年顾客，多用富于时代性、干脆的语言。

二、推销语言的要求

语言是一门学问，口才是一门艺术。只有把话说到点子上，才能唤醒顾客的需求，激起购买的冲动。推销员只有掌握了"口才艺术"这一工具，才能在推销过程中出奇制胜、稳操胜券。

1. 尽量避免命令式的语气，多采用请求式语句

命令语句是说话者单方面的意见，没有征求别人的意见，就勉强别人去做。请求式的语句是尊重对方，以协商的态度请别人去做。例如：

顾客问推销员："你们厂生产的牙膏还有没有货？"推销员答："没有了，这个

问题下个月谈。”令顾客不舒服而转向别的厂。但若是：“本厂牙膏已全部订出去了，不过我们已在加班生产，您愿意等几天吗？”就会挽留住一位顾客。

2. 少用否定语句，多用肯定语句

对销售人员而言，严格地讲否定语句应视为一种禁忌，要尽量避免。在很多场合下，肯定句是可以代替否定句的，且效果往往出人意料。例如：

顾客问：“这样的衣料没有红色的吗？”销售员回答：“没有。”这就是否定句。顾客听后，反应自然是既然没了，我就不买了。但若答：“目前只剩下蓝色和黄色的了，这两种颜色都很好看。”便成了一种肯定的回答。虽然两种回答都承认没有红色衣料，但否定似乎是拒绝，而肯定给人一种温和的感觉。

3. 要一边说，一边看顾客的反应

销售员切忌演说式的独白，而应一边说一边看顾客的反应，提一些问题了解顾客的需求，以确定自己的说话方式。因为顾客千差万别，性格、年龄、职业、兴趣、爱好不同，所以在销售的过程中要因人而异。

4. 言词生动，声音悦耳

时代不断进步，销售人员必须跟上时代发展，以现代流行的言词与顾客讲话，如此才能打动顾客。20 世纪 50 年代，人们的称呼都是“同志”，以后又变为“师傅”，现在则称“先生”“女士”。

(1) 注意说话中的停顿和重点。调查表明，谈话中的停顿，会使顾客自然地对前后谈话的内容进行回顾，当你需要强调谈话的某些重点时，停顿是非常有效的。销售人员还可以使用加强语气来强调某些重要问题，这比一长串形容词的效果好。

(2) 声音悦耳。声音优美动听，讲究抑扬顿挫，这样听起来，才不至于使人感到枯燥无味。对此，销售人员必须进行声音的训练。销售人员的口才不仅要讲究说话内容，也要注重语言的形式。

5. 说话要看语境

说话总是在特定的情景氛围中进行的。因为语境能直接影响说话双方的情绪乃至说话效果，所以，销售人员还要刻意创造、追求良好的情境氛围。销售语言具有时代性、应变性的特点，这些特点又决定了说话人必须注意随着语境的需要来选择话题；随着语境的变化选择语言方式，轻松的、热烈的、详尽的、简略的……如果说话内容或方式不合事宜，必遭顾客“侧目”，也将妨碍实现其销售目的。良好的情景氛围有助于销售语言轻松明快，说话人心情愉悦；也有助于顾客接受信息，激发购买动机。

6. 主动把握双方语言交流的对接点

销售过程是语言交流的过程，如能把握顾客语言的对接点，就能恰当地理解顾客要表达的意思，给顾客以明确的答复和指导，实现销售目的。

“买卖不成话不到，话语一到卖三俏”，由此可见销售语言的重要性。一个销售人员要想让产品介绍富有诱人的魅力，以激发顾客的兴趣，刺激其购买欲望，就要讲究语言的艺术。要想向客户展示你的语言魅力，还要注意以下几点：

（1）要用客户听得懂的语言来介绍。通俗易懂的语言最容易被大众所接受。所以，你在语言使用上要多用通俗化的语句，要让自己的客户听得懂。销售人员对产品和交易条件的介绍必须简单明了，表达方式必须直截了当。表达不清楚，语言不明白，就可能会产生沟通障碍，就会影响成交。此外，销售人员还应该使用每个顾客所特有的语言和交谈方式。

张女士的公司刚搬到一个新的办公区，需要安装一个能够体现公司特色的邮件箱，于是便咨询了一家公司。接电话的小伙子听了张女士的要求，便坚持认定该公司要的是他们公司的 CSI 邮箱。

这个 CSI 搞得张女士一头雾水，她问这个销售人员这个 CSI 是金属的还是塑料的？是圆形的还是方形的？

这个销售人员对于张女士的疑问感到很不解。他对张女士说：“如果你们想用金属的，那就用 FDX 吧，每一个 FDX 可以配上两个 NCO。”

CSI，FDX，NCO 这几个字母搞得张女士一头雾水，她我只好无奈地对他说：“再见，有机会再联系吧！”

张女士要买的是办公用具，而不是字母。如果这位小伙子说的是英语、法语或日语，张女士也许还能听出点道道，但是这些代码使她一头雾水，而且她也不大好意思承认自己一点也搞不懂这些代码，算了吧，给自己留点面子，就去其他家买吧！

所以，一个销售人员首先要做得就是要用客户明白的语言来介绍自己的商品。

（2）要用讲故事的方式来介绍。大家都喜欢听故事，所以如果用讲故事的方法来介绍自己的产品，就能够收到很好的效果。

有人在一家商场调研海尔产品，装作顾客的样子对海尔的销售人员说：“你们的质量有保障吗？”

这位销售人员倒没有说那么多，只是给顾客讲起海尔的总裁张瑞敏上任时砸冰箱的故事，一个故事讲得人立马对于海尔冰箱的质量肃然起敬了。

任何商品都有自己有趣的话题：它的发明、生产过程、产品带给顾客的好处等。销售人员可以挑选生动、有趣的部分，把它们串成一个令人喝彩的动人故事，作为销售的有效方法。所以销售大师保罗·梅耶说：“用这种方法，你就能迎合顾客、吸引顾客的注意，使顾客产生信心和兴趣，进而毫无困难地达到销售的目的。”

(3) 要用形象地描绘来打动顾客。

一位销售总监在做培训的时候，总要给学员讲这样一句话：“说话一定要打动顾客的心而不是顾客的脑袋。为什么要这样说？因为顾客的钱包离他的心最近，打动了他的心，就打动了他的钱包呀！而打动客户心的最有效的办法就是要用形象的描绘。就像有一次我和太太一起去逛商场，那位卖衣服的小姐对我太太说了一句话，使本来没有购买欲望的她毫不犹豫地掏出了钱包，我是拉都拉不住。这个销售人员对我太太说的什么话竟有如此魔力呀？很简单，那句话是‘穿上这件衣服可以成全您的美丽’。”

“成全您的美丽”，一句话就使我太太动心了。这位女店主真的很会说话，很会做生意。

在顾客心中，不是顾客在照顾她的生意，而是她在成全顾客的美丽。虽然这话也是赞誉之词，但听起来效果就完全不一样。

(4) 要用幽默的语言来讲解。每一个人都喜欢和幽默风趣的人打交道，而不愿和一个死气沉沉的人待在一起，所以一个幽默的销售人员更容易得到大家的认可。

有两个销售保险的销售人员，他们属于不同的两家公司。有一次在做咨询的时候。客户对保险公司的办事效率保持怀疑态度。这时A公司的业务员说他的保险公司十有八九是在意外发生的当天就把支票送到投保人的手中。而B公司的业务员却对客户说：“那算什么！我的一位客户不小心从楼上摔下来，还没有落地的时候，我已经把赔付的支票交到了他的手上。”

最后，客户选择哪一家保险公司应该不成什么疑问了吧？

幽默可以说是销售成功的金钥匙，它具有很强的感染力和吸引力，能迅速打开顾客的心灵之门，让顾客在会心一笑后，对你、对商品或服务产生好感，从而诱发购买动机，促成交易的迅速达成。所以，一个具有语言魅力的人对于客户的吸引力简直是不能想象的。

第四节　推销的艺术

语言表达能力是现代人才必备的基本素质之一。现在，人们之间的交往日益频繁，语言表达能力的重要性也日益增强。好口才越来越被认为是现代人所应具有的必备能力，对于推销员来说当然是更加重要。但是生活中很多销售员在和客户谈业务的过程中，很不会说话，引起客户的反感，自己还不知道，结果被客户三两句话就打发掉了。说话是销售员与客户沟通的重要武器，需要学习，更需要讲究艺术。

出色的销售人员，是一个懂得如何把语言的艺术融入商品销售中的人。可以这样说，一个成功的销售人员，要培养自己的语言魅力。有了语言魅力，就有了成功的可能。

第二次世界大战的时候，美国军方推出了一个保险，这个保险是什么内容呢？如果每个士兵每个月交10元钱，那么万一上战场牺牲了，他的家人会得到1万美元。这个保险出来以后，军方认为大家肯定会踊跃购买。结果他们就把命令下到各连，要每个连的连长向大家宣布这种险种已经出现了，希望大家购买。

其中的一个连，按照上级的命令，把战士们召集到一起，向大家说明这了个情况，可是这个连没有一个人购买这种产品。连长就纳闷地说："这可怎么办？怎么会是这个样子呢？"

大家的心理其实也很简单，在战场上连命都将要没有了，过了今天都不知道明天在哪里呢，我还买这个保险有什么用呀？10美元还不如买两瓶酒喝呢！所以大家都不愿意购买。

这时连里的一个老兵站起来说："连长，让我来和大家解释一下这个保险的事情。我来帮助你销售一下。"

连长很不以为然："我都说服不了，你来能有什么办法呀？既然你愿意说，那你就来试一试吧。"

这个老兵就站起来对大家说："弟兄们，我和大家来沟通一下。我所理解的这个保险的含义是这个样子的——战争开始了，大家都将会被派到前线上去，假如你投保了的话，如果到了前线你被打死了，你会怎么样？你会得到政府赔给你家属的1万美元；但如果你没有投这个保险，你上了战场被打死了，政府不会给你家属一分钱。也就说你就等于白死了，是不是？各位你们想一想，政府首先会派战死了需要赔偿1万美元的士兵上战场，还是先派战死了也白死的不用赔给一分钱的士兵上战场呀？"

老兵这一番话说完之后是什么结果？全连弟兄纷纷投保，大家都不愿成为那个被第一个派上战场的人。

当然，这个故事有点黑色幽默的成分在里面，不过，让我们设身处地地想一想，如果你是一名士兵，处于战火纷飞的战场上，听了这老兵的这番话，你会购买吗？估计你也得乖乖地把钱掏出来吧！

一、推销语言的艺术标准

语言是传递信息、交流思想和感情的工具。推销人员每天要接洽许多不同的顾客，在推销活动中主要是借助语言来介绍推销品带给顾客的利益，能否激发顾客的欲望，最终促成交易，其语言能力是推销能否成功的关键，推销中的语言能力是指推销人员在推销过程中驾驭语言的能力。

1. 语言表达准确和清晰

推销人员要能够使用准确、清晰的语言向顾客介绍商品信息，交流感情和说服顾客。这是对推销人员最基本的要求，如果说话含糊不清、吐字不准，或者词不达意、没有逻辑性，就会影响推销人员与顾客之间的交流和沟通。少用专业术语，通俗性的语言容易为人们理解和接受。一般说来，顾客对推销品的知识缺乏了解，尤其是一些技术性能复杂的产品，顾客更是一窍不通。所以在推销语言中要尽量避免使用专业术语，以免顾客莫名其妙，如坠云里雾里，发生信息沟通渠道受阻的现象。在推销用语中，应将深奥难懂的技术性或抽象性的理论问题具体化、形象化、通俗化。介绍产品是推销过程的中心。任何产品都可用某种方法进行介绍，甚至那些无形的产品（如保险业务），也可用一些图表、坐标图、小册子等形式加以说明，并通过顾客的多种感官进行介绍。其中视觉是最重要的一种，因为在顾客所接收的全部印象中，通过视觉得到的占比重最大。在介绍产品时要着重说明该产品可给顾客带来什么好处。

2. 语言有针对性

在推销活动中，语言是表达自己的愿望和要求的，推销人员的语言要有较强的针对性，做到有的放矢。模糊、啰唆、前言不搭后语和思路不清的语言，不仅不能引起顾客对商品的兴趣，反而会使顾客产生疑惑，反感，成为推销的障碍。在推销活动中要针对不同的商品和顾客，有针对性地使用不同的语言，才能保证推销的成功。例如：对脾气急躁、性格直爽的顾客，运用简短明快的语言可能更受欢迎；对慢条斯理的顾客，则采用春风化雨般的倾心长谈效果可能更好。在推销活动中，要充分考虑顾客的性格、情绪、习惯、文化以及需求状况的差异，恰当地使用有针对性的语言。

用各种方式向顾客提问，不断引发促销中心话题。能够有效地控制交谈话题的是发问人。因此，要学会用各种方式向顾客提问。或明知故问，对症下药；或旁敲侧击，因势利导。提问要有针对性，要围绕提问的目的提问，要问到点子上。因此，提问也要讲究艺术。

3. 叙述简明扼要

当我们和客户见面时，无论是自我介绍还是介绍产品，都要简明，最好在两句话内完成。比如：我是珠海市利万物贸易有限公司的总经理黄勇，知道你对我公司的电子防潮柜系列产品感兴趣，特意来拜访想听取您的意见。注意，在利万物（公司名）、黄勇（自己的名字）、电子防潮柜（产品名）要用重音，要引起对方的提问，语速一定要缓慢、不拖沓，说话时一定要看着对方的眼睛，面带微笑。

4. 不随便打断、反驳对方的话

对方在说话时，不要随便打断对方的话，也不要随便就反驳对方的观点，一定要弄清楚对方的意图后再发言。我们有很多销售员，经常不等对方说完话或者没有弄清楚对方的观点，就开始插话反驳，结果弄成了一场电视辩论会，引起客户的极大反感，订单自然没有谈成。作为销售员一定要时刻牢记自己的任务是销售产品。有时客户对你的产品的贬低是一种习惯性的发泄，你只要认真地听他发泄，不时地表示理解，最终会赢得客户的好感，再谈产品的订单时就容易多了。

5. 认真对待对方的提问

请认真回答对方的提问，自己非常清楚的要做肯定回答，不太清楚的，可以直言不讳地告诉客户：我会把这个问题记下来，搞清楚后回答你。千万不要不懂装懂，也不要含糊不清地回答，更不要说些废话避开客户的问题。回答客户的问题时也要注意，不要做绝对回答，如我们的质量绝对没问题，我们的服务绝对一流等。我们都知道一个常识：天下没有绝对的事情，不要把自己的语言绝对化。

6. 不用反问的语调和客户谈业务

我们有些销售员在面对客户的恶意问题时，以血还血，以牙还牙，恨不得用一连串的反问，把客户驳倒，却适得其反，客户被驳倒了，订单也丢了。应该微笑着说："我非常理解你的意见，你能否让我做更进一步的说明，一定令你满意。"我们不能由于客户的不理智，自己也变得不理智。

7. 赞扬客户

对于你的客户的合理要求和专业知识，你要发自内心地赞扬。比如：您真的很专业，希望今后向您学习，也请您今后多多指教。会赞扬别人的人更容易成功。

二、推销语言的艺术手段

艺术性主要表现在语言表达的灵活性、创造性和情境适用性上，例如，西方一位教士向他的神父请示："我在祈祷的时候可以抽烟吗？"神父听后十分生气，指责他不虔诚。几天后，另一位教士也去向神父请示："我在抽烟的时候可以祈祷吗?”这个教士得到了神父的允许。同样的要求,仅仅是换了一个问法,竟会产生完全相反的效果。可见,语言的艺术是多么的重要,成功的推销都是推销人员运用语言艺术的结果。有家咖啡店卖的可可里可以加鸡蛋。服务员原来这样问顾客:“要加鸡蛋吗?”后在一位销售专家的建议下改是非问为选择问:“要加一个鸡蛋,还是两个鸡蛋?”从此,销售额大增。这个复杂问话是在问句中预设了某种前提的选择性问话。服务员问顾客“要加鸡蛋吗?”顾客无论说“要”还是“不要”都是一种质的规定;而问“要加一个鸡蛋,还是两个鸡蛋”则是量的选择了。因为这个问语中已经预设了这样一个前提:“喝可可汁的都喜欢加鸡蛋。”由于问话的暗示作用,人们往往在不自觉中做出了选择。本来喜欢加鸡蛋的往往要了两个,而不喜欢的呢?也可能顺口要了一个,这就是销售额大增的奥妙所在。

不与顾客争论,多用礼貌用语。一般来说,消费者的观念有正确的,也有错误的。然而,就算错了,也绝不能与其争论;而应充分地尊重顾客,多用礼貌用语。以亲戚朋友的身份,不急不躁地对其进行引导。让顾客多开口,多发表意见。顾客讲得越多,越开心,他透露的情况就越多,买卖成交的希望就越大。要记住:你的任务不是向顾客发表演说或进行辩论,而是以促发消费行为为目标,引导顾客开口说话。在整个推销过程,都要尽可能地使用谦敬语、礼貌语和赞美语,以引起对方对你的好感。推销人员接受对方订货购买的阶段。接近和成交往往是推销过程中两个最困难的步骤。在洽谈过程中,推销人员要随时给予对方以成交的机会,有些买主不需要全面的介绍,介绍过程中如果发现对方有愿意购买的表示,应立即抓住时机成交。这时,推销人员还可提供一些优惠条件,促成交易。

一个出色的推销员,必须是一个掌握了推销语言艺术的人,一旦掌握了说话的艺术就能使推销变得简单。因此,任何一个推销员,都渴望拥有高超的说话艺术。然而遗憾的是,这种说话艺术并不是那么轻易地就能得来的,它需要一整套推销口才技巧。

如何才能掌握高超的说话艺术,成为一个无往不胜的“王牌”推销员呢?

1. 迎合顾客的兴趣,拉近彼此的距离

首先你要明确一点,重要的不是你的产品有多么出色,而是顾客对你的产品和你的认同。一般来说,这种认同跟他的兴趣点是相符合的。

柯达公司的总经理伊斯曼先生为了纪念自己的母亲,准备建造“吉尔本剧院”。纽约优美座椅公司的经理艾当森想要得到剧院座椅的订单,于是跟剧场的建筑师约特一起去见伊斯曼先生。在路上,约特对艾当森说:“我知道你很想得到这笔订单,但是伊斯曼先生很忙,脾气也不好,你们的谈话最好不要超过五分钟，不然你就一定得不到这笔订单。你最好尽快说明情况，然后迅速离开。”

伊斯曼先生确实很忙，当他们走进他的办公室的时候，他正在埋头整理文件。他摘下眼镜点头示意，并且问道：“两位有何贵干?”约特介绍了艾当森。艾当森并不急于说明自己的来意，而是说：“伊斯曼先生，我没有想到你的办公室这么漂亮，能够拥有一间您这样的办公室，是一件多么美妙的事情。说实话，我从未见过这么漂亮的办公室。”他走到办公桌的旁边，问道：“这个办公桌一定是英国橡木做的，如果我没有猜错的话。”“是的，”伊斯曼回答道，“是从英国进口的，我的一位研究木材的朋友帮我选的。”接着，艾当森又称赞了伊斯曼先生的许多收藏品，并且对他的善举表示了由衷的赞美。他引导着伊斯曼说出了自己早年的创业史，他深情地回忆起他早年贫穷的日子，回忆到他为了赚五十美分而去推销业务。他说道，他拼命地赚钱，就是为了让和自己一起受苦的母亲过上好日子。

谈话的时间一分一秒地过去，很快就超过了两个小时，但是伊斯曼先生却谈兴正浓。到了午餐的时间了，伊斯曼先生邀请艾当森一起进餐，艾当森先生当然答应了。

艾当森一直没有提订单的事情。他知道，对伊斯曼来说，这件事情现在已经变得不值得一谈了，因为他已经把艾当森当作朋友了。后来，等艾当森打算告辞的时候，伊斯曼主动提出来向艾当森公司下订单。

可以看出来，艾当森看起来好像并没有在说服伊斯曼上费多大劲，但是他用适当的话题，使谈话以一种平和、愉快的气氛朝对他有利的方向进行，并在最后达到了自己的目的。假如艾当森没有采用这种方法，而是一直对伊斯曼进行说服，可以想象，不出五分钟，他就不得不离开伊斯曼的办公室。

迎合对方的兴趣的确很重要，因为这种方法可以拉近你和客户之间的距离，建立一种相互信任的关系。众所周知，在与陌生人的交往中，这一点是极为重要的。就像艾当森做的那样，原来显得十分困难的事情，却变得极为简单。

2. 不要直接切入推销话题，求客户“帮个忙”

每个人都希望被别人重视，不管他处在何种地位，有多么成功。在推销商品的时候，请你的客户“帮个忙”，能够使他（她）得到一种被欣赏和尊重的感觉，从而愿意购买你的产品。

爱莫塞尔负责推销铅管和暖气材料，他进入这个行业已经很多年了。这次，他在布洛克林地区推销的时候，遇到了一位难缠的客户。这位铅管经销商只要一见到爱莫塞尔，就会冲着他吼道：“滚，我什么都不需要。”

爱莫塞尔作为一个优秀的推销员，并没有被这种困难打倒，他依然坚持不懈地对这位客户进行推销。后来，他想出了一个好办法来解决这个难题，他又一次走进了那位经销商的办公室。

“我不是来推销产品的，”爱莫塞尔说道，“而是来请你帮个忙的。我们公司准备在这里成立一个分公司，而你正好对这个地方比较熟悉，你认为我们公司应该把分公司选在哪儿呢?”这位喜欢吼叫的经销商一下就变得非常友好了，他滔滔不绝地跟爱莫塞尔聊开了。当爱莫塞尔离开的时候，他已经用这种方式赢得了和这位经销商的友谊，并且得到了一笔不小的订单。

3. 适当地说出你的产品不足，赢取客户的信任

很多推销员急于把自己的产品推销出去，在介绍自己的产品时，用的都是肯定的夸赞的语气。他们在无形之中给人的感觉是，自己的产品没有任何缺点，而且适合所有人。

而实际上，即便你把自己的产品说得天花乱坠，也不能打消顾客的疑虑。你的产品很完美，无懈可击吗？可人人都知道这是不可能的。他们需要知道关于这种产品的不好的一些信息，否则会认为你正在隐瞒什么，不信任你的后果就是拒绝你的产品。

因此，你应该适当地给对方介绍一点你产品的缺点。你应该知道，你现在推销的就是针对这位客户而已，并不需要把自己的产品说成适合所有人。“这种产品并不适合那些油性皮肤的人，但是非常适合你。”这样来介绍你的美容产品，对方当然更加愿意相信你说的话，而这是帮助你建立诚信的一个很好的机会。说一些有针对性的实在的话，能赢得顾客的好感，让他们感觉到你在为他们着想。

4. 避免与对方发生冲突，赢得交谈机会

在你推销的过程中，即使对方做了一件事情或者说话而冒犯了你，也不要和他争论。对推销员来说，这个建议可能算是一个最好的建议了。因为一旦你与对方起了争执，就说明你的推销已经完全失败。

一个叫奥哈尔的爱尔兰人，因为自己的业务表现并不理想，来参加口才补习班。他就是那种把自己公司的汽车说得什么都好的推销员，即使他知道明明有很多缺点。他在推销汽车的时候，常因不愿意接受顾客的批评而和他们发生口角，而他们通常会因为这样不买他的汽车。

起初，奥哈尔不知道该如何说话，经过一段时间的口才训练后，他完全掌握了如何减少讲话和避免跟人争论，现在的奥哈尔已经是纽约福特公司的成功推销员了。

奥哈尔自己回忆说：

“我走进人家办公室进行推销，但人家却这么说：‘什么，福特汽车？那

太差劲了。就是白送给我我也不要，我正打算买胡雪公司的卡车。’在过去，一旦遇到这种情况，我都会火冒三丈，并会向他指出胡雪公司的卡车质量是多么的不好。这样，就会激起顾客的逆反心理，争辩越是激烈，越使对方打定不买福特汽车的决心。即使我取得了辩论的胜利，也没有任何的好处。

“而现在，我听他这样的话，不但不反对，还会顺着他的话继续往下说：‘老兄，你说得一点都不错。胡雪公司的卡车确实相当不错。你要买他们的卡车，相信你不会后悔。胡雪公司是大公司，他们的推销员也都非常能干。’我这么说了，他就再不会继续称赞胡雪公司的汽车了，因此便不会发生争论。他说胡雪公司的卡车很好，我并不反对，他就不得不把话停住了。这样，我就得到一个向他介绍福特牌汽车的机会。

“现在想起来，我过去做推销确实很失败。由于这种无意义的争论，我失去了许多宝贵的时间和金钱。我很高兴现在自己终于学会了如何避免争论，如何少说话，这使我得到了许多的好处。”

5. 完善自己的语言表达技巧，让自己的语言更有吸引力

实际上，恰当的语言技巧并不需要单独地列出来，因为在所有的说话当中，都需要注意运用语言技巧。

很多推销员在推销的时候显得兴致不高，这直接导致了他们的失败。他们的话显得平淡无奇，对顾客没有足够的吸引力，甚至使顾客产生反感，这指的是声音的语调、语速以及其他声音元素。

而在需要有技巧地表达自己的意见的时候，他们也并不让人满意。他们喜欢直来直去，而不喜欢运用语言的装饰。老实说，虽然职业要求他们更加能说会道，但是事实上却并不如此。因此，对这些没有语言表达技巧的推销员的忠告是，完善自己的语言表达技巧，这是你成功的一个重要因素。

第十章 演讲、论辩的说话艺术

一言之辩重于九鼎之宝；三寸之舌强于百万雄师。

论辩，也称辩论，是交际双方就某一问题所做的正误之争，是一种语言直接对抗的形式，它是在长期社会实践中形成的人际口语交际方式之一。

第一节 演讲语言的特点与要求

一、演讲稿的种类

演讲稿的应用是十分广泛的，存在于社会的方方面面，其分类也是多种多样的。演讲稿根据其表达方式和达到目的不同，一般分为叙事型演讲稿、议论型演讲稿和抒情型演讲稿三类。

1. 叙事型演讲稿

叙事型演讲稿以叙述为主要表达方式，辅以适当的议论、说明和抒情。叙事型演讲稿区别于一般的记叙文，就在于它是基于演讲者一定的观点和主张，通过对人物、事件、景物的记叙和描述，表达演讲者的思想感情，反映社会生活的本质和规律。演讲稿中的叙事，其最终目的是为了充分证明演讲者的观点和主张的正确，以达到宣传教育的目的。这类演讲稿最主要的特点是通过对客观事物真实的记叙，打动听众的情感，寓宣传教育于形象感染之中。

2. 议论型演讲稿

议论型演讲稿以议论为主要表达方式，它应具有正确、深刻的论点，使用确凿而充足的具有说服力的论据，进行富有逻辑性的论证。这类演讲稿的最明显的特征是对听众晓之以理，以理服人。它通过准确揭示概念的内涵和外延，恰当地判断，严密地推理，层层深入地论证，从而产生“触角”和“钳子”的力量来反映事物的本质和内部的规律，宣传真理，推动社会进步。

3. 抒情型演讲稿

抒情型演讲稿以抒情为主要表达方式，在演讲中抒发演讲者的爱恨、悲喜等强烈的感情，对听众动之以情，以“情”这把钥匙来开启听众的心灵。它既可以直抒胸臆，又可以借助叙述、描写、议论来间接抒发感情，以激起听众的共鸣。抒情型演讲稿与抒情散文有所不同，抒情散文是以“情”寓“理”，主要目的是“抒情”，而抒情型演讲稿则是以“理”寓“情”，“抒情”是手段，“说理”才是目的，使听众在浓烈的情感作用下明辨是非，认识真理。

二、演讲稿的写法

演讲稿的写作内容主要包括演讲主题、演讲材料、演讲标题、演讲开头、演讲主体、演讲结尾等几大方面。

1. 演讲主题

演讲主题是演讲稿的灵魂，有了演讲主题，演讲稿的写作就有了凝聚点，整篇演讲就会贯注生气。因此，演讲者要十分注意演讲主题的确立要求和提炼方法，并应重视演讲主题的作用。

（1）主题确定的要求。主题确定的要求是：主题要鲜明；主题要突出；主题要新颖；主题要深刻；主题要切合听众心态。

（2）主题提炼的方法。主题是演讲的灵魂，在演讲中有效地突出主题，有以下五种方法。

第一，开宗明义，就是在演讲稿的开头直截了当地揭示主题。它的特点是开门见山，使听众一听就明白演讲的主旨，进而全面理解其思想内容。

刘翔在奥运成果报告会上的演讲《中国有我，亚洲有我》的开头：“我从来都不认为自己今天的成功仅仅是个人的荣耀，北京时间 2004 年 8 月 28 日凌晨那 12 秒 91，毫无疑问将成为我生命中为之自豪的瞬间，但我更愿意把那一刻的辉煌献给我亲爱的祖国，献给全亚洲。”

这篇演讲开篇入题：今天的成功不仅仅属于个人，而更属于集体，属于祖国。因为体育比赛不光是竞技水平的较量，更是一个国家综合国力的晴雨表和民族精神的载体。国运兴，体育盛。因此，刘翔能在骄人的成绩中，保持清醒的自我认识，拳拳之心，历历可见。

第二，收篇点题，就是在演讲结束时，用凝练的语言，进行画龙点睛的归纳，点明或深化主题。这种方法能够突出演讲的主题，给听众留下深刻的印象。

《一个青年军人的思考》的结尾：“世上没有靠编制谎言而成名的诗人，也绝没有靠纸上谈兵而赢得胜利的将军，而只有靠自身的素质、实力和价值，靠学，靠干，靠拼，才能真正成为强者。一个国家，也只有自强才能跻身于世界强国之林。”

演讲者从一个农民出身的军人靠自己的努力拼搏，最后在人才竞争激烈的社会中脱颖而出，成为一家著名报社记者的生动事迹，悟出这样一个道理：一个人只有自强不息才能在强者如林的社会中立足，而一个国家也只有自强才能跻身于世界强国之林。听众能从这有独特见地的结束语中，悟出深意，获得启迪。

第三，片言居要。就是用精练的文字，放在文章的关节处、要害处，能够起到画龙点睛的作用。采用这种方法，能使主题表现得格外清晰、明朗。

以歌颂“非典”英雄事迹为主题的演讲《用生命践约》，在叙述完四川医院传染科全体医护人员，没有一个在困难调查表上填写困难以后，作者加上这样一句话：“明知凶险却达观，这是一种坚忍的力量，一种无畏的美丽。”

这句议论揭示了医护人员的无畏精神和高尚人格，既使前面叙述的事实得到强化和升华，又明确地点明了主题。

第四，反复申说，就是在演讲中为了让听众彻底了解演讲的主旨，有必要对自己的观点反复进行申说与解释。中外许多著名的演说家，都曾采用这种方法来突出演讲的主题。

马丁·路德·金的著名演说词《我有一个梦想》：“我梦想有一天，这个国家会站立起来，真正实现其心跳的真谛……我梦想有一天……我梦想有一天，我的四个孩子将在一个不是以他们的肤色，而是以他们的品格优劣来评价他们的国度里生活。”

演讲者应用一连串的排比句，反复申说，表达了他反对种族歧视，要求自由、平等的呼声，给听众带来强烈的心灵震撼。

第五，正反对比，是指想要透彻地说明一个观点，单从一个角度去论证是不够的，运用正反对比法，可使主题鲜明突出。

“美国有两个繁衍了8代人的家庭。一是爱德华家庭，其始祖爱德华是一位治学严谨、成就卓著的哲学家，他不仅本人勤奋好学，而且以良好的德行培养后代，他的8代子孙中，出了13位大学校长，100多位教授，60多位医生，80多位文学家，20多位议员，1位大使，1位副总统。另一个家庭的始祖叫珠克，是臭名昭著的酒鬼、赌徒，无法无天，他的后代中有300多个叫花子，7个杀人犯，60多个盗窃犯，还有40多人死于伤残或酗酒。”血统论是错误的，但家教能导致不同的结果。

在这篇反对种族歧视的演讲中，演讲者为了证明种族歧视的荒谬，建立起“家教的作用大于血统的遗传”这一判断，然后以正反两方面的事实加以论证，取得了很好的效果。

（3）演讲主题的作用。演讲主题决定演讲社会价值，演讲主题正确与否，直接影响演讲的社会价值。好的演讲主题，能有效地教育听众、影响听众、启发听众，发挥积极的社会作用。好的主题体现为思想具有真知灼见，能阐发出自己独到的思想认识，从而给人以新的启发，这样的演讲社会价值自然很大。而主题认识偏颇或者人云亦云，则演讲不仅不会具有感染力，甚至会带来不良的社会影响。

2. 演讲材料

演讲主题的体现需要大量的材料来支撑，如果材料匮乏，演讲主题就很难深化，而且常常会令演讲者在演讲时显得捉襟见肘、内容空洞。因此，演讲者需要在收集材料和选择材料方面下大功夫，以确保演讲稿写作的深度和质量。

3. 演讲标题

演讲稿的标题，是演讲稿不可缺少的有机组成部分。一个好标题有以下作用：一是可概括反映演讲内容，突出演讲的中心论题，使听众知道你讲的是什么；二是增强演讲吸引力，能引起大家听演讲的兴趣。因此，写演讲稿时必须注重演讲标题的作用，千方百计地拟制出一个新颖别致、鲜明生动的演讲标题，从而使演讲一开始就能以新奇取胜，引起听众的注意和兴趣。

4. 演讲开头

演讲的开头，是整个演讲的第一部分，应力求新颖诱人。演讲开头的作用极为重要，它能沟通演讲者与听众的感情，集中听众的注意力，唤起听众的兴趣，为演讲的成功开辟道路。

（1）以幽默法开端。演讲时以幽默法开端的，往往亦庄亦谐，妙趣横生，既语带双关，又不失犀利，让听众在轻松愉快的氛围中开始接受演讲的内容。

一位黑人先生面对他的白人听众的第一句话是："女士们，先生们！我来到这里，与其说是发表讲话，还不如说是给这一场合增添了一点'颜色'。"

（2）以非语言方式开端。演讲时以非语言方式开端的,往往是为了调节演讲气氛。在演讲者没有任何预示及听众没有任何准备的情况下,突然采用默语或笑声的方式,使听众惊诧不已,这样好奇心驱使听众思想集中地来听演讲。

我国著名的革命家恽代英，在一次演讲开始时，便出乎意料地"哈哈哈"三笑，那些早已疲倦的听众，被弄得莫名其妙，吃了一惊，随后，也跟着哄堂大笑起来，听众精神为之一振，于是他开始正式演讲。

（3）以设问或祈使句开端。演讲时以设问或祈使句开端，是一种最常见的方法。它能使听众一下子变被动为主动。本来是听者，属被动接受信息，而当演讲者设问或用祈使句后，"？"或"！"迫使听者主动陷入沉思，加速求解，使听众无法游离在演讲内容之外。

（4）以现场素材开端。

1995 年 10 月 24 日是联合国成立 50 周年纪念日。为了纪念这一日子，联合国秘书长加利盛情邀请各国元首参加纪念大会，那天，加利做了精彩演讲，特别是他的开场白："请允许我欢迎你们大家——世界各国国王、国家元首和政府首脑。欢迎你们回家，世界人民的家。欢迎到联合国的讲坛来，和平、协调和发展的讲坛。欢迎你们大家，并且向你们的领袖表示衷心问候。"

这里，加利利用现场素材——联合国的会议、联合国的会场，以及联合国这一组织的性质，以"自家人"的身份，用一句"欢迎你们回家，世界人民的家"这一亲切的语言，一下子把整个会场调动得非常和睦、友好，为这次大会的圆满成功奠定了基础。

（5）演讲主体。主体是演讲稿的中间部分，其写作容量最大，主体内容写作的好坏直接关系着演讲的成败。要想写好演讲的主体部分，必须安排好演讲的层次和组织好演讲的高潮。

（6）演讲结尾。演讲结尾是指演讲中的结束语，它和演讲开头一样，都是最能表明演讲艺术的环节，对全篇演讲的成败具有不可忽视的作用。好的演讲结尾能揭示题旨，加深认识，给听众留下完整深刻的印象；能收拢全篇，使通篇浑然一体；能鼓起激情，促人深思，让听众在反复回味中受到教育和启迪。因此，在演讲中要充分认识演讲结尾的作用，使演讲结尾做到言止意长，雄健有力，回味无穷。

呼吁式结束语，是演讲者利用一些感情激昂、动人心弦的语言对听众的理智和情感进行呼吁，并指明具体的行动方向来结束演讲。

在美国独立战争前夕，国务卿裴特瑞克·亨利在弗吉尼亚州议会上的演讲便是采用这种方法结束的："我们的同胞已经身在疆场了，我们为什么还要站在这里袖手旁观呢？先生们希望的是什么？想达到什么目的？生命就那么可贵？和平就那么甜美？甚至不惜以戴锁链、受奴役的代价来换取吗？全能的上帝啊，阻止这一切吧！在这场斗争中，我不知道别人会如何行事，至于我，不自由，毋宁死！"

亨利以"至于我，不自由，毋宁死！"九字结束语来激励听众行动起来，争取全心全意站到自己的立场上。他话音一落，先是全场愕然，随后就响起"拿起武器"的呼声。

借用式结束语，是演讲者借用一些名人的话或诗歌来结束演讲。借用名人的话，是根据演讲心理学中"权威效应"理论设计的。一般地说，人们对权威（包括名人）存在一种崇拜心理，这种心理对听众的态度形成及改变起着重要作用。

对比式结束语，是演讲者运用对比的方式来结束演讲。对比方式的结束语，可以使听众从比较中得到鉴别，更能明辨真伪，具有一种征服听众的力量。

《强者之歌》的结尾就是如此："亲爱的同学们，同是一辆车上，有人在奋进，有人在深思，有人在昏睡，有人在挥霍，还有人可能中途下车，销声匿迹……生活给予我们每个人的，可能不像天平称量过的那么均衡、准确，我们学习、工作和生活的环境和条件也许有各自的不同，但是通向理想的、成功的道路只有一条，就是我们用什么动力，以什么速度，怀着何种目的，以什么样的方式前进！"

5. 演讲稿准备应注意的问题

（1）了解对象，有的放矢。演讲稿是讲给人听的，因此，写演讲稿首先要了解听众对象：了解他们的思想状况、文化程度、职业状况如何；了解他们所关心和迫切需要解决的问题是什么等。否则，不看对象，演讲稿写得再花工夫，说得再天花乱坠，听众也会感到索然无味，无动于衷，也就达不到宣传、鼓动、教育和欣赏的目的。

（2）观点鲜明，感情真挚。演讲稿观点鲜明，显示着演讲者对一种理性认识的肯定，显示着演讲者对客观事物见解的透辟程度，能给人以可信性和可靠感。演讲稿观点不鲜明，就缺乏说服力，就失去了演讲的作用。演讲稿还要有真挚的感情，才能打动人、感染人，有鼓动性。因此，它要求在表达上注意感情色彩，把说理和抒情结合起来。既有冷静的分析，又有热情的鼓动；既有所怒，又有所喜；既有所憎，又有所爱。当然这种深厚动人的感情不应是"挤"出来的，而要发自肺腑，就像泉水喷涌而出。

（3）行文变化，富有波澜。构成演讲稿波澜的要素很多，有内容，有安排，也有听众的心理特征和认识事物的规律。如果能掌握听众的心理特征和认识事物的规律，恰当地选择材料，安排材料，也能使演讲在听众心里激起波澜。换句话说，演讲稿要写得有波澜，主要不是靠声调的高低，而是靠内容的有起有伏，有张有弛，有强调，有反复，有比较，有照应。

（4）语言流畅，深刻风趣。要把演讲者在头脑里构思的一切都写出来或说出来，让人们看得见，听得到，就必须借助语言这个交流思想的工具。因此，语言运用得好还是差，对写作演讲稿影响极大。要提高演讲稿的质量，不能不在语言的运用上下一番工夫。写作演讲稿在语言运用上应注意以下五个问题。

第一，要口语化。"上口""入耳"这是对演讲语言的基本要求，即演讲的语言要口语化。演讲，说出来的是一连串声音，听众听到的也是一连串声音。听众能否听懂，要看演讲者能否说得好，更要看演讲稿是否写得好。如果演讲稿不"上口"，那么演讲的内容再好，也不能使听众"入耳"，完全听懂。

在一次公安部门的演讲会上，一个公安战士讲到他在执行公务中被歹徒打瞎了一只眼睛，歹徒弹冠相庆说这下子他成了“独眼龙”，可是这位战士伤愈之后又重返第一线工作了。讲到这里，他拍了一下讲台，大声说：“我‘独眼龙’又回来了！”会场里的听众立即报以热烈的掌声。

演讲稿的“口语”，不是日常的口头语言的复制，而是经过加工提炼的口头语言，要逻辑严密、语句通顺。由于演讲稿的语言是作者写出来的，受书面语言的束缚较大，因此，就要冲破这种束缚，使演讲稿的语言口语化。为了做到这一点，写演讲稿时，应把长句改成短句，把倒装句改成正常叙述句，把单音词换成双音词，把听不明白的文言词语、成语改换或删去。演讲稿写完后，要念一念，听一听，看看是不是“上口”“入耳”，如果不那么“上口”“入耳”，就需要进一步修改。

第二，要通俗易懂。演讲要让听众听懂。如果使用的语言讲出来谁也听不懂，那么这篇演讲稿就失去了听众，因而也就失去了演讲的作用、意义和价值。为此，演讲稿的语言要力求做到通俗易懂。列宁说过：“应当善于用简单明了、群众易懂的语言讲话，应当坚决抛弃晦涩难懂的术语和外来的字眼，抛弃记得烂熟的、现成的但是群众还不懂的、还不熟悉的口号、决定和结论。”(《社会民主党和选举协议》）鲁迅也说过：“为了大众力求易懂。”(《且介亭杂文·论旧形式的采用》)

第三，要生动感人。好的演讲稿，语言一定要生动。如果只是思想内容好，而语言干巴巴，那就算不上是一篇好的演讲稿。广为流传的恩格斯、列宁、斯大林的演讲，毛泽东的演讲，鲁迅的演讲，闻一多的演讲，都是既有丰富深刻的思想内容，又有生动感人的语言。语言大师老舍说得好：“我们的最好的思想，最深厚的感情，只能被最美妙的语言表达出来。若是表达不出，谁能知道那思想与感情怎样好呢?”(《人物、语言及其他》）由此可见，要写好演讲稿，只有语言的明白、通俗还不够，还要力求语言生动感人。怎样使语言生动感人呢？一是用形象化的语言，运用比喻、比拟、夸张等手法增强语言的形象色彩，把抽象化为具体，深奥讲得浅显，枯燥变成有趣。二是运用幽默、风趣的语言，增强演讲稿的表现力。这样，既能深化主题，又能使演讲的气氛轻松和谐；既可调整演讲的节奏，又可使听众消除疲劳。三是发挥语言音乐性的特点，注意声调的和谐和节奏的变化。

第四，要准确、朴素。准确，是指演讲稿使用的语言能够确切地表现讲述的对象——事物和道理，揭示它们的本质及其相互关系。作者要做到这一点，首先，要对表达的对象熟悉了解，认识必须正确；其次，要做到概念明确，判断恰当，用词贴切，句子组织结构合理。朴素，是指用普普通通的语言，明晰、通畅地表达演讲的思想内容，而不刻意在形式上追求辞藻的华丽。如果过分地追求文辞的华美，就会弄巧成拙，失去朴素美的感染力。

第五，要控制篇幅。演讲稿不宜过长，要适当控制时间。德国著名的演讲学家海茵兹·雷德曼在《演讲内容的要素》一文中指出："在一次演讲中不要期望得到太多。宁可只有一个给人印象深刻的思想，也不要五十个让人前听后忘的思想。宁可牢牢地敲进一根钉子，也不要松松地按上几十个一拔即出的图钉。"所以，演讲稿不在乎长，而在乎精。

（5）认真修改，精益求精。从事任何文体的写作都要重视修改，认真修改，精心修改，写作演讲稿自然不能例外。

林肯在接到要他做演讲之后，在指挥战争、执掌国事的情况下，亲自起草演讲稿，并把演讲稿念给白宫的佣人听。直到演讲的前一天晚上，他还在旅馆的小房间里再次推敲、修改演讲稿。

1883 年 3 月 14 日，马克思与世长辞。恩格斯做了《在马克思墓前的讲话》的著名演讲。演讲草稿是这样开头的："就在十五个月以前，我们中间大部分人曾聚集在这座坟墓周围，当时，这里将是一位高贵的崇高的妇女最后安息的地方。今天，我们又要掘开这座坟墓，把她的丈夫的遗体放在里边。"作者考虑后进行了修改，写成："三月十四日下午两点三刻，当代最伟大的思想家停止了思想。让他一个人留在房里总共不过两分钟，等我们再进去的时候，便发现他在安乐椅上安静地睡着了——但已经是永远地睡着了。"两者比较，后者入题较快，演讲一开始就抒发了对逝者的无限敬爱和万分惋惜的心情，使现场的人们也沉浸在对马克思的缅怀与崇敬之中。正是这种认真的态度和精心的修改，才为他的每次演讲的成功提供了有力的保证。

第二节 演讲的艺术

演讲是一门语言艺术，它的主要形式是"讲"，即运用有声语言并追求言辞的表现力和声音的感染力；同时还要辅之以"演"，即运用面部表情、手势动作、身体姿态乃至一切可以理解的态势语言，使讲话"艺术化"起来，从而产生一种特殊的艺术魅力。

一、演讲的艺术要求

演讲表达的主要特点是"讲"，对演讲者来说，写好了演讲词，不一定就讲得好，正如作曲家不一定是演唱家一样。有文才，善于写出好的演讲词的人，不一定有口才，不一定能讲得娓娓动听。真正的演讲家，既要善写，还要会讲，既要有文才又要有口才。从某种意义上说，口才比文才更为重要。如果演讲者讲话哼哼哈哈，拖泥带水，“这个”“那个”的一大串，那么，即便有超凡脱俗的智慧，有深刻广博的思想内容，也无济于事。

俗话说，“冰冻三尺，非一日之寒”。想要成就一次精彩的演讲，一方面要注重平日里的锻炼和学习，另一方面也要掌握一定的演讲技巧。

1. 演讲时的姿势

演说时的姿势也会带给听众某种印象，例如堂堂正正的印象或者畏畏缩缩的印象。虽然个人的性格与平日的习惯对此影响颇巨，不过一般而言仍有方便演讲的姿势，即所谓“轻松的姿势”。要让身体放松，反过来说就是不要过度紧张。过度的紧张不但会表现出笨拙僵硬的姿势，而且对于舌头的动作也会造成不良的影响。诀窍之一是张开双脚与肩同宽，挺稳整个身躯。另一个诀窍是想办法扩散并减轻施加在身体上的紧张情绪。例如将一只手稍微插入口袋中，或者手触桌边，或者手握麦克风等。

2. 演讲时的视线

在大众面前说话，亦即表示必须忍受众目睽睽的注视。当然，并非每位听众都会对你报以善意的眼光。尽管如此，你还是不可以漠视听众的眼光，避开听众的视线来说话。尤其当你走到麦克风旁边站立在大众面前的那一瞬间，来自听众的视线有时甚至会让你觉得刺痛。

克服这股视线压力的秘诀，就是一面进行演讲，一面从听众当中找寻对于自己投以善意而温柔眼光的人，并且无视那些冷淡的眼光。此外，把自己的视线投向强烈“点头”以示首肯的人，对巩固信心来进行演说也具有效果。

3. 演讲时的脸部表情

演讲时的脸部表情无论好坏都会带给听众极其深刻的印象。紧张、疲劳、喜悦、焦虑等情绪无不清楚地表露在脸上，这是很难借由本人的意志来加以控制的。演讲的内容即使再精彩，如果表情总觉缺乏自信，老是畏畏缩缩，演讲就很容易变得欠缺说服力。

控制脸部的方法，一个是“不可垂头”。人一旦“垂头”就会予人“丧气”之感，而且若视线不能与听众接触，就难以吸引听众的注意。另一个方法是“缓慢说话”。说话速度一旦缓慢，情绪即可稳定，脸部表情也得以放松，再者，全身上下也能够为之泰然自若起来。

4. 演讲时的服饰和发型

服装也会带给观众各种印象。尤其是东方男性总是喜欢穿着灰色或者蓝色系列的服装，难免给人过于刻板无趣的印象。轻松的场合不妨穿着稍微花俏一点的服装来参加。不过如果是正式的场合，一般来说仍以深色西服、男士无尾晚宴服以及燕尾服为宜。其次，发型也可塑造出各种形象来。长发和光头各自蕴含其强烈的形象，而鬓角的长短也被认为是个人喜好的表征。站出来演讲之际，你的服装究竟带给对方何种印象？希望各位好好地思量一番。

5. 演讲的声音和腔调

演讲的语言从口语表述角度看，必须做到发音正确、清晰、优美，词句流利、准确、易懂，语调贴切、自然、动情。

（1）发音正确、清晰、优美。以声音为主要物质手段的，语音的要求很高，既要能准确地表达出丰富多彩的思想感情，又要悦耳爽心，清晰优美。为此，演讲者必须认真对语音进行研究，努力使自己的声音达到最佳状态。

一般来说，最佳语言是：

准确清晰，即吐字正确清楚，语气得当，节奏自然；

清亮圆润，即声音洪亮清越，铿锵有力，悦耳动听；

富于变化，即区分轻重缓急，随感情变化而变化；

有传达力和感染力，即声音有一定的响度的力度，使在场听众都能听真切，听明白。

演讲语言常见的毛病有声音痉挛颤抖，飘忽不定；大声喊叫，音量过高；音节含糊，夹杂明显的气息声；声音忽高忽低，音响失度；朗诵腔调，生硬呆板等。所有这些，都会影响听众对演讲内容的理解。

（2）词句流利、准确、易懂。听众通过演讲活动接受信息主要诉诸听觉作用。演讲者借助口语发出的信息，听众要立即能理解。口语与书面语之间有较明显的差距。有人说，书面语是最后被理解，而口语则需立即被听懂。与书面语相比，口语具有以下特点：

句式短小。演讲不宜使用过长的句子。

通俗易懂。要使用常用词语和一些较流行的口头词语，使语言富有生气和活力。

不过多地做某些精确的列举，特别是过大的数字，常用约数。

较多地使用那些表明个人倾向的词语，诸如“显而易见”“依我看来”等，并且常常运用“但是”“除了”等连接词，使讲话显得活泼、生动、有气势。当然，讲究表意朴实的口语化，绝不能像平常随便讲话那样任意增减音节，拖泥带水，磕磕巴巴，这样便损害了口语的魅力，破坏了语言的完整性。

（3）语调贴切、自然、动情。语调是口语表达的重要手段，它能很好地辅助语言表情达意。同样一句话，由于语调轻重、高低长短、急缓等的不同变化，在不同的语境里可以表达出种种不同的思想感情，一般来讲，表达坚定、果敢、豪迈、愤怒的思想感情，语气急骤，声音较重；表达幸福、温暖、体贴、欣慰的思想感情，语气舒缓，声音较轻；表示优雅、庄重、满足，语调前后尽弱中间强。只有这样，才能绘声绘色，传情达意。

语调的选择和运用，必须切合思想内容，符合语言环境，考虑现场效果。语调贴切、自然正是演讲者思想感情在语言上的自然流露。所以，演讲者恰当地运用语调，事先必须准确地掌握演讲内容和感情。

6. 说话的速度

说话的速度也是演讲的要素。为了营造沉着的气氛，说话稍微慢点是很重要的。说话的速度标准大致为5分钟三张左右的A4原稿，不过，此处要注意的是，倘若从头至尾一直以相同的速度来进行，听众会睡觉的。

科学的发音取决于科学的运气，有些演讲者时间稍长点就底气不足，出现口干舌燥、声音嘶哑的现象，此时，只得把气量集中到喉头，使声带受压，变成喉音。

“气乃音之帅。”气息是声音的原动力，科学地运用运气发音方法可以使声音更加甜美、清亮、持久、有力。要达到这个目的，平时要加强训练，掌握胸腹联合呼吸法。其要领是：双目平视，全身放松，喉松鼻通，无论是站姿还是坐式，胸部稍向前倾，小腹自然内收。

7. 克服演讲怯场的几种心态

要想克服演讲怯场，起码要培养以下几种心态。

(1) 居高临下的心态。王之涣诗云：“欲穷千里目，更上一层楼。”说的是站得高才能看得远的道理。从演讲的角度看，如果你有了居高临下的心态，就会产生一种优越感，有了这种优越感在演讲过程中就会消除紧张心理。一般说来父母在儿女（尤其在儿女小的时候）面前，老师在学生面前，领导在部属面前能够挥洒自如、侃侃而谈，就是前者“站”的位置较高，不是平视，更不是仰视，而是俯视，自觉不自觉地把自己放在主导者的位置上，初学演讲者，要克服自卑感，就得逐步养成这种居高临下的心态。在这个问题上不妨学学阿Q，来个“精神胜利法”。正如卡耐基指出的那样：“你要假设听众都欠你的钱，正要求你宽限几天；你是个神气的债主，根本不用怕他们。”

(2) 心中无我的心态。王国维谈词的境界时说“有有我之境，有无我之境”。借用到演讲方面来，培养自己的“无我之境”，对克服紧张的心理大有益处。“无我之境”就是不要把自己太当回事，要心中无我。说得更具体一点，要克服怕出丑的心态。怕丢面子是人类共有的心态，中国人尤甚！在演讲中把面子看得太重，往往面子丢得更大。我觉得在演讲之初不妨开一开自己的玩笑，自我解嘲一下。

《演讲与口才》杂志主编邵守义先生在一次演讲的开场白中说道："没有什么奉献给大家的。给朋友们带来两盘菜，一盘皮冻、一盘排骨。"（大意）邵先生为我国的演讲事业的发展做出了巨大的贡献，在报刊界有"拼命三郎"之称，名望之大，水平之高，是有目共睹的，可他却勇于拿自己的身体偏瘦来开玩笑。邵先生都不把自己"当一回事"，何况我们呢？

（3）淡化效果的心态。人们都有一种追求完美的心理。在演讲中就表现出过分注重演讲效果，在演讲比赛中尤甚，而结果常常和期望值相反。

一次，两个班级进行一场辩论赛，其中实力略强一点的班级的四名学生，在同学们"势必夺冠"的呼声中，心理压力很大，有名学生还在赛前不断询问评判的标准有哪些，自己能否成为最佳辩手。由于他们过于看重比赛的结果，紧张程度也随之增加，甚至出现各自为战，积极表现自我的情况，有的同学因紧张而出现大脑思维断层，使辩论中断。而另一个班级的四名学生，则抱着往最坏处打算，往最好处努力的心态，轻装上阵。结果由于后者淡化结果，彼此积极配合而最终取胜，最佳辩手也由他们的四辩同学获得。淡化效果的心态，往往会取得意想不到的收获。

二、演讲的艺术魅力

人们的任何社会实践都是有明确的目的的，其功利性是非常鲜明的。由于演讲活动是演讲者与听众的双边活动，所以，演讲的目的就分别体现为演讲者演讲的目的和听众听演讲的目的。而每个演讲者由于身份、地位、年龄、专长各不相同，演讲的目的也不尽相同，甚至每个演讲者每次演讲的目的也不相同。我们从以下几个方面去谈。

从总体上看，演讲的目的就是演讲者与听众取得共识，使听众改变态度，激起行动，推动人类社会向理想社会迈进。演讲无论是宣传自己的政治主张、观点，或是传播道德伦理情操，还是传授科学文化知识和技艺，都是为了让听众同意自己的主张、观点和立场以取得共识，并在此基础上激发听众的实际行动，向着理想境界迈进。

美国第十六任总统林肯的解放黑奴的演讲，目的就是动员美国人民为解放黑奴、废除奴隶制度而斗争；杨振宁、李政道二位科学家的科学演讲，目的就是宣扬他们的科学发现，让社会接受正确的观点，从而推动科学文化的发展。

迄今为止，尚未有专职演讲家，当今演讲者都有自己的职业或专业，如鲁迅是文学家，闻一多是学者和诗人，林肯是总统，丘吉尔是首相。从微观上看，每位演讲者的每一次演讲都有不同的具体目的。演讲的宏观目的和微观目的并不相互矛盾。闻一多演讲的微观目的是揭露敌人，鼓舞听众，发展民主运动，但这一目的恰恰与推动人类向理想境界迈进的宏观目的相一致，这是值得注意的。

听众是无数个体的集合。由于他们年龄、性别、文化程度、兴趣、专业等不同，听演讲的目的也各不相同。比如，林肯解放黑奴的演讲，听众有拥护的，也有反对的，可见他们的目的根本不同。即使目的都一样的听众，对同一内容的演讲也往往各取所需。但从总体上说，演讲者的个体实用目的与听众个体实用目的是一致的，紧密相连而又互为体现的，如果离开这条，演讲将很难存在。

每一位演讲者都希望演讲能成功，这一目的完全从现场和直观效果反映出来，如听众的表情、情绪，或者捧腹大笑，或者义愤填膺，或者欢呼雀跃，或者泪水横流，或者高呼口号，或者掌声如雷，这就表明演讲者的实用目的符合了听众的实用目的。

任何演讲者都不会停留在现场的目的上，而是追求散场后的目的。比如，拿破仑率领部队在远征埃及时，在金字塔附近和敌人的主力遭遇，情况危急，拿破仑立在马队前高声演讲道："士兵们，历史今天从这些金字塔的上面看着你们!" 简短的演讲使远征疲惫的法军士气大振，终于大胜敌军，他的演讲产生了现场的直观效果，鼓舞了士气，士兵英勇杀敌，取得了胜利，进而实现了散场后的目的。

可以说，演讲现场的目的是散场后目的的前提和基础，散场后的目的又是现场目的的归宿，两者紧密相连。没有现场目的的实现，就不可能有散场后目的的实现。如果追求散场后目的忽视追求现场目的，散场后的目的不过是一句空话。

1. 悦耳声线

进入搜索引擎，输入"奥巴马"三个字，默认展开的口才学联想词汇之首是"简历"，紧随其后就是"就职演讲口才学说"，而"演讲"一词位列第五位，可见人们对奥巴马演说口才的认可度之高。

美国总统奥巴马出众的演讲才能不仅助他在政界崭露头角，语言生动、抑扬顿挫、慷慨激昂的公众演说更为他赢得众多"粉丝"。日本图书音像市场涌现多种以奥巴马演讲为蓝本的衍生产品，甚至作为学习材料进入英语课堂。朝日出版社推出《奥巴马演讲集》，短短两个月内便售出40多万册。

据新华社报道，在日本，不少消费者表示，他们虽然对英语知之甚少，有时基本听不懂奥巴马在讲什么，但依然为之所动，士气大增。"不少消费者寄来明信片表示，虽然他们不怎么懂英语，有时听完整篇演讲，他们只能听懂'是的，我们能'一句，但他们仍然被深深打动，甚至热泪盈眶。"朝日出版社编辑山本友三如是说。山本分析说，奥巴马的声线悦耳和谐，仿佛音乐般行云流水，演讲真挚感人，“就像一首好曲子，能在人心中产生激荡”。另外，演讲现场的观众也功不可没，观众的欢呼更将气氛推至高点，增加了演讲的感染力。

2. 给目标架设一个宽广的舞台

身为第二次世界大战期间的英国首相，丘吉尔通过广播发表了许多振奋人心的演讲。他会花费几周的时间把内容加以修饰，这些修饰的准确度在今天可以说已经绝迹。他最乐此不疲反复使用的手法，就是联系历史。他会把演讲中最重要的观点和思想直接或间接地联系到过去和未来，从而使得这些信息持续地令人兴奋、让人鼓舞。

很少专业讲座会像丘吉尔一样架设一个如此宽广的舞台。尽管如此，一个宽广的舞台能时刻提醒你演讲是要承担相应的风险的。你们公司第四季度的成果并不会决定我们社会的命运，但如果这会影响到人们的求职与谋生，那么在你的演讲中便可对此加以利用。

3. 根据惯例编排好词句

“……我们就决不会满意。不，不，我们不会满意，直至公正似水奔流，正义如泉喷涌。”不管是在教堂的讲坛上还是在讲台上，马丁·路德·金都在循循善教，使听者入迷。他甚至会为最平凡的字眼注入灵魂。然而他也会显而易见地把自己新锐的观点间接联系到过往久负盛名的事件中，以获取绚丽的效果。他让这些观点变得无可置疑地具有声望及权威性。

像传教士一样大讲道理，或处处提及旧约圣经，也许在 PowerPoint 演讲中并不讨好，但恰当地联系到过去成功的例子或可预见的目标，也许能在你的听众之间树立你的可信度以及你的计划的可行性。

演讲是一种复杂的社会实践，更是一种工具。人们拿起工具总是有目的的，没有目的的演讲是不存在的，只是目的的正确与否不同而已。所以，每位演讲者必须树立明确的演讲目的，做到宏观和微观的统一，表层和深层的统一，目前和长远的统一，这样的演讲才是有意义、有价值的。

第三节　论辩语言的特点与要求

论辩包括持不同见解的两方或多方；论辩是就某一问题（论题）集中发表针锋相对的看法、见解；论辩，既有论，又有辩，既要树立起己方的正确论点，又要驳倒他方的错误观点；论辩能明是非，决正误，争雌雄。

一、论辩语言的特点

1. 发语迅速

论辩和写论文不一样，它没有充分考虑、准备的时间，双方你来我往，唇枪舌剑，反馈和发语都非常迅速。迅速，不仅是为了能够“趁热打铁”，展开自己的论点，扩大自己的战果，而且也是为了抓住对方的“把柄”，用“迅雷不及掩耳之势”，给予论敌以有力的反击。

齐相孟尝君从秦国逃归赵国后，联合齐、韩、魏三国进攻函谷关，秦国危急。秦王召见公子池，问道：“三国的兵势已深达我国，太强了！我准备割让河东之地同他们讲和，你看可以吗？”公子池说，“讲和亦悔，不讲和亦悔！”秦王不明其意，追问：“为什么呢？”公子池回答：“大王割地讲和，三国退兵，你要后悔这些土地；如果不割地，咸阳危险，国家朝不保夕，又会说：‘可惜啊，我爱这点土地不讲和（后悔也晚了）。’这是不讲和的后悔！”秦王听后下决断说：“讲和不讲和都悔恨，宁可失去三城而悔恨，不愿造成咸阳危险而悔恨，我决定讲和。”

公子池突然被询问，必须迅速反馈，做出应对，还得充分“论”述理由，“辩”明利害。脱口而出，说理透彻，足见论辩发语迅速的特点。由此可看出，论辩者必须思维敏捷，精力集中，反馈及时，才能稳操胜券。

2. 有论有辩

论辩和演说不同，演说只是按自己的准备讲下去；论辩则不同，不只是要维护自己，还要驳倒对方。所以论辩有它独有的特点：有论有辩，论辩结合。

爱国将领冯玉祥任陕西督军时，有两个外国人私自到终南山打猎，并打死了两头珍贵的野牛，于是，冯玉祥把他们召到西安问罪。冯玉祥问：你们到终南山行猎，和谁打过招呼，领到许可证没有？对方：我们打的是无主野牛，用不着通知任何人。冯玉祥：终南山是陕西的辖地，野牛是中国领土内的东西，怎么会是无主的呢？你们不经批准私自行猎，就是犯法行为，你们还不知罪吗？对方：这次到陕西，贵国外交部发给的护照上，不是准许携带猎枪吗？可见，我们行猎已得到贵国政府的准许，怎么是私自行猎呢？冯玉祥：准许你们带猎枪，就是准许你们行猎吗？若准许你们携带手枪，难道就可以在中国境内随意杀人吗？对方：我在中国15年，所有的地方从来没有不准打猎的；再说，中国的法律也没有不准许外国人打猎的条文。冯玉祥：没有不准外国人打猎的条文，不错，但难道有准许外国人打猎的条文吗？你15年没有遇到官府禁止，那是他们睡着了。现在我身为陕西的地方官，我没有睡着，我负有国家人民交托的保土卫权之责，就非禁止不可。

冯玉祥召外国人来问罪，首先表明自己是对的，对方是错的。但对方一再“找理由”辩解，力图证明自己未犯法，冯玉祥则暂时不说自己的观点，逐一批驳对方的论据，最后还是阐明自己的观点（外国人犯了法）是正确的。这可以说是论与辩相结合的典范。

3. 语言简短有力

论辩紧张激烈时，“交战”到了高潮时，往往是“短兵相接”，这时候容不得长篇大论，也来不及编长句子，因此，语言简短有力就是论辩的又一特点。

下面是旧社会一青年与地主的论辩。

地主：你知道打狗欺主吗？

青年：知道。

地主：那好。你打了我的狗，就是欺我。

青年：你知道无故伤人有罪吗？

地主：谁无故伤人了？

青年：你的狗咬伤了我。

地主：那是狗的事。

青年：对！那我打了狗，也是“狗的事”。

青年与地主之间的论辩就是“短兵相接”，无半句废话，也不展开说理，青年用极简短有力的语言，论证了自己打狗是应该的，驳斥了地主的谬论。

二、论辩语言的要求

论辩可以分为三种，即日常论辩、专业论辩和赛场论辩。日常论辩是指人们在日常生活中随时随地就某一事物、某一论题所进行的论辩。它不一定有什么准备和约定，也不需要什么特定的场合，有突发性。就其作用来说，又可分实用辩论和非实用性辩论。专业性论辩即有特定社会意义，有明显利害冲突的论辩，如毕业答辩、应聘答辩、法庭论辩、决策论辩、竞选论辩等。赛场论辩又叫模拟论辩，是作为一种比赛项目来进行的训练活动，起源于1922年的“国际雄辩运动”，由英美的专家学者发起和组织。参加“国际雄辩运动”的多是各国的大学生。

无论在何种论辩中，都要求论辩者做到：

1. 坚强的自信和良好的风度

论辩和介绍、讲述、演说不同，它有很强的对抗性。无论是赛场论辩还是实用论辩，都是心理、理论、口才诸方面的一场综合较量。要么就不接受挑战，一旦决定参加论辩，就应该有充分的自信。这种自信不是盲目乐观，而是建立在相信真理的基础上，建立在事实与其他论据的基础上，建立在自我力量的基础上。可是自信本身又是力量增长的激素，同样的准备，同样的水平，自信心强的人就有可能获胜，缺乏自信的人，即使在有胜利可能的时候也会导致失败。

为什么强调自信呢？因为很多论辩者有“怯场”的毛病。正如美国前总统罗斯福所说：“每一个新手，常常都有一种心慌病，心慌并不是胆小，乃是一种过度的精神刺激。”“怯场”（心慌）的原因可能是自卑，总觉得自己不如人，怕见领导，怕遇到难对付的情况；可能是期望过高，想三两个回合就击败对方，一旦达不到，就害怕起来了；可能是患得患失，还没上场较量，就想到失败了将如何如何等。克服的办法：一是扬长避短，遇到自己不擅长不熟悉的问题，尽量避开，当有机会发挥自己的特长时，就抓住机会充分利用；二是抛开杂念，开始论辩时只想如何论辩得好，发挥出最佳水平，相信自己能胜利，不要怕失败；三是要沉着应战，静下心来，抓住对方的弱点，以攻为守。

论辩的风度，是指要以理服人，能做到有理、有度、有德，不进行人身攻击，老练、沉着，胸有成竹，雍容大度。

2. 精当的立论和灵活的分析

论辩，就是阐明自己的正确主张（论点）。所以立论一定要正确，要经得起推敲，经得起实践的检验。不能什么问题都唱“反调”，遇事都要辩论一番，那样就可能埋下了失败的根基。比如说，对方在论述中提出科学家除了天才外，主要靠勤奋的分论点。这是一条颠扑不破的真理，你应该避开这个分论点，从别的方面批驳对方，不能在勤奋上辩驳，说不勤奋也可以做出杰出贡献。即使你再雄辩，哪怕也能举出个别例证，但终究是站不住脚的，而且这样立论就会失去听众的理解和支持——因为你的立论违背了一般规律。

分析时还要灵活。这种灵活，是指方法技巧上的最佳选择和运用。有时可以举事例为证，有时可以举数字为证，有时可以举名言为证，有时可以直接批驳，有时可以迂回批驳，有时可以穷追不舍，有时可以以退为进，有时可以先肯定后否定，有时可以将错误论点先引进后批驳。不拘一格，灵活运用方法技巧，才有很强的应变能力，才能在遇到各种情况时都能应付自如。

3. 语言的高度准确性和逻辑性

论辩中的语言交锋瞬息万变，而且有时又要当场脱口而出，不可能按事先准备好的话去应付——因为根本无法事前都想到和准备好，所以对用语的要求是极严格的。每一个概念和每一个判断都不能有歧义和错误，每一个语言单位都符合你要表达的意思。所以词语的选择、语句的组合、句式的选用都要恰到好处，准确无误，否则就可能使自己陷于被动，被对方抓住攻击的把柄，打开进攻的缺口。

甲：你开始说“衣着打扮”是个人的事，别人不得干涉！刚才又说如果穿“比基尼”逛大街，是不雅观的。这不是自相矛盾吗？

乙：“干涉”，是一种行为，是一方对另一方施加的举动；“不雅观”，则是一种看法，是纯属个人意识中的道德评价，这两者一点都不矛盾。请问：对各色各样奇怪衣着打扮，你没有自己的看法吗？难道据此你就认为可以出面干涉人家的衣着打扮吗？

甲的进攻就是从概念入手的。乙的回答将概念加以确切分析，指出自己的语言并不矛盾。可见语言准确在论辩中是多么重要。

第四节　论辩的艺术

一、论辩的艺术手段

1. 诡辩

诡辩之“诡”，有奸猾、狡黠之意。如果说，雄辩是从正确的客观实际出发、据理以辩的话，那么诡辩则是从主观需要出发，任意挑选个别事例或以似是而非的逻辑关系来构造虚妄的联系，为谎言谬行辩护。诡辩可分为广义与狭义的两种：广义的指哲学上的诡辩理论，如“诡辩论”“诡辩术”；狭义的指违反常识的似是而非的议论。诡辩的“故乡”据说在希腊，古希腊时代也是雄辩家和诡辩家辈出的时代。

最著名的诡辩莫过于古希腊的“半费之讼”。古希腊有个叫欧提勒斯的人向普罗塔哥拉斯学法律。二人订下合同：学生先付一半学费，另一半待学生毕业后第一次出庭打赢官司时付清。但欧氏毕业后，迟迟不出庭打官司，老先生收费心切，就向法庭提出诉讼。讼词中有这样的推理：

如果欧氏这次官司打赢，那么按照合同，他应付我另一半学费；

如果欧氏这次官司打输，那么按照法庭判决，他也应付我另一半学费；

这次官司欧氏或赢或输，他总应付我另一半学费。

没想到，学生竟来个“以其人之道，还治先生其人之身”，他的推理是：

如果我这次官司打赢，那么按照法庭判决，我不应支付另一半学费；

如果我这次官司打输，那么按照合同，我也不应支付另一半学费；

这次官司我或赢或输，我怎么也不应支付另一半学费。

据说，这场官司难倒了法官，无法做出判决。

其实，师生二人的推理都不合理，都违反了同一律。同一律要求，在同一个思维过程中，思维的对象必须保持同一，而那位先生在推论“是否应付另一半学费”这一过程中，却采用了两个不同前提即不同的思维对象；按照合同学生赢了该付学费；按照法庭判决学生输了仍该付学费，实际上是不同情况下都采用的有利自己的标准。而学生不甘败诉，来个“以毒攻毒”，如法炮制，最后，二人都一齐陷入了似是而非的诡辩泥坑。可见，诡辩在形式上看来似乎天衣无缝，实质是必然违背逻辑规律的。

2. 巧辩

巧辩与诡辩两个词在古代是没有太大差异的。“巧”与“诡”在词义上本来就存在着交叉，“巧”中有“诡”，“诡”中含“巧”。二者的区别在于：诡辩肯定是假的，而巧辩可能是真的。它们有美丑、善恶之分。如果是正直一方利用“似是而非”的诡辩术制服了邪恶或荒谬的一方，我们往往称为“巧辩”。又如相声中有许多有趣的噱头也是利用诡辩术制造的，我们也不会把这些称为诡辩而誉之为巧辩。

东汉末年有个学者郭林宗，名声很大却十分迷信。一次，他指挥工匠要将院中一棵挺拔俊秀、挡风遮阳的大树砍倒。人问其故，郭说：“我看了一本专讲设计宅院的书，书中讲：房子院套四方，像个‘口’，院子当中有棵树，木在口中不吉祥，你想想，木在口中不是‘困’吗？以后办事样样都困难了。”一位叫徐稚的少年听了觉得可笑：“照你这么说，你的房子也不能住人了。”“为什么？”“你看，房子院套四方，像个‘口’，房子里头住着人，人在口中不吉祥，因为那不是个‘囚’吗？住在房里的人不都成了囚犯？”郭被驳得哑口无言，再也不干砍树的蠢事了。

徐稚正是利用一种似是而非的巧辩驳倒了郭林宗。他先由郭那里“借来”一个虚假前提：物体名称符号决定它们的内容与本质，进而构造出另一个虚假联系：“人住进‘口’形房屋等于囚犯”，而天下人皆住房屋却无人因此为“囚”，那么结论不言自明，庭中之树自然也无法为“困”了。对徐稚的辩驳我们只能叹服地称之为巧辩。

3. 强辩

强辩之“强”，有勉强、硬要之意。强辩与诡辩本质上是相同的，都是“拿着不是当理讲”。二者的不同，一般来说，胡搅蛮缠、强词夺理为强辩；与此相对的，多多少少运用一点逻辑或常识愚弄对方为诡辩。若把诡辩比作是虚张声势的骗子，那么强辩便是明火执仗的强盗：诡辩往往有迷人的外表，强辩则是赤裸裸的。

某报纸报道，有个人到医院看病，医生客气地让座，病人说：“为什么要我坐呢？难道你要剥夺我的不坐权吗？”医生无法，便倒了一杯水：“请喝水吧。”病人说：“这样谈问题是片面的，不是所有的水都能喝，例如，你如果在水里掺上氰化钾，就绝对不能喝。”医生说：“我这里并没有放毒药嘛，你放心！”病人说：“谁说你放了毒药？难道我诬告你放了毒药？难道检察院起诉书上说我给你放了毒药？你这才是放了比毒药还毒的毒药！”医生无可奈何，换了个话题：“今天天气不错。”病人都说：“纯粹胡说八道！你这里天气不错，并不等于全世界在今天都是好天气，例如北极，今天天气就很坏。”医生哭笑不得，忍不住反驳道：“我们这里不是北极嘛。”病人说：“但你不应否认北极的存在，否则就是歪曲事实真相，就是别是用心。”医生只好说：“你走吧！”病人说：“你无权命令我走，这是医院，你不可能逮捕我，你不可能枪毙我。”

这位病人的言论，就是一番典型的胡搅蛮缠、强词夺理的强辩。

综上所述，雄辩、诡辩、巧辩、强辩都是谈话、争论中的不同论辩形态。怎样进一步认识这些论辩形态，不断增长我们的“辩才”呢？首先，应充分利用和争取各种说话、讨论机会，养成动脑动口习惯，在说的实践中，锻炼自己思维敏捷，唇舌如剑。还要有比较丰富的知识，一方面可作为自己雄辩、巧辩的坚强基础，一方面利于识破诡辩，因为诡辩者常常借用一星半点的知识蒙蔽、混淆视听。也要掌握一点语法的逻辑，诡辩和强辩都是违背语法或逻辑的，我们不懂一点语法、逻辑，有时即使发现不对头，也说不出道理，甚至连自己也无法避免陷入诡辩与强辩。最后，对待那些毫无意义的诡辩、强辩，既于解决问题无望，又可能引起吵架的危险，那么，沉默，将是最成功的“辩术”。

二、论辩的艺术技巧

柏拉图的著作中曾写了一位名叫尤里贝蒂的人与一位少年的对话：

尤问：“想要学习的人是贤明的人还是愚蠢的人呢？”

少答：“是贤明的人！”

尤问：“那么，要学习的时候，他是懂得了他要学习的东西才来学习的吗？”

少答：“不！他是不晓得他要学习的事才来学习的！”

尤问：“那么，不懂得事理的人，可以说是贤明的人吗？”

少答：“不是贤明的人！”

尤问：“不是贤明的人，就是愚蠢的人了！”

少答：“是的！”

尤总结说："可见，想要学习的人，不是贤明的人，而是愚蠢的人！你最先回答的是错误的！"

这位尤里贝蒂在谈话中悄悄地将"缺少知识的人"和"不明事理的人"这两个概念给偷换了，结果便得出了"想要学习的人是愚蠢的人"的荒谬的结论。

人们往往把似是而非的论证以及似是而非的强辩称作为诡辩。黑格尔说："诡辩这个词通常意味着以任意的方式，凭着虚假的证据，或者将一个虚假的道理弄得非常好听，好像真的一样；或者将一个真的道理给否定了，弄得动摇了。"这也许是对诡辩的最简要精确的注释。

诡辩论者，他们的共同之处就是玩弄语言的戏法，从主观的愿望出发，或者将次要的夸大为主要的，或者将现象说成是本质，或者将偶然的说成为必然，或者将支流说成是主流，进行似是而非的论证或者进行似是而非的强辩。

在日常生活中，有意用诡辩来糊弄人的虽属少数，但是由于种种原因而跌入诡辩的泥潭的却屡见不鲜。为了净化我们的思维，提高人们的识别力，应该撩去诡辩的面纱，让它暴露于光天化日之下，使人们掌握反驳诡辩的几种基本的方法：

1. 事实胜于雄辩

诡辩，之所以有一定的迷惑性，是因为诡辩论者进行论证或强辩时，一味地玩弄辞藻、概念，并诱使对方也跟他一起闭眼不看活生生的事实，到概念世界里去兜圈子，最后得出离奇的结论。在这种情况下，反驳诡辩的最有利的武器就是首先指出众所周知的、连诡辩者本人都无法否定的事实。

据说，战国时期宋国的诡辩家公孙龙是"白马非马论"的创始人，他坚持这一诡辩命题，并且参与了齐国稷下学馆的学术大辩论，用滔滔不绝的宏论居然战胜了所有论敌。但是，当他开完会得胜回朝经过边境关卡时，被守关的士兵拦住，要纳马税。于是他又施展他的浑身解数，大谈"白马非马"的高论。可是在场的士兵和百姓根本不吃他这一套，谁也不相信眼前这匹白马不是马，坚持不交马税就不予放行，他只好无可奈何地掏了腰包，虽然心里很舍不得。

无独有偶，在差不多与"白马非马"论创立的同时，古希腊的一位哲学家芝诺，也发明了一个最著名的怪论：运动是不可能的。他口若悬河，在众多的学者面前进行论证：任何物体的运动都是不可能的。正当众人瞠目结舌之际，一位名叫第欧根尼的哲学家走到得意扬扬的芝诺面前，并不说话，只是倒背着双手，从这一端走到那一端，又从那一头走回到这一头。他的用意是很明显的，"你不是说运动是不可能的吗？我'运动'一下给你看看。"运动不可能的结论在铁的事实面前便不攻自破了。

只有抓住对方实质性的问题进行反驳，才能使对方失去还击的力量。马克思主义认为，所谓实质性问题，就是事物的根本。因此在论辩中须透过表面现象，抓住事物的根本进行反驳，这样才能击中要害，使反驳具有强大的力量。

苏联大革命时期，无政府主义者曾经卑鄙地把“经济地位决定人们的思想”这个马克思主义的基本道理偷换为“吃饭决定思想体系”，大肆攻击马克思主义是“填胃的理论”。对于无政府主义这种卑劣的行径，斯大林同志当机立断！对他们进行了坚决的驳斥：“请诸位先生告诉我们吧：究竟何时、何地，在哪个行星上，有哪个马克思说过‘吃饭决定思想体系’!？为什么你们没有从马克思主义著作中引出一句话或者一个字来证实这种论调呢？诚然，马克思说过，人们的经济地位决定人们的意识，决定人们的思想，可是谁向你们说过吃饭和经济地位是同一种东西呢？难道你们不知道，像吃饭这样的生理现象是和人们经济地位这种社会现象根本不同的吗？”（《斯大林全集》第一卷第298~299页）

斯大林由于抓住了无政府主义者通过偷换“经济地位决定人们思想”这个命题进而否定马克思主义这一实质性问题进行反驳，着重阐明“经济地位决定人们思想”这一命题的特定含义及与他们所偷换的概念的本质区别，因而彻底地击中了无政府主义的要害，使其荒谬的论调不攻自破。

2. 移花接木

在《知难行易》的论辩中曾出现过如下一例：

反方：古人说“蜀道难，难于上青天”，是说蜀道难走，“走”就是“行”嘛！要是行不难，孙行者为什么不叫孙知者？

正方：孙大圣的小名是叫孙行者，可对方辩友知不知道，他的法名叫孙悟空，“悟”是不是“知”？

这是一个非常漂亮的“移花接木”的辩例。反方的例证看似有板有眼，实际上有些牵强附会：以“孙行者为什么不叫孙知者”为提问，虽然是一种近乎强词夺理的主动，但毕竟在气势上占了上风。正方敏锐地发现了对方论据的片面性，果断地从“孙悟空”这一面着手，以“悟”就是“知”反诘对方，使对方提出关于“孙大圣”的引证成为抱薪救火、惹火烧身。

移花接木的技法在论辩理论中属于强攻，它要求辩手勇于接招，勇于反击，因而它也是一种难度较大、对抗性很高、说服力极强的论辩技巧。诚然，实际临场上雄辩滔滔，风云变幻，不是随时都有“孙行者”“孙悟空”这样现成的材料可供使用的，也就是说，更多的“移花接木”，需要辩手对对方当时的观点和我方立场进行精当的归纳或演绎。

剔除对方论据中存在缺陷的部分，换上于我方有利的观点或材料，往往可以收到“四两拨千斤”的奇效。我们把这一技法喻名为“移花接木”。

第欧根尼对芝诺的反驳虽不乏机智，但毕竟缺乏理论的力量，这也难怪，因为当时还是人类理论思维的萌芽阶段。要从理论上驳倒诡辩，必须具备一定的逻辑学的知识。

诡辩学者在逻辑上常犯的错误之一，就是偷换概念，其表现形式，大体有以下几种：

(1) 任意改变某个概念的内涵并把它偷偷换成另一个相似的概念。

在现实生活中，有意无意地偷换概念的事屡屡发生。有位老工人到书店里买书，售货员却态度粗暴。这位老工人便批评她说：“你这位姑娘呀，应当好好学习才是。”没想到那位服务员却反唇相讥：“我天天守着书，学习的事，用不着你操心。”

这里，老工人讲的“学习”，指的是加强职业道德的修养，而营业员所说的“天天守着书”指的却是文化知识的学习。这样，营业员为了替自己服务态度辩护，“急中生智”，把顾客所提的意见中的“学习”的概念偷换了。

(2) 将音同、语言形式不同、含义也不同的几个概念混为一谈。

如果知道对方的论题是荒谬的，就直接指明，有时不一定能收到好的效果。倘若首先假定对方的论题是真的，然后根据这个假定引出一个更为荒谬的论点，毫无疑义，一定能收到好的效果，彻底驳倒对方的论点。从逻辑上说，这种方法就是归谬法。

俄国著名文学批评家赫尔岑，在一次宴会上被轻佻音乐弄得非常厌烦，便用手使劲握住自己的耳朵，流露出反感的情绪。主人连忙解释说：“演奏的是流行乐曲。”赫尔岑反问道：“流行的乐曲就一定高尚吗？”主人说：“不高尚的东西怎么会流行呢？”赫尔岑笑着说：“那么流行性感冒也是高尚的了？”主人听了，不知所措，过了一会儿，就停止了播放流行乐曲。

很明显，赫尔岑的反驳“流行性感冒也是高尚的”判断就是从主人“高尚的东西才能流行”的判断中推断出来的。众所周知“流行性感冒是高尚的”这个论点是极其荒谬的，那么，“流行的东西都是高尚的”观点自然就是荒谬的了。赫尔岑就凭这一句话轻而易举地、令人信服地彻底驳倒了主人的错误观点，迫使主人放弃了自己的观点，改变了自己的行为。可见运用这种方法反驳也是一种极富力量的行之有效的好方法。

一个赶路的青年人向一位老大爷问路：“喂，老头子，到张家屯还有多远？”“还有500拐杖！”老人用拐杖点了点地说。“路只有论里的，哪有论拐的？”青年人不解地问。“要论（礼），你就不应该叫我老头子。”

这里，老人家利用“礼”和“里”同音的巧合，将“里”偷换成“礼”，其目的倒并不是有什么恶意，而是用诙谐的言语来教训那个没有礼貌的青年人。

（3）把表示集合的概念偷换成表示个体的概念。

“文化大革命”期间，一位造反派的头头在群众大会上振振有词地说：“我是工人阶级，工人阶级领导一切。”似乎经这一说，他便可以天马行空，独往独来，调动一切和指挥一切了。但好景不长，“四人帮”一倒台，他的黄粱美梦也就成为泡影，灰溜溜地下台了。但他仍用精神胜利法来自我安慰：“哎，群众是真正的英雄，我现在不也是一位英雄吗？”

这位头头两次使用“工人阶级”，两次使用“英雄”，先是指集体，后是指其中一员，把表示集合的概念偷换成表示个体的概念，狂妄至极，荒唐可笑。

对于偷换概念的诡辩，只有一针见血地指出其错误，对方建立在偷换过的概念的基础上的整个论证，就成了无本之木，无源之水了。

3. 借力打力

武侠小说中有一招数，名叫“借力打力”，是说内力深厚的人，可以借对方攻击之力反击对方。这种方法也可以运用到论辩中来。

按照对方立论的方法反驳对方，用古人的话来说就是“以其人之道还治其人之身”。这种方法在论辩中行之有效，因为反驳一方运用的是被反驳一方的立论方法，对于反驳一方的反驳，被反驳一方无可辩驳，所以只得自食其果。

一个女佣人到主妇家去做工，主妇对他说：“如果你不介意，我就叫你阿莲，这是我以前那个女佣的名字，我不喜欢改变我的习惯！”女佣人轻轻地回答说：“我也喜欢这个习惯，这么说来如果你不介意的话，我叫您马先生，因为这是我以前的主人的名字。”主妇用原来佣人的名字称呼新佣人这是对女佣人的人格侮辱，是一种极不礼貌的行为。聪明的女佣人也按照主妇的立论方法用原来主人的名字称呼主妇，以回敬主妇不礼貌的行为。以牙还牙，十分得体，真使主妇哭笑不得。

由此可知，按照对方立论的方法反驳，这是对待诡辩者和无礼者的一种最好的方法。它可使诡辩者和无礼者无地自容而不得不收敛自己的言行。

在日常生活中，人们不能完全像上逻辑课那样一一指出对方的逻辑错误。也没有必要那样做，因为如果都这样说话，我们的语言就会黯然失色，枯燥无味。如果我们在反驳对方的诡辩的时候，能够将逻辑与机智融为一体，便会使我们的反驳更加有力，更加有趣。

文学家欧伦斯庇格有一天到饭店里去吃饭，店主的肉还没有烤好，于是他便走到一边，吃了不少干面包，吃饱之后，他坐到火边，转动烤肉叉，一直把肉烤熟。当烤肉端上餐桌的时候，店主请他上桌就餐，他随意答道："烤肉的时候，我闻味儿都闻饱了。"说完之后便坐在炉边打盹儿。客人们吃完饭后，店主便拿着托盘向他收肉钱，他道："我并没有吃肉，为什么要付钱?"店主皮笑肉不笑地说："掏钱吧！你不是说你闻肉味都闻饱了吗？所以你也应该付出与在座的吃肉的人一样多的钱。"欧伦斯庇格听店主这么说，也不和他辩解。只是掏出一枚银币，"砰"的一声扔到长凳上。笑着对店主说："你听到钱声了吗？我的银币的声音正好够付我闻了你肉味的钱。"

在这个故事中，作家没有直接从逻辑学的角度去揭露店主的诡辩，而是"以其人之道，还治其人之身"，随机应变，根据店主诡辩的思路，编造了同样荒谬的诡辩，逼得店主进退维谷。

当然，诡辩还有其他的表现形式，但是，不论是多么巧妙的诡辩，都经不起事实的检验和科学的分析。因此，为了撩开诡辩的面纱，我们自己应该用丰富的知识武装起来。

4. 请君入瓮

在人际交往中，常有各种各样的论辩发生：要想有效地战胜论辩对手，需要采用各种各样有效的论辩方法，这里介绍一种"请君入瓮"法。

据《资治通鉴·唐纪二十》载：武则天时，有人告发大臣周兴与人共同谋反，武则天命来俊臣审问。来俊臣假意与周兴共食论事时问周兴："犯人多不肯认罪，应该用什么办法对付?"周兴说："这太简单了！拿来一个大瓮，四周用炭火烤，把犯人投进瓮中，这一来，有什么事还怕他不承认呢?"于是，来俊臣便叫人搬来一个大瓮，照周兴说的办法用炭火在四周烤，之后对周兴说："有人告发你周兴谋反，现在即请君入瓮!"周兴吓得连忙叩头认罪。这就是"请君入瓮"法的出典。"请君入瓮"，意即以其人之道还治其人之身，其结局是置"瓮"烤人者反成了入"瓮"受烤者。这是一种常用的论辩方法。

"请君入瓮"法尤见于论辩激烈的场合，可置论辩对方于张口结舌，无力回答也无法回答的境地，从而彻底摧垮对方，使自己立于不败之地。

在前两年的美国总统竞选中，民主党人杜卡基斯打着"人道"的旗号，意图标榜对杀人犯讲人道，主张废除死刑。在一次辩论中，正当他起劲地借"人道"之名大肆鼓吹废除死刑时，惹得一位在场听讲的人忍不住跳起来向他质问道："杜卡基斯先生，如果你的妻子在被人强奸后又被杀害，请问你是否还赞成对罪犯宽容?"直问得杜卡基斯无力置辩，尴尬不已，从而一语点破了杜卡基斯所主张的"人道主义"的虚伪性，这就是"请君入瓮"法的一种妙用。

这里，取消死刑后将要产生的社会危害，按杜卡基斯的意思是要让公众去承担的，而现在却要他杜卡基斯承担了，亦即杜卡基斯准备用来让他人受烤的“瓮”，最终却成了烤他杜卡基斯的“瓮”了。

“请君入瓮”法还可用来反诘那些傲慢无理者。

1954年7月26日，正在苏联访问的周恩来总理出席苏方招待会，在与苏联领导人祝酒时，他既不讲汉语，也不说俄语，而是用英语说：“干杯。”苏方领导人对此显得有些不悦，米高扬通过翻译质问道：“周，你为什么不说俄语呢？你是很精通我们的语言的呀！”周恩来当即反问道：“米高扬，你为什么不学汉语呢？我已经学了俄语啦。”米高扬抱怨说：“汉语是一门难学的语言。”周恩来迅速应答：“可汉语并不比俄语难学呵，如果你每天上午到中国使馆去，我们将非常乐意教你学汉语。你们这些人可没有借口不学中文呵。”米高扬一时语塞。

这里，米高扬的话语中有一个荒谬的命题：在外交场合中，对方不该不用“我”方的语言说话，这是他拿来准备火烤周恩来的“瓮”。讵料，周恩来当即把它牢牢抓住，以其人之道还治其人之身，同样要对方学会用“我”方的语言说话，亦即“请君入瓮”，而这恰恰是傲慢的论辩对方所不可能也不情愿接受而又无法反驳的，从而有力地战胜了对方。

使用“请君入瓮”法的目的在于揭穿论辩对方的蛮横无理和狡猾奸诈。运用此法时，需要注意如下几点：

首先，要机敏而不失自尊。要一眼便能看穿对方言论的虚假性、荒谬性和欺骗性，不失时机地捉住要害，一语道破，把论辩对手置于烈火炙烤的“瓮”中而使之无法脱身。在与强劲的对手论辩时，还需要自尊：有自尊，才能有自信，才能有勇气，才能不慑于对方咄咄逼人的气势，从而维护自己的人格以至民族的尊严，如周恩来之于米高扬那样。

其次，要出其不意，攻其不备。由上举诸例中可以看出，论辩对方常常自以为是、自作聪明、自欺欺人，取咄咄逼人的态势。“瓮”，本是由他们设置用来对付别人的，而他们自己则毫无察觉自己终将要被置之于炽热的“瓮”中受烤，他们总是毫无防备的。我们应该准确地利用对方这种“未设防”的弱点，出其不意，攻其不备，运用不容置疑的语言，以迅雷不及掩耳之势，快速出击，“请君入瓮”，一举获胜。

当然，“请君入瓮”法有时也用于比较平和、友善的论辩之中，如是，则要注意分寸，论辩语言不妨诙谐、幽默、和善些，以免激怒对方，弄得大家都下不了台，收不了场。

5. 引蛇出洞

在辩论中，常常会出现胶着状态：当对方死死守住其立论，不管我方如何进攻，对方只用几句话来应付时，如果仍采用正面进攻的方法，必然收效甚微。在这种情况下，要尽快调整进攻手段，采取迂回的方法，从看来并不重要的问题入手，诱使对方离开阵地，从而打击对方，在评委和听众的心目中造成轰动效应。

在一次辩论赛中，我方和悉尼队辩论“艾滋病是医学问题，不是社会问题”时，对方死守着“艾滋病是由HIV病毒引起的，只能是医学问题”的见解，不为所动。于是，我方采取了“引蛇出洞”的战术，我方二辩突然发问：“请问对方，今年世界艾滋病日的口号是什么？”对方四位辩手面面相觑，为不至于在场上失分太多，对方一辩站起来乱答一通，我方立即予以纠正，指出今年的口号是“时不我待，行动起来”，这就等于在对方的阵地上打开了一个缺口，从而瓦解了对方的坚固的阵线。

6. 缓兵之计

在日常生活中，我们可以见到如下情况：当消防队接到求救电话时，常会用慢条斯理的口气来回答，这种和缓的语气，是为了稳定说话者的情绪，以便对方能正确地说明情况。又如，两口子争吵，一方气急败坏，一方不骄不躁，结果后者反而占了上风。再如，政治思想工作者常常采用“冷处理”的方法，缓慢地处理棘手的问题。这些情况都表明，在某些特定的场合，“慢”也是处理问题、解决矛盾的好办法。论辩也是如此，在某些特定的论辩局势下，快攻速战是不利的，缓进慢动反而能制胜。

1940年，丘吉尔在张伯伦内阁中担任海军大臣，由于他力主对德国宣战而受到人们的尊重。当时，舆论欢迎丘吉尔取代张伯伦出任英国首相，丘吉尔也认为自己是最恰当的人选，但丘吉尔并没有急于求成而是采取了“以慢制胜”的策略。他多次公开表示在战争爆发的非常时期，他将准备在任何人领导下为自己的祖国服务。

当时，张伯伦和保守党其他领袖决定推举拥护绥靖政策的哈利法克斯勋爵作为首相候选人，然而主战的英国民众公认在政坛上只有丘吉尔才具备领导这场战争的才能。在讨论首相人选的会议上，张伯伦问：“丘吉尔先生是否同意参加哈利法克斯领导的政府？”能言善辩的丘吉尔却一言不发，足足沉默了两分钟之久。哈利法克斯和其他人明白，沉默意味着反对。一旦丘吉尔拒绝入阁，新政府就会被愤怒的民众推翻。哈利法克斯只好首先打破沉默，说自己不宜组织政府。

丘吉尔的等待终于换来了英国国王授权他组织新政府。

在某商店里，一位顾客气势汹汹地找上门来，喋喋不休地说：“这双鞋鞋跟太高了，样式也不好……”商店营业员一声不吭，耐心地听她把话说完，一直没打断她。等这位顾客不再说了，营业员才冷静地说："您的意见很直爽，我很欣赏您的个性。这样吧，我到里面去，再另行挑选一双，好让您称心。""如果您不满意的话，我愿再为您服务。"这位顾客的不满情绪发泄完了，也觉得自己有些太过分了，又见营业员是如此耐心地回答自己的问题，也很不好意思。结果他来了个 180°的大转弯，称赞营业员给他新换的实际上并无太大差别的鞋，说："嘿，这双鞋好，就像是为我定做的一样。"营业员以慢对快，以冷对热，让顾客把怒气宣泄出来，达到了心理平衡，化解了这一场纠纷。

从上面的例子中，我们可以概括出在论辩中要正确使用"以慢制胜"法，至少要注意以下三点：

（1）以慢待机，后发制人。俗话说："欲速则不达。"在时机不成熟时仓促行事，往往达不到目的。论辩也是如此，"慢"在一定条件下也是必需的。"以慢制胜"法实际上是论辩中的缓兵之计，缓兵之计是延缓对方进兵的谋略。当论辩局势不宜速战速决，或时机尚不成熟时，应避免针尖对麦芒式的直接交锋，而应拖延时间等待战机的到来。一旦时机成熟，就可后发制人，战胜论敌。如第一例中，丘吉尔在时机不成熟时，不急于成功，以慢待机。在讨论首相人选的关键时刻，以沉默表示反对，最终赢得了胜利。

（2）以慢施谋，以弱克强。"以慢制胜"法适用于以劣势对优势、以弱小对强大的论辩局势。它是弱小的一方为了战胜貌似强大的一方而采取的一种谋略手段。"慢"中有计谋，缓动要巧妙。这里的"慢"并非反应迟钝、不善言辞的同义语，而是大智若愚、大辩若讷的雄辩家定计施谋的法宝之一。如第一例中，丘吉尔面对张伯伦的追问，装聋作哑，拖延时间，实际上是假痴不癫的缓兵之计。在这一种韧性的相持中，张伯伦一方终于沉不住气了，丘吉尔以慢施谋终于取得了胜利。

（3）以慢制怒，以冷对热。"慢"在论辩中还是一种很好的"制怒"之术。论辩中唇枪舌剑，自控力较差的人很容易激动。在这种情况下，要说服过分激动的人，宜用慢动作、慢语调来应付。以慢制怒，以冷对热，才能使其"降温减压"。只有对方心平气和了，你讲的道理他才能顺利接受。如第二例中的营业员，就是以冷静的态度、和缓的语气，平息了对方的怒气，化解了矛盾。

总之，论辩中的"快"与"慢"也是一种对立统一的辩证关系。兵贵神速，"快"当然好，可是，有时"慢"也有"慢"的妙处。"慢"可待机，"慢"可施谋，"慢"可制怒。"慢"是一种韧性的战术，"慢"是一场持久战，"慢"是舌战中的缓兵之计。缓动慢进花的时间虽长，绕的弯子虽大，然而在许多时候，它却往往是取得胜利的捷径。

第十一章 职场、面试的说话艺术

在职场中，在面试中，语言是职场人与上司和同事、应试者与用人单位相互沟通、传递信息的最基本的工具。口才不是人生来就具有的，是需要人经过后天的努力培养出来的。进行口才素质培养、提高语言表达能力，不仅对面试成功、职场升迁，甚至对人的一生都有重要的意义。

第一节 职场语言的特点与要求

俗话说得好：会干的不如会说的。你想仅仅凭着熟练的技能和勤恳的工作，就在职场游刃有余、出人头地，未免有些天真了。虽然能力加勤奋很重要，但会说话，却能让你工作起来更轻松，并且可能帮助你加薪、升职。

一、职场语言的特点

在职场上，遇到任何事情时，你需要冷静、迅速地做出这样的回应：

1. 应答上司交代的工作：我立即去办

冷静、迅速地做出这样的回应，会让上司直观地感觉你是一个工作讲效率、处理问题果断，并且服从领导的好下属。如果你犹豫不决，只会让上司不快，会给上司留下优柔寡断的印象，下次重要的机会可能就轮不到你了。

2. 传递坏消息时：我们似乎碰到一些情况

一笔业务出现麻烦，或市场出现危机，如果你立刻冲到上司的办公室报告这个坏消息，就算不关你的事，也会让上司怀疑你对待危机的能力，弄不好还会惹得上司责骂，成为出气筒。

正确的方式是你可以从容不迫地说："我们似乎碰到一些情况……"千万不要乱了阵脚，要让上司觉得事情并没有到不可收拾的地步，并且感到你会与他并肩作战，解决问题。

3. 体现团队精神：××的主意真不错

善于欣赏别人，会让上司认为你本性善良。小马的创意或设计得到了上司的欣赏，虽然你心里为自己不成功的设计而难过，甚至有些妒忌，你还是要在上司的听力范围内夸夸小马：小马的主意真不错。

在明争暗斗的职场，善于欣赏别人，会让上司认为你本性善良，并富有团队精神，从而给你更多的信任。

4. 如果你不知道某件事：让我再认真地想一想

上司问了你某个与业务有关的问题，你不知道如何作答，千万不要说“不知道”。而“让我再认真地想一想，2 点前答复您好吗?”不仅暂时让你解围，也让上司认为你不轻率行事，而是个三思而后行的人。当然，要记得按时给出答复。

5. 请同事帮忙：这个策划没有你真不行啊

在你请求别人帮助时要说“没有你不行”。有个策划，你一个人搞不定，得找个比较内行的人帮忙，怎么开口呢？你可以诚恳地说：“这个策划没有你真不行啊！”同事为了不负自己内行的形象，通常是不会拒绝的。当然，事后要记得感谢人家。

6. 减轻工作量：我知道这件事很重要，我们不妨先排一排手头的工作，按重要性排出先后顺序

首先，强调你了解这项工作的重要性，然后请求上司指示，将这项工作与其他工作一起排出先后顺序，不露痕迹地让上司知道你的工作量其实很大，如果不是非你不可，有些事就可交给其他人或延期处理。

7. 承认过失：是我一时疏忽

犯错误在所难免，所以勇于承认自己的过失很重要，推卸责任只会使你错上加错。不过，承认过失也有诀窍，就是不要让所有的错误都自己扛，这句话可以转移别人的注意力，淡化你的过失。

8. 打破冷场的话题：我很想知道您对这件事的看法

有时不得不找点话题，以打破冷场。当你与上司相处时，有时不得不找点话题，以打破冷场。不过，这正是你赢得上司青睐的好机会，最恰当的话题就是谈一些与公司有关、上司很关心又熟悉的话题。当上司滔滔不绝地发表看法时，也会对你这样一个谦虚的听众欣赏有加。

9. 面对批评：谢谢你告诉我，我会仔细考虑你的建议的

面对批评或责难，不管自己有没有不当之处，都不要将不满写在脸上，但要让对方知道，你已收到他的信息，不卑不亢让你看起来又自信又稳重，更值得敬重。

此外，职场语言中存在的暗语也是职场人不可回避的语言陷阱。有些人对喜怒哀乐从不掩饰，有些人则习惯以不动声色来掩藏自己的情绪，有些人则喜欢反过来表达情感。所以，要识别别人所说的是正话还是反话，是“暗语”

还是明语，重要的一点就是了解说话者一贯以来的表述方式与表述习惯，从中去捕捉其语言表达中是否存在“暗语”。

在日常沟通中，识别哪一些语言表述属于“暗语”或者存在双重意义前一定要考虑到言说者所处的语境以及当下的立场，都是正确鉴别信息的关键因素。

(1) 无福消受的夸赞。职场中，领导的夸赞、同事的鼓励无疑最能让人“如沐春风”，但一些职场人却诉苦，这些职场赞誉最容易让他们无所适从……领导夸赞你观察能力强，没准暗指的是经常打小报告；同事们看似在鼓励你，其实却否定某件事……不少职场“老油条”不得不“点醒”职场“新丁”们：“人在江湖走，如果你听不懂这些暗语，在职场里混饭吃可就难喽。”

(2) 领导“暗语”：看似表扬实则批评。

茜茜前年毕业于广东一所知名高校，一毕业随即被一家外企高薪招聘。入职后，她处处严格要求自己，年终考核时，其业务量遥遥领先于同一批入职的大学生。常常受到上司的赞誉：“你的个人表现很突出。”难得领导欣赏自己，茜茜自然欣喜不已，对工作更是一丝不苟。有时为了显示自己的能力，毫不犹豫就包下了一个组的工作。

一年以后，部门主管调离到其他岗位，茜茜心想：升职的机会到了。然而，左等右等，却扑了一场空。领导并没有考虑她，而是提拔了一位能力明显低于她的同事。

茜茜对此感到很不解，便找上司理论。谁知上司却很坦诚地告诉她：“这个职位需要的其实是善于与团队合作的人，而你过于在乎自己的个人表现！”茜茜这才意识到，上司过去“称赞”她个人表现突出，实则是在暗示她要注意团队合作，最终她与这次升职失之交臂。

“一个聪明的下属在上司第一次说出这种话时，就应该意识到这是对自己的提醒！”痛定思痛后，茜茜格外留意上司的一言一行，渐渐学会体味上司的言外之意。一次上司出差前说：“一切都交给你了！”但是茜茜在谈业务时，仍然没有擅自作主张，用长途电话与上司沟通请示，最终做成了一笔大业务，上司也由此被公司嘉奖。上个月，她如愿以偿升为主管。

(3) 同事“暗语”：不置可否“话中有话”。不少白领抱怨：职场暗语不仅出现在上下级之间，同事之间的交流也流行“打暗语”。

Lucy 在一家公司市场部做企划，上周，她终于做了一份自认为极富创意的企划案，在开会向领导汇报前热情地和同事做了交流。“看起来很有意思，或许你可以询问一下别人的看法。”比她入职早两年的师兄的这句话让 lucy 看到了希望，她又兴奋地去问别的同事，没想到，另一个人给出的也是同一句话，lucy 读出的意思是，大家都对她予以肯定。

谁知，等到领导来开会时，领导给出的却是质疑的目光和敷衍的笑容。她感到很困惑，找到其他部门一个交心的同事沟通，同事告诉她："别人说这句话是不想打击你的积极性，你还真去挨个问别人的看法?"同事建议她考虑重新做一份企划案，而不是听别人的意见去与人讨论，这只会让自己出丑。

"你可以问一下别人的看法"这句暗语在职场中采用率非常高，不少人征询别人意见时都遭遇过，还有如"我不确定这样是不是能够实行"，实际的语义是"这根本行不通"。

还有些时候，下级也会跟上级打"暗语"，比如临下班接到一个任务，波澜不惊地说一句"也许我可以加班把事情做完"，其实心里想的是，"你要我干到几点？还让不让活了？"不过，这样的暗语，还是不要被领导识破的好，否则倒霉的还是自己。

二、职场语言的要求

1. 声音的重要性

无论是在商场或者社交生活中，拥有响亮悦耳的声音是一项有价值的资产，令人讨厌的声音只有一个好处，就是经常让人忍不住想纠正。说话时的声音要注意：

（1）所说的话明白易懂，且措辞清楚；

（2）拥有低而饱满的音调，让人觉得你信心十足；

（3）口气坚定，这可以增添你说话的权威性；

（4）语速适当，不疾不徐，无论如何，一定要避免声音单调，音调要热诚、亲切和充满活力，表达出强烈的情感；

（5）说话时没有方言口音，否则可能不太易懂且显得不悦耳；

（6）对说话者应表示尊重，即使话题不吸引你；

（7）如果不仔细聆听，甚至可能错失赚得数百万元生意的良机；

（8）专心注意对方讲话的内容，而不是对方的外表长相和交谈周围的环境等。你能够记住交谈的重点，尤其谈及与自己有关的内容，如果是工作交谈，要明白哪些是自己应该做的属于自己的职责；在交谈或者会议结束，你能够对有关的内容提出针对性的或者能够反映水平的问题。

2. 适当的肢体语言

可以说，适当的肢体语言是一种好的会话。但与别人见面时不要站得太靠近，而且千万记得，脸上不要有生气的表情，要使自己的身体与对方保持距离，靠得太近，就会侵犯对方的私人活动空间范围；也不要离得太远，免得影响谈话的效果；绝对不要把对方逼到墙边，否则他会觉得你把他囚禁起来，因而觉得有压迫感。记得给别人留点转身的空间，这意味着他能自由转向走开；谈话的时候动作幅度不宜过大，身子不要东歪西倒，也不要因过分激动而使劲地挥舞双臂，在对方的眼前晃动；把双手插在口袋里也不太雅观，如果用手比画，注意运用恰当的手势，避免引起误会；当你在一个团体中谈话，你的肢体语言若不是快活、文雅，相反的就是鲁莽、消极；双眼注视说话者的脸部，视线不要毫无目的地四处游移；与某人谈话时端端正正地坐着，当然，不是一动也不动；双脚保持不动，不要一直改变位置，或者交叉来交叉去。因为后者的肢体语言不是表示关节疼痛，就是意味着急欲离开。如果你让膝部上下抖动，那表示你对现在的公司厌倦了；如果你是正在洽商的妇女，请注意自己的坐姿。如果你穿着短窄裙，坐着时就要双脚并拢，否则等于是对在场的男士发出错误的肢体语言，做了暧昧的暗示而不自知；有好的坐姿还不够，谈话时候应脸带微笑、怀有自信或兴趣；双眼看着对方，不要东顾西盼，显得心神不定；有时为表示听得仔细，可点头表示听明白对方说话的意思。

3. 说话内容有讲究

职场上，我们每天和同事、领导之间难免有话要说。说什么、怎么说，什么话能说，什么话不能说，也都应“讲究”。

（1）说话爱揭别人的“短儿”。

张挺在某国家机关做办公室文员，她性格内向，不太爱说话。可每当就某件事情征求她的意见时，她说出来的话总是很“刺”人，而且她的话总是在揭别人的“短儿”。有回，自己部门的同事穿了件新衣服，别人都称赞“漂亮”“合适”之类的话，可当人家问张挺感觉如何时，张挺直接回答说：“你太胖，不适合。”甚至还说：“这颜色你穿有点艳，根本不合适。”这话一出口，便搞得当事人很生气，而且周围大赞衣服如何如何好的人也很尴尬。因为张挺说的话有一部分是事实，比如说该同事身材真的比较臃肿。虽然有时张挺会为自己说出的话不招人喜欢而后悔，可很多时候，她照样说特让人接受不了的话。久而久之，同事们已经把她排除在集体之外，很少就某件事儿去征求她的意见。尽管这样，如果偶尔需要听听她的意见时，她还是管不住自己，又把别人最不爱听的话给说出来。现在在单位里几乎没有人主动搭理她。张挺自然明白大家不搭理她的原因。

（2）抱怨老板两句，不断遭刁难。

孙丽目前在中关村一家计算机公司做高级程序员。她之所以离开以前的公司，主要是因为她在同事跟前抱怨老板的话，传到老板的耳朵里后，老板处处排挤她，逼得她不得不辞职走人。

事情是这样的。一次，老板交给孙丽一个难度很大的任务，并跟她事先声明“这件事难度大，你敢不敢承担，敢不敢接受挑战”。尽管孙丽明白自己的实力，她觉得在公司众人中，老板主动找她征求意见，说明老板器重自己，所以孙丽一咬牙就接受了。结果，由于老板给的期限较短，孙丽的确没能按时完成任务。结果因为此事孙丽遭到了老板批评，并受到了经济处罚。可她感觉非常委屈也很气愤。孙丽认为：既然任务这么艰巨，做不完本是预料中的事。自己当时那么努力，没做完也不该算是工作失误。“老板真过分，这么短的时间里，让我干那么难的活儿，我都说做不了，可他非让我做，没做完还罚我。”事后，孙丽跟身边同事都这么抱怨。结果不久，老板又给她新任务，还好，这回孙丽完成得相当顺利。

正当孙丽高兴时，老板又把一个难度更大的任务交给他，并说：“这里我是老板，下属只有服从，不许抱怨。我不养白吃饭的人，适应不了就走人。如果你这次再完不成任务，就要考虑是否该换一份自己力所能及的工作。”

（3）领导有分歧，说实话两头挨训。

霍明在一家知名外企公司做事。有一次项目经理告诉他，要给单位做一个宣传案的策划，经过大家讨论后，霍明完全按照项目经理的意思加班加点，并顺利完成策划。但是，当策划案交到单位该项目主管领导那里，他却被狠狠批一通。

在领导面前，霍明说，这方案是他们小组所有人讨论的结果，而且他们项目经理也非常赞同，这个策划案60%都是项目经理的想法。

可没想到领导直接把项目经理叫来，当面对质。主管领导追问项目经理：“听说这都是你想的，就这种东西还能叫方案，还值得你们那么多人来集体策划？我看你这个项目经理还是不要当了。”

从主管领导的办公室出来后，霍明又被项目经理批评了一顿。项目经理告诫他，以后说话前动点脑子，别一五一十把什么都说出去。可霍明认为，自己没有说错什么，更何况他说的都是实话。

（4）说话得罪主管，丢了续签机会。

刘欣是一家宠物杂志的记者，天性喜欢小动物的她很庆幸自己能够选择一个非常合适的工作。因为喜欢和动物接触，所以她不仅工作努力，而且热情有加。但是在一个月前，升职加薪的人员中并没有看到她的名字。而一个在工作热情和工作业绩上都明显不如她的人，却因为善于奉承主任而轻轻松松地升了职加了薪。

刘欣怎么也想不通，愤愤不平之余把自己一肚子委屈告诉了跟自己不错的一个同事，说主管提升人不是看谁有本事，不是注重人的才能，而只把眼睛盯在会拍马屁的人身上。这话说出去后没多久，刘欣明显感觉主管对她另眼相待，并且时时在一些事情上压制她。年底，当刘欣的合同快到期时，主管以单位人力资源部门对她的绩效考核不及格为由，没有与她续约。

4. 莫做“职场大嘴”

“彼说长，此说短，不关己，莫闲管。”《弟子规》里的这句话教导我们：和自己没关的事情不要乱发言。《弟子规》基本上就是清朝《小学生守则》。但在职场上，即使简单如小学生应该做到的我们都做得到吗？

有研究表明，一个正常男人一天需要说6 000句话，一个正常女人一天需要说12 000句话，比男人多一倍。如果工作中没有那么多话可说，回家也没有说话的对象或者必要，那么剩下的指标就需要在办公室的闲聊中消化掉，所以闲聊是每一间办公室每天必不可少的桥段，每天总要上演，闲聊中就会不断锤炼出各种类型和段位的“职场大嘴”。根据前面的理论，“职场大嘴”中女性的比例显然多于男性。

粗略地分一下，常见的两类“职场大嘴”，一类是口无遮拦型，一类是搬弄是非型。口无遮拦型的职场大嘴，心直口快，说话不过脑子，无意中不知道就会冒犯哪个同事。这样的职场大嘴，我们每个人都当过，不过有的人会接受教训，以后尽量少犯。有的人不长记性，大嘴一辈子。常常听到人们背后对某人的评价是：“那个人，就毁在一张嘴上。”这种人基本上就是职场大嘴的最高级别了。

每个人都会有不愿意被人碰触的软肋，那些看似无心的话，有时候会像一根刺深深地扎入别人的心口，每一个人对这种冒犯的敏感度不同，化解能力不同，碰上一个不善于调节自己心态的、小心眼的，你就在不经意间为自己树立了一个敌人，更倒霉的是正巧是你的顶头上司，你倒霉的日子就开始了。

最常见的冒犯是对某些人群概括性的负面评价。

一日，一平时为人谦和的女同事因为给别人介绍对象受挫，在闲聊中大发感慨曰：“三四十岁还不结婚的人心理肯定有问题。”语毕，突然发现办公室一位大龄未婚女士也在场，连忙补充道：“我是说男的。”办公室一片静默。

一位管理专家曾经传授过上司评价下属的秘籍：批评一个人的时候，千万不要说他与生俱来的缺点。也就是，永远不可以说“你真笨”，“你从小缺家教”，“你们什么家庭出来的人就是这个德行”等。但可以严厉地批评说“你真不用功”，“你真粗心”，“你真没上进心”云云。夸赞一个人的时候，尽量夸赞他先天带来的优势。你夸赞他说“你天生就是一个干什么的料”，“你脑子就是一个超级计算机”，“你们这种什么家庭培养出来的孩子总是很出色”，要比“你真是笨鸟先飞”，“真是勤能补拙啊”，“你真是一个有抱负的青年”

效果要好得多。

智力、身体、出身这些已经无法改变的因素构成了一个人最基本的特征，这些方面的缺陷或者社会歧视，会给人带来心理阴影。所谓自尊，一般来说就是维护这些因素的隐蔽性。不管是上司还是同事，谁有意或者无意碰触或者揭开这种隐秘，谁就会伤别人的自尊，谁就会为此付出被对方厌恶的代价。

另外一个类型的职场大嘴就是“长舌妇”的职场版。一项针对职业经理人的研究发现，近83.6%的被访者认为最不受欢迎的职员是那些习惯端着杯子串门闲聊、搬弄是非的人。其实，长舌并不是女性的专项，随着社会中性化趋势的发展，“长舌夫”也越来越多。他们习惯搬弄是非，热衷八卦话题，喜欢广泛传播“谁和谁关系暧昧，谁是谁的小三，谁是谁的靠山，谁是谁的马仔”等消息。其特征是并不试图直接从这些传播中获得好处或者达到什么目的，而是下意识地打听、编辑并传播。和办公室政治斗争间的合纵连横、权谋交易不同，长舌的目的就是长舌本身，最多延伸到发泄一下对领导或者同事的不满，并没有明确的目的性。

在心理学上，这叫人“干涉癖”。干涉癖多发生在业务能力不强、没有爱好特长、思想语言贫乏、在办公室缺乏吸引力的人身上。职场上的内部消息属稀缺资源，所以他们试图通过对职场内部八卦消息的贡献，获得一定的地位，并被同事欢迎。通常这是一种低成本的交易，很容易达成，但往往维持的时间很短，所以他们需要不断地制造并传播新的八卦才能维护其地位。干涉癖，是企图用提供信息获取他人的肯定、接纳、赞赏，但其后果是，通常老板最想挤走的员工就是他们。而那些端铁饭碗的地方，往往让青年才俊有一地鸡毛的感觉，原因就是“长舌妇”和“长舌夫”永远会在那里战斗下去，直到站完最后一班岗。

有自信的人会专注于自己的事，没自信的人会用太多精力关注别人。人无自信，眼里皆是非。管好自己的嘴巴，“不关己，莫闲管”。

第二节　职场的说话艺术

一、职场语言艺术的重要性

晏子使楚、孔子周游列国、烛之武退秦师、诸葛亮舌战群儒等典型事例，有力地论证了“会不会说”的艺术性本质对于国家、对于社会、对于个人的重要性。一个会说话的人，既可以流利地表达自己的意图，也能把道理说得很动听、美妙，使别人很乐意接受。有时候还可以立刻从问答中测定对方言语的意图，从对方的谈话中得到启示，了解对方。相反，许多不会说话的人，他们说话或者不能完全表达自己的意图，或者不能使对方信服地接受，从而造成了交际上的困难。

说话讲究艺术性的人更受人欢迎，他能使许多不相识的人携起手来；他能使许多彼此不发生兴趣的人互相了解，互相感到需要；他能排难解纷，消除别人的疑虑和迷惑，消除人与人之间的误会；他能安慰愁苦烦闷的人，鼓励悲观厌世的人；他能够使别人更聪明、更美好、更快乐、更振作有为。

说话讲究艺术性的人总能成为生活的宠儿。作为上司，他可以游刃有余地使下属对自己心悦诚服；作为推销员，如簧巧舌可使他的业绩直线攀升；作为家长，他能协调好家庭成员间的关系，使一个家庭变得祥和美满……

与之相反，许多不善表达的人常常陷入难堪、尴尬的境地。他们说话不能准确、完整地表达出自己的意图，让听者觉得十分吃力，更谈不上能使对方产生共鸣，或心悦诚服地接受意见。这样就造成了交际上的种种困难，影响工作，影响生活，同时也给自己带来诸多苦恼。

二、职场语言的艺术手段

1. 语言艺术化

(1) 言之有礼：谦恭适度的艺术性。“度”的拿捏过程即艺术化过程；“度”即艺术。

职场口才以“礼貌性”和“情意性”为特征。职场口才是一个人内在文化修养的外现，即“诚于中则形于外，慧于心则秀于言”。职场口才表达讲究礼节，能适应人们普遍存在的亲和需求，能增进双方的了解和感情，为交际创造和谐融洽的气氛，给对方留下美好的印象。友善有礼的话语可以博得对方的好感，使对方乐于合作。

但也要讲分寸，谦虚过头则是虚伪，热情过头则是肉麻，幽默过头则是油滑。因此，要注意：一是少“夸张”，二是讲话要适可而止。

(2) 言之有的：明确中心的艺术性。“中心明确”是准确问题，如何做到中心明确就是艺术化问题。首先，要对交谈的目的、范围、方式心中有数；其次，要对自己的观点深思熟虑，提出真知灼见；再次，要对观点、材料和语言有组织。

(3) 言之有物：不尚空谈的艺术性。塑造务实的谈风本质上也是一个艺术问题，是一门更成熟、更稳健的交谈艺术。言之有物，可以显现一个人的作风和修养，空谈则给人以华而不实的印象。在交谈、演讲和辩论时可以经常用

一些具体生动的事例，

（4）言之有理：合乎逻辑的艺术性。合理化过程与合乎逻辑的过程是准确性问题，也是一个艺术性问题，它的高端表达形式一定是艺术的。第一，交谈中必须概念明确；第二，判断准确；第三，推理合乎逻辑。

（5）言之有益：健康向上的艺术性。言之有益，是一个道德范畴，但如何做到让对方充分领会我们的“言之有益，健康向上”，是一门艺术。话题忌低级趣味、消极颓废、荒诞离奇、耸人听闻、喋喋报怨、夸耀自吹、冷嘲热讽，这样会使你失去人格和尊严。应选择对学习、工作和生活有积极意义的话题。

（6）言之有法：巧于应变的艺术性。“变”的巧就是艺术。在职场中突然发生令人猝不及防的事，使人陷入窘境的情况是常见的，应对不当，往往令人难堪，甚至加深误会，因此要善于应变，如采用泰然处之、将错就错、自我解嘲、巧妙拒绝、反客为主、巧妙回避、幽默应对等方法。

2. 表达设计艺术化

表达设计指的是在职场交际前的言语准备，事先做好言语准备，有利于克服心理障碍，增强自信心，有利于取得交际主动权，有利于达到交际目的。胸有成竹的人知道准备工作是成功口才之根基和纲领。正如古谚所云，事前做足功夫，讲演即可十拿九稳。这表明准备工作能驱散心头的恐惧，将讲话打磨成一出精雕细琢的杰作。

设计的前提是知己知彼；设计的关键是打好腹稿。

打好腹稿包括讲话内容、方式、态势语、语气声调、开头、过渡、结尾等设计。如选择合适的时机，选择对方感兴趣的话题，可以使对方放松戒备心理，拉近双方之间的距离，联络感情，这时再巧妙地引入所要谈论的话题，有水到渠成之妙。入题的常见办法有：

开门见山、故事开场、巧设悬念、联络感情、实物展示等。

3. 说服艺术化

（1）以情动人艺术化。只要是由衷的说话和演讲，就不可能不投入感情，就不可能没有抒发情感的方式和手段。事、情、理构成了说话和演讲的三个条件，三者互相交融，又形态各异。情是心理感受，是无形的，只有意会，难以言传。要把这种无形的难以言传的心理感受真实、准确、生动、细腻、及时地传达出来，有以下三种形式：

态势传情，就是通过手势身姿，面部表情直接传输情感。在说话或演讲的过程中，人的喜怒哀乐总会从人的体貌特征中外化出来，这种外化出来的情感特别自然真实，并富有个性。

态势传情，既要合乎双方的身份、地位、关系，也要合乎场合时间，还要和言语巧妙结合。

声音传情，说话的声音，除了要把表达的意思一个词一个词，一句话一句话地说出来之外，还十分真实地传达着说话或演讲者的情感。声音传达出来的情感，具有极强的感染力。

(2) 言辞传情。情感是无形的，也是变化莫测的，很难用言辞说出来，尤其是多种情感交互就更难说了。然而在人们说话或演讲中，总能用语言恰当地说出来。有两种手段：

直接抒情。一是情态词前后加副词或形容词，如“很伤心”“非常难过”等。二是情态词加之相应的行为动作，如“笑得合不拢嘴”“气得直跺脚”。三是用比喻夸张的方式说出来，如“哑巴吃黄连，有苦说不出”“心里美得像吃了蜜一般”等。

间接抒情。所谓间接抒情就是把情感附着在叙事说理描摹之中，即融情于事，融情于理，融情于景之中。

4. 以理服人艺术化

(1) 矛盾互攻。巧妙利用对方的逻辑矛盾，使对方不能自圆其说。

(2) 分析利弊。对于需要下判断的事，如果稍有一些迷惘，就会愈来愈走进迷路，陷入无法做出结论的情况。而且到了这种时候，都会期待别人给予强而有力的建议，这种心理特性可以应用在说服术之中。例如卖家具的人看到顾客犹豫不决，不知该选购方桌还是圆桌好，而向顾客分析圆桌和方桌的优点，毫无疑问，顾客将不买任何种类的桌子而打道回府。所以碰到这种情况时，应该对顾客说：“按照贵府的状况看来，我认为还是圆桌比较适合。相信这张桌子摆在府上，将会焕然一新。”内行的生意人都会采取这种断定式的说法说服顾客，顾客听到这种话将从“方桌好还是圆桌好”的迷惑中走出来，购买的欲望就会油然产生。这种断定法是相当单纯的技巧，如果能够巧妙地加以利用，将能操纵对方的意志。

(3) 引导赞同。会顽固拒绝他人说服的人，经常都处于“不”的心理组织状态之中，所以自然而然会呈现僵硬的表情和姿势。对付这种人，如果一开始就提出本题，绝不可能打破他“不”的心理组织。以无关紧要的问题使对方答“是”，可以打消他的“不”的心理念头。所以首先应该尽量让他轻松化，并提出不勉强的问题，使对方反射性地答出“是”的答案。

对于疑心重的对方，应该先传达一点自己的弱点让对方倾听，可以增加后面情报的可信度。任何人对于太过甜蜜的话，一时都不敢相信，可是对方若自动说出弱点：“因为有点小毛病。”听者都会认为：“原来如此，难怪这么便宜。”而相信了对方的话。百货公司大拍卖时，售货员也是以“稍有瑕疵的货物”的说辞吸引顾客购买。

一般人对于太过夸大其词的话都不敢相信，可是当其中含有百分之一的真实性时，剩下的百分之九十九的谎言就无法看穿了。有这种倾向的人都是知识程度较高者，也就相信自己绝不会上当的人反而受害机会愈多。抓住这种人的一瞬间心理空隙，是那些欺诈者所施展的技巧，而这种技巧也可应用在说服上面。

（4）以退图进。双方互不退让而僵持不下时，最好率先做一些小小的让步。在彼此都不肯让步的状态之下，表面上的让步有时会收到意外的效果。仔细想的话，彼此之所以陷入此状态，是因为彼此都不愿意退让，所以考虑做形式上的让步，是制约对方先机的秘诀。

（5）分散焦点。“一点突破法”，顾名思义，就是攻击的力量集中在一点，以便发挥更大的威力。因此，想要闪开这种集中性的攻击，最有效的办法是使集中的力量分散。

政治家三木武吉善言明朗话语。有一天，受到在野党议员攻击说：“身为公职人员，竟敢拥有四个姨太太，真可恶！”他回答得很妙：“请让我对你说的话加以订正，我拥有五个姨太太并不是四个。”瞬间，整个会场哄然大笑，使这位来势汹汹的在野党议员尴尬万分，不敢再继续追问。

（6）小题大做。有人提出抗议时，若能对这件事表示非常重视，反而会使对方的气势减弱。一般人在自己有充分理由可以对抗对方提出的不满时，都会从正面攻击对方的不满，暴露对方的不对，但是这种做法反而会使对方的情绪愈来愈高昂，态度也会更强硬，所以不算是有效的方法。应该故意重视成为焦点的问题，对方会因为事情弄得太大而感到害怕，抱怨的风头会迟钝下来。我们就可以利用这个机会展开道理的说服，对方也会承认自己的不对。

（7）各个击破。对以众人意见作为后盾提出要求的人，应该让每个人说出各自的意见。一般人对于全体的意见或是经过讨论决定的意见，都觉得无法反驳。只要听到是多数人的意见，想要论其是非是很困难的，因为一般人的观念，大多数人支持的就是最有道理的结论。所以想要击破这种集体讨论过的要求，不要去批评要求的内容，应该先击破造成要求强势的原因，即所谓“一致的意见”的根本。虽然说是全体人员的意思，或是开会决定的意见，我们都要先问清楚是否真的是一致承认的，对方是以这点作为最大的根据，认为我方不会产生任何怀疑。当听到我方提出问题的真实性时将会心慌起来，如果当场再要求他们提出个人的意见，其间一定有微妙的差距存在。我们可以好好利用这种差距性说：“你们虽然说这是大家的意见，为什么都有这么大的差距呢?”他们所根据的是“一致”，一旦被击破就不得不退却了。古人曾说：“我为一，敌为十，我须攻十中之一。”这也就是说在对付集团时，需要采取各个击破、分别作战的方法。

四、倾听艺术化

说是一门艺术，而听更是艺术中的艺术。倾听，是对他人的一种恭敬、一种尊重、一份理解、一份虔诚，是对友人最宝贵的馈赠。倾听，是心的接受，是热的传递，诚挚的情感在祥和中奉献。倾听，是智者的宁静，犹如秋日葱茏，深邃的思想于无声中收成。

1. 有正确的“听”的态度

专心地听对方谈话，态度谦虚，始终用目光注视对方。不要做无关动作：看表、修指甲、打哈欠……人人都希望自己讲话能引起别人的注意，否则，他讲话还有什么兴趣，还有什么用呢?

2. 做一个积极的“听话者”

要善于通过体态语言、语言或其他方式给予必要的反馈。例如：赞成对方说话时，可以轻轻地点一下你的头；对他所说的话感兴趣时，展露一下你的笑容；用“嗯”“噢”等表示自己确实在听和鼓励对方说下去等。

3. 适时提出问题

凭着你所提出的问题，让对方知道，你是仔细地在听他说话。而且通过提问，可使谈话更深入地进行下去。如：“造成这种现象的原因是什么呢?”“他为什么要这样做?”

4. 不中途打断对方

讲话者最讨厌的就是别人打断他的讲话，因为在打断他的思路的同时，又让他体会到你不尊重他。事实上，我们常常听到讲话者这样的不平：“你让我把话说完，好不好?”

5. 巧妙引领话题

人们喜欢从头到尾安静地听他们说话，而且更喜欢被引出新的话题，以便能借机展示自己的价值。你可以试着在别人说话时适时地加一句：“你能不能再谈谈对某个问题的意见呢?”

6. 合理表达意见

不要表示出或坚持明显与对方不合的意见，因为对方希望的是听的人“听”他说话，或希望听的人能设身处地地为他着想，而不是给他提意见。你可配合对方的证据，提出你自己的意见，比如对方说完话时，你可以重复他说话的某个部分，或某个观点，这不仅证明你在注意他所讲的话，而且可以以下列的答话陈述你的意见，如“正如你指出的意见一样，我认为……”“我完全赞成你的看法”。

7. 听出言外之意

一个聪明的倾听者，不能仅仅满足于表层的听知理解，而要从说话者的言语中听出话中之话，从其语情语势，身体的动作中演绎出隐含的信息，把握说话者的真实意图。只有这样，才能做到真正的交流、沟通。

第三节　面试语言的特点与要求

面试答辩离不开语言，因为答辩必须用语言来回答试题或考官提出的问题。答辩语言运用得好坏，直接关系到面试的成败。因此了解面试答辩的语言特点和要求，对于面试有着十分重要的作用。

一、面试语言的特点

一般情况下，面试谈话时若无特殊情况不可随便打断别人的讲话，即使有某种原因，也要以适当的方式。在面试时，讲话不可有太多的手势语或口头禅，让人看了听了不舒服。普通话应力求标准，不可讲错字或念错字音，方言最好不用。不可以自负的方式、语气说话，即话不能说得太满，当然也不必过于谦虚。

1. 要有条不紊

提纲挈领、条理清楚地回答，说明你的思路清晰，有较强的概括能力和逻辑思维能力，这正是评委打高分的原则之一。要做到答辩时提纲挈领、条理清楚，光靠考场上那一会儿的临场发挥是难以做到的，重要的是要注意平时的训练：一是学会对纷繁复杂的问题进行高度概括，抓住其要旨；二是平时说话时要注意有意识地训练自己语言的条理性；三是学习一些必要的逻辑知识，学会用逻辑的方法来推理演绎问题。

2. 要声情并茂

有的考生在考场上可能由于紧张或者自信心不足，在回答主考官的提问时，不但神色紧张，而且语言呆板，言之无味。评委在面试工作中一坐就是一整天，所听到的内容又大体相似，很容易产生厌倦的情绪。如果考生在答题时表情呆板、语言乏味，一定不会给考官留下好的印象。综观那些在面试中脱颖而出的考生，无一不是在对问题进行短暂的理性思索之后，将个人的情感融入见解之中，声情并茂地将自己的观点表述出来，打动评委的。要做到在答辩时声情并茂，考生一是对生活要有激情，有乐观向上的态度。二是要充满自信。一个没有自信的人，坐在答辩席上，会情绪紧张，思维也随之迟钝，自然无法说出有情趣的话来。三是营造情境，以情带声。在答题时，要善于从生活化的事例或个人的主观感受入手，摆事实，讲道理，努力做到晓之以理，动之以情，使评委产生强烈的共鸣，从而使他们看待你的眼光由审视到欣赏，由评判到认同。

3. 要真诚坦率

主考单位在设计面试试题时，常常有一道或几道测试你的性格和为人处世原则的题目。有的考生为了在评委心中留下好印象，对自己的缺点故意隐瞒甚至加以粉饰，结果欲盖弥彰，反倒给人以虚伪的感觉；有的“鹦鹉前头不敢言”，自己内心有看法也不敢大胆表达，给评委一种思想苍白的感觉。这样评委自然不会给你高分。做到真诚坦率地答辩，一是要将自己的个性特点特别是缺点和不足坦诚相告，不加掩饰；二是对别人的优点要发自内心地称赞，不为了表现自己或突出自己而肆意诋毁他人；三是敢于大胆地表达自己的见解和主张，不畏声畏色，不吞吞吐吐；四是敢于对社会上的一些不良风气提出批评，不粉饰太平，不有意回避。

在某市公开选拔一名审计局副局长的面试答辩中，有这样一道题：请介绍一下你的个性特征，它对你的工作有哪些影响？一个考生直言不讳地答道：“我的个性就一个字：‘犟’！假如我有幸担任审计局副局长一职，它将使我在工作中大胆坚持原则，敢于与不正之风做斗争；但我也可能因此而听不进他人的意见，工作中易犯一意孤行的毛病，这需要我今后尽量扬长避短。”他的回答因真诚、坦率而赢得了评委的赞赏。

4. 要新颖独到

老生常谈最容易让人生厌，新颖独到的话最容易吸引听众的注意力。但在答辩时要做到新颖独到绝非易事。笔者认为以下几种方法值得借鉴：一是恰当地引用名人名言、谚语俗话、顺口溜或眼下较为流行的话语来论证或阐述自己的观点；二是可以采用形象化的比喻、拟人或有气势的排比加以表述；三是可以用带有精确数字的事例、不起眼但很有意义的逸闻趣事或经典的历史典故对自己的观点加以补充和升华。要做到这些，一要注意平时的积累，只有对一些名言警句或历史典故烂熟于心，在答辩时才能做到信手拈来，运用自如；二要活学活用，他山之石，可以攻玉，对他人较为新颖的表达方式，要注意结合自己的兴趣和习惯，灵活地加以借鉴和运用；三要想象丰富，运用一些形象性较强的表达手法，如比喻、拟人、排比等，要联想丰富，能把不同性质、不同类别、不同层次的事物，通过巧妙的提炼和组合来为自己要表达的思想服务。

二、面试语言的要求

面试中，大学毕业生的自身情况、工作意愿、工作能力以及工作态度、个性特点等，在一定意义上来说都是通过语言表达的，因此，语言在面试中起着至关重要的作用。面试时大学毕业生在语言表达与交流方面的表现对面试的结果影响很大。因此，我们应在下面几个方面给予注意。

1. 语言的准确性

在面试中，审题尤为重要，一定要抓住面试题中的关键词，特别是在没有题本的情况下，更要记好关键词。然后迅速判别题型，抓住考点，进行整体构思。

面试中的语言表达是否准确首先取决于面试题的准确把握和理性分析上，如果对于题目本身的理解有误，那么必然无法准确作答。所以审题是面试中最重要的前提，做好这一步，才能进而有效地去完成其他方面，否则就很容易答非所问、画蛇添足，甚至让人不知所云。

而审题是有技巧的，尤其是在那样一个相对紧张和严肃的环境下，考生想要完完整整地记住和把握考官的问题，的确比较困难。如何解决这一难题呢？从关键词入手。通过对面试题中的关键词进行记忆，进而在头脑中进行一个总体的分析，能够帮助我们及时有效地判别题型，从而对症下药。

以上还只是为语言的准确表达提供了一个必要的前提。考生不要一把握住关键词就急于答题，还应对考题进行全面构思，把无数散落的点连贯起来，形成一个严密而有序的整体性语言和思维之网。

据心理学家研究，对别人怎样称呼十分重要，称呼恰当，能使对方产生相容心理，感情就较融洽；称呼不当，可能会招致对方的不满或反感。所以，毕业生在面试时，首先应称呼恰当，这对于第一次参加面试的毕业生来说很重要。由于他们的社会经验较少，除了“老师”等几个简单称呼外，对社会上一些通常称呼就显得很陌生。这里不妨对各行业进行分类，如工厂、企业的同志，你可以称呼“师傅”“老师傅”；对事业单位的知识分子，可以称呼“老师”；对外企人员可以称呼“先生”“小姐”“女士”；对党政机关部门人员可以称呼“同志”或者其职务“某科长”“某局长”等。千万不要大呼小叫别人的名字。

最后，还要特别注意词语的使用，尽量用柔和的语言、委婉的语气阐释问题，而避免用绝对化的词语。例如，应对考官这样的提问：“你最讨厌什么样的人？”有考生回答：“我最讨厌虚伪的人。”如果换成：“俗话说，尺有所短，寸有所长，我没有特别讨厌的人，只是不太喜欢不诚信的人。”其实两种说法表达的是一个意思，但是给人的感觉是不同的，所以建议考生多用一些否定词加褒义词去代替贬义词。

2. 语言的完整性

语言的完整性是面试中语言表达的一个重要组成部分，在面试中，考生要做到有始有终，完整地回答问题，切忌虎头蛇尾或中途跑题。有些考生在听到考官发问之后，不假思索或者尚未形成完整框架就盲目答题，势必会出现跑题的现象。这可能与个人的性格和习惯有关，如性格急躁或者平时比较爱抢话的考生易犯这种错误。考生可以在平时的生活中有意识地进行控制和协调，因为仅靠考场上的临时控制是很难奏效的，还会因此导致精神过度紧张、溜号等现象的出现，不利于考试进行。因此建议在思考的同时，先列出整体框架，然后再填充内容。大多数考生在回答问题时只说一半，就是由于没有从整体上将题目思考完。提纲的作用就是一个线索，牵引着你朝着这个方向去思考和表达，先思考出整体构架，至少能够保证把题目有始有终地答完，不至于中途无话可说。另外，列出提纲的过程，也是你确定中心论点的过程，可谓一举两得。

话不在多而在精，自己反反复复要强调的事情，生怕对方听不明白或者漏过去，这样反而把重点冲淡了；回答问题也应该简单明了，不要老是喋喋不休，让面试现场成为你自己的演讲论坛。

另外需要注意的一点，就是考生在明晰考官问题的前提下，要迅速构思与之相关的要点，并尽量勾勒出针对此问题的答题框架、脉络，如先确定要回答哪几方面、哪个为主、哪个为次、哪个先说、哪个后说等，做到提纲挈领，进而分别论述。在心中牢记提纲和整体框架，可以有效避免答题过程中出现无话可说的尴尬场面。

3. 语言的灵活性

语言的灵活性是在语言准确性和完整性基础上提出的进一步要求。我们常常看到很多文章表达很清楚、也很准确，但是却总觉得缺少点什么，这类文章通常是过于平铺直叙，而缺少起承转合，这很难吸引别人的兴趣。在面试中亦是如此，如果只是泛泛而谈，没有或缺少过渡转折性的词语，就会使自己的语言表达黯然失色。因此，在整个面试过程中，包括句子与句子之间的过渡，段落与段落之间的过渡，乃至每道题与每道题目之间的过渡、衔接都一定要连贯、灵活。

意识到这一点，想要使语言表达灵活多变，抓人眼球，吸引听众，就不难了。最有效的方法就是合理地使用过渡语，一方面是要注意到整个考试过程中，除了你所回答问题的语言之外，还有很多要说的话，比如刚进场时要给考官问好，答题前要提示考官，答题完要说结束语以及退场时要说的话语都要表达清楚。另一方面就是在答题过程中，要注意我们以前所学过的连词的使用。如并列关系、转折关系、递进关系等过渡语的使用，可以把比较分散的言语有效地衔接和整合起来。既可保证语言的全面完整，同时又精彩有序。通过过渡语的巧妙使用，会为自己的整体表达增色不少，同时也会给面试考官留下非常深刻的印象。

不要兜售自己的学识，一张嘴就是专业术语，好像除自己谁都不知道是什么意思，给人一种故弄玄虚的感觉。

4. 语言的丰富性

很多考生在思考问题时，框架有了，但是没有内容去填充，也就是语言不够丰富。其实考生可以用举例子、援引、原因分析、反面论证等方法来展开论述。具体来说，可以从以下几点入手。

在一段论述中，一定会有一个分论点，而展开分论点的方式我们可以采取不同的方法，形式也可以多种多样，如在论证观点时可以用举例子的方式佐证自己的观点，使表达的内容落到实处。也可以援引先哲名言、名人轶事、成语典故来加以论证，但前提是一定要准确理解这些事例、名言、轶事、成语典故的真实含义，保证运用准确，当然也不能使用过多。另外，原因分析也是论证时常用到的方法。通过分析事件的原因，进而提出自己的观点、建议。对于原因分析，可以采取多种方式进行，如从事实、经验、数据等角度进行。值得一提的是，考生还可以采用反面论证的方法。这点常常被考生忽略，比如，“我们要节约用水，如果不这样，人类看到的最后一滴水将是自己的眼泪。”如果适当地使用下反面论证，相信会收到意想不到的效果。

此外，语言文明在一定意义上表现一个人的文化教养。大学毕业生面试时，用语文明与礼节性语言尤为重要，对语言的使用要认真细致，不要将自己不文明的口头语带出来，那样会使场面很尴尬。

5. 语言的逻辑性

逻辑性是语言整体表达的灵魂，也是整个语言表达中最高层次的要求。一旦缺少了逻辑性，语言的准确性、完整性、灵活性、丰富性都将无法实现。

事实上，无论是口头的言语表达还是书面的言语表达，逻辑性都至关重要，因而，语言的逻辑性也成为面试中的一个考量因素，是否具备完整和严密的逻辑将直接影响到考官对应试者的印象和评价。可以简单设想一下，同样是个仓库，井然有序和杂乱无章给人的感官感受是截然不同的。而语言是否具有逻辑性给考官的感觉也是与此相类似的。所以说语言、思维的逻辑性很重要，要想在相对短暂的时间内让考官了解你、记住你，逻辑性必不可少。

而逻辑性最重要的一点就是要做到思路清晰、有条理，条理清晰是逻辑性最直接的表现形式。这既要在平时的生活、学习中有意识地培养，同时也要求我们在面试过程中首先要对表达的内容有个总体的把握，进而迅速地厘定主次先后，并有效地运用过渡语起承转合，实现有效链接，最后通过丰富和形象的语言表达出来，实现语言的逻辑性。

面试中说话要朴实、简洁，不要过多地提问，以免使面试人产生厌烦情绪。另外也不要说一些不着天不着地的话，让用人单位产生厌恶的感觉，比如“最什么”“特什么”“非我不可”等话，都显得应试者极不成熟与幼稚。

综上所述，在面试过程中，如果考生在语言表达上能做到准确、完整、灵活、丰富、有条理，基本上语言这关就能拿高分了。

三、面试语言的禁忌

对于面试，很多人都有这样的一种理解的误区：面试一测外貌；二测口才。现在有很多年轻的求职者自以为外貌和口才资质不错，以为在主考官面前能“对答如流”，便可以捞足“印象分”。的确，语言是求职者在面试中与招聘人员沟通情况、交流思想感情的工具，更是求职者敞开心扉，展示自己的知识、智慧、能力和气质的一个主要渠道。恰当得体的语言无疑会增强你的竞争力，帮助你获得成功，反之，不得体的语言会损害你的形象，削弱你的竞争力，甚至导致面试的失败。在面试中，还要注意一些影响自己成功的忌语。

1. 夸夸其谈

面试中对自己经历及能力的表述简明扼要，适可而止，千万不要像打开话匣子般没完没了地夸夸其谈，自吹自擂，甚至主次不分地“以我为主”。求职者要讲究实在，言简意赅，不可大包大揽地做太多的口头承诺，说得太多容易引起考官的反感。考官在面试时往往要求你当场表现自己的才艺，你姑且可以谦虚地一试，但休要还没动手，掰张嘴就迫不及待地声称这事没问题，那事很容易。有夸海口之嫌的话在求职面试场合，一定要慎重。

不错，负责招聘的主考官很注重对你能力的评估，但面试时他更会对你抱着谨慎的态度，意在让你充分展示自己。这时，如果你想把考官“侃”晕，东拉西扯，尽说些不着边际的话题，甚至大肆吹嘘“关系网”，还自鸣得意，生怕别人不知道你有多大能量，那么主考官一定会认为你这个人只会拉大旗做虎皮，浅薄至极，能力也“不过如此”。

夸夸其谈说到底就是想回避问题的实质，因而用不诚实、不坦率的吹捧方式来为自己遮羞。比如求职者常常被主考官问及为何会失去过去的职业，有些人为了回避正题，便故意顾左右而言他，大谈理想抱负或过去的工作所学非所用；若实在还过不了关，便对过去的工作单位大加痛砭，言下之意就是说原来的工作单位庙太小，容不下他这个大和尚而已。面对这样夸夸其谈的面试者，主考官十有八九会在心里做如此反应：你以为你谁？本庙更用不上你这种华而不实的“大和尚”。

还有的人在面试中玩“洋泾浜”。一家企业招聘一名仓储经理，面试时这位求职者在回答问题时不断地夹杂一些英语单词，由于参加面试的企业部门经理英语不甚精通，中介人员在旁看了很是着急，便悄悄提醒他：“请直接用中文陈述。”但这位求职者却全然不理会，继续慷慨陈词：“其实我这个人不是十分 Sophisticated（老于世故），相反，我待人倒是十分的 Sincere（诚恳），与同事们相处也是 extremely harmonious（极其融洽）……”面试结束后，中介人员问部门经理：“感觉怎么样？”“不怎么样！”这位经理无奈地苦笑着说。这种“洋泾浜”式的语言显然也是不受欢迎的。

2. 抢话争辩

有的求职者为了获得主考官的好感，就会试图通过语言的“攻势”来“征服”对方。这种人自我表现欲极强，在面试时根本不管主考官究竟买不买他的账，没说上三句两句话，就迫不及待地拉开“阵势”，卖弄口才，力求自己在“语机”上占上风，在事理上征服对方，主要表现在抢话、插话、争辩等方面。不能说爱抢话或爱插话者都是浅薄者，但人们往往非常讨厌这种“不管嘴”现象。因而，在求职面试时，无论自己的见解是多么的卓尔不群，无论别人对你的看法或观点有多大的偏差，在对方把话说完之前，千万不可插嘴，这也是对主考官最起码的尊重。如果主考官的话偏差太大，说明主考官对你已经持有成见，在这个时候，无论你再插话、抢话也已经于事无补，只会增加人家对你的反感。插话、抢话的“下步棋”无非就是争论或争辩，但面试谈话如果变成争论或争辩的话，这样的面试还叫面试吗？

有的求职者在谈话中一直用争辩和反驳的语气：“为什么不是这样！”“我有我的见解，不管你怎么想。”这种争辩或许能表现出你的才智、机灵、推理能力和说服能力，你可能在某个细节上辩回了面子，殊不知就在你“过了口瘾”的同时，主考官从大局考虑，为了单位将来能得安宁，已经放弃对你的录用了。赢得一场争辩而失去一份好的工作，可谓是“因小失大”。面试的目标不是在谈话中取胜，也不是去开辩论会，而是要得到工作。如果你在谈话中过于和主考官“较真儿”，使得主考官对你很伤脑筋，认为你“根本不是来找工作的，而是故意来找碴儿的”，可想而知，事情的结果将会是怎样。

还有人在面试中拿腔拿调。有一位从新加坡回国求职的机电工程师，由于在新加坡待了两年，“新加坡腔”比新加坡人还厉害，每句话后面都长长地拖上一个“啦”字，诸如“那是肯定的啦……”半个小时面试下来，考官们被他“啦”得晕头转向，临别时也“回敬”了他一句：“请回去等消息啦……”又如一位求职者，虽然从来没有在外国呆过，可是洋腔洋调倒是学到了不少，在应聘一家著名酒店公关经理的面试中，每当考官向她介绍一些内容时，她便嗤之以鼻拿腔拿调地发出“嗯哼”一声，说得越多，“嗯哼”得越厉害，最终给人留下的印象是“太过做作”。

3. 反应木讷

在求职面试场合，主考官提出一些很关键的问题时，如果你“惜言如金”，主考官定会认为你这叫反应木讷、迟钝。如果你给主考官留下的是这个印象的话，那么可以说你的求职使命将就此宣告失败，因为没有任何一家公司愿意录用反应迟钝的人。“少言”是必要的，但比“少言”更有必要的是“慎言”，而不是“不言”！面试却“不言”，当然就是木讷、迟钝。尽管木讷、迟钝者和那些夸夸其谈者的反差明摆着，但同样也不可能成为一个称职的好员工。求职面试的目的是要让用人单位考核自己，你羞羞答答地不张嘴说话，人家又怎么考核你呢？

面试对话不仅要用头脑，还得用心灵。当你两脚往主考官面前一站，看着对方一副大模大样的姿态，你莫名地垂下了眼睑，无地自容，早先为自己设计好了的答问词竟荡然无存。越是如此，你越发慌，致使你说起话来鬼使神差地词不达意、语无伦次。这都是反应迟钝的表现。反应迟钝者大多容易产生自卑心理，越是自卑，就越迟钝，这就叫恶性循环。人一旦既自卑又迟钝，就会不敢正眼看主考官，以至消极、冷漠、烦闷，而这些足以摧毁主考官对你的热忱和信心。

4. 好为人师

求职就是求职，求职和在职可不一样。在职者要有主人翁的态度一点儿也不假，但求职时，你的地位还不是主人翁，即使你感觉自己装了一肚子的好想法，但这绝不足以打动主考官。新点子并不是人人都有，有好想法、新点子的人却不可处处好为人师，尤其是不能对陌生者施以“指点”。所谓的新点子当中或多或少含有忠告成分，而大部分忠告都是批评，批评对于某人而言是难以接受的，尤其是来自陌生人的批评，不可能受到欣赏、遵从，更不可能产生好感。这就是少提建议的理由。你是求职者，在主考官面前说这想法，提那建议，你要是不受排斥，那么就证明这个主考官也太没主见了。

在主考官眼里，让求职者谈想法、提建议本身就是一把“双刃剑”，一方面考察你的思维，同时也为你挖了一个陷阱，它会立马使你变成“好为人师”“好耍嘴皮子”的家伙。所以，在面试中，最忌讳提些带忠告性质的建议。不管你的建议多么中肯、多么优秀，最好留着，到录用后再说，不要在求职时急于卖弄。

5. 提低级问题

求职面试不是入学面试，主考官要考察的是你的综合素质，而同时你也可以问一些与你所学的专业相关的问题，或者问一些企业工作制度等问题。但在发问之前，你必须好好想想你将要问的问题是否有现实意义，尤其不要提一些低级的甚至是幼稚的问题。比如像单位里是否 24 小时供热水？办公室内是否有卫生间？单位平常是否组织大家旅游等，这些很可能让很好的面试砸了锅。

(1) 缺乏自信。“你们要几个？”这种问法显得求职者信心不足。对用人单位来讲，招一个是招，招十个也是招，问题不在于招几个，而是你有没有这独一无二的实力和竞争力。“你们要不要女的？”这样询问的女性，首先给自己打了“折扣”，是一种缺乏自信心的表现。面对已露怯意的女性，用人单位正好“顺水推舟”，予以回绝。你若是来一番非同凡响的陈词或巧妙的介绍，反倒会让对方认真考虑。“外地人要不要？”一些外地人出于坦诚，或急于得到“兑现”，一见招聘人员劈头就说这么一句，弄得人家无话可说，因为一般情况下，不是不要外地人，也不是所有的外地人都要，这要看你的实际情况能否与对方的需求接上口，让人家觉得很有必要接纳。

(2) 急问待遇。“你的待遇怎么样？”“工作还没干就先提条件，何况我还没说要你呢！”谈论报酬待遇，无可厚非，只是要看时机，一般在双方已有初步意向时再委婉地提出。

(3) 不合逻辑。考官问：“请告诉我你的一次失败经历。”“我想不起我曾经失败过。”如果这样说在逻辑上讲不通。又如：“你有何优缺点？”“我可以胜任一切工作。”这也不符合实际。

(4) 报有熟人。“我认识你们单位的××”，“我和××是同学，关系很不错”等。这种话主考官听了会反感，如果主考官与你听说的那个人关系不怎么好，甚至有矛盾，那么，你这话引起的结果就会更糟。

(5) 本末倒置。例如一次面试快要结束时，主考官问求职者：“请问你有什么问题要问我们吗？”这位求职者欠了欠身，开始了他的发问：“请问你们的规模有多大？中外方比例各是多少？请问你们董事会成员中外方各有几位？你们未来五年的发展规模如何？……”参加求职面试，一定要把自己的位置摆正，像这位求职者，就是没有把自己的位置摆正，所问出的问题已经超出了应当提问的范围，使主考官产生了反感。

不当反问。主考官问：“关于薪资，你的期望值是多少？”应聘者反问：“你们打算出多少？”这样反问就很不礼貌，很容易引起主考官的不快。

第四节　面试的说话艺术

面试答辩，是语言艺术的展现，不同的考生对主考官提出的问题，虽然有时回答的内容基本相似，但表达的效果可能会大相径庭。这里主要存在一个语言表达技巧问题。

一、口才素质的基础

德、识、才、学是口才家的必备四要素。德、识、才、学四因素奠定了口才的基础。所以当你在向口才家这个伟大的目标进军时，必须“浇筑”好德、识、才、学这四大支柱。德是口才的灵魂，识是口才的方向，才是口才的核心，学是口才的基础。

作为一种对综合能力运用的口才，首先要有讲话的内容，亦即知识。当前，很多渴望提高口语表达水平的人，都不太懂得知识积累是口才学习入门的“敲门砖”，没有养成勤于积累的习惯，这样当然难进口才之门。许多时候，口才不佳并不在开口表达之时，而是在开口之前。这是因为知识底蕴的不足，知识储备的贫乏，一开始就限制住了表达者的思路和视野，使表达者不能浮想联翩，思绪万千，思接千载，视通万里，不能很好地发挥“调动”的才能，这就削弱了表达者的才情，使表达者丧失了说话的兴味，语言表现力也随之降低，说出的话自然就显得平庸、空洞。

常言道：“工欲善其事，必先利其器。”要想会说话，说好话，首先必须充实知识，掌握这一利器。因为知识是口才的基础，没有知识就肯定没有口才。要想把话说好，必须有丰富的知识。只有具备了多方面的知识，才能在说话时得心应手，上下几千年，纵横数万里，古今中外，天南海北，旁征博引，滔滔不绝。

二、面试答辩中的语言艺术

面试答辩离不开语言，因为答辩必须用语言来回答试题或考官提出的问题。答辩语言运用的好坏，直接关系到面试的成败。因此，掌握面试答辩的语言艺术，对于答辩有着十分重要的作用。

1. 准确地选用词语

词语是造句的基本单位。词语选用得好，句子就会造得严谨而优美。因此，在面试答辩中要特别讲究词语的运用，词语运用得好，就会增强答辩的表达效果。

2. 恰当地运用语句

面试怎样才能恰当地运用语句呢？面试答辩者在答辩中除了恰当地选用词语外，更要恰当地运用语句。因为答辩者要针对试题或者提问答辩，必须运用一系列的语句，才能切中题旨，阐明自己的思想。如果语句运用不好，那么就很难取得令人满意的答辩效果。

（1）根据答辩内容需要，适当选用短句。所谓短句是指用少量词语组成的句子。这种语句的特点是简单精练，言简意赅，富有力量，同时又易于使人接受。在答辩中根据内容的需要，适当地选用短句，必然能收到理想的答辩效果。

（2）根据答辩内容需要，交错运用长短句。面试答辩中要回答一些复杂的问题，而要回答这些复杂的问题，单纯地选择短句，难以完整地表达思想。因此，答辩者可以根据答辩内容的需要适当地选用一些长句，与短句交错使用，同样可以收到好的答辩效果。

（3）根据答辩内容需要，适当运用假设复句。面试答辩者往往运用假设复句阐明自己对事物的认识和表达自己的立场。前一分句提出一种假设情况，后一分句说明在这种情况下产生的结果，这种复句叫假设复句。假设复句常用的关联词语是“如果……那么……”“只要……就……”“即使……也……”等。这种假设复句的特点是，两个分句之间具有制约关系，如前一分句是后一分句结果出现的条件，只要前一分句存在，后一分句的结果也会存在；后一分句的结果不存在，前一分句的条件也不存在。正是这种假设复句的两个分句之间存在这种制约关系，因此，这种复句既可以阐明事物之间的因果联系，也可以表达对事物某种规律性的预见；既可以提示深刻的哲理，也可以表达坚定的立场。由于假设复句具有这些作用，因而已在答辩中被广泛使用。

诚然，在答辩中使用假设复句，要注意两个分句之间必须具有制约关系，即前一分句出现的事物情况必然是后一分句产生的结果的充分条件；后一分句的结果不可能产生，那么前一分句的情况也不可能出现。如果不具有这种制约关系，那么这个假设复句就不符合实际，如果在答辩中使用，就会削弱答辩的力量，甚至还有可能使答辩成为无效的答辩。

（4）根据答辩内容需要，适当地运用修辞手法。面试答辩者在答辩中所运用的是议论的表达方式，这是因为答辩这种形式决定了必须运用这种表达方法。一般来说，语言的表达方法不如叙述、描写等表达方法那样生动形象。但是为了增强答辩的表达效果，根据答辩的内容，适当地运用修辞手法，也是必要的。

3. 培养良好的语言习惯

求职面试同其他社会交往一样，是以语言表达思维、互相沟通的社会行为。虽然面试等应聘环节对语言没有特别的标准和要求，但社会所认可的良好的语言习惯，也是求职面试应达到的水准。当然形成个人良好的语言习惯，绝非一蹴而就之举，但了解什么是良好的语言习惯，并在应聘中有意识地加以注意，对提高应聘成功率还是有一定好处的。

(1) 良好的语言习惯。良好的语言习惯不仅指不犯语法错误，表达流利，用词得当，言之有物，同样重要的还有说话方式，例如：发音清晰，语调得体，声音自然，音量适中等。说话时俚语不断，口头禅满篇，和病句、破句一样，都是语言修养不高的表现。

(2) 发音清晰。发音清晰，咬字准确，对一般人来说不是十分困难。有些人由于发音器官的缺陷，个别音素发音不准，如果严重影响人们理解，或影响讲话整体质量的，应少用或不用含有这个音素的字或词。当然，如果有办法矫正的应该努力矫正，不要采取消极的方法。古希腊演说家德摩斯梯尼口含鹅卵石练出一副付伶俐口齿的故事，可能会使你得到一些启示。

(3) 语调得体。无论是哪一种语言对于各种句式都有语调规范。有些同样的句子，用不同的语调处理，可表达不同的感情，收到不同的效果。若有人说："我刚丢了一份工作。"使用同样的反问句："是吗？"作答，可以表达吃惊、烦恼、怀疑、嘲讽等各种意思。

得体的语调应该是起伏而不夸张，自然而不做作。富于感情变化的抑扬顿挫总比生冷平板的语调感人。

(4) 声音自然。用真嗓门说话，音调不高不低，不失自我，不仅听来真切自然，而且有利于缓解紧张情绪。

(5) 音量适中。音量以保持听者能听清为宜。适当放低声音总比高嗓门顺耳有礼。喃喃低语是没有自信的表现，而嗓门太亮，既使人不舒服，又有咄咄逼人之势。

(6) 语速适宜。适宜的语速并不是从头到尾一成不变的速度和节奏，而是要根据内容的重要性、难易度，语调的高低及对方注意力情况调节语速和节奏。说话节奏适宜地减缓比急迫的机关枪式的节奏更容易使人接受。

除了上述六点，还要警惕一个很容易破坏语言意境的现象——过分使用语气词、口头语。例如，老是用"那么""就是说""嗯"等引起下文，或者，在英语的表达中使用太多的"well""and""you know""OK"及故作姿态的"yeah"等，不仅有碍于人们交流的连贯，还容易引人生厌。

最后很值得一提的是掌握母语，也就是说中国话的能力问题。许多人在学习外语时很舍得花工夫模仿所谓标准语音，却忽视了本国语的重要性，不会说像样的普通话，或者在中文的表达中夹进一串英语单词，还意识不到这是语言缺陷的一种。且看外国人怎样评论这个问题。一位英国文化官员告诫我国国内一些希望在外资企业求职的青年们说："请务必牢记，要让你们外国上司或同事的得力助手知道，作为当地人，你们所具有的关于中国、国家、人民和语言的知识，是最不可放弃的优势。"大多数人对自己的说话在习惯、语音语调方面都只有纯自我的感觉，这种感觉常发生失误。如果把自己日常生活中的语言录下来再放出来听，往往很容易找到不尽如人意之处，这是自我检查和调节得很适宜的办法。

此外，据相关权威部门提供的一份材料表明，面试语言获得高分的前提是：言语准确、简洁流畅、音色上佳。相反，言语不清、冗赘、杂乱、音色欠佳是面试语言的大忌。求职面试能否成功，与语言的表达能力及表达的技巧等方面也是密切相关的。在语言表达上，还要注意以下方面。

回答问题应条理清晰、脉络分明，给人精明强干的印象。我们知道，一个人工作是否有计划、有组织、有步骤，其思维的条理性、逻辑性是否强，这是反映其办事效率高低、工作能力大小的一个重要方面，而这些是可以从你的语言中反映出来的。因此，在回答问题时，应将你的答案归纳成几条几点。也许你的思维不是太敏捷，而且答案也许需要你边回答边思考，不断进行完善，你一时还不能马上反应出你将回答几条，这不要紧，你可以说下面将从以下几个方面来回答提问。在你阐述第一点的过程中，你可以想到其他很多相关的事情，这样你的头脑中就会出现第二条，第三条……最后，你再总结说"关于这个问题，我认为是以上几点，不知妥否"等。这样即使你回答的内容不是很明确，很规范，条理性很强，但也会使主考官感觉到你的思路比较清晰、办事条理分明、作风严谨踏实，只是口头表达能力略逊罢了。

措辞得当、口齿清晰、用语规范、表达准确。参加面试，语言是大有讲究的，特别是如今讲究商务沟通的时代，沟通方式成为面试成功的关键因素。在面试中尽量让应聘人员多讲话是许多考官采用的一种策略，这样就能在其中发现应聘人在书面材料中没有反映的一些情况。有趣的是，为了推销自己，在较短的时间内让招聘方多了解自己，许多应聘者在面试时也常常会采取同样的多讲话的策略。如果应聘人真的有很大的潜能或有很强的说话技巧，相互配合也未尝不可。问题是对于大多数人来讲，采取这种多讲策略是不明智的，结果吃亏的往往是应聘者自己。应聘者在面试时应该把握自己的嘴巴，如果认为已经回答完了，就不要再讲。该讲的讲，不该讲的绝不要多讲，更不要采取主动出击的办法，以免无事生非。

参考文献

[1] 肖祥银. 说话的艺术 [M]. 北京：中国华侨出版社，2013.

[2] [美] 卡耐基. 卡耐基说话的艺术 [M]. 刘祜，译. 北京：中国城市出版社，2007.

[3] 林语堂. 说话的艺术 [M]. 西安：陕西师范大学出版社，2009.

[4] 卓雅. 说话的艺术全集 [M]. 北京：中国城市出版社，2009.

[5] 赵一. 说话的艺术全集 [M]. 哈尔滨：黑龙江科学技术出版社，2008.

[6] 孙路弘. 说话的力量 [M]. 杭州：浙江人民出版社，2013.

[7] 南怀瑾. 南怀瑾谈领导的艺术与说话的艺术 [M]. 上海：上海人民出版社，2009.

[8] 李衍华. 说话的逻辑与技巧 [M]. 北京：北京大学出版社，2011.

[9] 张超. 别输在说话上 [M]. 北京：中国纺织出版社，2013.

[10] 胡宝林. 会说话，会办事，会做人 [M]. 北京：华文出版社，2010.

[11] 刘墉. 说话的魅力 [M]. 北京：接力出版社，2013.

[12] 李思特. 说话的艺术 [M]. 汕头：汕头大学出版社，2011.

[14] 何国松. 说话说到点子上 [M]. 长春：吉林大学出版社，2010.

[15] [美] 哈尔金斯. 说话就是影响力 [M]. 曾琳，刘露明，译. 北京：中国人民大学出版社，2010.

[16] 火柴盒. 这样说话，你的气场才够强大 [M]. 北京：北京理工大学出版社，2012.

[17] 冠诚. 年轻人一定要懂得的说话艺术和处世哲学 [M]. 北京：北京理工大学出版社，2011.

[18] 祖林. 不会说话别当头：职场沟通的说话艺术 [M]. 厦门：厦门大学出版社，2012.

[19] 蒋楠. 公关沟通艺术：好好说话的 34 个原则 [M]. 北京：中国传媒大学出版社，2011.

[20] 韩泰. 我最想要的说话艺术大全集 [M]. 银川：宁夏人民出版社，2012.

[21] 邢延国. 说话办事的艺术 [M]. 长春：吉林出版集团有限责任公司，2011.

[22] 官念. CIA 教你逻辑说话术 [M]. 北京：现代出版社，2013.

[23] [日] 大谷由里子. 即兴说话术 [M]. 何涛，译. 北京：人民邮电出版社，2012.

[24] [德] 尼古劳斯 · B. 恩克尔曼. 首先要学会说话 [M]. 杨丽，译. 北京：北京大学出版社，2008.

[25] 侯希平. 口才魅力：不一样的说话技巧 [M]. 北京：北京工业大学出版社，2013.

[26] 姚兴. 说话滴水不漏，做人无懈可击 [M]. 北京：北京工业大学出版社，2011.

[27] 孙郡锴. 听话是水平说话是艺术 [M]. 北京：中国华侨出版社，2010.

[28] [美] 罗伯特·西奥迪尼. 360°打磨你的语言：说话的艺术 [M]. 冯银银，译. 合肥：安徽人民出版社，2012.
[29] 刘斌. 说话说到位全集 [M]. 长春：吉林大学出版社，2010.
[30] 清渠. 说话如何面面俱到 [M]. 北京：北京工业大学出版社，2009.
[31] 吕丽. 苦难中的人性之思 [J]. 学习与探索，2013，6：142-144.
[32] 程立雪. 说话攻心术 [M]. 北京：中国长安出版社，2010.
[33] 刘小漂. 向孔孟学雄辩：最有中国味的说话之道 [M]. 北京：中国华侨出版社，2013.
[34] 林文力. 令人心悦诚服的说话之道 [M]. 呼和浩特：远方出版社，2013.
[35] 武庆新. 别输在不懂说话上：让你大受欢迎的说话技巧（最新典藏版）[M]. 北京：北京工业大学出版社，2012.
[36] 刘平. 高明的说话技巧 [M]. 北京：新世界出版社，2009.
[37] 成杰，陈浩. 零距离沟通：你不可不知的说话技巧 [M]. 北京：中国华侨出版社，2013.
[38] 王贵水. 瞬间打动人心的 88 个说话技巧 [M]. 北京：中国三峡出版社，2012.
[39] 文天行. 关键时刻好口才：瞬间让人刮目相看的说话技巧 [M]. 北京：中国华侨出版社，2012.
[40] 张振华. 人生方圆：做事的技巧和说话的艺术大全集 [M]. 北京：中国工人出版社，2013.
[41] 星云大师. 星云日记 35：说话的艺术 [M]. 长沙：岳麓书社，2013.
[42] 吴善志. 忠言也能“顺耳” [J]. 北京成人教育，1995，12：35.
[43] 蓬岛. 学会说话 [J]. 北京档案，2002，7：47.
[44] 谢明杰. 如何成为沟通高手 [J]. 沿海企业与科技，2004，5：33-34.
[45] 徐中赛. 试论“间接谈话法” [J]. 中国校外教育，2009，8：581.
[46] 吕丽. 基于道家阴阳思想的《黄帝内经》研究 [J]. 文艺评论，2013，6：146-149 .
[47] 赵燕. 说话的艺术——从《说话委婉助沟通》谈起 [J]. 秘书，2009，5：31-32.
[48] 范秀代. 论教育活动中师生沟通的说话艺术 [J]. 凯里学院学报，2007，2：88-89.
[49] 吕丽. 基于儒家和谐思想的《黄帝内经》研究 [J]. 哈尔滨商业大学学报，2013，3：120-123.
[50] 倪斯雯. 交际与口才纵横谈 [J]. 天津职业院校联合学报，2012，4：56-59.

后 记

《说话的艺术》一书是黑龙江科技大学“古代汉语课程组”进行课程建设的成果之一，也是吕丽老师主持的黑龙江省教育规划基金项目《高校古代汉语课程教学内容与教学方法优化创新研究》（GBC1212083）和黑龙江省教育厅人文社会科学基金项目《左传》中“累积型”人物形象及艺术技巧研究（12532340）的学术成果之一。

本书的编写分工如下：

第一章、第三章、第四章、第五章、第六章、第七章由吕丽编写，第二章、第八章、第九章由李璐编写，第十章、第十一章由杨春丽编写，刘丽负责前期资料整理和校稿工作。

在编写本书的过程中我们参阅了许多国内外学者的有关论著，吸收了他们的研究成果，书中虽然已做了若干注解，但限于篇幅，恕不一一说明，在此向他们一并表示感谢。

由于我们水平有限，本书难免有许多不足之处，敬请专家和读者批评指正。

编 者

2016 年 6 月